中国美学
会议研究

（1978—2018）

符晓

著

中国社会科学出版社

图书在版编目（CIP）数据

中国美学会议研究：1978－2018／符晓著. -- 北京：
中国社会科学出版社，2025. 8. -- ISBN 978－7－5227
－5397－3

Ⅰ. B83－53

中国国家版本馆 CIP 数据核字第 20250T2C69 号

出 版 人　季为民
责任编辑　郭晓鸿
特约编辑　张　剑
责任校对　师敏革
责任印制　戴　宽

出　　版　中国社会科学出版社
社　　址　北京鼓楼西大街甲 158 号
邮　　编　100720
网　　址　http://www.csspw.cn
发 行 部　010－84083685
门 市 部　010－84029450
经　　销　新华书店及其他书店

印　　刷　北京明恒达印务有限公司
装　　订　廊坊市广阳区广增装订厂
版　　次　2025 年 8 月第 1 版
印　　次　2025 年 8 月第 1 次印刷

开　　本　710×1000　1/16
印　　张　20.75
插　　页　2
字　　数　319 千字
定　　价　119.00 元

目 录

绪　论

如果从鲍姆加登算起，美学已历二百多年的岁月沧桑，自从学科美学建设开始以来，或者上溯到柏拉图、亚里士多德时代，各个时代的美学家都对"美"或者"美学"尝试着进行诸多描述与定义，无论这些描述和定义是"柏拉图的"，还是"反柏拉图的"，① 最后无不回到柏拉图那句箴言，"美是难的"。② 美确实是难的。即使如今，"美学经典化过程"也被看作"只是美学启蒙的一段历程，时至今日，美学也不过是一个'未完成的美学'，真正的美学学科史还没有发轫"。③ 但这并不影响对于逝去美学史的判断，按照英国思想家以赛亚·伯林的哲学史逻辑看，④ 美学史的演进并不是修正，而是丰富，并不是推翻，而是重构，对于西方美学史来说如此，对于中国美学史来说更是如此。本书的写作最初正是基于这样一种考虑：如何在前辈学人已经十分完善的美学史研究基础

① 波普尔曾言，"柏拉图著作的影响（无论好坏）是不可估量的。可以说，西方思想不是柏拉图哲学的就是反柏拉图哲学的，很少是非柏拉图哲学的"。详见［英］波普尔《通过知识获得解放》，范景中、李本正译，中国美术学院出版社1998年版，第144页。

② ［古希腊］柏拉图：《柏拉图文艺对话集》，朱光潜译，人民文学出版社1959年版，第167页。

③ 王确：《美学与哲学的混淆——Aesthetica的歧路》，《当代文坛》2015年第4期。

④ 伯林认为，"不同时代的不同思想家们都试图在各种观念的构架中，通过各种方法达到关于这些问题的真理，而这些观念的构架和方法，即这些问题本身得到解答的方式自身，由于众多力量的影响递嬗变化。这些力量中有年代稍早的哲学家所给的答案，时下流行的道德、宗教和社会信仰，以及科学知识的状态，最主要的还有当时的科学家们所运用的各种方法，尤其是当他们取得了惊人的成就并因而使他们的理解影响他们自己及后代的想像时。"［英］以赛亚·伯林：《启蒙的时代：十八世纪哲学家》，孙尚扬、杨深译，韩水法校，译林出版社2005年版，第2页。

上进行拓展和丰富，如何在前辈学人已经十分周密的研究方法中寻觅出一条蹊径进行新的美学史研究。之所以选择新时期美学会议作为研究对象，其主旨在于：搜集新时期美学会议的相关史料并进行梳理，从整体上厘清美学会议发生发展的大致脉络；以美学会议为切入点对新时期美学的发展进行梳理，大致还原出以美学会议为中心的新时期美学史；从美学会议出发，对新时期美学制度的发生和发展进行建构和还原，尝试寻找美学制度形成的诸多逻辑。

一　写作背景与理论环境

纵观中国现代美学，共存在着三次比较重要的转型。具体言之，第一次是 19 世纪后半叶到 20 世纪初期，以王国维、蔡元培、梁启超、张竞生、徐大纯等为代表的美学转型，上述前辈学人既有中国古典经学素养，又饱览西方美学思想，有形与无形中将二者结合在一起，"中学为体，西学为用"，使诸多中国传统概念释放出新的光芒，这种传统也持续了整个 20 世纪甚至影响至今。

第二次是 20 世纪 40 年代末期到 80 年代，中国现代美学开始向马克思主义美学转向，形成了马克思主义美学—实践美学的转型，其代表人物有蒋孔阳等。中华人民共和国成立之后，国内围绕相关话题开展了一次关于美学的大讨论，这次讨论衍生出诸多美学问题，并对 20 世纪 80 年代产生了持续性影响。① 这次讨论"是 80 年代以前新中国唯一具有一定学术性的讨论。尽管这场讨论有诸多的政治前提和限制，但毕竟它是一场学术讨论，而没有完全像当时其他的学科和领域的所谓学术讨论一样变成一种政治批判。这可以说是新中国前三十年学术史上的一个奇迹"。② 20 世纪 80 年代初期，人性解放，启蒙重生，使美与美学又一次回到了公众视野，并沿着中华人民共和国成立后美学讨论的方向

---

① 关于 20 世纪 50 年代美学大讨论的本体论，笔者无意赘述。
② 聂振斌、章建刚、王柯平、徐碧辉、杨平：《思辨的想象：20 世纪中国美学主题史》，云南大学出版社 2003 年版，第 244—245 页。

继续前行，无论是美学界还是全社会都拂起美学的春风。这次热潮与20世纪50年代、20世纪60年代的美学思潮共同构成了现代美学第二次转型。

第三次是世纪之交中国美学与世界美学接轨。经历过20世纪90年代前期的美学沉寂之后，中国现代美学艰难寻找着沉寂之后的出路，随着文化研究的兴起，西方美学对中国美学的影响进一步加深，适逢全球一体化，更加速了影响的进度。在这个过程中产生了诸多美学范式，事实上都与中西美学之间的相生性有关。这种相生性直到今天依然存在，也必然会持续一段时间，高建平教授对这种持续性和未来性做过精确描述，他指出，"从'美学在中国'向'中国美学'的过渡是一个无法逾越的阶段和过程。我们在保护文化遗产时要原封不动，整旧如旧，但这不能成为我们进行理论创造时所取的态度，否则的话，我们就只能成为活化石了。具有世界视野，发展现代形态的中国美学，应该成为当代中国美学的主流"。① 这既是总结，也是宣言，既是美学旧梦的终点，也是美学新梦的起点。

在这三次历史转型中，笔者比较关心第二次转型，因为第二次美学转型事实上也可以分为前后不同的两个时期。20世纪50年代美学大讨论之后，美学发展和美学研究被迫断裂。20世纪80年代初期的美学热显然是整个新时期美学的肇始和发生，并且混杂着对上一个历史时期美学的总结和对下一个历史时期美学的期待，呈现出复杂而深厚的局面。自此之后，新时期美学取得了非常丰硕的成果，经过多年的反复推敲、吸收和借鉴，终于形成了全面复兴的局面。对于20世纪80年代以来的美学史研究，前辈学人已经研究得非常深入且扎实。回顾相关美学史的研究，大致有以下两方面。第一个方面是对美学史的总体研究，从新时期美学的各个方面着手对美学史进行深入研究。一些新时期美学史研究是嵌入20世纪美学研究框架的，择其要者，如聂振斌等人所著《思辨的想象：20世纪中国美学主题史》② 从美学主题的角度还原20世纪美学史，其中

---

① 高建平：《美学的当代转型：文化、城市、艺术》，河北大学出版社2013年版，第21页。
② 聂振斌等：《思辨的想象：20世纪中国美学主题史》，云南大学出版社2003年版。

存在对新时期美学史的讨论，认为新时期美学所构建的是一套马克思主义美学体系；陈望衡著《20 世纪中国美学本体论问题》①对新中国成立之后的美学思潮进行梳理，从美学论战、实践本体论和其他多种美学本体论入手对 1949 年之后的美学史进行研究；刘悦笛、李修建合著的《当代中国美学研究（1949—2009）》②从美学研究的各个方面对 1949 年以来的美学史进行综述性质的介绍，涵盖了美学史研究的诸多方面。对新时期美学史的整体研究也不乏专著，重要者如赵士林著《当代中国美学》③以美学家为经、以美学问题为纬，从多个角度还原了中国当代美学史。除了上述文献，还有很多关于新时期美学史研究的参考问题，在此不一一列举，④ 这些论著和文献从宏观的美学史和美学意识出发，又不忽视美学史上所呈现的重要问题，方法独特，论据扎实，都是研究新时期美学史的佳作。第二个方面是对新时期美学史中存在的相关美学史事件进行单独阐发。新时期美学史是由诸多美学史事件构成的，无论是形象思维、美学热等问题，还是对《1844 年经济学哲学手稿》的讨论等问题，无论是审美文化、东方美学等问题，还是艺术终结论、生活美学等问题，都是新时期美学史的重要组成部分，因之对这些美学事件和美学问题的研究都不乏研究，如阎国忠的《走出古典——中国当代美学论争》⑤从六种关于美学的论争入手，呈现出美学史上涉及相关美学问题的诸多争议，并对这些争议进行必要说明；周维山的《美学传统的形成与突破：〈1844 年经济学哲学手稿〉与中国当代马克思主义美学》⑥以《1844 年经济学哲学手稿》为中心对新时期马克思主义美学研究的很多方面进行剖析，侧重马克思美学在新时期美学中的重要地位。⑦ 这些论著、论

---

① 陈望衡：《20 世纪中国美学本体论问题》，武汉大学出版社 2007 年版。
② 刘悦笛、李修建：《当代中国美学研究（1949—2009）》，中国社会科学出版社 2011 年版。
③ 赵士林：《当代中国美学》，高等教育出版社 2007 年版。
④ 如高建平《改革开放三十年与中国美学的命运》一文就生动还原了 30 年的美学发展及内中相关问题［《中国中外文艺理论学会年刊（2008 年卷）》，2008 年，第 297—313 页]。
⑤ 阎国忠：《走出古典——中国当代美学论争》，安徽教育出版社 1996 年版。
⑥ 周维山：《美学传统的形成与突破：〈1844 年经济学哲学手稿〉与中国当代马克思主义美学》，中国社会科学出版社 2011 年版。
⑦ 关于此的著作、论文较多，在此不一一列举。

文从美学事件入手，烛照出的是整个新时期美学的历史走向和历史脉络，以小见大，非常丰富。综合上述两个方面可知，对于新时期美学的研究已经非常完整、完善。基于此，笔者选择在前辈学人多种本体论、多种方法论对新时期美学进行研究的基础上，从社会学的角度入手，以美学会议为中心对新时期美学进行梳理、判断和研究，以期对前辈学人的观点、方法、认识进行少许补充。

二　创作意义与理论价值

新时期美学发端于 20 世纪 70 年代末期和 20 世纪 80 年代初期，是一个相对复杂的历史过程。对于此，笔者首先思考的问题是新时期美学的行动元是什么？所谓"行动元"是一个叙事学概念，其作用在于叙事作品中人物对故事来说最基本的作用就是作为一个发出动作的单位对整个事件进展过程产生的推力，格雷马斯将行动元看成一个人物结构单位，认为行动元是联系人与人、人与事件、事件与事件的重要结构单元，他指出，"诸角色的结合构成一个具体的故事，而一个施动者结构则组成一个类型（genre）"，① 换句话说，"行动元"即指在一个叙事作品中叙事的推力。笔者尝试借助这个概念分析新时期美学的历史进程。假如将新时期美学看作一个整体，那么这个整体向前发展的初始推力在哪里，这是无论如何都绕不过去的问题。鉴于此，笔者将目光投向"文化大革命"后期和 20 世纪 70 年代末期的中国美学家，尝试从诸位美学家的"地下"美学研究中挖掘出推动美学按照自律的逻辑向前发展的蛛丝马迹。这一时期，朱光潜、宗白华等美学家都在进行美学研究，② 但是，他们的美学活动都还是基于个人，而没有受到官方的肯定。其实，所谓美学的行动元应该具备某些必然的特征与属性：一是美学家美学研究与美学创作的整体呈现；二是必须有一个共同纲领或者指南；三是行动元需要有持续性原动力。单纯考察美学家必然忽略了这三种因素的某个方面或某些方

---

① ［法］A. J. 格雷马斯：《结构语义学》，蒋梓骅译，百花文艺出版社 2001 年版，第 255 页。
② 关于"文化大革命"后期美学家的美学活动，详见内文。

面。按照历时的逻辑，笔者将目光转向全国第一次美学会议后发现，这次会议无论从组织规模、人员构成、讨论问题、指导方针还是理论意义方面都具备了美学"行动元"的诸多特征，推而广之，近40年内召开的涉及美学的学术会议无不牵扯出中国现代美学的一些重要问题——无论是理论问题还是实际问题。

回过头去，再用美学会议的视角审视新时期中国现代美学的两次转型，发现两次转型都与美学会议存在或多或少的联系，可以说，这是发现中国美学的另一个视角。高建平教授在一次对第18届世界美学大会的介绍中言，"世界美学大会是国际美学界最重要，规模最大的会议，国际美学协会的成员基本上也都会参加。国际美学界最重要的学者，除了年纪过大不宜出行的以外，都会来参加。每次大会的主题常常对国际美学界的一些思想、溯流、主要学术方向和学术界讨论的热点产生很大的影响，因此这是一个在全世界影响很大的会议。它常常成为美学学术转向的风向标"。① 这虽然只是对世界美学大会的评价，客观上也适用于中华美学学会历届全体会议，中华美学学会召开的每一次全体会议都集中回顾、集中反思并集中展望，成为新时期美学发展的逻辑中心点。无独有偶，有学者在对中国当代美学口述史进行研究的基础上发现，美学会议已然成为新时期以来中国美学发展的一个侧影，因为"新时期以来，中国美学界召开了许多美学会议，这些会议极大地推动了中国美学的发展。实际上，一些重要的美学会议对中国当代美学思想、美学观念和美学研究的影响非常大，但这些研究却很薄弱、很少"，② 这道出了美学会议在新时期美学发展上的重要作用和意义，同时也为本书的写作提供了理论依据，使这方面的研究具有足够的上升空间。

需要说明的是，本书所谓的美学会议并不是指一般的学术讨论会，而是涵盖了更为丰富的内涵。一般而言，学术会议指的是：第一，是构架学科共同体并使之合法化的重要载体；第二，是交流、发表学者最新

---

① 高建平：《美学的当代转型：文化、城市、艺术》，河北大学出版社2013年版，第21页。

② 李世涛、戴阿宝编著：《中国当代美学口述史》，中国社会科学出版社2014年版，第384页。

研究成果与启示的声音传播平台；第三，是学术制度建设的立法者。新时期以来召开的美学会议具备了上述三种功能和价值，因此成为本书的重要考察对象。此外，一些与美学相关的其他会议也被笔者纳入研究范围，如雅集、纪念会、庆祝会、出版会和追悼会等，这样一来，既丰富了美学会议的外延和内涵，同时也为了解新时期以来的美学史提供了一种新维度。

首先，以美学会议为中心对新时期美学发展进行观照，提供了一种美学史研究的新理路。中国现代美学研究中，美学史的撰写存在一个相对统一的本然逻辑，现代美学最初的美学史要素就是以人物为中心的。新中国成立之后尤其是 1980 年之后，现代美学工作者和现代美学研究者在撰写美学史的过程中基本上都是以人物为中心进行叙述。兹举例说明之。以西方美学史为中心，当前美学研究比较重要的美学史是汝信先生主编的《西方美学史》和蒋孔阳、朱立元二位先生主编的《西方美学史》。在前者的"前言"中，编者指出，美学史"最首要的、也是最重要的，就是历史发展过程中世代思想的'前后联系'，也就是生活在较前时代的美学家的思想对生活在较后时代的美学家的思想的影响，反过来说，就是较后的美学家对前代的思想的接受。这种影响和接受，是在世代连绵更替的过程中不断'流动'着的，这就是'美学思想史'。所以，只对历代诸多美学家的思想按照顺序进行排列，并不是美学史"，① 在后者的"导论"中，编者指出，编撰美学史"不能把各个时代的单个美学家及其代表作、美学思想简单地按年代先后叙述、编排起来，而忽视其内在的历史联系。在我们看来编年史不是真正的历史叙述，因此，我们每一卷都注意发现和概述各个时代重要美学家、美学思想之间的历史承续、沿革、论争、否定、创新等错综复杂的关系，尽可能清晰地勾勒出各个时代美学思想的发展脉络和历史轨迹"。② 可见，这两部美学史都在追求美学家之外的那种美学连续性与承续性，也尝试着走出以美学家为本位的

① 凌继尧、徐恒醇：《西方美学史（第一卷·古希腊罗马至中世纪美学）》，中国社会科学出版社 2005 年版，第 9 页。

② 范明生：《古希腊罗马美学》，北京师范大学出版社 2013 年版，第 3 页。

美学史叙述模式。

以中国古典美学史为中心，叶朗先生在《中国美学史大纲》的"绪论"部分就指出，"既然美学是一门理论学科，因此我认为美学史就应该研究每个时代的表现为理论形态的审美意识。每个时代的审美意识，总是集中地表现在每个时代的一些大思想家的美学思想中。这些大思想家的美学思想，又往往凝聚、结晶为若干美学范畴和美学命题"。① 他认为，一部美学史的主要研究对象在于美学家，在《中国美学史大纲》的第一篇中，叶朗就以老子、孔子、管子、庄子、荀子、淮南子和王充为中心对上述先哲进行美学上的介绍。以中国现代美学史为中心，陈伟的《中国现代美学思想史纲》② 几乎就是一部关于美学家的美学思想史，涵盖蔡元培、陈独秀、鲁迅、梁实秋、瞿秋白、朱光潜、丰子恺、毛泽东、胡风和蔡仪等的美学思想。综观上述三方面的美学史研究，基本上都是以美学家为中心进行美学史叙述，但同时，各位前辈学人也在寻找撰写美学史的另外一种方式。在谈及美学史的写作时，鲍桑葵在其《美学史》的"前言"中指出，"我认为我的任务是写作一部美学的历史，而不是一部美学家的历史。因此，我对美学家们在历史上应有的地位，并没有给以很大的关注"。③ 无论是引文还是鲍桑葵《美学史》本身都提供了一种可以借鉴的模式，鲍桑葵的美学史撰写主要围绕美学意识和美学观念，虽然也存在对美学家的专门介绍，但是，这种介绍完全是为美学史"整体感"服务的，如有学者言，"这种有明确史观的史书优点很明显，不但可以在错综复杂的史料中建立一个清晰而紧凑的框架，使读者可以明确地掌握史的发展线索，更重要的还在于可以就一些问题展开深入论述"，④ 这说明按照鲍桑葵的逻辑撰写西方美学史成为可能，也使得西方美学著

---

① 叶朗：《中国美学史大纲》，上海人民出版社 1985 年版，第 4 页。

② 陈伟：《中国现代美学思想史纲》，上海人民出版社 1993 年版。

③ "我自信我没有忽略任何一位第一流的著作家，但我也不敢说我提到的所有著作家都比我没有提到的著作家重要。我首先考虑的是，为了揭示各种思想的来龙去脉及其最完备的形态，必须怎样安排才好，或怎样安排才方便。其次，我才考虑到我所提到的著作家个人的地位和功绩。"详见 ［英］B. 鲍桑葵《美学史》，张今译，广西师范大学出版社 2009 年版，第 1 页。

④ ［英］B. 鲍桑葵：《美学史》，张今译，广西师范大学出版社 2009 年版，第 5 页。

述家撰写美学史的方式成为可能。① 另外，塔塔尔凯维奇的《西方六大美学观念史》值得借鉴，这部著作从艺术、美、形式、创造性、模仿和美感经验六方面对美学史的重要概念、对象和内容进行言说，在该书的"译者序"中，刘文潭指出，"美学史的研究，或是以开辟美学领域的学者为其中心，或是以美学所研究、探讨的问题为其中心。要言之，大师三大卷《美学史》即属前者，而《西方六大美学观念史》则属后者"，②鲜明地道出了这部著作的特点。从某种意义上说，《西方六大美学观念史》是以问题为中心进行美学史写作的典范。

由此可见，中国美学史的编撰需要重新找到一种出路和一种视角。就新时期美学史研究而言，美学会议提供了一种中国式的新的可能。20世纪80年代，新美学家队伍尚未形成，中国现代美学还紧紧围绕在朱光潜、宗白华等老一辈美学家周围，新美学家可谓崭露头角，新的美学史叙述尚未形成，美学会议起到一个聚拢美学思想的作用，只有在美学会议上，大家才能针对当时的美学状况进行非常实际的交流和切磋，历史证明，美学会议确实起到了非常重要的作用。20世纪90年代至今，很多新美学家思想日趋完善，③ 虽然是多个个体，但无论是实践本体论还是和谐本体论，事实上美学之间都存在紧密的连带关系，这种联系的诸多对话点在会议上可以表现得更为明晰，所以从美学会议能够窥视出由多位美学家共同建构出美学整体的向前推进和推进背后的逻辑。

其次，以美学会议为中心对新时期美学发展进行观照，可以透视出新时期美学制度的构建问题。所谓美学制度，指的是在美学发展过程中逐渐形成的机制，是促进美学（史）形成并发展的重要保证。美学制度

---

① 除了鲍桑葵的《美学史》外，还有一些西方著作家的美学史著作，同样提供了一些新范式，兹举一例。如埃克伯特·法阿斯的《美学谱系学》，这部美学史虽然也牵扯到美学史上的美学家，但是整体上强调的是美学的自律逻辑，比如第一章"柏拉图对审美价值的重新估价"和第二章"最初的尼采式的反对柏拉图的人们"，这两章之间存在一种隐然的联系，这种写作方式贯彻了这部美学史的始终。其他如克罗齐的《美学的历史》无不如是，在此不赘述。

② ［波兰］瓦迪斯瓦夫·塔塔尔凯维奇：《西方六大美学观念史》，刘文潭译，上海译文出版社2013年版，第3页。

③ 如周来祥、叶朗、叶秀山、邓晓芒、杨春时、潘知常和吴炫等。

研究的核心在于美学发展中的诸多元素（如管理、传播、教育、刊物等）如何起到影响或者制约的作用，换句话说，也就是美学受到了这些制度要素的哪些影响。由此而观之，美学会议无疑是影响美学制度的关键所在，所以需要透过美学会议审视美学制度。当然，美学制度概念借鉴了"制度"概念的其他语素。制度是一个政治词，首先是一个政治学概念，之后才是政治学之外的概念，这是一个汉语词，20世纪初期以来却被赋予了更多的西方色彩，同时在中国社会和历史环境下又成为一个高频词。其实，"制度"的意义很多，甚至有人认为制度"指的是一种惯例或传统"，"根据《牛津现代英语用法词典》所载，下午茶在英国文化中属于一种制度。婚姻、板球、伊顿公学亦然。而在美国文化中，我们可以说棒球是一种制度，哈佛也是一种制度，它比位于马萨诸塞州剑桥市的校园具有更深刻的象征意义"，① 足见"制度"意义的多元性。笔者无意对"制度"一词做辞源学上的考据，也无意一一列举政治学意义上"制度"的著作家之言。笔者首先关心的是学科发展尤其是美学学科发展中的制度结构。关于学科制度，有学者对此做过具体阐释，言及学科制度结构时，指出"学科制度结构，是支撑学科研究的物质基础，它至少包括四类基本范畴：职业化和专业化的研究者及他们赖以栖身的研究机构和学术交流网络；规范的学科培养计划；学术成果的公开流通和社会评价；稳定的基金资助来源"。② 可以说是具有信服力的一般性表述，从中也可见学科制度的一般轮廓。

美学制度尚无人进行专门言说，但是，这个问题可以通过借鉴文学制度得以解决。美国密苏里大学副教授杰弗里·J. 威廉斯编著的《文学制度》值得借鉴，在提及编撰该书的目的和意义时，作者指出，这本著作"以不同的质疑方式来审视由文学的评价准则划分出来的制度范围与职责，而非审视研究文学作品的自主性。从某种意义上说，本书从实用主义的角度将问题倒置：从我们在各文学院系中的活动来探求文

① ［美］杰弗里·J. 威廉斯编著：《文学制度》，李佳畅、穆雷译，南京大学出版社2014年版，第2—3页。
② 方文：《社会心理学的演化：一种学科制度视角》，《中国社会科学》2001年第6期。

学这一事物的核心内容，它探讨了当代文学院系教职员工的工作——我们有哪些规范化的实践活动，哪些职业要求在改变着我们的实践活动，又有哪些制度定位在调和着我们的工作。这部文集的前提是，从各种意义上说，制度产生了我们所称的文学，或更恰当地说，文学问题与我们的制度实践和制度定位是密不可分的"，① 至于制度本身，作者认为，"指代的是当代大众社会与文化的规章与管理结构，和'自由'、'个性'或'独立'等词语正好处于相反的方向"，"将实实在在的建筑形象与这些建筑物相关的生活管制、现代官僚机构的管理等内容汇聚一堂"。② 在汉语世界，同样存在很多涉及文学制度的论著，如吴义勤的《文学制度改革与中国新时期文学》③、李秀萍的《文学研究会与中国现代文学制度》④、范国英的《新时期以来文学制度研究——以茅盾文学奖为中心的考察》⑤ 和张均的《中国当代文学制度研究（1949—1976）》⑥ 等。这些文学制度的形成和发展范式为本书的写作提供了诸多依据，也提供了以美学会议为中心深入研究美学制度的可能。从美学的层面上说，《艺术理论：从荷马到鲍德里亚》值得借鉴，这部著作从多个方面谈及艺术史各个时期的重要艺术特征，尤其是对艺术概念的产生和由来进行探讨，实际上具有明确的制度方法论意识，为本书的写作提供了一些方法论上的支持。

美学制度形成过程中所涉及的细节问题最值得关注。谈到文学制度问题，洪子诚举过一例，在 1987 年的一次文学会议上，他同一位学者讨论过一个问题，涉及第一次文代会等相关文学事件，文学史的普遍表述使这次文代会翻开了文学史崭新的一页，洪子诚则关心的是"如何翻开"

① ［美］杰弗里·J. 威廉斯编著：《文学制度》，李佳畅、穆雷译，南京大学出版社 2014 年版，第 1 页。

② ［美］杰弗里·J. 威廉斯编著：《文学制度》，李佳畅、穆雷译，南京大学出版社 2014 年版，第 2 页。

③ 吴义勤主编：《文学制度改革与中国新时期文学》，文化艺术出版社 2013 年版。

④ 李秀萍：《文学研究会与中国现代文学制度》，中国传媒大学出版社 2010 年版。

⑤ 范国英：《新时期以来文学制度研究——以茅盾文学奖为中心的考察》，巴蜀书社 2010 年版。

⑥ 张均：《中国当代文学制度研究（1949—1976）》，北京大学出版社 2011 年版。

这个问题，^① 事实上，这个问题至关重要。文学史如是，美学史亦如是。比如1980年召开的全国第一次美学会议具有重要影响，产生了深远意义，"开得很愉快"但是，这次会议究竟如何肇始、如何组织、如何召开、任务几何、意义几何、影响几何，都是亟待解决的问题，全国第一次美学会议的召开对新时期美学制度的形成具有很大作用，其作用既表现在某个人对会议本身的影响上，也表现在会议精神对美学历史的影响上，如何把握是一个重要问题。20世纪80年代中期，"美学研究方面的进展主要有：对在社会主义现代化精神文明建设中坚持和发展马克思主义美学问题的探讨；对美学研究方法论问题本身的剖析和透视，对技术美学在理论上所作的新的阐述；中国美学史研究方法和范畴的讨论"，^② 但是，马克思主义美学如何同"现代化精神文明建设"产生了密切的联系并成为美学热点问题、技术美学是如何兴起的、中国美学史研究何以成为新时期美学史研究的重要问题，需要思考，这背后当然具有诸多制度要素。从20世纪80年代中期到20世纪90年代中期，新时期美学面临低潮，普通人发现美和美学并不是一回事，美学工作者在大众美学和学科美学之间荷载独彷徨，在这些表象的背后究竟存在哪些隐秘的制度逻辑，哪些要素成了美学发展的阻隔，都是需要考虑的问题。从21世纪初开始，中国美学与世界美学彼此交融得更为密切，中国美学家和世界美学家的交流也比20世纪80年代更为频繁，^③ 尤其是第18届世界美学大会在北京召

---

① 洪子诚指出，"1987年在安徽黄山开中央电大当代文学教学讨论会期间，我和张钟讨论过这个问题。针对当代文学史普遍的叙述方式——1949年第一次文代会召开和'共和国'建立，历史宣告翻开新的一页，进入当代文学的阶段，我说，这些历史事件固然是重要标志，但是，'新的一页'是怎样的具体内容，它是如何掀开的，谁掀开、谁宣告，没有做出必要的解释。我知道，'新的历史'的立法者和讲述者，常会将历史过程描述为一种水到渠成的自然状态，一种合乎规律的必然进程，而有意无意模糊、掩盖它在建构、'转折'中的具体情境，包括成规转换、制度确立中发生的冲突"。详见洪子诚《当代的文学制度问题》，《中国现代文学研究丛刊》2015年第2期。

② 中国社会科学院哲学研究所编：《中国哲学年鉴（1987）》，中国大百科全书出版社1987年版，第199页。

③ 事实上，中国美学界早在20世纪80年代就有对外交往的经历，仅举互动之两例。其一，1983年3月29日至4月18日，应中国社会科学院邀请，日本东北大学文学部长、美学家西田秀穗教授来我国访问。西田教授对美学特别是对康德的美学理论进行过多年研究，特别对抽象派先驱人物康定斯基有较深的研究。4月1日，他在中国社会科学院哲学研究所作了（转下页）

开，推动了生态美学、生活美学以及相关技术美学的发展，其意义可谓深入人心，但是，为什么在世纪之交和 21 世纪初世界美学更加贴近中国美学，中国美学何以与世界美学有机相容呢？这些都是制度层面上的问题。实际上，如果仔细在近 30 年的美学资料中查找关于制度及其资源，其发展的蛛丝马迹就可寻见，但更进一步深入这个问题就会发现，所有的蛛丝马迹只是一个网络中的线，那些线与线的连接部分恰恰是美学会议本身。有学者谈到美学会议的重要意义时指出，"学术会议与学术研究的关系非常密切，前者往往为后者提供了交流、探索的平台，并促进后者的发展，有必要研究二者的关系，特别是前者对后者的影响"。[①] 这种影响很大意义上是制度上的影响。有学者对制度问题形成一个相对宏观的认识，"但凡一个制度的诞生，总有一个复杂的过程。尤其是由前一种制度，转换成后一种制度，或由无形的制度，变成有形的制度，抑或从非制度化到制度化，总要伴随着一种历史的沉痛"，[②] 这既是文学制度的表述，也是美学制度的表述。美学会议无疑在其中处于重要环节，美学会议怎样经历并促进了一个个制度的诞生，怎样观照了一个非常复杂的美学过程，怎样形成了不同制度之间的相互转换，又怎样无形，怎样有形，这些都是本书需要解决的问题。

（接上页）《康德的美学观点》和《抽象画的形成及其发展过程和作品》为题的演讲，着重介绍并分析了康定斯基的绘画。他还访问了天津社会科学院哲学研究所并讲了抽象画的形成。随后，访问了吉林大学、东北师范大学、吉林省艺术学院、东北工学院等，与有关学者进行了座谈，介绍了日本美学界的现状和美学教育情况，并接受《社会科学战线》杂志编辑的访问。详见中国社会科学院哲学研究所编《中国哲学年鉴（1984）》，中国大百科全书出版社 1984 年版，第451—452 页。其二，1984 年 5 月至 8 月初，东北师范大学政治系讲师、吉林省美学学会副理事长曲戈，应奥地利对华友好及文化促进会的邀请，在维也纳等地参加了由美国纽约州立大学与奥地利合办的"中国文化研习会"的讲学活动。他还应邀到维也纳大学汉学系座谈。详见中国社会科学院哲学研究所编《中国哲学年鉴（1985）》，中国大百科全书出版社 1985 年版，第375 页。只不过当时的交流相当少见而已，比之于当时，2010 年代中国美学与世界美学的交流更显紧密。

① 李世涛、戴阿宝编著：《中国当代美学口述史》，中国社会科学出版社 2014 年版，第 384 页。
② 张均：《中国当代文学制度研究（1949—1976）》，北京大学出版社 2011 年版，第 2 页。

三　文献说明与创作思路

本书所涉及美学会议的历史跨度达 30 年，虽然以美学会议为中心，但是也涵盖了新时期美学的一些方面，内中涉及很多重要的参考文献，在此做简要说明。本书所涉及的参考文献大致分为如下几方面。

一是对新时期美学进行研究的一般性文献。所谓"一般"并不是指文献的质量，而指的是关于美学史、美学问题、美学事件的基础性文献。关于美学史，本书参考了多部 20 世纪美学史，如《中国现代美学思想史纲》①《思辨的想象：20 世纪中国美学主题史》②《20 世纪中国美学本体论问题》③《当代中国美学研究（1949—2009）》④《当代中国美学学术史》⑤ 和其他相关美学史著作，这些美学史著作有利于笔者更好地了解美学史，以了解论文创作所涉及的时代背景和美学背景等。关于美学问题和美学事件，笔者在撰写相关章节时都会查阅相关资料，如涉及形象思维的《"形象思维"的发展、终结与变容》⑥，涉及美育的《美育十五讲》⑦《传统美育与当代人格》⑧《新中国美育发展研究》⑨，涉及生活美学的《生活美学与艺术经验》⑩ 等，这些著作提供了时代热点，为理解一些美学会议的召开提供了深入研究的环境和背景。另外，本书还参阅了一些涉及重要美学问题的理论性文献，如席勒、康德、韦勒克、费瑟斯通、丹托等的理论著作，在此不一一赘述。

二是涉及美学家的文集、书信、年谱、传记和研究等相关文献。对于 20

---

① 陈伟：《中国现代美学思想史纲》，上海人民出版社 1993 年版。

② 刘悦笛、李修建：《思辨的想象：20 世纪中国美学主题史》，中国社会科学出版社 2013 年版。

③ 陈望衡：《20 世纪中国美学本体论问题》，武汉大学出版社 2007 年版。

④ 刘悦笛、李修建：《当代中国美学研究（1949—2009）》，中国社会科学出版社 2011 年版。

⑤ 李修建、刘悦笛：《当代中国美学学术史》，中国社会科学出版社 2013 年版。

⑥ 高建平：《"形象思维"的发展、终结与变容》，《社会科学战线》2010 年第 1 期。

⑦ 曾繁仁：《美育十五讲》，北京大学出版社 2012 年版。

⑧ 袁济喜：《传统美育与当代人格》，人民文学出版社 2002 年版。

⑨ 张正江：《新中国美育发展研究》，人民出版社 2014 年版。

⑩ 刘悦笛：《生活美学与艺术经验》，南京出版社 2007 年版。

世纪 80 年代早期的美学会议，可以参考当时美学家的基本文献进行参考，内中囊括了这些美学家关于会议的一些历史记忆，这些资料成为研究这个时期美学会议的重要参考文献，择要述之。如《朱光潜全集》① 中包含朱光潜先生一些关于美学会议的通信；《朱光潜全集》（新编增订本）② 中包含了朱光潜先生在一些会议上的讲话；《宗白华全集》③ 中不但有一些宗白华先生的书信，还附有宗白华年谱；《王朝闻集》④ 中同样也有王朝闻先生的通信记录和年谱；《周扬文集》⑤ 等文集中莫不如是，或存在关于美学会议的讲话，或存在涉及美学会议的回忆性文章，都为这一时期美学会议研究提供了资料。⑥ 另外，一些美学家的传记也详细说明了当时他们参加的美学活动等相关问题，如《周扬传》⑦《如烟如火话周扬》⑧《宗白华评传》⑨《我认识的朱光潜》⑩ 等，在这些传记中能捕捉到一些美学家参加美学会议的细节。并不是说，本书仅仅参考了上述著作，但这些确实是研究 20 世纪 80 年代初期美学会议的重要文献。

三是关于美学会议的简报和会议综述资料。新时期早期，一些会议简报全面呈现了当时会议召开的过程，包括会议主席团、会议日程、会议议程、与会人员发言情况等，如第一次全国美学会议和第二次全国美学会议都发布了会议简报，在这些简报当中能够寻觅到新时期美学会议最初的线索，以第一次全国美学会议简报为例，简报包括会议通讯、会议内容、发言人讲话要点、会议每天讨论情况、中华全国美学学会章程、学会理事、学会工作计划和工作建议书，对理解这次会议大有帮助。受此影响，一些地方性质的美学学会也存在会议简报，都可资借鉴。此外，

---

① 朱光潜：《朱光潜全集》，安徽教育出版社 1987 年版。
② 朱光潜：《朱光潜全集》（新编增订本），中华书局 2012 年版。
③ 宗白华：《宗白华全集》，安徽教育出版社 2008 年版。
④ 王朝闻：《王朝闻集》，河北教育出版社 1998 年版。
⑤ 周扬：《周扬文集》，人民文学出版社 1984 年版。
⑥ 另外，如《周扬年谱初编》等文章的发表也为笔者提供了周扬当时身份和具体活动的时间脉络。详见吴敏《周扬年谱初编》，《现代中文学刊》2013 年第 2 期—2014 年第 6 期。
⑦ 罗银胜：《周扬传》，文化艺术出版社 2009 年版。
⑧ 郝怀明：《如烟如火话周扬》，中国文联出版社 2008 年版。
⑨ 邹士方：《宗白华评传》，西苑出版社 2013 年版。
⑩ 吴泰昌：《我认识的朱光潜》（修订本），生活·读书·新知三联书店 2010 年版。

从 20 世纪 80 年代开始，比较重要的美学会议基本上都会有学者撰写会议综述，有时候一次会议还会有多篇会议综述，这些会议综述为认识、分析和理解相关美学会议提供了帮助。有些会议还结集出版了美学论文集，如第七次全国美学会议资料就结集出版为《新中国美学六十年：全国美学大会（第七届）论文集》，① 这些论文集也为笔者提供了多角度理解美学会议的可能。需要说明的是，笔者根据论文情况还查阅了一些内部资料，即一些不公开出版发行的文件、文献等，如《全国哲学规划会议关于科研项目和丛书、文集、资料书落实的情况》《中华美学学会通讯》《江苏省美学学会首届年会论文选》《第十八届世界美学大会会议手册》等，通过这些资料，笔者进一步了解了关于一些美学会议的详细情况。

本书共分为七章，基本涵盖了新时期美学会议的多个方面，尝试以历史时间顺序为经、以美学会议涉及问题为纬进行写作。第一章涉及新时期美学的肇始问题，所以选择第一次全国美学会议和省级美学学会成立大会作为重点进行研究，也着意思考美学制度的形成过程。在第二至四章中分别从美学学科、美学家和美育方面对美学会议进行研究，事实上，这些都是美学制度的侧面，以此为中心进行观照可见美学制度的不同剖面。第五章着重以美学会议为对象探讨马克思主义美学在新时期的流变问题，马克思主义美学作为新时期美学的逻辑灵魂，其存在价值、理论导向、发展过程本身就和意识形态具有紧密联系，也是理解美学制度的一个维度。本书最后两章分别讨论 20 世纪 90 年代和 21 世纪的美学会议，着重探讨美学问题，在此基础上分析美学史和美学制度发生的系列变化。结语部分对全书做一总结，重点分析制度性因素对于现代美学建立的意义问题。

---

① 潇牧、张伟主编：《新中国美学六十年：全国美学大会（第七届）论文集》，文化艺术出版社 2010 年版。

第一章　美学会议与新时期美学的肇生

新时期美学的发生最早可以追溯到 20 世纪 70 年代末期，随着"文化大革命"之后的政治解禁，中国社会科学呈现复兴之势，美学也开始复苏。以上，是中国现代美学史和当代美学史对新时期美学的一般性描述。① 其实，"文化大革命"时期尤其是"文化大革命"后期，美学家和美学工作者就已经蛰伏在历史的角落里，埋头耕耘、奋笔疾书，后来他们很多美学思想的形成都以此为基础。② 这些美学家即使在黑暗时期也或多或少地同美学保持了联系，无形中使 20 世纪美学在最困难的时期依然保持着前后之间的联系，使美学在时间的连续性上不至于断裂，虽没有显在的官方呈现，但是潜在上无疑会对 1976 年之后的中国美学产生影响。这可以看作新时期中国美学重新建构的一个历史环境和

---

① 所谓"新时期"指的是"文化大革命"之后相当长的一段历史时期。在文学研究领域，"新时期文学"是区别于"新世纪文学"而存在的。本书中的"新时期"是一个相对模糊的概念，泛指"文化大革命"之后到现在的历史时间，是区别于"文化大革命"的历史时间概念而存在的。

② 以朱光潜、宗白华为例：朱光潜在"文化大革命"期间坚持翻译了 100 万字黑格尔的三卷本《美学》，同时"还设法找到好几种当时必读的马克思经典著作的德文原著和一些西文译本，和国内已出的译本对照，发现一些译文上问题"，"在译完《美学》第二、三卷以后，朱光潜马上又开始了《歌德谈话录》的翻译"，这两部著作都是美学史上的名著，翻译这两部名著也是现代美学史上非常重要的美学事件；宗白华在"文化大革命"期间虽然没有朱光潜那般成就，但是也同洪谦等翻译了《感觉的分析》，写就了《萨特》和《博尔特朗·罗素的哲学发现》等文章，朱光潜、宗白华的例子已经说明这不是孤例，其他如洪毅然、蒋孔阳、刘纲纪等在"文化大革命"期间从未放弃对美学的研究和探索。

理论环境。

单就美学而言，20 世纪 80 年代初期的美学大致呈现三种表征。一是一些高校美学课的重新复课，在某种意义上延伸着美学研究，以北京大学为例，1978 年之后，北京大学哲学系开始美学的课程建制，相继开设以美学为中心的本科生必修课和选修课、研究生课程和全校学生的选修课和通选课。1981 年，国务院学位委员会讨论通过在北京大学设立了美学博士点，导师为朱光潜。① 当时，其他一些学校也纷纷开始开设美学课，如北京师范大学、山东大学、中国人民大学等，这是新时期初期美学得以向前发展的内容之一。二是一些美学期刊的创办，丰富了当时美学研究、美学思想的重要内容，比如 1979 年 11 月创刊的《美学》杂志，从 1979 年到 1987 年，先后发行 7 期，内容涉及多个方面，仅仅第 1 期和第 2 期，就涵盖了马克思主义美学、古典美学、形象思维问题和电影美学等多个方面，推动了美学的发展。三是相关美学会议的召开，也对美学发展具有重要的指向意义。

无论是美学课、美学期刊，还是美学会议，当时的美学主题都是比较重要的问题之一，既是当时美学发展和美学研究的重要内容，也是未来美学发展的重要指征，这些重要问题的提出和言说，首先需要美学家提出、把脉、定调，在当时的环境和条件下，继承 20 世纪 50 年代和 60 年代"美学大讨论"的传统，成为话题的重要方面，所以，前述三个方面的很多问题和"美学大讨论"时期大家讨论的问题大致相同。这其中，美学会议与其他二者存在一个比较重要的区别，即美学会议具有更强的统摄性意义。美学会议上，相关话题、思想、制度和政策能够相对集中地进行讨论和言说，这是其中区别之所在。这样一来，美学会议与新时期美学的发生就存在某种非常紧密的联系，厘清这种联系，也能窥探出当时美学发展的重要趋势。

① 详见韩水法主编《北京大学哲学学科史》，商务印书馆 2014 年版，第 345 页。

第一节　第一次全国美学会议与新时期
美学制度的最初建构

第一次全国美学会议的召开在新时期美学发展过程中起到了重要的作用。在一个迫切需要延续中国美学"香火"的时代里，中国美学何去何从需要有人指导，也需要集思广益，只有合理有效地把握住这个问题，美学研究才能有效展开，从这个意义上说，第一次全国美学会议恰逢其时。而且，第一次全国美学会议会集了当时美学研究领域的重要人物，人物集中、话题集中，无论是从美学研究的层面上还是从美学制度的层面上都为美学发展提供了非常宝贵的资源和财富。

一　第一次全国美学会议的社会与学术准备

从 20 世纪 70 年代末期到 80 年代初，新时期美学面临的主要问题是美学如何重建。一方面，20 世纪上半叶和中华人民共和国成立初期的美学发展已经为中国美学积累下相当多的宝贵财富，参加 20 世纪 50 年代美学讨论的美学家在 20 世纪 70 年代末期仍然一丝不苟地继续从事美学研究，据有学者考证，"'文革'期间被迫中断的当代美学研究直到 1978 年才得以恢复，而恢复初期活跃在中国美学研究舞台上的主角仍然主要是那些活跃于 20 世纪五十年代'美学大讨论'中的美学家"，[①] 如何重拾美学家们的信心、如何整理 20 世纪 50 年代的美学遗产成为这一时期的美学问题。另一方面，在此基础上，中国美学的发展前景也是当时亟待解决的问题，美学学科本身涵盖了诸多问题，而且，美学还与文学、哲学、伦理学等学科存在交叉之处，内中所涉及的问题非常复杂，这样一来，如何厘清未来美学研究的重要线索，并且沿着这一线索推动美学的发展，也是当时面临的问题之一。其实，1978 年之后，上述两个方面不仅仅是

---

① 杨存昌主编：《中国美学三十年——1978 至 2008 年中国美学研究概观》，济南出版社 2010 年版，第 42 页。

美学一门学科面临的问题，而是整个中国社会科学面临的问题。基于此，当时，党和国家召开的一系列重要会议事实上都是为了解决这些问题。也只有会议能在短时间内更加集中地研究、部署、落实相关政策。

"文化大革命"结束后相当长的一段时间内，中国社会科学的重构和发展基本上都是由中国社会科学院完成的，在中国社会科学院的领导下，社会科学逐渐走出历史的阴霾，沿着新的更好的方向前进。20 世纪 70 年代末期，中国社会科学院先后召开过几次会议，对社会科学发展起到了积极作用，比如，1978 年 1 月 11 日，中国社会科学院召开制订科研计划和规划动员会，胡乔木①和于光远②在会上分别讲话，就科研计划的制订等问题发表了自己的看法和意见。胡乔木指出，"在年内能够尽快、尽早地，在进行一些初步调查研究、交换意见的基础上，举行一个全国性的分学科规划会议，然后把这些规划综合起来，为全国哲学社会科学规划工作做准备"。③ 就当时的学术情况看，哲学社会科学的发展迫在眉睫，胡乔木呼吁组织召开学科规划会议，从另一方面说明学术会议之于新时期学术制度的重要性。1978 年 6 月 7—10 日，中国社会科学院召开了各省、自治区、直辖市哲学社会科学研究机构负责人座谈会，就制订全国哲学社会科学规划工作及如何开好全国哲学社会科学规划预备会议、规划会议听取意见。④ 在这次会议上，相关参会人员对中国社会科学院制订的学科规划草案提出了一些修改意见，社会科学学科规划粗具雏形。1978 年 9 月 11—27 日，中国社会科学院和教育部在北京联合召开全国哲学社会科学规划会议预备会，胡乔木、周扬⑤、宦乡⑥和刘西尧⑦等出席

---

① 时任中共中央政治局委员、中国社会科学院院长。
② 时任中国社会科学院副院长。
③ 中国社会科学院院史研究室：《中国社会科学院编年简史（1977—2007）》，社会科学文献出版社 2007 年版，第 11 页。
④ 胡乔木和于光远出席了会议。于光远在发言中从学科建设等多个方面提出了颇为具体的建议、意见和措施。关于本次会议，详见中国社会科学院院史研究室《中国社会科学院编年简史（1977—2007）》，社会科学文献出版社 2007 年版，第 18 页。
⑤ 时任中国社会科学院党组成员、副院长。
⑥ 时任中国社会科学院党组成员、副院长。
⑦ 时任教育部副部长。

会议并讲话，① 于光远做了总结报告，② 对即将召开的全国哲学社会科学规划会议进行了全面部署。

　　如果说上述三次会议为哲学学科和美学学科的重构构建了总体的框架和前景，那么全国哲学学科规划会议的召开就为哲学学科未来的具体方向奠定了坚实基础。中国社会科学院哲学研究所受全国哲学社会科学规划筹委会的委托，于 1979 年 4 月 18 日在山东济南召开了全国哲学学科规划会议，会议审议了全国哲学学科八年规划草案，落实规划中所确定的研究项目，商讨与这项规划有关的事项。来自各省、自治区、直辖市137 个单位的 250 名代表参加了会议。③ 这次会议除了对中国哲学、外国哲学做了学科规划外，也对逻辑学、美学和伦理学等分支学科做了进一步的规划，④ 其中也包括美学的建设与发展，据周来祥回忆，"'文革'

---

　　① 胡乔木指出了社会科学的重要作用，对相关工作进行了阐释。周扬做了《哲学社会科学的发展规划和"百花齐放、百家争鸣"的方针》的报告，进一步强调了"双百方针"的重要意义及其同社会科学的天然联系。宦乡做了《三个世界的经济形势鸟瞰》的报告，分析了资本主义世界、苏联、第三世界的经济形势和政治态度。周扬《哲学社会科学的发展规划和"百花齐放、百家争鸣"的方针》的报告后来以同题发表在 1978 年 10 月号的《哲学研究》上。关于周扬一文，详见周扬《周扬文集》（第五卷），人民文学出版社 1994 年版，第 53 页。

　　② 其中，于光远所做的总结报告对于本次会议的相关工作具有建设性，他主要从五个方面进行总结：一是关于哲学社会科学规划的总的指导思想；二是关于规划的重大项目和主要措施；三是关于学科规划；四是关于地方规划和高等院校规划；五是关于这次会议后的工作，可以说言及了社会科学学科建设规划的各个方面，翔实而又具有指导性。就美学学科而言，这次会议对新时期美学的影响主要在于两方面：第一，会议认为哲学学科的规划应该暂时包括逻辑学、伦理学、美学和自然辩证法，这是"文化大革命"结束后全国性会议第一次提到关于美学学科的建设问题，虽然涉及内容不多，但是，对于学科美学的发展来说，其意义非同寻常；第二，于光远号召，"预备会"之后，"在修改、制订规划的同时，要恢复、建立研究机构，要建立学会、研究会，要聚集力量开展研究工作，要创办学术刊物，活跃学术空气"，这一建议在会后得到了积极响应，全国各地纷纷成立哲学社会科学研究会，中华美学学会的成立和第一次全国美学大会的召开都或多或少地受此影响。

　　③ 中国社会科学院哲学研究所：《中国社会科学院哲学研究所四十周年（1955—1995）》，内部资料，第 21 页。其中既有老一辈的著名哲学家，又有担负哲学研究、教学和宣传任务的中青年骨干，还有少数民族的哲学理论工作者。

　　④ 在谈到美学学科时，与会者一致认为新中国成立之后，虽然美学学科取得了一些成绩，但是经过"文化大革命"和"四人帮"十年的破坏，美学学科已经十分凋敝，存在很多学术上的空白，认为应该将美学原理和美学史的编撰工作作为美学研究的一个重中之重，这样才能使美学得到发展、繁荣和复兴。这次会议上还确定了一批科研任务，分配到一些单位和个人上。这样一来，会议无形的精神就可以转变成有形的成绩，也正是在这次会议的感召下，哲学学科的学科建设全面展开。

以后，80 年代在济南召开全国第一次社会科学规划会议（即全国哲学学科规划会议——引者注），其中有一个美学组"。① 虽然言语寥寥，却透露了很多信息：这次会议对美学学科已经充分重视，专门成立了美学组，至少周来祥参加了该次会议。同时，这次会议也就美学学科做出了一些规划，涉及的主要任务如下。

1. 《马克思主义美学发展史》，专著，承担单位待定。
2. 《中国美学史》（四卷本），专著，承担单位为中国社会科学院哲学研究所李泽厚主编，武汉大学刘纲纪、山东大学周来祥、安徽文史馆郭因、兰州大学高尔太等参加，计划 1985 年完成。
3. 《西方美学史》（四卷本），专著，中国社会科学院哲学研究所汝信主编，复旦大学蒋孔阳、北京大学李醒尘、北京师范大学刘宁、哲学研究所叶秀山参加，计划 1985 年完成。②

这次会议的召开对美学研究和美学史进程产生了重要影响：第一，至少可知，刘纲纪和周来祥参加了这次哲学学科规划会议，这可以被看作美学工作者在新时期参加的第一个与美学有关的会议，对于他们等来说，其意义不仅仅在于参加了一次会议，因为受"文化大革命"政治影响，事实上这次会议的政治性和意识形态性仍然很强，③ 美学家能够参加这样的会议，本身就说明国家已经开始重视美学和美学的发展，也说明中国政治对美学和美学家及美学工作者已经开始呈现宽容的态度，美学家和美学工作者获得更大的美学空间，无疑有助于中国现代美学的发展和建构；第二，就美学的内部而言，这是美学获得新生的一个标志，"文化大革命"

---

① 李世涛、戴阿宝编著：《中国当代美学口述史》，中国社会科学出版社 2014 年版，第 64 页。
② 《全国哲学规划会议关于科研项目和丛书、文集、资料书落实的情况》，内部资料，第 16 页。
③ 由《全国哲学规划会议关于科研项目和丛书、文集、资料书落实的情况》可知，科研项目中，马克思、恩格斯、列宁、斯大林、毛泽东的哲学思想和哲学著作研究类共计 28 项，辩证唯物主义、历史唯物主义类 34 项，自然辩证法类 29 项，中国哲学史 9 项，外国哲学史 8 项，伦理学、美学、逻辑学及其他类 20 项，其中，辩证唯物主义、历史唯物主义、自然辩证法计划中很多项涉及马克思主义，从这个粗浅的统计就能够看出这次会议意识形态性很浓。详见《全国哲学规划会议关于科研项目和丛书、文集、资料书落实的情况》，内部资料。

开始初期，全社会已经"严禁"谈"美"，美学研究更不可能，上述美学家在"文化大革命"期间的美学活动大部分都在"地下"进行，这次会议能够单独给美学一席之地，说明美学已经在政治上解禁，对于中国美学界来说，这显然是一件幸事；第三，编撰马克思主义美学史、中国美学史、西方美学史，既说明这次会议已经不再是具有宣传性质的口号而是将各个学科落到实处的动员，也说明20世纪70年代美学家抓住了当时中国美学的纲领所在，因为，自20世纪50年代开始，中国美学界就有编撰、编写美学史和美学教材的计划，当时，朱光潜先生负责西方美学史编撰工作，宗白华先生负责中国美学史编撰工作，王朝闻先生负责美学概论编撰工作，[①] 虽然关于美学的很多工作因为"文化大革命"被迫停止，但是，20世纪80年代开始已经具备编撰美学史的条件，这也为美学学科的发展提供了某种现实理论。无论如何，全国哲学学科规划会议的召开意义重大，从那时起，中国现代美学从制度上才又翻开了崭新的一页。

二 第一次全国美学会议的总体情况

第一次全国美学会议于1980年6月4—11日在云南昆明召开，[②] 历时八天，其间休会两天（6月7日和6月10日），实际上开了六天。这次会议由中国社会科学院哲学研究所美学研究室齐一等二人负责筹划。关于第一次全国美学会议的举办地点，齐一等先是在昆明和桂林之间选择，后来敲定了昆明。[③] 参加第一次全国美学会议者共计87人，[④] 他们来自全

---

① 据齐一回忆，当时"我亲自去找朱光潜先生，希望由他来写《西方美学史》，他不但答应了，也认真地完成了这项工作。我还找过宗白华，想让他负责写《中国美学史》，他也接受了，但最后没有编出来"。详见李世涛、戴阿宝《中国当代美学口述史》，中国社会科学出版社2014年版，第40页。

② 具体地点为昆明军区招待所。

③ 据朱光潜1980年2月9日写给陈望衡的信，"前几天碰见哲学所美学组齐乙（即齐一——引者注）同志，他告诉我确实预备在夏初在昆明或桂林开美学会议"，可见最初会议筹备者并没有一下子敲定会议的举办地。详见朱光潜《朱光潜全集》（第十卷），安徽教育出版社1993年版，第486页。

④ 据《第一次全国美学会议简报》。另，陈望衡回忆参会人数为86人，详见陈望衡《我与〈美育〉杂志》，《美育学刊》2014年第2期。

国二十个省、自治区、直辖市的高校、研究所、出版社等单位，其中包括朱光潜、伍蠡甫、齐一、汝信、胡经之、洪毅然、周来祥等。①

"由于健康原因或工作原因，未能与会的美学工作者有王朝闻、蔡仪、宗白华、马采、朱彤、黄药眠、蒋孔阳、王子野、徐中玉、赵宋光、叶秀山等同志。"② 虽然没有到会，但是，王朝闻、宗白华、马采和蒋孔阳等纷纷致函对会议召开表示祝贺。

第一次全国美学会议主要有三项主要内容：一是参加会议的各位代表代表本单位向大会介绍并汇报开展美学工作的情况；二是对相关美学问题进行学术讨论和交流；三是成立全国美学学会并进行选举（见表一）。会议开幕当日，全会首先选举了主席团并由主席团推选秘书长，主席团包括马奇、王甸、朱光潜、伍蠡甫、孙耕夫、汝信、齐一、洪毅然。③ 之后，汝信④致开幕词，从美学研究的重要意义、社会作用等问题提出了一些意见和建议，并传达了胡乔木关于开展哲学社会科学研究等相关问题工作的精神。作为老一辈美学家，朱光潜在开幕式上做了即席发言，他回顾了自己从事美学的历程，总结了当前从事美学研究所做的工作，描述了 20 世纪 70 年代末期呈现出来的美学状况，介绍了美学研究的一些方法。⑤ 朱光潜当时已经 83 岁高龄，无论是家庭还是单位都不同意他远赴昆明参会，⑥ 但是想"这么个盛会我不能不来。希望能和朋友们见见面，谈谈心"，所以当时的发言只是"随便谈谈，没有什么准备"。⑦

---

① 为朱光潜健康考虑，其他与会者住大楼，"84 岁的朱光潜住一个僻静的小院"。详见朱洪《朱光潜大传》，人民日报出版社 2012 年版，第 370 页。

② 《全国美学会议在昆明举行并成立中华全国美学学会》，《国内哲学动态》1980 年第 7 期。

③ 中国社会科学院哲学所美学室：《第一次全国美学会议简报》1980 年 6 月 5 日第二期。

④ 时任中国社会科学院哲学研究所副所长。

⑤ 关于朱光潜在第一次美学会议上的讲话，详见中国社会科学院哲学所美学室《第一次全国美学会议简报》1980 年 6 月 4 日第一期。

⑥ 据丁枫回忆，他在赴昆明前"曾在北京停了两天"，"大约是到京后的第二天下午"，"去北大燕南园拜访朱老"，时逢众人朋友动员朱光潜不要参加第一次美学会议，"当时的场面很有意思。不管大家怎样掰开揉碎地说，朱老就是不哼声。不生气，也不表态。时不时地捅一捅他那个烟斗。看得出来，先生的基本策略就是一个不吱声，'以逸待劳'"。最后众人无奈，只好将照顾朱光潜的任务交给丁枫，丁枫照顾朱光潜一起南下。详见丁枫《长歌当哭——纪念朱光潜先生逝世一周年》，《朱光潜纪念集》，安徽教育出版社 1987 年版，第 227 页。

⑦ 中国社会科学院哲学所美学室：《第一次全国美学会议简报》1980 年第一期。

第一次全国美学会议上，一些代表介绍了本单位关于美学的研究状况。复旦大学樊莘森介绍了复旦大学美学研究的成绩，主要包括撰写的一批美学著作。① 四川大学王世德结合四川大学中文系和哲学系的美学课程情况介绍了该校美学研究的进展情况。② 河北大学梅宝树介绍了河北大学成立"美学研究社"的情况。北京大学杨辛围绕中文系、哲学系的美学学科建设、美学课、美学教材及相关资料向会议组进行汇报。③ 中国社会科学院文学研究所涂武生介绍了蔡仪《新美学》的修改等情况。事实上，在历次全国美学会议上，只有第一次全国美学会议中存在介绍本单位美学状况这个环节，具有相对独特性。以后来的眼光看，这种汇报或介绍似乎并无存在的必要，然而 20 世纪 80 年代初期，全国的文化事业都处在百废待兴的新时期，全国美学工作者难得一聚，在会议上传达、介绍、普及各个相关单位的美学研究状况，就是对全国美学研究情况进行摸底，也意在对当时的中国美学研究和美学制度进行更具理性、更具现实性、更具前瞻性的判断，只有这样，与会者才能更好地开展之后的研究，之后的事实也在不断地证明，中国现代美学正是在全国第一次美学会议期间与会者所描述的那个理论环境和社会环境中不断成长进步起来的。

学术交流是第一次全国美学会议非常重要的内容之一。在这次会议上，与会人员针对 20 世纪 70 年代末以来美学研究中的重要问题进行了深入讨论和交流，这些问题包括美育、美的本质、中国美学史研究和形象思维等问题。学术交流的形式呈现多样化状态，既有会议主题发言（报告），也有分小组讨论发言；既有有准备的发言，也有即席发言。在几天的学术对话中完成了关于现代美学相关问题人与人之间的理论旅行，同时也使与会者看到了美学研究的希望所在。更重要的是，在第一次全国美学会议上"成立了中华全国美学学会，通过章程，选举学会

---

① 如《德国古典美学》（蒋孔阳）、《先秦诸子美学思想述评》（施昌东）、《"美"的探索》（施昌东）、《西方文论选》（伍蠡甫等）、《西方文论发展简史》（伍蠡甫、夏仲翼）等。

② 四川大学还拟编写一部《简明美学辞典》。

③ 北京大学中文系计划编撰《中国文学思想史》，哲学系编撰的《中国美学史资料》和《西方美学家论美和美感》修订重新出版。

会长、副会长、常务理事和理事。会议还通过了中华全国美学学会的工作计划，提出了关于开展美学研究、教学和普及工作的建议"。①《中华全国美学学会简章》从名称、宗旨、会员和组织等四方面对中华全国美学学会进行说明，是学会纲领性文件。《中华全国美学学会工作计划纲要》为之后美学研究和美学活动的开展提出了一些具有指导性和建设性的意见和建议，包括课题研究、翻译文献、整理资料、学术交流、落实美育、成立组织、建立档案和开辟专栏等多个内容。《关于美学工作的情况和建议》介绍了当时美学的存在方式和理论样态，提出了一些关于美学研究和美学活动的具体措施，指出美学工作者要为国家现代化服务，要将长远计划和短期计划相结合以加速推动美学研究等相关工作。②

会后，与会者相约游览了云南、四川、湖北等地。③

表一　　　　　　　　第一次全国美学会议召开时间及相关活动④

时间		会议相关活动	发言人
5.26		周扬在约见全国第一次美学会议筹备人员时发表了重要讲话，后题为《关于美学研究工作的谈话》	周扬
6.4	下午	●14：30 会议开幕 ●齐一主持会议 ●选举会议主席团成员并推选出会议秘书长 ●汝信致开幕词 ●播放周扬讲话录音 ●宣读王朝闻等人贺信 ●与会者对美学教学等相关问题进行交流	齐一 汝信 樊莘森 王世德 梅宝树 杨辛 涂武生

①　中国社会科学院哲学所美学室：《第一次全国美学会议简报》1980 年 6 月 11 日第八期。

②　关于《中华全国美学学会简章》、《中华全国美学学会工作计划纲要》和《关于美学工作的情况和建议》的完整内容，详见中国社会科学院哲学所美学室《第一次全国美学会议简报》1980 年 6 月 11 日第八期。

③　据朱光潜 1980 年 6 月 28 日写给程代熙的信，"我到昆明参加了美学会议，游览了久已想望的石林、滇池、龙门和大观楼、筇竹寺等胜境"，详见朱光潜《朱光潜全集》（第十卷），安徽教育出版社 1993 年版，第 486 页。详见李世涛、戴阿宝《中国当代美学口述史》，中国社会科学出版社 2014 年版，第 138 页。

④　表格根据《第一次全国美学会议简报》（第一——八期）制成。

续表

时间		会议相关活动	发言人
6.5	上午	举行学术报告会： 1. 洪毅然：《论美育》 2. 马奇：《艺术认识论初探》 3. 胡经之：《关于中国美学史的方法论》 4. 肖兵：《对当前美学问题的一些看法》 5. 周来祥：《中国古典美学和古典文艺理论的奠基石——试论公孙尼子的〈乐记〉》	洪毅然 马奇 胡经之 肖兵 周来祥
	下午	分组座谈讨论，就美育和形象思维等问题进行学术报告和发言	洪毅然、伍蠡甫、郭因、卢善庆、朱狄、刘志一、梅宝树、黎明祥、秦裕芳、李范、马奇、高尔太、满都夫、侯敏泽、赵仲牧、丁枫
6.6	上午	举行全体会议，中国社会科学院哲学所副所长孙耕夫传达了胡乔木在中国社会科学院第一次党代表大会上的报告中与学术研究有关的部分。 举行学术报告会： 1. 郭因：《传神论的产生和发展》 2. 王世仁：《建筑形象的艺术性和创作思维特征》 3. 朱立人：《舞蹈的几个美学特征》 4. 胡经之：《关于中国美学方法论》	郭因 王世仁 朱立人 胡经之
	下午	对美的本质和中国美学史问题进行座谈	陈育德、马觉民、朱狄、王世德、丁枫、邢煦寰、张帆、彭定安、张云树、马奇、肖兵、刘纲纪、郑钦镛、施昌东、郭因、林雨华、朱一智、王世仁、杨永祁、周来祥、于民、侯敏泽
6.6	晚间	举行了高校美学教学和造型艺术美学两个座谈会，对高校美学教学和造型艺术美学问题进行了交流	伍蠡甫 王世仁 洪毅然
6.7	上午	休会	
	下午	休会	

续表

时间		会议相关活动	发言人
6.8	上午	举行学术报告会： 1. 刘纲纪：《关于美的本质》； 2. 张赣生：《中国戏曲的几项基本原则》； 3. 施昌东：《论汉代的神学与美学》； 4. 卢善庆：《台湾美学研究简介》； 5. 杨咏祁：《对形象思维讨论的一点意见》； 6. 郑开湘：《形象思维和抽象思维关系》； 7. 彭立勋：《关于马克思主义美学的研究问题》	刘纲纪、张赣生、施昌东、卢善庆、杨咏祁、郑开湘、彭立勋
	下午	分组讨论美育问题和美学史问题	朱一智、洪毅然、张云树、张帆、赵仲牧、黎明祥、梅宝树、施昌东、吴火、朱立人、彭定安、胡经之、葛路、李翔德、伍蠡甫、王世德、王世仁、肖兵、于民、李丕显、徐书城
6.9	上午	分组讨论美的本质和形象思维问题	吴戈、张帆、马觉民、王世仁、朱丰顺、伍蠡甫、洪毅然、徐书城、彭定安、周来祥、郑涌、赵仲牧、满都夫、梅宝树、黎明祥、陈望衡、曾宪晃、李翔德、肖兵、刘志一、邢煦寰、刘纲纪
	下午	举行西方美学座谈会	滕守尧、俞晴、卢善庆
	晚间	●参加美学大会的高校教师举行全体大会 ●成立全国高等学校美学分会，选出理事会 ●理事会召开会议制定工作计划	伍蠡甫、洪毅然、刘纲纪等
6.10	上午	休会	
	下午	休会	
6.11		●召开全体会议 ●通过章程，成立中华全国美学学会 ●选举美学学会会长、副会长、常务理事和理事 ●通过了中华全国美学学会工作计划 ●提出了开展美学研究、教学等工作的建议 ●当选会长朱光潜讲话	朱光潜

三　"周扬谈话"与第一次全国美学会议的理论基础

第一次全国美学会议是新中国成立 30 年以来甚至是 20 世纪以来的一次美学盛会，之前的若干年里，虽然中国现代美学自王国维、蔡元培、朱光潜等开始就一直处于不断的变革和发展之中，新中国成立后也时而有美学小组的讨论活动，但是如此一般的美学会议尚属首次，在第一次美学会议之前，丝毫没有可资借鉴的范式和典型。因此，这次美学会议的主题、思想、观念和基调就成为会议组织者首要面临的重要问题。在当时的社会环境和社会思潮下，政治、意识形态和社会文化仍然存在千丝万缕的联系，虽然一些美学家（如朱光潜、宗白华、伍蠡甫、蔡仪、王朝闻者）在美学界已经取得了一些实绩，其中不乏领袖人物，也在中国现代美学界受人尊重，但是因为政治上、思想上、观念上这样那样的限制，并没能成为为第一次全国美学会议"立法"的人。① 最终，会议筹备者邀请了周扬为这次会议定下基调，并于 1980 年 5 月 26 日拜访了周扬，周扬当日发表了后来题为《关于美学研究工作的谈话》（以下简称为"周扬谈话"）的谈话，② 这篇谈话成为第一次全国美学会议的纲领性文件。如果说第一次全国美学会议为之后很长一段时间的中国现代美学研究立法，那么周扬就成为第一次全国美学会议的立法者。

周扬及周扬谈话成为第一次全国美学会议的"立法者"并不是事出无因。周扬同 20 世纪文艺活动、意识形态和思想解放运动都存在千丝万缕的联系，其既是"左翼"运动的宿将，又是解放区文艺的开拓者，既是毛泽东文艺思想的代言人，又是思想解放运动的领路人，集多种身份于一身，无论是从历史地位上说还是从意识形态上说都可以成为美学会议和

---

　　① 朱光潜不是共产党员，宗白华当时在美学研究界并没有如今天这般的高位，伍蠡甫当时的研究偏重文学而不是美学，蔡仪和王朝闻在党内职务不高。另外，当时林风眠已经移居香港。

　　② 《关于美学研究工作的谈话》发表在《美学》上，后来收入《周扬文集》。关于《关于美学研究工作的谈话》，详见周扬《周扬文集》（第五卷），人民文学出版社 1985 年版，第262—277 页。

美学发展的设计者。具体言之，第一，作为文艺理论家，周扬在美学上取得了一些建树，尤其是中华人民共和国成立之后，为中国现代美学做出了一些贡献。周扬翻译了包括车尔尼雪夫斯基《生活与美学》的很多外国美学和文学文献，20世纪40年代之后在马克思主义文艺思想研究方面颇有收获，20世纪60年代又开始主持高校文科教材建设工作，并直接领导王朝闻参与主编的《美学概论》，可以说，周扬一直以来都是距离美学较近的文艺理论家，也是一位美学家。所以第一次全国美学会议请周扬做"总设计师"，具有理论上的合理性和合法性。第二，周扬在党内具有一定的地位。中华人民共和国成立之后，周扬曾任中央宣传部副部长和文化部副部长，长时间领导党内的宣传工作和文化工作。"文化大革命"结束后，1979年9月，在党的十一届四中全会上，周扬被补选为中央委员。1980年3月，开始担任中央宣传部副部长。① 在一个"政治挂帅"还具有很强惯性的时代中，党（周扬无疑是党的代表）能够领导第一次全国美学会议的召开无疑使会议本身具有很强的合法性。第三，"文化大革命"结束之后，周扬复出，② 先后承担社会职务和行政职务，一直为中国社会科学建设问题殚精竭虑。1977年12月，经胡乔木请示邓小平，推荐周扬担任中国社会科学院顾问，1978年9月开始，周扬成为中国社会科学院党组成员、副院长，1979年11月，周扬当选为中国文联副主席。③ 这些脚前脚后的角色使得周扬在20世纪70年代末期往来于新时期各种各样的社会科学会议之间，举凡中国文学、外国文学、戏剧、历史等相关问题都有涉及，还参加了大百科全书编撰的工作会议、文联和作协等相关会议。与社会科学相关的会议请周扬出山成为一种政治姿

---

① 关于周扬"文化大革命"之后的社会活动，详见吴敏《周扬年谱简编》系列文章，共9篇，《现代中文学刊》2013年第2期—2014年第6期。

② 周扬复出得益于毛泽东。1975年6月17日，毛泽东在给林默涵给自己信的批语中写道，"周扬一案，似可从宽处理，分配工作，有病的养起来并治病。久关不是办法。请讨论酌处"。1975年7月14日晚，毛泽东在同江青谈文艺政策调整问题时指出，"鲁迅在的话，不会赞成把周扬这些人长期关起来"。之后，周扬从秦城监狱中被释放。关于周扬出狱等相关问题，详见郝怀明《如烟如火话周扬》，中国文联出版社2008年版，第327页；亦见于罗银胜《周扬传》，文化艺术出版社2009年版，第340页。

③ 吴敏：《周扬年谱简编（七）》，《现代中文学刊》2014年第1期。

态。周扬也确实为新时期社会科学的发展给予了自己很多思考，为社会科学建设提出了一些行之有效的意见和建议。如童庆炳所言，"他的许多讲话和文章，与当时的时代思潮同步，对全国文学艺术的发展产生了影响"。① 这样一来，第一次全国美学会议请周扬谋篇规划，可以说顺理成章。

周扬谈话在第一次全国美学会议开幕当日以录音的方式播放。谈话大致分为五部分。一是强调美学和美学研究的重要作用和现实意义，认为开展美学研究具有迫切性。他以亚里士多德、鲍姆加登、康德、蔡元培、王国维、鲁迅和朱光潜为中心追溯了东西方美学史，认为审美活动和社会现实息息相关，尤其是"在我们这样一个有十亿人口的大国，在实现社会主义现代化建设的斗争中，应该充分估计美学的重要性，应该把开展研究美学问题的工作放到一个应有的恰当的位置上来"。② 二是提出"努力建立与现代科学水平相适应的马克思主义的中国美学体系"。他回顾了马克思主义美学历史上的经典著作，③ 认为中国的美学工作者应该认真、系统地研究马克思主义，要将马克思主义同中国现实、同中国现代化进程结合起来，就美学而言，要既重视外部研究又重视内部研究，"必须给自己提出这样一个重大的历史任务，就是用历史唯物主义，对美、美感这种现象，对美的产生和美的发展做出科学的说明，形成一个马克思主义的中国美学体系"。④ 三是提出整理几千年以来的美学遗产，即认真编撰中国美学史的问题。周扬认为，中国古代存在大量关于文学、绘画、雕塑、建筑、音乐、戏曲、舞蹈、工艺、园林、书法、篆刻等美学艺术的经典著作，虽然以系统性和体系性看，这些关于美学的论述大多"零碎""不系"，但是其背后深厚的文化积淀可以将之很好地联系在一起，这就需要美学研究者加以整理，梳理出属于民族的美学理论和

---

① 童庆炳：《周扬晚期的文艺思想》，《文艺研究》2009 年第 10 期。
② 周扬：《周扬文集》（第五卷），人民文学出版社 1985 年版，第 264 页。
③ 包括《生活与美学》《1844 年经济学哲学手稿》《党的组织和党的文学》《在延安文艺座谈会上的讲话》等。
④ 周扬：《周扬文集》（第五卷），人民文学出版社 1985 年版，第 266 页。

美学史，并在此基础上对东西方美学进行比较研究。① 四是重视审美教育并加强美育研究。周扬认为，在社会主义现代化建设中不能没有美育，因为美育的任务是"培养和提高人们对现实世界（包括自然和社会）以及文学艺术作品的美的鉴别、欣赏和创造能力，陶冶人们的情操，提高人们的生活趣味，使人们变得高尚、积极，在思想感情上全面健康成长"。② 值得说明的是，周扬并没有将美育看成纯粹的艺术教育，而是认为"文明行为、环境保护和清洁卫生在一定意义和一定范围内也与美育有关或属于美育"，③ 并强调青少年尤其需要加强美育修养。五是提出学术研究和学术讨论要有充分的自由，要坚持"百家争鸣、百花齐放"的方针，并提出之后不再提"文艺从属于政治"一类的口号，认为只有这样，才能给美学工作者卸下包袱，使其更好地、更自由地从事美学研究。实际上，无论是编撰美学史还是加强美育建设，其背后隐藏的都是美学制度的问题，美学史的编撰工作很大程度上是教育和课程的需要，这恰恰是美学制度的一部分。可见，周扬谈话中潜藏着一些美学制度的隐秘逻辑。

周扬谈话无论是在理论上还是在实践上都对第一次全国美学会议具有指导作用。首先，在一个万马齐喑的美学时代里，周扬谈话为当下的美学研究提供了一条清晰的理路和研究侧重点。在第一次全国美学会议上，美学史研究和美育研究及马克思主义美学研究成为热点研究问题，很多参会者纷纷就这几个问题陈述自己的思想和观点，这就为20世纪80年代美学研究提供了一个逻辑起点。直到21世纪初，美育依然是美学研究的重要问题之一，可见相关问题的重要性和持续性。周扬谈话无疑对美学研究的诸多侧面具有指导意义。比如，周扬在谈话中说"艾思奇同志写过一本《大众哲学》，内容并不是怎样高深，但它起到很大的宣传和教育作用。艾思奇把哲学与广大群众结合起来了，美学也要同广大群众

---

① 可以认为，周扬之所以强调美学史及其重要性，或多或少受到济南全国哲学规划会议的影响，这次会议要求各科研单位落实好会议精神并且承担相应的科研项目，编撰《马克思主义美学发展史》、《中国美学史》和《西方美学史》成为会后美学学科的主要任务，这也是1980—1985年间官方决策中关于美学的主要任务。

② 周扬：《周扬文集》（第五卷），人民文学出版社1985年版，第272页。

③ 周扬：《周扬文集》（第五卷），人民文学出版社1985年版，第273页。

结合。如果美学工作者能写一本《大众美学》，那不是很需要吗?"① 之后的 1981 年就有人编撰了一部《大众美学》②，周扬谈话对美学研究的影响可见一斑。其次，周扬不但为中国现代美学研究提供了研究的对象，而且为中国现代美学研究提供了方法论。他所指出的将马克思主义同美学研究相结合的方法一直以来都是中国现代美学研究的一条准绳，现代美学家和美学研究者无论何时、无论何地都在这种方法论框架中进行学术研究和学术探讨，随心所欲而不逾矩。另外，周扬为中国现代美学研究提供了一个相对自由的维度和环境，以第一次全国美学会议为例，其中参会者身份多元，既有美学家和美学研究者，也有美学爱好者，他们讨论的形式和内容也相对自由，大家在会议期间可以畅所欲言，也在无形之中引领出了宽松的对话形式。然而，"自由"也存在相对的问题，因为毛泽东《在延安文艺座谈会上的讲话》之后，解放区文艺就与政治产生了千丝万缕的连带关系，新中国成立之后尤其是 20 世纪 60 年代之后，政治已经完全成为文艺的伞盖。久而久之，政治与文艺的关系已经具有某种强大的惯性，这种惯性在 80 年代初期显然并没有消弭，所以虽然周扬言"今后我们不再提文艺从属于政治"，"并不是说文艺或美学问题同政治没有关系，但把这种关系说成只是从属，那就有些片面性，就不能正确反映事物的本来关系，势必导致在政治和文艺的关系问题上流于狭隘功利主义和实用主义的偏向"，③ 但实际上后来的美学理论和美学实践证明，80 年代的美学研究与国家政治仍然存在潜在的联系。

四　第一次全国美学会议的美学话题

学术讨论无疑成为第一次全国美学会议的重中之重。在六天的讨论过程中，与会者就美育、美学史、形象思维和美的本质等问题进行了深入交流，达成了很多共识，碰撞出一些火花，通过几天的交流与对话，

---

① 周扬：《周扬文集》（第五卷），人民文学出版社 1985 年版，第 274 页。
② 洪毅然：《大众美学》，陕西人民出版社 1981 年版。
③ 周扬：《周扬文集》（第五卷），人民文学出版社 1985 年版，第 275 页。

美学研究的前景已然更加清晰和明朗。美育问题是第一次全国美学会议讨论最多的问题，关于美育问题的讨论主要集中在四个方面。一是提倡美育的必要性和迫切性。洪毅然在关于美育的专题报告中就提出培养人的审美能力是美育的主要任务和落脚点，因此，在社会主义现代化进程中要将培养全面的人作为第一要务；伍蠡甫等则从宏观上构想美育同社会主义建设、人的全面发展之间的联系，认为现代化建设不能缺少美育，其中也涉及贯彻美育思想的急迫性。二是美育所涵涉的内容和形式问题。卢善庆以王国维、蔡元培和陈望道为中心介绍了美育在中国现代美学中的渊源，为美育寻找到了现代美学诞生初期的理论起点；赵仲牧认为美育应该具有一个正确的审美标准，并在此基础上提高人们的审美能力；黎明祥和梅宝树等认为若要提倡美育就必须肃清封建意识和"四人帮"极"左"路线对美育思想的影响，从思想环境上为美育发展提供出路；施昌东和朱立人等提出美育并不就是单纯的艺术教育，而是超越于艺术教育之上的人的全面发展。三是美育和智育、德育的关系问题。有人认为社会主义培养的人才都应该是德、智、体、美全面发展的人，在重视德育和智育的同时，也需要注意美育的培养，美育要与德育和智育平行发展，而不是只占从属地位。四是关于加强美育的措施和建议。有人认为应该落实组织机构，让美育落到实处；有人建议加强对师资队伍美育思想的培养；还有人认为应该从课程设置上落实美育思想。这其中，李范提出的建议最为具体，他从五方面对如何落实美育提出了一些设想，[①] 这些设想对于落实和完善美育政策具有现实性和时效性。[②]

　　第一次全国美学会议也深入讨论了关于中国美学史的相关问题，大致分为三个方面。一是关于中国美学史的对象和范围问题。刘纲纪、肖兵、周来祥等都认为，中国美学史应该有广义和狭义之分，并

---

① 包括加强宣传、建立美育中心、建议教育部对教育方针进行"美育"的补充、采取具体措施、争取社会支援等多个方面。

② 关于第一次全国美学会议对美育思想的讨论，详见中国社会科学院哲学所美学室《第一次全国美学会议简报》1980年第三期；中国社会科学院哲学所美学室《第一次全国美学会议简报》1980年第六期。

且认为编写美学史还需要从狭义的角度出发为好。① 此外，伍蠡甫认为，在编撰美学史或者进行美学史研究的过程中应该将美学见解、作品本身的艺术成就和批评家的评论结合起来；王世仁和王世德认为，中国美学史的研究应该同当时的社会思想、时代背景联系起来，不能孤立地进行美学史的研究；李翔德认为，应该将中国美学史的研究置于哲学研究的视域之中，以哲学作为一种方法进入美学史研究中；胡经之认为，美学史研究要"研究在人与自然和社会的关系中表现出来的审美理想和历史发展"，② 而葛路则认为，美学史的研究中艺术美占有主要地位。二是关于中国美学史发展的线索问题。所谓"美学史发展的线索"事实上就是如何对美学史进行把握的问题，如周来祥认为不能如从前一样将美学史置于唯物或者唯心的一个语境下，要按照美学史的本然逻辑进行研究；胡经之、王世仁、刘纲纪等则认为，要把握住美学史研究中共时性和历史性之间的关系问题，要以历史的视角认识美学史；郑钦镛认为，在美学史研究中应该重视美的本质、美的理想和美的创作方法。三是涉及美学史研究的其他问题，如美学史研究应该冲破教条主义禁锢③，专题、专史和通史之间的关系问题，美学史的体例问题④和图书资料问题⑤等。

形象思维问题是第一次全国美学会议重点讨论的另一个问题。与美育问题和中国美学史研究问题不同，关于形象思维问题的讨论并不是周扬或者他人授意，而是迎合了当时美学研究的热点问题，当时，中国思想界正拂起一股关于"形象思维"讨论的春风，第一次全国美学会议上关于"形象思维"的讨论无疑成为这次讨论的注脚。对于形象思维问题，

---

① 中国社会科学院哲学所美学室《第一次全国美学会议简报》1980 年第四期。这说明当时的中国美学史编撰工作已经开始展开并按照狭义的美学史定义进行编撰。

② 中国社会科学院哲学所美学室：《第一次全国美学会议简报》1980 年第六期。

③ 徐书城认为，不能以"主义"来对中国美学史进行区隔；葛路认为美学史撰写应该风格多样、形式多样，而不是千篇一律、千文一说。

④ 郑钦镛认为，秦汉之前的美学史应该以作者为中心，隋唐之后的美学史应该以作品为中心。

⑤ 很多参会者呼吁有关部门及时出版、复印相关资料以利研究。

"有同志不同意用形象思维来概括艺术人士的特殊性；有同志认为，艺术形象是人类情感的象征；也有同志提出，艺术直接诉诸情感"，① 内中分歧颇多，形成了对话之势。马奇认为，形象思维不足以概括艺术认识中所产生的特殊性，认为艺术的特殊性主要表现在认识对象、表现方式、情感特征和主观性上。高尔太（即高尔泰——笔者注）认为，在艺术创作过程中应该重视情感的作用而不是重视思想认识和客观现实。满都夫、侯敏泽和赵仲牧等也都认为，应该重视形象思维在艺术创作中的重要性，而丁枫则认为不能因为形象思维的存在就否定艺术创作是一个非常复杂的过程这个事实。同时，也有人强调形象思维存在的合理性和合法性，伍蠡甫通过自己的创作实践说明形象思维在艺术创作中的重要作用。同时，也有一些学者认为，不能只是从认识论的角度解读形象思维，如周来祥和郑涌就认为，用形象思维理解艺术有些偏颇。

同形象思维一样，关于美的本质的问题也是一个热点问题，无论是在内容上还是在形式上都可以看作 20 世纪 50 年代美学问题大讨论的延续，如 20 世纪 50 年代一样，这次美学会议上的讨论也分为三种观点，也有些发言人回避了这三种观点，而是从技术和方法上对美的本质问题进行界说。在 6 月 6 日的讨论中，陈育德认为，自然美本身就具有审美属性；马觉民认为，美的本质问题的难点是"美和功利性以及逻辑思维的关系问题"和"美的客观性和相对性的问题"；② 朱狄认为，讨论美的本质不能总是把学说扣上唯心主义和唯物主义的帽子，这样不利于"双百"方针的贯彻；王世德和马奇认为，美的本质的难点是如何给"美"下定义；张帆和张云树认为，美是客观的。在 6 月 9 日的讨论中，赵仲牧总结了关于美的本质讨论中的诸种学说，并指出，以实践的观点看，自然美也是历史性的一个范畴；陈望衡根据马克思主义的思路理解认为，美就是"人的本质力量对象化"；曾宪晃认为，要从社会学、生理学和心理学等多个方面理解美的本质；肖兵对美的本质做了比较全面的描述；邢煦寰则抱着与刘纲纪商榷的态度对美的本质问题提出了几点意见。

---

① 中国社会科学院哲学所美学室：《第一次全国美学会议简报》1980 年第三期。
② 中国社会科学院哲学所美学室：《第一次全国美学会议简报》1980 年第四期。

第二节 省级美学学会成立会与新时期美学研究的全面展开

在第一次全国美学会议所提出的《关于美学工作的情况和建议》中，会议倡议发展美学应该有组织保证，指出，"除中国社会科学院哲学所外，其他有关单位也可以建立美学研究室或教研室"，"根据当前的条件，首先成立全国美学学会和地方性、专业性的分会，或在哲学学会内成立美学组，吸收专业和业余的美学工作人员和教学工作者参加，经常组织一些学术活动"。①《中华全国美学学会工作计划纲要》在谈到组织工作时也指出，"建议各省、市、自治区的哲学学会和有关高等院校、艺术科研单位成立美学研究组或美学分会、研究会。经常的学术活动主要由各地方研究组或分会组织"。② 这为省级美学学会的成立提供了信心，同时也起到了一定的理论导向的作用。按照《建议》和《纲要》的政策和要求，各地方美学学会纷纷筹备成立，1980—1985 年间，相关省市美学学会或者美学研究会相继成立，这些省市美学学会成立都要召开成立会或者讨论会，③ 这成为省市美学研究和讨论的先声，从这些会议也能够看出，20 世纪 80 年代初期中国现代美学呈现的繁荣景象。

一 省级美学学会成立会的召开

20 世纪 80 年代，最早成立省级美学学会的有天津市、河北省、安徽

---

① 中国社会科学院哲学所美学室：《关于美学工作的情况和建议》，《第一次全国美学会议简报》1980 年 6 月 11 日第八期。

② 中国社会科学院哲学所美学室：《中华全国美学学会工作计划纲要》，《第一次全国美学会议简报》1980 年 6 月 11 日第八期。

③ 事实上，各个省（区）市对于美学学会的称呼并不一致。有的称为美学学会，如河南省美学学会；有的称为美学研究会，如上海美学研究会；有的称为中华美学学会分会，如中国美学学会山西分会。还有一些省之前称为研究会，后来称为学会，如吉林省美学学会成立于1984 年 12 月 10 日，其前身为吉林省美学研究会，成立于 1980 年 10 月 27 日。为行文统一，本书统称为美学学会。

省和四川省，分别成立于 1980 年 9 月 15 日、1980 年 10 月 25 日、1980 年 11 月 20 日和 1980 年 11 月 10 日。这四个省市美学学会成立会的内容比较丰富，在学会成立会上宣布学会成立，推选出理事、会长等人，安排学会规划。① 其中，各个学会的工作计划值得注意：天津市的工作计划是进行学术讨论、组织知名专家报告会、创办美学刊物、举行年会宣读论文、出版著作、举办读书会和举办美育座谈会；② 河北省美学学会的工作计划是召开年会、及时和中华美学学会和兄弟美学学会进行交流、开展美育工作、翻译国外资料、创办会刊；安徽省美学学会的工作计划是出版研究成果、抓紧落实审美教育工作、组织报告会、出版会刊；③ 四川省美学学会的工作计划是开展小型活动、宣传美学、编印美学相关图书。④ 可见，省级美学学会的组织者和参与者对相关美学问题的想法已经相当成熟，虽然没有会议上的讨论和对话，但是，无论是从理论上还是从实践上都具有向前探索和落实美学的作用。

受第一次全国美学学会和上述四省市美学学会成立会的影响，之后的四年里，又相继成立其他省市美学学会并召开成立会，如上海（1981 年 1 月 20 日）、黑龙江（1981 年 4 月 24 日）、江苏（1981 年 6 月 5 日）、辽宁（1982 年 5 月）、山西（1983 年 5 月 23 日）、浙江（1983 年 4 月 11 日）、河南（1984 年 10 月）和吉林（1984 年 12 月 10 日）等先后召开美学学会成立会，因为各个省市自身的条件不同，所以这些美学学会大多量体裁衣，有的只是在形式上宣布学会成立，有的则召开了学术讨论会。虽然只是省市一级的美学学会成立，其实会议筹备工作非常烦琐，以安徽省美学学会成立会为例，成立会前组成了安徽省美学学会筹备会，筹备会先后召开了两次会议，第一次会议确定了成立会的主题思想，并就会员条件

---

① 以河北省美学学会为例，河北省美学学会成立于 1980 年 10 月 25 日，成立会上只是规定了学会计划和活动内容。直到 1981 年 8 月 21 日，河北省美学学会才举行了第一届学术讨论会，地点在北戴河，省内有关单位 100 人左右参会，会议就美的本质、美的对象和美感等问题进行学术讨论。

② 《天津、河北、四川、安徽美学学会相继成立》，《国内哲学动态》1981 年第 1 期。

③ 《天津、河北、四川、安徽美学学会相继成立》，《国内哲学动态》1981 年第 1 期。

④ 《天津、河北、四川、安徽美学学会相继成立》，《国内哲学动态》1981 年第 1 期。

等问题进行了讨论，会后进行了会员登记等工作。① 第二次会议进一步检查了筹备工作的进展情况和相关文件的落实情况。可见，地方单位对省市美学学会成立并举行会议给予了高度重视，安徽省美学学会筹备小组由省委宣传部副部长戴岳担任，足见安徽省党委和政府对这次会议的重视程度。②

　　天津市、河北省、安徽省和四川省美学成立会在形式和内容上相对简单，这与准备匆忙不无关系，因为这四省市美学学会成立会召开的时间距离第一次全国美学会议召开的时间比较短。而之后几个省市美学学会成立会则经过长时间的酝酿和准备，所以在各个方面都取得了很好的进展。以江苏省美学学会为例，1981 年 6 月 5—8 日，江苏省美学学会成立会在南京举行，王朝闻、蔡仪和郭因等发来贺信，江苏省出版局局长高斯和江苏省社科联副秘书长姚北桦在致辞中强调了美学和美学研究的重要性，并对江苏省美学学会寄予厚望，要求"美学学会广泛团结全省专业和业余的美学工作者，在马列主义、毛泽东思想的指导下，结合文学艺术实践和人民生活，探讨美学理论，普及美学知识，指导艺术实践，在实现社会主义现代化过程中发挥积极作用，为提高中华民族的科学文化水平，建设社会主义精神文明而努力奋斗"。③ 二人的讲话也为江苏省美学学会的日常工作定下了一个基调。成立会上除了进行学术讨论，还讨论了《江苏省美学学会简章（草案）》（以下简称《简章》）和《江苏省美学学会工作设想（草案）》（以下简称《设想》），循第一次全国美学

---

　　① 会后，筹备小组副组长郭因还应邀为民盟等单位介绍了第一次全国美学大会的召开情况。美学筹备小组还和黄山画会举办了一次学术报告会。美学筹备小组还计划召开美学座谈会和对青少年进行美育教育。关于安徽省美学学会的筹备情况，详见白水《安徽省美学学会筹备工作正在积极进行》，《国内哲学动态》1980 年第 10 期。

　　② 进行美学学会成立会前筹备工作的省份并不止于安徽。据《江苏美学通讯》（创刊号）载，1980 年 11 月 5 日"主持召开了南京地区美学工作者座谈会。到会同志一致要求尽快建立省美学学会。会上推选南京艺术学院副院长臧云远等六位同志组成学会筹备组。筹备组分别于去年十一月五日、十二月二日、今年四月十七日、五月二十九日召开了四次会议，对学会建立的方针、规模、组织等问题作了具体研究，对全省美学工作者作了调查了解工作，有计划地征集会员"。窥一斑而见全豹，由此足见各省市对美学学会成立的积极和认真态度。关于江苏省美学学会筹备情况，详见江苏省美学学会《江苏美学通讯》1981 年 8 月 30 日第 1 期。

　　③ 江苏省美学学会：《江苏美学通讯》1981 年 8 月 30 日第 1 期。

学会之例，《简章》也从名称、宗旨、会员和组织等四个方面对学会工作进行界说。《设想》则提出了更加具体的工作方案，包括学术研究和学术活动等。① 从江苏省美学学会成立的状况看，当时的学会成立会准备工作已经非常到位，筹备组成员非常积极而认真地对待学会成立一事，并为学会成立付出了很多辛苦。从会议文件上看，美学学会的成立进一步确认了美学作为学科的重要性和对于人们日常生活的重要性，并且对地方美学的实施情况做出了具体的规划和部署，这样一来，第一次全国美学学会的主要会议精神和会议要求就通过省市一级美学学会成立会的召开播散开来，成为制度特色，更加有益于中国现代美学的发展和进步。

截至 20 世纪 80 年代末期，全国已经有近 20 个省、自治区、直辖市成立了美学学会并召开美学学会的成立会，除了宁夏、青海、内蒙古、西藏和海南没有美学学会，其他省、自治区、直辖市都成立了美学学会（见表二）。考察省级美学学会的成立情况可知，天津、河北、安徽、四川、黑龙江和江苏等地成为最早成立美学学会的省市，这一方面与当时这些省市自身的经济条件有关，② 另一方面也同各省市的美学传统有关，如天津市美学学会的成立某种意义上说就是继承了天津市的美学传统，早在 1961 年，天津市文学研究所所长、时任天津市委宣传部副部长方纪就曾建议文学所应该开展美学研究，并将"中国美学史资料选编"和"马克思主义美学史纲"作为长远的科研项目。③ 美学大讨论中，吴火曾撰写文章对这次讨论进行呼应。④ 20 世纪 60 年代，时任南开大学中文系主任李何林还曾邀请王朝闻和蔡仪等美学家到天津做讲座。这些同美学的渊源都成为天津市美学学会成立的历史基础，也在一定意义上说明了80 年代初期和 60 年代在美学上的连带关系。另外，很多省级美学学会的

---

① 关于《江苏省美学学会简章》和《江苏省美学学会工作设想》，详见江苏省美学学会《江苏美学通讯》1981 年 8 月 30 日第 1 期。

② 在当时的条件下，经济因素不得不成为美学学会发展的条件之一，如福建省美学学会成立之后曾经举办过几次与美学相关的讨论会和研讨会，但是因为经费的问题，20 世纪 80 年代中期开始已经无法将美学学会维系下去，因此福建省美学学会沉寂了很长时间，直到 2005 年才又重新组织成立新的美学学会。

③ 天津市美学学会：《天津市美学学会 30 年（1980—2010）》，内部资料，第 2 页。

④ 吴火：《略谈美学对象问题》，《天津日报》1961 年 8 月 19 日。

主要召集人都参加过第一次全国美学会议，如吉林的丁枫、新疆的邢煦寰和湖北的刘纲纪等，他们在一定意义上也推动了各地省级美学学会的兴起。而上述宁夏、青海、内蒙古、西藏和海南等省区一直以来并无美学传统，所以一直也并未成立美学学会。

表二　　　　　　　　关于省级美学学会成立会召开的相关情况

成立时间	省份	地点	首任会长	会议主题
1980 年 9 月 15 日	天津	天津	鲍昌	确定了学会宗旨和近期工作
1980 年 10 月 25 日	河北	石家庄	钟毅	规定了学会计划和活动内容
1980 年 11 月 10 日	四川	成都	廖永祥	制订了工作计划
1980 年 11 月 20 日	安徽	合肥	戴岳	就今后工作提出了设想
1980 年	湖北	武汉	刘纲纪	
1981 年 1 月 20 日	上海	上海	蒋孔阳	
1981 年 4 月 24 日	黑龙江	哈尔滨		讨论《1844 年经济学哲学手稿》和美学与社会主义精神文明建设问题
1981 年 6 月 5 日	江苏	南京	臧云远	通过了学会的工作设想，学术交流环节讨论了美的本质、美感和审美教育问题
1982 年 5 月	辽宁	兴城		讨论《1844 年经济学哲学手稿》
1982 年 12 月	福建	厦门	卢善庆	讨论《1844 年经济学哲学手稿》
1983 年 4 月 11 日	浙江	杭州①	李培沂	讨论美的本质和美育与精神文明关系问题
1983 年 5 月 23 日	山西	太原	李翔德	
1984 年 10 月	河南	郑州	于友先	讨论马克思主义美学研究、审美意识和艺术起源等问题
1984 年 12 月 10 日	吉林	长春	杨公骥	
1986 年 10 月 17 日	甘肃	兰州②	穆纪光	讨论美学与生活的关系、美育、甘肃美学等问题
1989 年 8 月 23 日	新疆	乌鲁木齐③	邢煦寰	
1992 年 6 月 3 日	云南	昆明		

① 会议具体地点为浙江省委党校。
② 会议具体地点为兰州大学。
③ 会议具体地点为新疆教育学院。

二 省级美学学会与中华全国美学学会的制度联系

各地方美学学会与中华全国美学学会保持着紧密联系，并表现出各自地方的独特性，是当时美学制度的重要特色。毋庸置疑，20世纪80年代初期形成的中国现代美学热潮同美学学会的成立是息息相关的，如果说中华全国美学学会的成立是中国现代美学在新时期吹响的号角，那么省市一级美学学会的成立就成为号角下复兴美学和繁荣美学的现实，在美学学会成立会上呈现出的是中国现代美学工作者从事美学研究和美学工作的决心和信心。当然，省市美学学会的成立时逢中国新时期现代化建设的起步时期，无论是思想上还是现实中都面临一些复杂的情况和问题，在解决问题的同时，省级美学学会也呈现出一些自身独有的特征。

首先，省级美学学会总是尝试同中华全国美学学会建立天然的联系，从各个方面向中华全国美学学会看齐，这成为美学制度的一个重要特色。各个地方美学学会成立会的指导思想和理论指向直接来源于第一次全国美学会议和中华全国美学学会，比如，江苏省美学学会成立会后发布的《江苏省美学通讯》指出，"我省美学学会是在中华全国美学学会的领导、支持、关怀下建立起来的，并接受中华全国美学学会的领导和业务上的指导"。① 所谓"领导、支持、关怀"并不是信口之言，一般而言，省级美学学会成立时，著名美学家都会题词或致贺信，如河南省美学学会成立时，王朝闻、汝信、蒋孔阳、马奇、宗白华、蔡仪和冯友兰致题词，王朝闻、汝信、张瑶均、李范、郭因、刘纲纪和李宝光致贺信，② 省级美学学会也会同著名美学家主动联系，一方面是需要美学家对美学学会成立并召开成立大会发表意见和建议，河南省美学学会成立前，介绍了河南美学学会的筹备情况并请王朝闻和蔡仪

---

① 江苏省美学学会：《江苏美学通讯》1981年8月30日第1期。
② 河南省美学学会：《中州美学通讯》1984年10月第1期。

发表谈话，① 虽然某种意义上说美学家的这种谈话都是象征性的，但是，也起到了对省级美学学会重视的作用；另一方面也会请美学家莅临成立大会，如浙江省美学研究会成立之际，"中华美学学会、浙江省社会科学研究所以及其他有关单位派人出席大会或者来电、来函表示祝贺"。② 另据朱光潜书信言，天津市美学学会成立会也曾邀请他前往。③ 这些都说明中华全国美学学会对地方美学学会召开成立会及相关工作的影响，中华全国美学学会会聚了 20 世纪 80 年代乃至以后相当长一个时期最重要的美学家和美学工作者，他们对美学的认识往往具有一定的前瞻性和权威性，因此，对省级美学学会的成立具有绝对的指导作用。中央领导地方可以看作制度上的一种特色，这也是中国新时期学术制度的独特性所在。

其次，虽然称之为美学学会，事实上当时省级美学学会的组织者和领导者未必都是美学工作者，这体现了当时地方美学研究面临的人才困境，也证明当时政治对美学的羁绊。综观中华全国美学学会第一届理事会名单可知，其中绝大部分常务理事和大部分理事都是美学工作者，后来成为美学家，④ 可以说，是美学工作者在领导着中华全国美学学会。但是在省级美学学会中，这种情况发生了变化，很多省级美学学会的领导者不是美学工作者而多为文学工作者。如天津市美学学会第一任会长鲍

---

① "一九八四年七月底，河南省美学学会筹备组派两名同志赴京向中华全国美学学会的领导同志汇报工作。王朝闻、蔡仪等同志听取了汇报，他们的谈话不乏对一些美学重大问题的真知灼见，并对我省美学的提高与普及工作提出了很好的意见。"王朝闻根据河南的历史和美学传统，建议"很好地利用当地的文史资料，使自己的研究工作有自己的特色"，并建议"对美学青年和学生要作正确的引导"，"对地方上的群艺馆要做辅导性的工作"。王朝闻、蔡仪等关于河南省美学学会成立的内容，详见河南省美学学会《中州美学通讯》1984 年 10 月第 1 期。

② 陶济：《浙江省哲学学会美学研究会成立》，《国内哲学动态》1983 年第 7 期。

③ 据朱光潜 1980 年 8 月 26 日写给程代熙的信，"积压的工作很多，现动手替《大百科全书》写'维柯'条和'克罗齐'条，赶着趁交稿的最后期限打印出，准备十一月份外国文学会议上讨论审定，所以天津会不可能前去参加"。天津市美学学会成立会召开于 1980 年 9 月 15 日，据会议时间可推断，朱光潜所指"天津会议"为天津市美学学会成立会。详见朱光潜《朱光潜全集》（第十卷），安徽教育出版社 1993 年版，第 497 页。

④ 常务理事为：马奇、王朝闻、齐一、朱光潜、杨辛、郭因、蒋孔阳和蔡仪。理事为马采、马奇、王子野、王世仁、王世德、王朝闻、叶秀山、齐一、朱光潜、朱立人、刘纲纪、汝信、伍蠡甫、萧肃、宗白华、周来祥、杨辛、赵宋光、侯敏泽、洪毅然、郭因、高尔太（即高尔泰——引者注）、钱钟书、黄药眠、蒋孔阳、施昌东和蔡仪。

昌就是一位作家，鉴于当时在天津市社会科学界的影响和地位被推选为美学学会会长。① 全国省级美学学会中这种情况并不少见，内中的规律是：如果省内存在著名美学家，美学家会成为首任会长，而如果省内没有美学家，往往以文学工作者代之。这说明，当时的美学研究状况，虽然兴起一股美学热潮，但是，真正从事具有形而上学意义美学研究的美学工作者不多，很多美学工作者甚至仍然在美学的"外围"，并不能成为某个美学组织的领袖。另外，有一些省市美学学会首任会长本身政治角色很浓，如河南省美学学会首任会长于友先即为中共河南省委宣传部相关负责人，② 安徽省美学学会首任会长戴岳政治身份与之相同，虽然这种情况只是少数，但其他美学学会成立时几乎都有主管宣传的领导人出席成立会，省级美学学会已然被限定在党委宣传部的框架中。这是在美学制度尚未形成时的一种美学状况，一方面说明美学发展与社会政治的连带关系，另一方面也能证明美学制度形成初期的一些牵绊。

再次，省级美学学会在20世纪80年代初期比较重视美学的实践性，无形中促进了当时的美学热潮。美学的广延性和流播性本身是制度的一部分，只有使美学更好地让大众接受，才能证明美学制度的影响性之所在。早在第一次全国美学会议召开之时，参会人员就认识到美学不能只是空中楼阁，要同人们的日常生活联系起来，因此会议号召尽快落实美学的普及工作。可以说，第一次全国美学会议拂过了一阵复兴美学的春风，据高建平称，当时的美学热潮可谓空前，③ 这就促使省级美学学会将这种风气扩散开来，因此，在省级美学学会成立会上，与会人员纷纷建议美学应该回到实践中去以将美学普及开来，浙江省美学研究会成立大

---

① 1980年，吴火协助鲍昌组建了天津市美学学会。
② 于友先时任中共河南省委宣传部副部长。
③ 据高建平称，全国第一次美学会议之后，"一些与会学者去成都，在四川大学做了演讲，有上千名学生挤满了讲演会堂"，另外，当时报考研究生的情况也能说明问题，当时朱光潜、蔡仪等都能招收研究生，录取比例基本上为1∶80到1∶60，可见考生对美学的热情。关于当时美学热的情况，详见高建平《改革开放三十年与中国美学的命运》，《钱中文主编中国中外文艺理论学会年刊（2008年卷）——理论创新时代：中国当代文论与审美文化的转型》，知识产权出版社2009年版，第297—313页。

会上，与会者就建议举办美学普及讲座。① 安徽省美学学会召开前夕的美学筹备会议吸引了社会和媒体的目光，"安徽人民广播事业局和省电视台已来和美学筹备组联系，打算在电视节目里安排美学基本知识讲座。节目正在编排准备之中。安庆市还办起了'美化生活服务部'这样一个与人民的生活美有着密切联系的服务社，现已正式对外营业"。② 这说明当时社会已经形成了一个美学风潮，大家都在谈美学、用美学。事实上，在这种美学思潮大众化的过程中，省级美学学会起到了很大的宣传作用，省级美学学会成立会的工作主要是落实第一次全国美学会议精神，因为省级学会相对而言更具有基层性，所以很多方针、政策、措施和建议的落实情况也更便利。③ 这从另一个方面显示出，美学在 20 世纪 80 年代初期并不是一个口号，而是一个同实践存在密切联系的真实存在物。

自上而下同社会生活关联在一起的美学已经不是黑格尔式的和康德式的精英美学，甚至已经不再是第一次全国美学会议上讨论的美学，而是带有中国 20 世纪 80 年代初期特色的突破政治重围的实用主义美学。但是，这并不影响美学与美学制度的重构和流播，美学走向民间无论从何种意义上说都是一件好事，在这个过程中，美学学会召开各种会议所起到的作用不容小觑。

---

① 陶济：《浙江省哲学学会美学研究会成立》，《国内哲学动态》1983 年第 7 期。

② 白水：《安徽省美学学会筹备工作正在积极进行》，《国内哲学动态》1980 年第 10 期。20 世纪 80 年代，举行类似活动的不止于安徽省，据《江苏美学通讯》载，1986 年，"江苏人民广播电台理论社教部'文化与生活'节目从七月十日起举办'实用美学知识'广播讲话"，广播讲话针对青年遇到的现实问题进行介绍，主要集中于美化生活、美化环境、美化自我等。电台还邀请了省委宣传部、江苏省美学学会、安徽师范大学美学研究室、南京师范大学、南京艺术学院、苏州教育学院、江苏美术出版社、江苏文艺出版社、《健与美》杂志社等专家学者进行介绍，"这个广播讲话每周播出一篇，大约一年时间播完"。详见车大敬《省电台举办"实用美学知识"广播讲话》，江苏省美学学会《江苏美学通讯》，内部资料，1986 年第 3 期。

③ 20 世纪 80 年代，很多地级美学学会也相继成立，如 1985 年 8 月，经过两个多月的筹备，辽宁省锦州市成立了锦州市美学研究会并召开了第一次理事会，在这届理事会上通过了会员名单，拟于 1985 年 11 月召开以"人与自然"为主题的学会成立大会和第一届学术年会。详见万武《锦州市美学研究会第一次理事会在我院召开》，《锦州师范学院学报》1985 年第 4 期。再如，江苏省扬州市成立美学学会后，常常举行沙龙活动，有记载者共三次，主题分别是"当代美学界的几种流派""当代文艺思潮之我见""西方美学思潮之我见"。关于扬州市美学学会相关活动，详见方虹《扬州市美学会举办学术沙龙》，江苏省美学学会《江苏美学通讯》，内部资料，1986 年第 3 期。

三 省级美学学会讨论会与"基层"美学研究的展开

20 世纪 80 年代初期之后，各个省级美学学会纷纷召开成立会，这只是当时省级美学学会活动的开始。自省级美学学会诞生，尤其是 20 世纪 80 年代初期和中期，学会的组织者和领导者就开始不断召集、组织召开学术讨论会，就相关美学问题进行深入交流和讨论。① 这个时期，各个学会召开学术讨论会的形式可谓多种多样，有的是省级美学学会独立召开的美学会议，这种会议相对较多，如各省级美学学会定期举办的学术年会和专题会；② 有的是省级美学学会和中华全国美学学会共同召开的美学会议，如天津市美学学会和中华全国美学学会共同举办的马克思《1844年经济学哲学手稿》美学问题讨论会、湖北省美学学会和中华全国美学学会共同举办的中西美学及艺术比较学术讨论会等；有的是省级美学学会和其他相关单位共同召开的美学会议，如湖南省美学学会和常德师专共同举办的美学学术问题讨论会、福建省美学研究会和福日公司工程塑料厂共同举办的技术美学与福建企业研讨会等。一方面，省级美学学会同中华全国美学学会共同召开美学讨论会，比较知名的美学研究者或美学家会莅临会议，这样就对相关会议起到一个导向和引领的作用；另一方面，省级美学学会也会召集省管单位（如省文联、相关高校和地市级美学学会）进行学术交流，将一些美学思想和美学精神传达给更多的美学爱好者和美学研究者。

20 世纪 80 年代，省级美学学会讨论会的主题比较丰富，可以说会议主题涉及美学和艺术的诸多问题。归结起来，主要有以下几方面。一是对美的本质问题和美育思想的研究。第一次全国美学会议所讨论的相关问题成为省级美学学会会议上的重点问题，所以美的本质和美育问题成

---

① 据笔者对 20 世纪 80 年代美学会议进行统计，发现 1985 年之前召开的美学会议远多于 1985 年之后召开的美学会议。

② 如江苏省美学学会于 1982 年 11 月 24 日召开的马克思美学思想讨论会、辽宁省美学研究会于 1982 年召开的第一次美育讨论会、江西省美学研究会于 1983 年 9 月 25 日召开的美学与自然科学讨论会等。

为与会人员关注的重点，北京市哲学学会美学组还召开了关于美的本质及规律问题的讨论会，马奇、刘纲纪、陆贵山和潘知水等都到会并发言。此外，河北省美学学会、浙江省美学学会和黑龙江省美学学会都对这个问题进行了比较深入的讨论。美育问题更是学会会议讨论的重点，辽宁省美学学会还专门举行了关于美育的讨论会，就美育同社会主义精神文明建设、美育的内容和手段、美育工作者的责任等问题进行了讨论。① 浙江省美学学会、湖南省美学学会都召开过以美育为主题的讨论会。二是对《1844 年经济学哲学手稿》及马克思主义美学相关问题的讨论。为纪念马克思逝世一百周年（1983 年），很多地方性美学学会都围绕《1844 年经济学哲学手稿》召开了讨论会，如辽宁省美学研究会成立会就充分讨论了马克思主义美学相关问题，虽然在"异化"与"人的本质"等问题上存在差异，但是在一些根本性问题上取得了比较一致的意见。② 黑龙江省美学学会、福建省美学学会、河北省美学学会和江苏省美学学会等学会都对马克思主义美学问题进行了讨论，对相关问题进行了深入探讨和交流，这也符合周扬在第一次全国美学会议上提出的号召。三是对景观美学的初步理解。当时，"景观美学"概念并不如当下那般已经被诠释得非常充分，但是，很多省级美学学会的主要议题已经开始集中在景观美学。如广西壮族自治区美学研究会就召开过多次以山水美为中心的学术讨论会，结合本区地域环境和旅游资源进行讨论，内容涉及桂林山水的特点、开发建设桂林风景区和旅游开发等内容；辽宁省美学学会第四届学术讨论会的中心议题是自然美；浙江省美学研究会召开过景观审美讨论会，③ 四川省文艺理论研究会和美学学会 1982 年年会深入分析了大足石刻的美学价值，④ 这些都是 20 世纪 80 年代美学工作者和美学会议对景观美学进行研究的实例。

---

① 晋申、丁悦：《加强审美教育、开展美育研究、促进精神文明——辽宁省第一次美育讨论会综述》，《社会科学辑刊》1982 年第 6 期。

② 一木：《辽宁省美学研究会成立》，《社会科学辑刊》1982 年第 5 期。

③ 陶济：《深入开展山水、园林和建筑的景观审美研究——浙江省景观审美讨论会综述》，《新美术》1985 年第 1 期。

④ 沈伯俊：《省文艺理论研究会、省美学学会召开 1982 年年会》，《文谭》1982 年第 2 期。

当然，上述所谓的省级美学学会会议主题都是会议涉及的主要问题和问题的主要方面，事实上，很多省级美学学会讨论的问题非常丰富，如安徽省美学学会成立会上收到的会议提交论文中，除了上述相关的主题外，还涉及年画艺术、书法艺术、建筑艺术和音乐艺术等。① 江苏省美学学会首届年会各与会者提交的论文也涵盖绘画艺术、摄影艺术和戏曲艺术。② 会议讨论的这些关于艺术领域的话题其实共同指向文艺美学的概念。需要说明的是，上述话题虽然侧重点不同，却具有某种共性，这些话题事实上都是第一次全国美学会议的衍生话题，也是中华全国美学学会所建构的美学制度的普及过程。换句话说，这些话题之所以能够展开，是因为美学制度在无形中发挥着作用，正是这些话题在美学制度的框架下被强化、被放大，才最终推动美学热的形成和新时期美学的发展。如果没有这些"基层"美学组织对美学的研究，20 世纪 80 年代的美学研究尤其是 80 年代早期的美学研究并不能开展得如此广泛。

第三节　美学会议与新时期美学的发生逻辑

20 世纪 80 年代初期，第一次全国美学会议和当时的省级美学会议对美学研究和美学发展产生了非常重要的影响，实际上也是 20 世纪 80 年代美学热潮的重要组成部分，对于美学史和思想史都具有重要意义。各种美学会议所涉及的内容和当时的一些社会思想内容存在紧密的关联，一些美学话题也顺应了当时的社会思潮，然而，内中也存在很多非常隐秘的逻辑，在这诸多要素和联系之间，美学会议起到了重要的作用。

---

① 如《年画的艺术美》（周昭坎）、《毛笔、汉字与书法艺术》（秦裕芳）、《书法中的"点"与"线"的美》（闵祥德）、《建筑形式美试论》（郭镛渠）、《音乐形象是独特的具体而确定的存在》（张光亚）。关于安徽省美学学会成立会相关论文，详见安徽省文学艺术研究所、安徽省美学学会《安徽美学论文集》，第一集，内部资料，1981 年。

② 如《绘画中的线条美》（左庄伟）、《"扬州八怪"美学思想简论》（薛锋）、《论摄影艺术的艺术美问题》（童介人）、《谈戏曲艺术的特点和一般规律——侧重于戏曲综合美的探讨》（武俊达）等。关于江苏省美学学会首届年会论文，详见江苏省美学学会《江苏省美学学会首届年会论文选》，内部资料，1982 年。

一 第一次全国美学会议的美学史意义

第一次全国美学会议是中国现代美学史上的重要事件，标志着"文化大革命"之后新时期美学和美学研究的复兴，自会议后，中国现代美学昂然进入 20 世纪 80 年代，步入了美学的一个黄金年代，同时，现代美学制度也不断形成与完善，现代美学研究以上述美学本体论为原点，从美学史、美育、形象思维和美的本质等多个方面向前推进，这是不容置疑的现实。在中国现代美学的重生阶段，在这次会议的影响下，新时期现代美学制度渐渐形成并得以完善。因此可以说，第一次全国美学会议具有重要的美学史意义。

首先，地方级美学学会在会后蓬勃发展。如前所述，第一次全国美学会议提出了《关于美学工作的情况和建议》和《中华全国美学学会工作计划纲要》，要求各省、自治区、直辖市相关党委成立美学研究组或美学研究会。这样一来，20 世纪 80 年代初期，一些省市纷纷筹建美学学会或美学研究会，并召开成立会，总结美学经验、讨论美学问题、分享美学思想、规划美学未来。在一个相当长的时间里，相关省市美学组织不时召开美学讨论会，就中国美学和地域美学问题进行讨论与研究。可见，地方的具有"基层"特点的美学组织的发展与第一次全国美学会议存在必要的、必然的联系，这一方面表现在地方美学组织在组织建构和制度建构上与中华美学学会一直保持一致，并与中华美学学会相关领导和美学家保持着紧密联系；另一方面表现在地方美学组织所讨论的话题基本上与第一次全国美学会议的话题保持一致，甚至可以说是沿用了第一次全国美学会议的话题。这两方面的影响直接说明了第一次全国美学会议对地方美学学会的影响，正因为地方美学学会的发展带动了美学的"基层"普及，才有了这一时期美学和美学研究的长足发展，这种发展最初是由第一次全国美学会议带动的。

其次，第一次美学会议为中国现代美学储备了人才，培养了一些"新"美学家。第一次全国美学会议上出现了一些新面孔，既证明了他们对于美学复兴的热情，也说明了中国现代美学并不是后继无人，这次会议对后学美学家身份的建构、为后学美学家的成长与培养提供了必要的制度依据。以陈望衡为例，20世纪70年代末期，陈望衡一直和朱光潜保持通信，据1980年2月9日朱光潜致陈望衡信，"前几天碰哲学所美学组齐乙同志，他告诉我确实预备在夏初在昆明或桂林开美学会议。下次再碰到他时，当推荐您去参加，然后以结果奉告"，[①] 可见，是朱光潜推荐陈望衡参加了第一次全国美学会议，当时，陈望衡尚年轻，能够参加这种级别的会议实属难能可贵，会上发言对于一个美学后学来说更是弥足珍贵，更为他后来的美学研究提供了诸多信心和可能。陈望衡并非孤例，第一次美学会议的很多参会者后来都成为现代美学史上比较重要的美学工作者和美学家，为未来40年的中国美学发展做出了非常积极有效的贡献。

再次，第一次全国美学会议提供了美育制度建设的可能。如前所述，美育问题是这次会议讨论的重点问题，会上，以齐一为代表的大会筹备委员会成员"请朱光潜、伍蠡甫等四名专家写了一封很恳切的信，向中央、教育部门提议，把'美'加入教育方针"，[②] 建议将美育上升为一种国家制度。这封倡议信得到了党和政府的重视：1981年，教育部、文化部联合下发了《关于当前艺术教育事业若干问题的意见》，要求各级部门重视艺术教育和美育；1986年，国务院制定的"七五"计划规定，各级学校要贯彻德、智、体、美全面发展的方针，将学生培养为"四有新人"；1989年，原国家教委颁发了《全国学校艺术教育总体规划（1989—2000年）》，明确规定了我国学校艺术教育的方针和任务。1994年6月14日召开的全国工作会议上，国务院总理李鹏和国务院副总理李岚清分别提及美育及美育的作用，这可以被看作中国政府领导对于美育思想的权威表述。[③] 美育也终在1999年作为国家意志和教育制度被正式纳入《教育

---

① 朱光潜：《朱光潜全集》（第十卷），安徽教育出版社1993年版，第486—487页。
② 李世涛、戴阿宝：《中国当代美学口述史》，中国社会科学出版社2014年版，第41页。
③ 何东昌：《中华人民共和国重要教育文献（1976—1990）》，海南出版社1998年版，第3653—3657页。

法》。并不是说，一封倡议信能够引起如此大的连锁效应，但是第一次全国美学会议确实起到了美育的崛起和重构之作用，从某种意义上说，这次会议成为新时期提倡和推广美育思想方面的一座灯塔。

最后，第一次全国美学会议鼓励编撰美学史、编撰美学教材或撰写美学著作，为之后的美学著作创作奠定了制度和理论上的基础。在第一次全国美学会议6月9日的讨论中，有几位发言者已经开始讨论编撰美学史的问题，比如，俞晴指出，"如果中国出版一部分卷本西方美学史，对世界美学研究的主要成果作出我们的评价，在国际上会引起很大注意"，[1]卢善庆建议，"在编写多卷本西方美学史同时，组织力量，翻译一些外国的西方美学史专著，编印一部西方美学论文选，作为教学参考资料"。[2]在会后发布的《中华全国美学学会工作计划纲要》在"学术研究"的目标中，指出要"有重点地选定研究课题，由会员承担写作任务"，"组织翻译、整理中外美学文献、资料，向出版部门推荐"，"使现有的某些刊物逐步发展为美学学会主办的期刊，为会员提供发表论文的园地"。[3] 在制定的今后一年的工作计划中也指出，"立即着手编辑四套美学参考资料：马、恩美学思想资料，中国美学参考资料，西方美学资料，当代美学讨论资料。争取于今年年底先后编辑出版，以应全国高校美学课教学之急需"。[4] 会后，各位美学家和美学工作者确实开始根据自己的研究范围对相关美学问题进行了整理。据《中国哲学年鉴》载，在1980—1985年间，就有《美学概论》《谈美书简》《美的历程》《德国古典美学》《中国美学史》《当代西方美学》等一系列美学著作问世，这些著作，成为新时期开始引导中国美学发展非常重要的文献，深深影响了之后的美学发展。

此外，第一次全国美学会议还发布了《关于美学工作的情况和建

① 中国社会科学院哲学所美学室：《第一次全国美学会议简报》1980年6月10日第七期。
② 中国社会科学院哲学所美学室：《第一次全国美学会议简报》1980年6月10日第七期。
③ 中国社会科学院哲学所美学室：《中华全国美学学会工作计划纲要》，《第一次全国美学会议简报》1980年6月11日第八期。
④ 中国社会科学院哲学所美学室：《全国高等学校美学分会成立，选出理事会，制定一年工作计划》，《第一次全国美学会议简报》1980年6月11日第八期。

议》，提出了一些有利于美学研究、美学发展和美学制度的构想，如编撰中国美学史和西方美学史、创办美学期刊、[1] 建立美学研究室和教研室、成立美学研究所等，全国高等学校美学分会成立会上制订的工作计划还建议定期举办美学进修班，这些构想都在理论上或制度上为中国现代美学的发展提供了必要的环境和路径，为之后的中国现代美学发展和制度建设奠定了深厚的基础。多年后当事人回忆说这次会议"开得很愉快"，与会者也认为"第一次会开得好"，[2] 恐怕更多的方面就是针对美学制度的形成而言。20 世纪 80 年代初期，经过十几年的美学"断流"之后，新时期美学面临的问题是之前的美学遗产需要重新整理，之后的美学研究需要立刻定位。这是一项艰巨的任务，并非几个美学家振臂一呼就能完成，也来不及请美学工作者慢慢总结经验和教训，慢慢憧憬美学的未来。当时的美学需要即刻制订计划、规划蓝图并在重建美学制度的问题上一锤定音。第一次全国美学会议正当其时，几乎涵盖了美学发展的一切可能要素，在制度上为现代美学奠基。之后，现代美学再次走上新生的轨道，从美学期刊、美学著作和美学会议等多个方面进行美学的制度建设。

同时，也应该注意到，由于时代背景和理论环境所限，第一次全国美学会议所涉及的相关问题难免存在一些理论和实践上的局限性，20 世纪 80 年代初期，无论是社会环境还是理论思潮都还尚未成熟到给予美学和美学研究高度自由的一个空间，之前 20 年所产生的政治惯性和理论惯性仍然束缚着美学的发展，加之中国现代美学本身尚且处在幼年时期，如朱光潜所言，"美学领域到现在为止，还是非常落后的，这个事实不要讳言"，[3] 因此第一次全国美学会议白璧微瑕也在所难免。

就美育而言，虽然与会者在发言中从多个方面阐述了自己对美学问

---

① 如《美育》的创办。陈望衡《我与〈美育〉杂志》一文中详细描述了《美育》的创刊过程，指出，"《美育》这个杂志的创办与 1980 年 6 月 4 日到 11 日在昆明召开的第一次全国美学会议有着直接关系"。关于《美育》的创刊情况及其与第一次全国美学会议的关系，详见陈望衡《我与〈美育〉杂志》，《美育学刊》2014 年第 2 期。

② 李世涛、戴阿宝编著：《中国当代美学口述史》，中国社会科学出版社 2014 年版，第 79 页。

③ 朱光潜：《朱光潜全集》（第九卷），中华书局 2012 年版，第 305 页。

题的认识和看法，也提出了关于落实美育的措施和建议等，但是，这些发言、讨论和对话主要集中在认识论和方法论上而忽视了本体论。而且，对于美育的落实情况，因为现实的限制，事实上并没有落到实处。就美学史讨论而言，虽然发言者针对相关问题发表了自己的意见，但是，关于美学史的编撰问题全会并没有形成一个逻辑中心点，"美学史究竟如何写"这个问题，似乎能够回答的人也不多。就形象思维而言，虽然对于"形象思维"的讨论成为"文化大革命"结束后第一次具有学术史意义的讨论，并且直接促进了 20 世纪 80 年代美学热的形成，但是，这种讨论事实上最初是"政治的"而不是"美学的"。就美的本质讨论而言，如前所述，第一次全国美学会议关于美的本质问题的讨论可以看作 20 世纪 50 年代美学大讨论的延续，而 20 世纪 80 年代初期，社会思潮已经发生了很大的变化，这种讨论的意义也乏善可陈。从上述四方面可以看出，第一次全国美学会议确实存在时代的和美学自身的局限性，这种局限性的产生一方面与当时的政治环境和社会环境有关，另一方面也同中国现代美学自身的自律性有关。当然，这一切都丝毫不影响第一次全国美学会议对于 20 世纪 80 年代乃至之后相当长一段时间内中国现代美学发展和走向的深远意义。可以说，自第一次全国美学会议开始，中国现代美学迎来了崭新的春天。

二 美学与意识形态的双重变奏

在第一次全国美学的讨论中，"形象思维"被看作一个非常重要的问题进行强调和讨论，以至于"形象思维"和 20 世纪 80 年代初期的美学热形成了非常紧密的联系，高建平在一篇文章中比较翔实地阐述了这种联系，并还原了"形象思维"的前因后果，① 并提醒读者，"形象思维"问题在"文化大革命"期间，已经超越了学理范畴而延伸至政治

---

① 高建平：《改革开放三十年与中国美学的命运》，钱中文主编《中国中外文艺理论学会年刊（2008 年卷）——理论创新时代：中国当代文论与审美文化的转型》，知识产权出版社 2009 年版，第 297—313 页。

领域。有必要认为，"文化大革命"和"两个凡是"思潮的惯性可以自证，虽然 1980 年关于"形象思维"的讨论已经"打破旧有的文艺理论体系"，① 但是，"形象思维"问题依然同当时的意识形态裹挟在一起，推而广之，当时的美学会议和美学研究也同样或多或少地受到意识形态的影响。

具体言之，"形象思维"问题既是一个文学问题，又是一个美学问题，甚至可以被认为是一个文艺美学问题。毋庸置疑，关于形象思维问题的讨论由来已久。新中国成立之后到"文化大革命"之前的讨论自不必说，即使 1978 年以来关于形象思维问题的讨论就空前热烈。这个时期关于形象思维问题的讨论来自毛泽东给陈毅的一封信。这封题为《给陈毅同志谈诗的一封信》发表于《诗刊》1978 年第 1 期，实际上早在 1977 年就已经在《人民日报》上发表。毛泽东在信中说，"诗要用形象思维，不能如散文那样直说，所以比、兴两法是不能不用的"，"宋人多数不懂诗是要用形象思维的，一反唐人规律，所以味同嚼蜡"，"要作今诗，则要用形象思维方法，反映阶级斗争与生产斗争，古典绝不能要"。② 之后，全国文艺理论界开始了一场关于形象思维的讨论，理论界如朱光潜、蔡仪、钱钟书、杨绛、柳鸣九和吴元迈等都针对"形象思维"发表了自己的观点和看法，并以此为起点对相关美学、文学、艺术等问题进行讨论。③

事实上，毛泽东给陈毅的这封信以今天的眼光看无非诗人与诗人（或者说同志与同志）之间就一个诗学问题的简单交流，却形成诠释与过度诠释的多种可能，这说明当时人们崇拜领袖的思想和"文化大革命"

① 高建平：《改革开放三十年与中国美学的命运》，钱中文主编《中国中外文艺理论学会年刊（2008 年卷）——理论创新时代：中国当代文论与审美文化的转型》，知识产权出版社 2009 年版，第 297—313 页。

② 毛泽东：《给陈毅同志谈诗的一封信》，《人民日报》1977 年 12 月 31 日第 1 版。

③ 高建平甚至认为 20 世纪 70 年代末期和 80 年代初期关于"形象思维"的讨论是"文化大革命"结束之后的第一个理论热潮，并开启了一个美学的黄金时代。这也可以看作第一次全国美学会议中关于"形象思维"讨论的社会环境和理论环境。关于"形象思维"讨论及其影响等相关问题，详见高建平《"形象思维"的发展、终结与变容》，《中国社会科学院研究生院学报》2009 年第 5 期。

思维尚未退却,① 由此观之, 20 世纪 80 年代初期中国各项社会科学都能与政治紧密贴合, 并不是毫无来由的。

美学也不例外。从制度上说, 20 世纪 80 年代召开的大多数重要美学会议的发起者都是中国社会科学院哲学研究所成员, 而自中国社会科学院 1977 年改名之日起, 其地位就"同于中国科学院, 相当于部委一级单位",② 如果没有党和政府等官方领导, 美学会议没有办法进行得如此顺利; 从到会人员上说, 一般的会议都有相应国家级或地方级领导参会, 或以各种形式建立美学会议和官方的联系, 以第一次全国美学会议为例, 周扬在会前发表谈话, 中共云南省委宣传部部长参会, 汝信致开幕词并传达胡乔木在中国社会科学院党代会上的发言精神, 一些省级美学会议也同样有当地党政人士参加; 从会议内容上说, 关于形象思维、马克思主义美学、美育和精神文明建设等问题的讨论基本上都与当时国家政策和国家政治息息相关。更重要的是, 在美学会议和政治惯性背后, 隐藏的是美学会议与意识形态之间的隐秘关系, 按照丹尼·卡瓦拉罗的理论, 意识形态的意义多种多样, 但"它是某个特殊的社会阶层, 性别和种族集团所提倡的某种观念", "它是权力结构中占统治地位的力量的价值观", "它是一种文化围绕其主题生产意义和角色的方法",③ 可见意识形态本身和国家与阶级存在联系, 这样一来, 美学会议、意识形态和国家政治就紧密地结合在一起, 美学会议所讨论的诸多内容已然被控制在意识形态和国家政治的框架下, 加之"文化大革命"思维与"文化大革命"逻辑涟漪未尽, 一些参会的美学家也有意无意地向政治靠拢, 使美学会议与意识形态的关联得到确认。

综观 20 世纪 80 年代的美学会议, 一个现象非常值得关注。20 世纪 80 年代前期召开美学会议的次数明显多于 20 世纪 80 年代后期召开美学

---

① 〔英〕尼尼安·斯马特:《世界宗教》, 高师宁、金泽、朱明忠等译, 高师宁审校, 北京大学出版社 2004 年版, 第 482 页。

② 中国社会科学院院史研究室:《中国社会科学院编年简史 (1977—2007)》, 社会科学文献出版社 2007 年版, 第 1 页。

③ 〔英〕丹尼·卡瓦拉罗:《文化理论关键词》, 张卫东、张生、赵顺宏译, 江苏人民出版社 2006 年版, 第 82 页。

会议的次数，笔者调查了20世纪80年代召开的美学会议，抽样出具有代表性意义的会议，将时间（年）与召开会议次数关联在一起（见图一）。① 由此可见，20世纪80年代前期美学会议偏多，后期美学会议偏少。表面上看，这是美学会议次数在20世纪80年代的统计学反映，但是实际上却反映了80年代的美学状况，同时也反映了美学会议与意识形态之间关系发生的微妙变化。

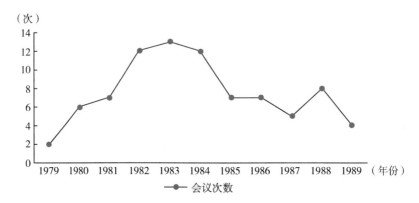

图一 20世纪80年代美学会议的分布状况

首先，随着20世纪60年代和70年代渐行渐远，"文化大革命"时期的政治惯性和思维惯性变得越来越弱，70年代末期到80年代初期，中国美学一方面要摆脱"文化大革命"时期的"美学工具论"的倾向，另一方面又不得不存在于旧的思维惯性中，可以说是在一种即使自我也认识不到的两难之中踽踽独行。但是，随着时代和社会风气的变化，一些禁锢被逐渐解构，人们发现，美并没有必要和国家、政治、权力等政治观念严丝合缝地结合在一起，官方也开始要求美学"随心所欲而不逾矩"地存在而不是完全受政治和意识形态的控制。表现在美学会议上，80年代前期的美学会议主题都是将美学或多或少地与中央精神相结合，如"马克思主义"、精神文明建设、形象思维等问题已然成为美学会议

① 笔者在中国知网（cnki.net）下载了可查的20世纪80年代的全部会议综述，统计出了每年召开美学会议大致的次数，虽然并不精确，却能反映出20世纪80年代美学会议的总体状态。

的主要话题或中心话题，而 80 年代后期则更多地集中于文艺美学、美学方法论、自然美、技术美学等美学内部的问题，这说明当时美学学科已经不断地被细化、被精密化，如甘肃省美学学会成立会依然讨论《中共中央关于社会主义精神文明建设指导方针的决议》已经略显过时。表面上看，这些似乎并不足以说明美学会议减少的原因，但是深究起来，其实当时的很多美学会议已经成为政治事件，比如第一次美学会议之后各个省级美学学会的成立无疑是一种对"中央精神"的传达和落实，同时也是鉴于某种政治和意识形态的压力，美学会议数量减少也就在情理之中了。这些事实都可以说明，20 世纪 80 年代初期的美学，与政治和意识形态的关联是非常密切的，这是当时美学发生逻辑中的重要因素。

其次，透过 20 世纪 80 年代的美学会议也可以发现，中国美学在 80 年代呈现一种积极的分化状态，呈现出一种渐次专门化的过渡倾向。就美学会议的主题而言，已经从 80 年代初期建构新的现代美学研究框架逐渐到对专门的美学问题进行研究。比如，1986 年，先后两次召开关于文艺美学的座谈会，这在 80 年代初期是不敢想象的：1986 年 5 月 10—16 日，中华美学学会、山东大学美学所、山东省文联、山东省社联、山东文艺出版社等五家单位在山东泰安联合举办召开了全国首届文艺美学座谈会，参会者 100 余人，会议对文艺美学的对象和范围、艺术审美本质和艺术历史形态等问题进行了深入讨论。[1] 是年 8 月 13—19 日，安徽青年美学研究会在安徽旌德召开了当代文艺美学座谈会，刘再复参会并做了主题发言，这次会议虽然以"文学的主体性"为中心，但是也讨论了诸如审美心理学和文艺学等专门概念和问题。[2] 窥一斑而见全豹，从这两次会议中就可以看出美学专门化的倾向。对于 20 世纪 80 年代美学状况，高建平言，"到了 80 年代后期和 90 年代，美学的学科化倾向越来越强烈，前一段时间所具有的大美学概念，即从事哲学、文学和艺术，甚至从事

---

① 龙辛：《首届全国文艺美学讨论会综述》，《文史哲》1986 年第 5 期。

② 赵凯、庄志民：《紧随文学研究中心的战略转移——旌德当代文艺美学研讨会述略》，《学术界》1986 年第 1 期。

其他一些人文社会科学的人们共同关注美学的时代过去了"。① 事实上，这种专门化不仅仅表现在会议内容上，也表现在美学家和美学研究者的出走上，比如，80年代中期之后有学者转向了思想史研究，这并不是极端的例子，还有一些美学研究者转向了文学和艺术，虽然二者也同美学存在非常紧密的联系，但是按照专门化的逻辑看，这种分野完全可以看作对美学发展的一种受容。美学学科精密化是对所谓"大美学"的出离甚至是反抗，究其原因，在于美学的自律性使其走出某种与政治与意识形态牵绊的关系，这也可以从另一个角度说明，20世纪80年代前期和后期的美学实际上在一个相对独立的领域是不尽相同的。

无论是美学会议体现出来的美学与意识形态在20世纪80年代前后互动形成的双重变奏还是美学会议逐渐专门化的倾向，其实都存在一个鲜明的指向，二者共同指向作为具有自律性的学科美学在中国现代美学史上的建构和重生。众所周知，在鲍姆加登提出"美学"这个概念之后，西方古典美学和经典美学就在为美学的体系性建构而奔走相告，及至20世纪，这种体系性已然形成，20世纪初期蔡元培、徐大纯、范寿康等将这种体系性东移就是一个最好的证明。然而，60年代，万马齐喑，人们看不到康德和黑格尔美学的哪怕一点点灵光，"文化大革命"结束，中国现代美学又走进"中国特色"的华盖下，不是美学问题的美学问题也偶尔会在80年代初期的美学会议中出现。但是美学经过200多年的发展本身毕竟具有极强的自律性，在中国也不例外，倘若政治和意识形态的牵绊有一点点松弛，美学即刻乘虚而入进行自清自净，当然，这不是美学本身的事情和动作，而得力于现代美学史前进的推动者，绝不是"美学热"的追风者，而是深谙美学内部规律的美学家和美学研究者，表现在形式上就是美学会议所论主题的专门化，也就可以理解上述美学会议内容发生的显著变化。回过头来，人们发现，80年代后期开始，美学会议已经基本告别了"形象思维""精神文明"等政治话语，因为这些话语确实在美学之外，成为作为学科美学的异质话语。而类似美育、技术美学、

---

① 高建平：《改革开放三十年与中国美学的命运》，《中国中外文艺理论学会年刊》，2008年，第297—313页。

文艺美学甚至是自然美等概念延续了下来，这些话语才真正属于美学的范畴，在之后的 90 年代美学会议受到了进一步关注。这从另一个方面也证明了美学制度的自律性。

三 美学会议、美学热与美学启蒙的可能与不可能

20 世纪 80 年代的社会主潮即是启蒙，中华全国美学学会的成立和全国第一次美学会议的召开本身也具有很强的启蒙因素，这些因素也弥散于整个 20 世纪 80 年代。20 世纪 80 年代，个体和人性的凸显本身就使人们走出了之前"咎由自取"的"受监护"状态，在那种状态中，"中国的'人'之归属已经不再是本体或自我，而是一种被赋予了特定意义的'人'，即革命人、政治人、战斗人、批判人、歌颂人甚至'后圣王'之人，而唯独不是纯粹生活意义上的人"。[1] 走出这种状态显然是新启蒙的某种象征。

所谓"启蒙"是美学意义上的启蒙，一方面表现在当时的"美学热"上，所谓"美学热"并不是理论意义上的美学热，而是当时人们崇尚美学的那种社会思潮和社会风气，有学者曾对当时的"美学热"感慨道，"美学热毕竟并非好事，已经把某些人热昏了头，美学热在学术界乃至社会生活中表现出了严重的俗滥倾向，什么'爱情美学'、'军事美学'、'新闻美学'等等都出来了"，[2] 这虽然是个反例，却从另一重维度说明"美学热"对于人们日常生活的影响和改造，这可以看成另一种启蒙；另一方面表现在美育的制度化上，在 20 世纪 80 年代的很多美学会议上都提出了美育落实的设想，在制度上对美育给予建构，加强美育建设和落实美育思想其实都是一种启蒙的外在表现，是在美育的层面完成对人、对社会的改造。如有学者所言，"总体来说，美学充当了思想解放运动的重要一翼，或者说发挥了思想启蒙的作用"，[3] 这样也就不难理解

---

[1] 符晓：《侧重两种文学观的比较研究》，《渤海大学学报》2015 年第 2 期。
[2] 马国川：《我与八十年代》，生活·读书·新知三联书店 2011 年版，第 58 页。
[3] 马国川：《我与八十年代》，生活·读书·新知三联书店 2011 年版，第 58 页。

"加强精神文明建设"和美育落实之间的连带关系，虽然表达方式不同，但是共同的指向都是启蒙。

无论是就发生背景而言还是就会议本身来说，20世纪80年代美学会议所隐含着的重要元素都是启蒙，第一次全国美学会议前，周扬谈话一方面强调"美学至今仍然是一门十分年轻的学科，许多问题研究得还不够"，一方面认为，艺术界、文艺界和理论界在加速实现现代化建设方面应该"培养全面发展的社会主义新人"，① 事实上，第一次全国美学会议也是按照这种方针召开的，之后如各个省级美学学会成立会的召开、美育会议的召开甚至包括重写美学史都包含或多或少的启蒙因素。从20世纪80年代的美学会议看开去，总的来说，美学启蒙主要有两种形式。

一种是走出"文化大革命"对社会和个体的影响，美学在"文化大革命"时期是一个禁区，全社会基本上处于一个谈"美"色变的时期，美的形式、美的内容、美的伦理和美的责任等无不被压抑。"十年内乱，丑恶的东西实在太多了，以丑为美的现象实在太多了，一些野蛮的、愚蠢的、原始的行为也被说成是革命的，给人们的教训太深了"，② "文化大革命"结束之后，第一次全国美学会议的召开和其他上述美学会议的召开在制度上宣布了美的合法性，同时也宣布了美本身之于个体的人的合法性。也就是说，无论是美学层面还是国家层面都已经开始认识到，个人需要美来改造个人的生活、信念甚至理想，只有"美"的人才能成为当时的"新"人而不是沉浸在历史的惯性中。

另一种就是美育和国家政策的结合。早在五四时期，蔡元培对美育建设和美育落实提出的诸多希冀事实上都是"启蒙"和"救亡"的表现形式之一。1980年第一次全国美学会议上所讨论的美育话题其实就是对蔡元培的一种致敬，也是对五四启蒙思潮的致敬，无非制度的落实和美育的建设需要更长的时间。其实当时美育的制度化也就是林仲达所谓美

---

① 周扬：《周扬文集》（第五卷），人民文学出版社1994年版，第276、271页。
② 马国川：《我与八十年代》，生活·读书·新知三联书店2011年版，第58页。

育的目的之所在,① 虽不至于像林仲达所言那样激烈,但是,以美育改变个人的最终目的也是形成全社会的启蒙思潮。需要说明的是,美学启蒙与学术史意义上的启蒙有相同的旨归,但是也显然存在一些差别。"无论中国的启蒙主义思想内部存在多大的冲突,也无论中国启蒙主义者对启蒙主义的社会功能的自觉程度如何,中国启蒙主义是中国当代最具有影响力的现代化的意识形态,它在一个短暂的历史时期内由一种富于激情的批判思想转化为当代中国资本主义的文化先声",② 显然,所谓"新启蒙"有更大的理想和野心,"当代中国资本主义的文化先声"并非一日所建,反观当时美学会议所呈现的美学思想或美学启蒙思想,与此也相去甚远。比之于"新启蒙",美学启蒙更加质朴和现实,当时的美学家只是想将美学发扬光大并惠及于人,让社会中的人沿着美学或美育的道路前行。

遗憾的是,美学启蒙的任务在 20 世纪 80 年代也并没有想象中那么理想。首先,如前所述,20 世纪 80 年代早期美学会议的参与者与"20 世纪 80 年代中国文化权力场域"过从甚密,但是随着美学学科沿着专门化、专业化的方向发展,一些在 20 世纪 80 年代早期从事美学研究者事实上逐渐退出了历史的舞台,幕布后面留下的都是纯美学研究者。而这时恰逢 20 世纪 80 年代深度启蒙时期,在这个过程中,启蒙具有一种异质化的倾向。一方面,美学家和美学研究者已然不能与学术史中的启蒙主题合流;另一方面,随着 1978 年之后"走出"模式的远去,美学研究者也渐次从"人道主义"的视域中走出来,去考虑启蒙之外的其他话题。其次,就美学而言,启蒙和美育存在某种联系,有学者就认为蔡元培的"美育代宗教"说法是在寻求一种感性意义上的理性启蒙,③ 所以美育和

① 在《艺术教育与革命》中,林仲达认为艺术教育的目的主要有四:一是反映并改进现实生活;二是克服占有的动机,发挥创造的天性;三是满足大众的娱乐;四是鼓起革命的情绪。其实他所谓的这四种目的其中的几项也适用于 20 世纪 80 年代。林仲达:《艺术教育与革命》,俞玉姿、张援编《中国近现代美育论文选(1840—1949)》,上海教育出版社 2011 年版,第 255—259 页。

② 汪晖:《死火重温》,人民文学出版社 2000 年版,第 60 页。

③ 详见杜卫《"感性启蒙":"以美育代宗教说"新解》,《浙江社会科学》2003 年第 5 期。

启蒙之间存在关系具有一定的合法性。就 20 世纪 80 年代初期而言，启蒙的载体主要是美育制度的形成和美育思想的落实。然而，虽然周扬谈话已经涉及美育问题，虽然第一次全国美学会议期间，朱光潜等美学家就呼吁教育部尽快将美育考虑在教育范畴，虽然 20 世纪 80 年代召开了几次专门的美育会议，但是美育的落实远远跟不上美学家希望看到的步伐。如曾繁仁所言，新时期美育工作还有很长的一段路要走，在认识、课程和队伍建设方面都存在问题。① 认识跟不上，无助于美育在全社会地位的确立；课程跟不上，无助于学校美育的普及；队伍跟不上，无助于美育尝试的传播。美育事实上是启蒙的一种表现形式，美育落实不到位，也就说明启蒙远未完成。

---

① 曾繁仁：《美育十五讲》，北京大学出版社 2012 年版，第 385—386 页。

第二章　美学会议与美学学科建设及历史意义

美学教学是美学发展、研究和制度建设的重要方面，通过教学，美学思想和美学思潮可以流散到更多美学工作者和研究者中间，以更好地完善美学的发展和传播，所以教学的环节比较重要，这样一来，美学学科建设也显得尤为重要，新时期很多美学会议都与美学的学科建设息息相关。通过美学会议对美学学科建设提出设想和建设性意见，早在20世纪60年代就已有之。据杨辛回忆，在编撰《美学概论》期间，教材编写组就召开过会议讨论教材的编撰问题，他说，"在编写教材时，我参加过两次会议。一次是在中宣部，还有一次是在北京饭店（或民族饭店）开的，都是由周扬主持"，[①] 这两次会议以及在编写过程中更小规模的会议都为《美学概论》的编写提供了非常丰富的经验和意见，使这部教材得以成功编撰、出版。实际上，新中国成立之后，前辈美学家非常重视美学学科建设问题。随着高校美学课程逐步走向正轨，已经开始有美学家教授中国美学史课程，以宗白华为例。1963年间，宗白华在北京大学哲学系和中文系高年级开设中国美学史课程，第二学期，按照教学规定需要给学生发放讲义，事实上，当时宗白华并没有讲义，嘱他当时的助教叶朗帮写。叶朗于是将第一学期听课笔记汇总，经宗白华审订发放。[②] 这部后来题为《中国美学史中重要问题的初步探索》的美学史，成为新中

---

① 李世涛、戴阿宝编著：《中国当代美学口述史》，中国社会科学出版社2014年版，第26页。

② 叶朗：《北京大学美学80年回顾》，《新文化史料》1994年第5期。

国成立后的早期中国美学史著作之一。遗憾的是，宗白华并没有留下一部具有制度性意义的美学史著作。本来，1961年4月中央宣传部组织召开全国高校文科教材编选会议，之后于9月公布了《高等学校文科教材编选计划表》（修订草案），内中包括宗白华完成撰写《中国美学史》的计划，但是，在1962年5月印发的《高等学校文科教材编选计划表》（调整方案）中取消了《中国美学史》。① 这显然有制度上的考虑，但是也说明当时的中国美学史学科建设尚处于初创时期，如宗白华自己所言，"中国美学史当以现在各方面正在编写的美术史、文学批评史的根基，总合性的工作尚在未来。现在只能做些专题性的初步探索而已"，② 这样一来，中国美学史的撰写工作在20世纪60年代就被搁置了，就更别说之后的幽暗岁月。

"文化大革命"结束之后，因为中国现代美学本身的自律性以及日渐宽松的美学环境，在制度性的设计上更加重视作为学科的美学史建设。1978年在山东济南召开的全国哲学学科规划会议就是一例，在这次会议后发布了《全国哲学规划会议关于科研项目和丛书、文集、资料书落实的情况》。这份材料指出，就美学而言，需要编著三种美学史，分别是《马克思主义美学发展史》、《中国美学史》和《西方美学史》，③ 这说明当时编撰中国美学史问题已经受到重视。

同样，对于学科美学来说，虽然在"十七年"时期就已经开始有意识地进行美学理论和美学原理的建设，但从现实的可操作性来看，对于美学原理、美学学科和文艺学及文艺美学的研究还有很大的可提升空间。

---

① 《高等学校文科教材编选计划表》（修订草案），内部资料，北京师范大学教务处档案，案卷号：1961—11。转引自史磊《新中国美学课研究（1949—1965）》，博士学位论文，东北师范大学，2013年，第110—121页。

② 据宗白华1962年1月4日写给刘纲纪的信。详见宗白华《宗白华全集》（第四卷），安徽教育出版社2008年版，第397—398页。

③ "《马克思主义美学发展史》的承担单位待定；《中国美学史》的承担单位是中国社会科学院哲学研究所、武汉大学刘纲纪、山东大学周来祥、安徽文史馆郭因、兰州大学高尔太（即高尔泰——引者注）等参与编写，计划1985年完成；《西方美学史》承担单位为中国社会科学院哲学研究所，由汝信主编，复旦大学蒋孔阳、北京大学李醒尘、北京师范大学刘宁、哲学研究所叶秀山参加，计划1985年完成。"详见《全国哲学规划会议关于科研项目和丛书、文集、资料书落实的情况》，内部资料，第16页。

因此，在 20 世纪 80 年代初期，中国美学界就开始不断地进行美学原理、美学学科、文艺学和文艺美学的学科建设，并在研究的过程中具有非常强的持续性。但也需要说明的是，涉及美学学科建设的美学会议，在过去的 40 年里呈现出一个数量递减的趋势，究其原因，20 世纪 80 年代，美学学科是新时期美学的初创期，无论是美学史还是美学原理都亟待进行学科建构，所以召开的美学会议相对较多。

第一节　美学会议与学科美学史的建构与重构

在第一次全国美学会议及《周扬谈话》中，周扬以很大的篇幅说明了整理中国美学遗产的重要性，认为"历代的思想家、艺术家、文学家在他们的哲学和艺术著述中，经常对美学发表一些精彩的议论。当然，这些有关美学的论述有很大一部分是零碎的，不系统的，但是，由于它们的背后有着雄厚的艺术实践经验作基础，同时又受到我国古代深刻的哲学思想的影响，因而具有自己民族的理论特色"，[1] 所以"应该组织力量进行挖掘，编出若干种内容比较完整的中国美学思想资料，并用马克思主义的观点分析它、批判它、发展它"，[2] 并指出，"这样的美学理论著作现在还缺少，我们期待着它的出现"。[3] 也正因为如此，第一次全国美学会议才会全面讨论关于中国美学史的相关问题，[4] 继而中华全国美学学会第二届年会也讨论了关于这个话题的相关问题。这些都给了中国美学史的研究者很强的信心，他们开始沿着中国美学史的方向寻找前途。关于中国美学史讨论的会议成为重心所在，江苏省美学学会就先后举办了两次关于中国美学史的学术讨论会。虽然这两次中国美学史学术讨论会只是省级学会号召举办，但是参加者却包括洪毅然、于民、林同华、郭因和佛雏等，所以这两次会议在中国美学史学科发展和建设上地位重要，

---

① 周扬：《周扬文集》（第五卷），人民文学出版社 1994 年版，第 270 页。
② 周扬：《周扬文集》（第五卷），人民文学出版社 1994 年版，第 270 页。
③ 周扬：《周扬文集》（第五卷），人民文学出版社 1994 年版，第 271 页。
④ 关于第一次全国美学会议上对中国美学史的讨论，笔者已经在第一章第一节论及，此处不再赘述。

因之需要做以说明。

一　中国美学史学术讨论会：美学史研究的展开

1983 年 10 月 17—22 日，江苏省美学学会、《江苏画刊》编辑部和江苏省社科院文学研究所共同举办了中国美学史学术讨论会。会议地点在无锡。参加会议的有来自北京、天津、上海和四川、山东等地的美学研究者 80 余人。① 这是新时期以来关于中国美学史研究的第一次学术讨论会，共提交论文 42 篇，会后出版了题为《中国美学史学术讨论会论文选》的论文集。② 这次会议主要讨论了三个方面的内容。一是关于中国美学史的对象和方法。具体言之，是对中国美学史分期的讨论，如有人认为，应该将中国美学史分为先秦两汉、魏晋隋唐、宋元明前期、明后期至晚清四个历史时期；③ 有人认为，应该将中国美学史分为先秦两汉、魏晋隋唐和宋元明清三个历史时期。④ 有人提出了另一种意见，认为对于美学史的分期不应该以历史分期作为参照，原因是美学史有其比较鲜明的学科特点。也有人认为，对中国美学史的研究不止于历史分期，应该从

---

① 关于对会议情况的详细介绍，详见马鸿增《中国美学史学术讨论会纪要》，《国内哲学动态》1984 年第 3 期。

② 需要说明的是：第一，论文集分为两个部分，一部分是未发表论文，一部分是已经在学术刊物上发表过的论文；第二，提交论文不仅仅局限在中国古代美学史，举凡阿炳美学思想、丑角的艺术美、灵感概念的中西比较等论文都收在文集中；第三，文集封二、封三有两张学术讨论会的合影；第四，本书为内部资料。详见江苏省美学学会《中国美学史学术讨论会论文选》(1983.10. 无锡)，内部资料。

③ 这种分期只是吴调公面对古典美学体系分期的一个方面，他认为考察中国古典美学体系需要从横、纵两个方面，横面，应该以"意境"为核心对中国美学进行考察；纵面，才是上述这种分期。之所以将中国美学史分为四个时期，他认为是各个阶段的特点使然，先秦两汉注重理性和美感的汇通，魏晋隋唐讲求意境，宋元明前期重视意而忽视境，明后期至晚清重视从个性中理解美。详见马鸿增《中国美学史学术讨论会纪要》，《国内哲学动态》1984 年第 3 期。

④ 李欣复同吴调公的分期不同，他认为先秦两汉注重哲理美，因为当时的所谓美学家都是哲学家和政治家，魏晋隋唐时期的美学主要以艺术为对象，而宋元明清，"由于理学的兴起，形成宋代的辞学家、经学家和道学家三派美学思想鼎立；明代的主理与主情、原道与缘情的两大派对立；至清代，一方面是经、道、文合一向学术领域发展，美学思想较淡薄，另一方面是专向艺术领域发展出现的种种主客体统一、合流的美学思潮"。详见马鸿增《中国美学史学术讨论会纪要》，《国内哲学动态》1984 年第 3 期。

思想史、断代史、美学家、审美范畴和美论等多个范畴对之进行研究。二是对关于古代美学体系和范畴的理解。就体系论，有人认为，中国美学史的研究线索应该是以人为本；有人认为，"以'气'为基础的老庄'天道自然观'，在长期的历史实践中，始终是我国美学思想的唯物主义传统"；① 也有人认为，应该以西方美学为参照系研究中国美学史。就体系论，有人提出了研究审美范畴的多方面意义；② 有人将中国古典美学范畴分为政治社会的、独特的和成对的三类，又在此基础上总结了中国美学范畴的主要特点，包括立足实践、借助阴阳世界观、强调感受性等。③ 三是对各个艺术门类美学艺术的阐释。这部分讨论比较自由，与会者根据自己的所长对中国美学史中涉及的概念、特点、意义、内涵等问题进行讨论，内容涉及"中和"概念、古诗词特点、绘画美学、敦煌石窟美学、戏剧美学和舞蹈美学等，总之畅所欲言，不一而足。

1985 年初夏，江苏省美学学会和江苏人民美术出版社联合召开了中国美学史第二次讨论会。会议地点在扬州。会议的主题是中国美学史的范畴和中国美学史研究的方法论。比之于第一次中国美学史讨论会，这次会议规模较小，但是也直接触及了一些问题。从某种意义上说，这次会议是对 1983 年美学史讨论会的延续和补充。对于中国美学范畴的问题，有学者重申了个人在 1983 年会议上的观点，先将中国美学史分为三个时期，以这三个时期为中心，认为每一段美学史都具有自己的独特性；有学者认为中国古典美学可以分为概念、形态、关系和方法四种范畴；很多与会者还从细部对中国美学史上的一些概念进行了分析，如"朴素之美"、"比德"和"境界"等。对于中国美学史研究方法论的问题，有人建议以"实践哲学"的方法论对之进行研究；有人认为，要将宏观研究和微观研究相结合；有人建议以系统论、信息论和控制论对中国美学史进行研究；有人认为，研究中国美学史首先考虑的不是方法而是对象，

---

① 马鸿增：《中国美学史学术讨论会纪要》，《国内哲学动态》1984 年第 3 期。
② 包括更好地把握美学思想史、将微观研究和宏观研究相结合、可以发现中国美学史的多层面性等。详见马鸿增《中国美学史学术讨论会纪要》，《国内哲学动态》1984 年第 3 期。
③ 马鸿增：《中国美学史学术讨论会纪要》，《国内哲学动态》1984 年第 3 期。

倘若对对象毫不知情，空谈方法也显得没有必要；还有人强调，理解中国美学史方法论应该从马克思主义出发，这样中西结合才能创造出独特的美学史研究方法论。①

综观上述两次美学史学术讨论会，虽不能谓之中国现代美学史中之大事件，但是，一方面，这是以作为学科的中国美学史为研究对象的第一次会议；另一方面，当时美学界具有话语权力的一些美学研究者到会，所以对这两次会议应该格外关注。归结起来，这两次关于中国美学史的讨论会主要讨论了四个方面的内容：一是中国美学史的体系性；二是中国美学史的范畴；三是中国美学史的历史分期；四是研究中国美学史的方法论。通过讨论，与会者达成了一些共识，在相关问题的研究与探索上取得了一些实绩。更重要的是，在这两次美学史学术讨论会上，各位参会的美学工作者交流了美学史信息，互通有无，使美学史研究的范围增大。另外，对于美学史研究的认识在这两次会议上表现得更加统一，使参会者更加集中了对相关问题的认识，以便更好地开展新的美学史研究，同时也是美学史作为制度的一种进步。

二 古典美学讨论会：现实基础与制度演进

新时期伊始，中国古典美学与中国美学史即受到中国现代美学界的重视。早在全国哲学社会科学规划会议召开时，就有人注意到了编撰中国古典美学史的重要意义并开始着手编撰美学史，第一次全国美学会议召开前期，周扬尤其强调编写中国美学史的重要性，使美学史编撰和研究工作得以有序进行。但是20世纪80年代末期，中国美学逢至转型和发展的低谷，如高建平所言，当时美学热潮逐渐退却，美学家已经被社会视为关于艺术哲学的专门研究者，人们对待美学的态度也不如20世纪80年代初期那般热烈，"于是，美学本来所扮演的作为一个促进社会变化的公共论坛的角色，已经让位给了别的学科，

---

① 关于这次会议的详细情况，见陈孝信《中国美学史的范畴和目的研究中的方法论——江苏省"中国美学史第二次讨论会"侧记》，《江苏社联通讯》1985年第10期。

如经济学、政治学、社会学，甚至人类学，等等，以及当今所谓的'文化研究'"。① 这种情况在第四届全国美学大会（1993 年 10 月 16—20日）之后有所改观，这次会议着重讨论了当前美学的现状和发展等问题，为未来美学的发展提供了一个新思路。在这种思想环境、美学环境和制度环境下，中国古典美学取得了一些发展，20 世纪 90 年代中后期，山东大学先后召开了两次关于中国古典美学研究的会议，把古典美学研究推向了一个新高度，形成了某种制度化趋势。

1995 年 10 月，山东大学美学研究所发起召开中国古典美学学术研讨会，会议召开地点为贵州省贵阳市，来自全国各地的 50 多位美学研究者和美学专家参加了这次会议，② 并围绕中国古典美学问题进行了建设性的讨论。中国古典美学学术研讨会本身存在两种争论的声音，也正是这两种声音构成了会议召开的大环境。争论之一是古典美学研究的现状问题，一些学者对这一问题持乐观态度，认为作为学科美学的重要范畴，中国古典美学研究取得了一些成果，取得了一些进展，为接下来的古典美学研究提供了一定的理论依据；另一些学者则认为，前述成果并不足以完成对古典美学研究的评价，业已取得的成果只不过是对古典美学的初步整理而已，而古典美学研究尚需把握住古典美学史内中的发展脉络和发展逻辑，这些问题都亟待解决。③ 争论之二可以被看作"古今中西之争"，有与会者认为，尽管将中国古典美学作为本体进行研究，依然可以借鉴西方 20 世纪以来比较前卫的新方法，这样才能更好地对中国古典美学进行研究，但有学者认为，中国古典美学研究之根在中国，所以要用中国传统同化西方美学思想和艺术思想。④ 这两种争论今天看来未免有些稚

---

① 高建平：《改革开放三十年与中国美学的命运》，钱中文主编《中国中外文艺理论学会年刊（2008 年卷）——理论创新时代：中国当代文论与审美文化的转型》，知识产权出版社 2009 年版，第 297—313 页。

② 除了山东大学，还有以下单位共同联合召开本次会议：贵州大学、贵州师范大学、广西师范大学、广西师大出版社、青岛大学和贵州省美学学会、贵阳师专等。季羡林、蒋孔阳、钱中文、徐中玉和刘纲纪等致函指点对本次会议召开表示祝贺。详见杨存昌《95 年中国古典美学研讨会综述》，《文史哲》1996 年第 1 期。

③ 杨存昌：《95 年中国古典美学研讨会综述》，《文史哲》1996 年第 1 期。

④ 杨存昌：《95 年中国古典美学研讨会综述》，《文史哲》1996 年第 1 期。

嫩，但是，在当时"中国古典美学向何处去"的情况下进行讨论，也具有一定的时代意义。就本体而言，这次研讨会主要讨论了以下几个问题。一是中国哲学传统与古典美学的关系。与会者从儒、释、道三者与艺术的关系出发，认为只有将儒、释、道的内核理解透彻，才能理解中国传统艺术和古典美学，"对儒、释、道或整体的把握或局部的探讨，都进一步使人们对中国传统文化与中国古典美学关系的认识得以深化"，① 换句话说，与会者认为只有一步一个脚印地厘清中国传统文化问题，才能进一步理解古典美学的精髓。二是中国古典美学的范畴等问题。与会者认为，中国古典美学非常繁复而缜密，并不能从中抽离出一些具有高度概括性的范畴或者概念，如此一来就需要寻找西方美学范畴作为参照系，以此完成对古典美学范畴的研究和梳理，从中亦可推断出古典美学的朴素、和谐、表现、意境等相关范畴问题，无形中为接下来的古典美学研究提供新思路。三是具有针对性地讨论了几位古典美学家的美学思想，如孔子的诗论、王羲之的书法美学和司空图、严羽、李渔、王国维等，进一步落实这些美学家在古典美学史上的地位。

值得指出的是，山东大学周来祥教授在会上发言，在回顾了 20 世纪中国美学研究的同时，也指明了未来美学的发展方向，认为"中西方交流与融汇已成趋势，许多西方美学家面对后工业社会的种种现实问题，正把探寻人类精神家园的目光转向东方、转向中国"，② 因此应该加强中国古典美学的建设和研究，为中国美学与世界美学对话提供一个有力的平台。这次会议发言以《东方审美文化研究》为题结集出版。③

沿着中国古典美学学术研讨会的思路，山东大学美学研究所、广西

---

① 董强：《'95 中国古典美学研讨会综述》，《文艺研究》1996 年第 2 期。

② 杨存昌：《95 年中国古典美学研讨会综述》，《文史哲》1996 年第 1 期。

③ 《东方审美文化研究》，主编周来祥，广西师范大学出版社出版，初版时间为 1996 年 6 月。文集由周来祥作序，周来祥指出，"本丛刊研究的是东方的审美文化，不是一般的东方文化，当然它要以东方文化为其广阔深邃的文化背景。审美文化既包括理论形态的美学思想，也包括体现着东方审美意识的文学、戏剧、影视、绘画、雕塑、音乐、舞蹈、建筑、园林、工艺等感性形态的美学创造，甚至还包括着富于审美因素的科学文明、宗教文化、道德伦理、环境文化以及物质生活文化等，不过当以前二者为主"。文集分甲、乙、丙三个部分，将讨论会讨论的问题悉数刊载。

师范大学、广西人民出版社和《社会科学家》杂志社共同召开了第二届中国古典美学研讨会，会议时间为 1997 年 8 月 21—24 日，会议地点为广西桂林。同第一次古典美学研讨会相比，这次会议既是一种延续，也是一种补充，继续将中国古典美学研究向前推进。首先，古典美学的范畴问题是与会者讨论的焦点。有人认为，应该将中国古典美学与中国哲学紧密结合，并以生命体验为基础进行言说。有人认为，应该反复揣摩人与自然、人与社会之间的关系，只有认清其中的关系才能更好地理解中国古典美学范畴。也有人思考古典美学的现代转向问题，认为应该在现代土壤中播种古典美学的种子，以此达到同世界美学对话的目的。① 其次，中国古典美学研究方法论成为这次研讨会上一个被广泛讨论的问题。一些学者认为，在对中国古典美学进行研究时应该将宏观方法和微观方法相结合，一些学者认为，应该尽快为中国现代美学研究找到一个适用于中西比较美学研究的方法，这样古典美学研究才能找到立足之地。② 再次，与会者也在不断思考和叩问古典美学的现代转型问题。与会者先后发表了自己的意见，其中周来祥的发言值得重视，他从"转型"的概念入手对问题进行阐述，一方面强调形态、范畴转换的本质问题，另一方面论及如何转型，他认为，中国古典美学研究应该结合现代美学实际，将中国古典美学与西方古典美学进行比较并参考康德、黑格尔等的美学进行深入研究，这样才能完成全方位的转型。③ 另外，中国古典美学的"和谐"范畴成为这次讨论会的重中之重，这同周来祥的研究方向不无关系，很多参会者都针对这个问题先后发言，大家一致认为，无论是中国哲学传统还是中国古典美学，无论是儒道美学还是释家美学，其底色和最高境界都是和谐，可以说，和谐是理解中国古典美学的一个枢纽之所在，因此需要对这个概念进行深度理解。

　　并不能说，上述两次会议为中国古典美学研究提供了一条清晰的路径，但这两次会议本身之于古典美学研究的意义不可谓不大。

---

① 杨维富、李启军：《第二届中国古典美学研讨会综述》，《文艺研究》1997 年第 6 期。
② 杨维富、李启军：《第二届中国古典美学研讨会综述》，《文艺研究》1997 年第 6 期。
③ 李耕熙、方正：《第二届中国古典美学研讨会纪要》，《社会科学家》1997 年第 6 期。

其一，两次会议都尝试从美学范畴的角度对中国古典美学进行研究，表面上看，这是对中国古典美学范畴的梳理和确立，但内中包含的是对中国古典美学的体系性追求。①

其二，两次会议所讨论的中国古典美学都兼及中国传统哲学，事实上是对中国古典美学自律性的确认，早在诗骚时代，中国美学就与哲学紧密相连，历千年风雨亦然，将二者有机联系在一起也为之后的古典美学研究开拓了方向。这两次会议将古典美学研究又向前推进了一步，从美学制度上说亦使相关研究进一步完善。

三　百年中国美学学术讨论会：中国现代美学的坐标与走向

20 世纪 90 年代关于美学本体的认识并不仅仅局限于中国古典美学，相关研究者同样注意到 20 世纪中国美学之于美学史的地位和意义，他们开始关注自蔡元培和王国维以来的中国现代美学。基于此，中华美学学会、贵州社会科学院、贵州大学、贵州省美学学会于 1998 年 4 月 20—25 日在贵阳共同召开了"百年中国美学学术讨论会"，②

这次会议吸引了来自全国各地 80 多位美学研究者，胡经之、聂振斌、阎国忠、杜书瀛和滕守尧等均参会，从与会人员名录上即可看出这次会议的重要性。可以说，百年中国美学学术讨论会是新时期以来首次围绕 20 世纪中国美学进行讨论，大家围绕"20 世纪中国美学史的历史定位""西方美学与中国传统美学在 20 世纪的融合""中西美学理论建构"等多个问题进行了深入的交流与讨论，对 20 世纪中国美学予以建构与重构，力图"从当代学科建设层面上深刻总结、反思百年中国美

---

①　体系性是古典美学的重要底色。体系性本身即十分重要。张法曾指出，"在西方学术里，有一个从近代到现代的转折，在科学领域，表现为从古典物理学向现代物理学的转折，在哲学领域，体现为古典哲学向现代哲学的转折，在艺术领域，表现为古典艺术向现代艺术的转折。对于西方文化来说，古典学术的体系性就进行了一种现代和后现代的升华，这一升华从全球的范围来说，带来了对非西方学术方式和理论形态的重新思考。这一思考运用到中国古代学术上，体现为中国古代学术呈现的零散和不成系统，其实正是一种中国式的理论形态和体系形态"。详见张法《中国美学史上的体系性著作研究》，北京大学出版社 2008 年版，第 4 页。

②　具体地点为贵州师范大学。

学的历史经验，有必要将美学理论的逻辑演化放到 20 世纪中国文化的总体语境中加以审视，在学术史层面上确定百年中国美学的学术建构特性和思想价值"。①

首先，与会者对 20 世纪中国美学的性质、历史、特征等问题进行了理论上的探讨。聂振斌强调 20 世纪中国美学错综复杂，却是中国美学史的重要组成部分，在此基础上，他尝试寻找这一百年中中国美学发展的主要线索，认为百年中国美学一直在康德所谓的功利与超功利矛盾中前行，这是策动现代美学发展的行动元之一。② 有的参会者以 20 世纪美学断代为中心阐述了几个美学时期现代美学存在的重要特征，认为王国维时代是一个"中学为体，西学为用"的时代，朱光潜时代是一个将东西方美学有机结合的时代，20 世纪 50 年代是马克思主义哲学美学化的时代，新时期是一个"己学为体"的时代，这四个美学时期各具特色又能构成有机的整体。③ 有的参会者更强调鲁迅等"左翼"作家对美学的贡献，认为"20 年代末到 40 年代中期，以鲁迅为代表的左翼作家和理论家对马克思主义美学的介绍"是现代美学的重要历史特征之一。④ 杜书瀛对1980 年以来的现代美学进行反思，他认为这个时期的现代美学存在一个误区，即学界认为 1980 年现代美学确实走上了新道路，但是，这种新道路的合理性与合法性标准是什么值得人们重新思考，无形中为现代美学敲响了警钟。⑤ 可见，与会者对中国现代美学的百年发展提出了一些独具特色的认识和看法，重要的是，与会者就 20 世纪中国美学的讨论虽然或多或少存在分歧，但是，大家都将 20 世纪美学看成一个整体，因此才有"百年中国美学"一题。事实上这是现代美学研究很大的进步，一方面，这之前鲜有对现代美学进行研究的专题会议，大部分美学会议要么对古典美学进行研究，要么对当前美学进行展望，真正能够审视 20 世纪美学

---

① 晓棣：《中国美学：百年历史的学术反省——"百年中国美学"学术讨论会综述》，《北京社会科学》1998 年第 3 期。
② 封孝伦：《"百年中国美学学术讨论会"综述》，《文艺研究》1998 年第 4 期。
③ 封孝伦：《"百年中国美学学术讨论会"综述》，《文艺研究》1998 年第 4 期。
④ 封孝伦：《"百年中国美学学术讨论会"综述》，《文艺研究》1998 年第 4 期。
⑤ 封孝伦：《"百年中国美学学术讨论会"综述》，《文艺研究》1998 年第 4 期。

的会议不多；另一方面，与会者并没有对 20 世纪美学随意切割，而是普遍认为百年美学具有整体性和延续性，即使新时期的美学研究也是对王国维、蔡元培等美学思想的继承，双方面的原因使与会者对百年美学特点的讨论颇具意义。

其次，与会者从美学学科的角度出发，对现代美学相关问题进行了具体、细致的讨论，主要集中在对中国现代美学家的研究。在这次会议上，有很多学者关注现代美学史的发展，一些参会者甚至提出了非常具体的关于美学史研究的建议和对策，① 从美学研究的各个细部入手丰富美学史，既是关于美学史的宏观思考，也将美学史研究落到实处。还有一些专家从自身的美学研究出发，对一些美学问题进行讨论：有人以审美心理学为中心在康德美学的基础上提出了"知、衡、情、想、意"等五种心理模态；② 有人将"审美无利害"同中国美学相结合，认为"无利害"概念存在一个被中国美学改造的过程，强调改造后的概念兼具人文价值和社会价值；③ 有人从多个方面阐述了 20 世纪 80 年代以来现代美学界对"自由"概念的理解，希望进一步厘清"自由"的内涵，以更好地研究美学中的自由问题；④ 还有人则对现代美学的未来寄予厚望，从人才培养、中国言说、美学重建等方面提出了自己的设想。关于现代美学家，与会者主要围绕王国维、朱光潜、宗白华的美学思想发言，对"境界""散步美学"等概念进行讨论，一方面对著名美学家的成绩给予肯定，一

---

① 比如，从学术积累的真实性和有效性出发，把握 20 世纪现代美学发展的规律；在文化考察的立场上将 20 世纪现代美学作为一个整体进行考察；充分认识 20 世纪中国美学学术积累的知识性根据，在美学的历史形态中找出学术价值的生成特质，发现美学知识增长的有效方式；对于不同文化背景的学术话语之间的交流和冲突，要有一个比较完整的认识；从美学家群体的知识结构、文化意识和社会地位等方面入手，了解 20 世纪中国美学的知识含量及其对美学学术积累的深刻制约，明确美学活动中主体存在的历史意义。关于此，详见施华《百年美学的学术史探索——"百年中国美学"学术讨论会综述》，《文史哲》1998 年第 4 期。

② 罗筠筠：《回首百年中国美学——"百年中国美学学术讨论会"综述》，《学术月刊》1998 年第 5 期。

③ 罗筠筠：《回首百年中国美学——"百年中国美学学术讨论会"综述》，《学术月刊》1998 年第 5 期。

④ 罗筠筠：《回首百年中国美学——"百年中国美学学术讨论会"综述》，《学术月刊》1998 年第 5 期。

方面也从微观方面对其思想加以研究。

从美学学科的意义上说，这次会议从美学史的角度对 20 世纪中国现代美学的本体特点、时间断代、重要人物和美学思想都做了非常全面的评说，其间，有一些比较重要的美学研究者如胡经之、聂振斌、杜书瀛、阎国忠、滕守尧、陶东风等都对现代美学史和美学研究发表了自己的意见和看法，具有一定的指导性和前瞻性，也为未来研究提供了一些可资借鉴的思路，正如有的学者所言，这次讨论会"倡导深入开展'百年中国美学'学术史研究，无疑具有一种学术上的开启意义，它将为美学未来的发展积累起更多的学术资源，为 21 世纪中国美学的成熟与深化奠定更为坚实的理论基础"。① 这是理论基础，同时也是制度基础。

四　问题与方法：新世纪的学科美学史研究

进入新时代，虽然诞生了很多部美学史著作和美学史教材，但美学工作者和美学研究者依然非常重视对学科美学史的建构和阐释，在这种条件下，一些设计美学史学科基本问题的会议得以召开。2013 年，北京师范大学哲学与社会学学院、北京师范大学美学与美育研究中心共同主办了"中国美学史研究：问题与方法"学术研讨会，来自北京地区的多个高校和研究所的专家学者参加了这次会议，并对相关问题进行了讨论。讨论分为三个方面，即中国美学史的理论建构、中国美学史研究的具体问题和跨文化研究与中国美学。② 关于中国美学史的理论建构，有学者指出，目前的中国美学史研究还存在很多问题，所以应该从纵深的角度对中国美学史进行深入言及，同时也应该将中国美学史的研究与中国艺术精神相结合；有学者认为，"中国美学史在根本上不是一套学科的知识体系，不应该是知识形态的叙述，而应主要是一种阐述的

---

① 晓棣：《中国美学：百年历史的学术反省——"百年中国美学"学术讨论会综述》，《北京社会科学》1998 年第 3 期。

② 尤宇翔：《"中国美学史研究：问题与方法"学术研讨会综述》，《美与时代》（下）2014 年第 2 期。

角度"；① 有学者认为，中国美学史必须要建立学科意识并以"美"贯穿始终；还有学者认为，对于中国美学史的言说应该回归到历史本位。关于美学史研究的具体问题，有学者认为，中国美学史研究存在四个关键词，即通史、范畴、观念和方法；有学者认为，中国美学史研究应该注意"人的本原存在方式、教化过程中的对象化；人对现实存在的看法；儒道两家对审美还原的分析；终极境界的体悟"等问题；② 有学者指出，不应该在撰写美学史的时候滥用以西方为中心的启蒙史观。关于跨文化研究与中国美学史研究的问题，有学者指出，在研究中国美学史的过程中要区别差异并求同存异；有学者认为，中国现代学术史存在道德理想主义和唯美主义两个误区；有学者结合古希腊诗学和康德美学讨论美学的价值和意义；有学者指出，在中国美学史的研究过程中应该持有一种开放性的态度。"本次会议围绕大会主题进行了热烈讨论，展示了目前国内关于中国美学史研究的最新成果，与会学者的发言具有极高的学术价值，是一次十分成功的学术研讨会，并表示北京师范大学美学与美育研究中心会持续关注中国美学研究的基础问题，并将定期举办相关学术研讨活动。"③

2018 年 8 月，祁志祥的《中国美学全史》出版（五卷本），上启先秦两汉美学，下至 20 世纪美学，可以说是一部巨著。逢这部美学史出版之际，来自全国各地的专家学者 40 余人在上海共同参加了"中国美学演变历程高端论坛暨《中国美学全史》恳谈会"，这次会议由上海市美学学会、上海市哲学学会、上海市古典文学学会、上海市作家协会理论委员会联合主办。

这次会议大致讨论了两个方面的问题。一是对祁志祥的这部美学史著作进行了高度评价。杨春时为该书作序，钱中文、朱立元分别发来贺

---

① 尤宇翔：《"中国美学史研究：问题与方法"学术研讨会综述》，《美与时代》（下）2014 年第 2 期。

② 尤宇翔：《"中国美学史研究：问题与方法"学术研讨会综述》，《美与时代》（下）2014 年第 2 期。

③ 尤宇翔：《"中国美学史研究：问题与方法"学术研讨会综述》，《美与时代》（下）2014 年第 2 期。

信，认为这部著作"体大思精，有个人独特的贯穿始终的基本观念，且以丰富翔实的资料加以论证，为中国美学史新学科的建设做出了新的重要贡献"。① 就讨论来说，一些学者认为这部美学史著作在写作范式上进行创新，完成了某种意义上的学术创新，一些学者强调这部美学史的"大"，充分说明了作者的理论勇气和学术勇气，还有一些学者高度评价了《中国美学全史》的跨学科性，比如书中将音乐、美术等艺术学问题与美学的紧密结合。二是从《中国美学全史》出发，讨论美学史的书写问题。与会者一致认为，中国美学史的书写是一个非常复杂的问题，涉及美学多样性、中国美学史言说中的"分期"和"转折"、美学史叙述中的中西美学观念对比、美学史言说与中华美学精神等问题。这些问题的提出进一步丰富了中国美学史的研究途径，并进一步拓展了中国美学史的研究范式，在新形势下对中国美学史学科的建设具有很重要的意义。

第二节　美学会议与美学原理教材编撰及文艺学学科建设

学科美学的教材建设是一个具有重要意义的美学史事件，是美学研究和美学教学的重要组成方面，早在 20 世纪五六十年代，中国美学家就已经开始集中力量编撰美学概论教材。1961 年，中共中央宣传部开始部署高等学校文科教材编撰工作，并于是年 4 月组织召开了高等学校文科教材会议，周扬主要负责具体编撰事宜。文科教材编撰工作在当时是教育界的大事，同时也是国家政治的大事，因此，周扬本人非常重视。1961—1965 年，他曾多次组织召开专门会议研究部署文科教材编撰工作，亲力亲为，在宏观主旨和细枝末节等方面都进行了比较具体的指导和规划。《美学概论》教材的编撰工作就是在这种条件下开始的，但由于这样那样的原因，直到 20 世纪 80 年代，这部教材才得以顺利出版。实际上，美学

---

① 王赟：《"中国美学演变历程高端论坛暨〈中国美学全史〉恳谈会"综述》，《上海文化》2018 年第 12 期。

教学不能仅止于一部教材，更何况 20 世纪 80 年代的美学状况和 20 世纪 60 年代也存在很大差异，所以新时期的新教材或者对新时期美学学科的思考是当时美学家和美学工作者们面临的主要问题。

一 《美学原理》：新时期美学教材雏形讨论

即使从中国现代美学史的意义上说，《美学原理》提纲和《美学原理》也并不是同一个概念。《美学原理》提纲由蔡仪主编，参加编写者有涂武生、杨汉池、杜书瀛、王善忠，① 提纲完成于 1980 年，曾收入《美学论丛》第 4 辑（中国社会科学出版社 1982 年出版），以后由广西人民出版社、漓江出版社作为单行本先后出版。② 《美学原理》是在《美学原理》提纲的基础上进行修改、整理、完善后的著作，是"美学丛书"（湖南人民出版社出版）的第一部著作，1982 年被列为全国哲学社会科学"六五"计划的重点科研项目之一；1985 年出版，被列为全国高等学校文科教材。③ 与一般的著作不同，《美学原理提纲》和《美学原理》分两次出版，前后存在架构上的改动，仿佛两种不同的美学原理教材。在出版的过程中，针对《美学原理提纲》和《美学原理》分别召开了两次讨论会，前一次对提纲提出了一些意见和建议，是一次征求意见的会议；后一次是关于《美学原理》的讨论会。

关于编写《美学原理》的缘由，蔡仪先生自己说，"1980 年在昆明召开第一次全国美学大会之后，我们有的同志参加后回来说：会上有人要求编写一本简明而系统的美学理论书，于是我们就着手写了一份《美学原理》的提纲"，"在 1981 年 11 月间，得到华中师范学院的支持和合作，召开了一次对这个'提纲'的讨论会，在座的不少同志也参加了那

① 《美学原理》提纲的主要倡议人和负责人是敏泽，但是据蔡仪言，"我们本来力量单薄，原是倡议人和主要负责人之一的敏泽同志，又因《文学评论》编辑工作繁忙，不能继续负责，但他为这《提纲》已出了大力"。详见蔡仪《蔡仪文集》（第十卷），中国文联出版社 2002 年版，第 67 页。

② 蔡仪：《蔡仪文集》（第九卷），中国文联出版社 2002 年版，第 1 页。

③ 蔡仪：《蔡仪文集》（第九卷），中国文联出版社 2002 年版，第 129 页。

次讨论会，对'提纲'提出了许多意见"。① 蔡仪所谓"对这个'提纲'的讨论会"，指的是由中国社会科学院文学研究所和华中师范学院中文系联合召开的"《美学原理》提纲讨论会"，会议地点在武汉，会议时间为1981 年 11 月 13—19 日。"参加讨论会的有全国各高等院校科研单位、出版部门从事美学研究、教学和出版工作的人员五十人"，② 蔡仪参加了会议并主持会议，③ 听取了与会者对提纲提出的意见和建议。《美学原理》提纲共十一章，涉及美的规律、自然美、社会美、形象思维、美感、艺术美、美感教育等问题，④ 与会者并不是细致地讨论每一章的修改意见，而是将这些问题切割成几部分分别做以评论并给出意见。归结起来主要有三个方面。一是对美的本质问题的讨论。有人认为，《美学原理》提纲所谓"美是客观的"构成了全书的主要基调，具有统摄意义，但也有人认为，对于美学的研究还应该从实践出发，因为"如果脱离人的社会实践，但从客观对象本身的属性、条件去寻找美的本质和美的规律，来说明许多复杂的美的现象"。⑤ 二是对自然美问题的讨论。在《美学原理》提纲中，蔡仪认为，自然"是指与社会相对而言并与社会生活区别开来的自然界"，"在自然界中既已存在着事物的美，那就不是什么人的'表现情趣的意象'，也无需'从外部注入自然界'"，⑥ 并认为，自然美不在于"自然的人化"。对于这种思想与会者存在分歧，有人赞同蔡仪的观点，认为自然美独立存在，与人无关；也有人反对蔡仪的观点，认为自然美也是在人的日常实践当中形成的，并不能绝对离开人而存在。三是对美感和艺术美的讨论。很多人认为，《美学原理》提纲中的美感说符合

① 蔡仪是在《美学原理》讨论会开幕致辞中做如上表述的，在这次致辞中，蔡仪回顾了从《美学原理提纲》到《美学原理》的编写及成书过程。详见蔡仪《蔡仪文集》（第十卷），中国文联出版社 2002 年版，第 108 页。

② 闻于理：《〈美学原理〉提纲讨论会在汉召开》，《语文教学与研究》1982 年第 1 期。

③ 主持会议的还有华中师范学院副院长杨平。

④ 具体章目录为："现实的美学与美的规律""自然美与社会美""形象思维与美的观念""美感的意识活动的特点""艺术作为社会意识形态及其本质""艺术的形象性和典型性""艺术的内容和形式""艺术美""艺术的种类""艺术的创作""美感教育"。

⑤ 闻于理：《〈美学原理〉提纲讨论会简况》，《华中师范学院学报》1982 年第 1 期。

⑥ 蔡仪：《蔡仪文集》（第九卷），中国文联出版社 2002 年版，第 23—24 页。

辩证唯物主义反映论，但也有人认为，在此基础上还应该从心理学方面对美感进行分析，将现代心理学和辩证唯物主义结合起来共同审视美感效果会更好。

根据《美学原理》提纲讨论会上与会者提出的意见和建议，蔡仪等人对《美学原理》提纲进行了修改。① 因为"有的读者来信给我们鼓励，其中也有高校教师来信讲到它也有利于教学"的缘故，"在1983年我们计划把它编写成书，得到哲学社会科学规划小组认可，作为国家'六五'计划重点之一，这更给予我们莫大的鼓舞。我们去年（即1984年——引者注）秋末写出初稿，去年底讨论定稿"。② 因之，《美学原理》1985年8月由湖南人民出版社出版。

1985年8月，《美学原理》讨论会在北京举行，与会者就相关问题进行讨论，并对《美学原理》进行了高度评价。作为主要撰写者之一，蔡仪参加了这次讨论会并做了发言，蔡仪首先分析了《美学原理》得以产生全因当时良好的美学环境，之后他介绍了《美学原理》一书的成书过程，最后阐述了编写《美学原理》的思想原则，"第一点是贯彻唯物主义观点"，"第二点是坚持实事求是的原则"，"第三点是遵循百家争鸣的方针"，③ 同时，蔡仪也明言这本书还存在一些问题，恳请与会者批评指正之。综观《美学原理》讨论会上与会者的发言，大家从多个方面对该书进行了褒奖：有人认为，"《美学原理》是一部具有严密的科学体系的马克思主义的美学著作，是对我国辩证唯物主义美学理论的系统概括和科学总结"；④ 有人认为，"把马克思主义的认识论作为贯穿全书的基本线

---

① 从宏观方面说，蔡仪等将原书的十一章缩至九章，章目录分别为："现实的美与美的规律""自然美与社会美""美的认识与美感概述""美感的情绪活动与几种美感形态""艺术作为社会意识形态及其特征""从艺术的认识到艺术的表现""艺术美的创造在于艺术典型的描写""艺术的种类和美感教育"。另外，据蔡仪自己说，"去年（即1984年——引者注）我们在编写书稿时，吸收了同志们在武汉讨论会上提出的一些意见，这次书的章节就有不少变动，这是从书的节目中也明显地可以看出来的"。详见蔡仪《蔡仪文集》（第十卷），中国文联出版社2002年版，第108页。

② 蔡仪：《蔡仪文集》（第十卷），中国文联出版社2002年版，第108页。

③ 蔡仪：《蔡仪文集》（第十卷），中国文联出版社2002年版，第108—109页。

④ 王德和：《〈美学原理〉（蔡仪主编）讨论会侧记》，《文学评论》1985年第6期。

索，立足于辩证唯物主义与历史唯物主义的哲学基础之上，坚持美学史中的唯物主义路线，是该书最为鲜明的特色"；① 有人认为，《美学原理》"不囿旧说，锐意创新，对许多美学问题和艺术现象，敢于从实际出发进行创造性的研究，提出了一些新的合乎事实的独特见解"；② 有人认为，"《美学原理》采取史论结合的形式，在阐述一些重大的理论问题的时候，往往联系美学史上的相关论点进行剖析清理，对当前美学界的争论意见也毫不含糊的表明自己的态度，显示了理论上的彻底性和坚定性"。③ 通过这些会议发言可知，会议期间对《美学原理》给予了非常高的评价，但是针对内中值得商榷的问题，可以说只字未提，只是在技术上提出了几点意见。④

比较《美学原理》提纲讨论会和《美学原理》讨论会可知，前者更具有现实性，与会者在会议上提出了一些比较务实、中肯的意见，将《美学原理》提纲的修改问题落到了实处，可谓掷地有声；而后者则偏于对蔡仪美学地位的肯定。⑤ 对蔡仪《美学原理》的积极评价也是当时中国现代美学界的风潮，该书出版之后，也有很多人发表文章对该书做出了较高的评价，⑥ 一方面反映出蔡仪的美学地位，另一方面也反映出美学学科建设背后潜藏的巨大空间。当然，无论是美学会议还是学术论文，对于蔡仪及《美学原理》的评价之高都是基于蔡仪美学本身的本体论和方法论的，事实上，就美学流派而言，蔡仪的美学思想一直都与主流美学有一些偏差，其中也包括《美学原理》所表达的一些美学思想。对于此，钱中文的评价可资借鉴。在谈到 20 世纪 50 年代、80 年代美学流派的纷

①　王德和：《〈美学原理〉（蔡仪主编）讨论会侧记》，《文学评论》1985 年第 6 期。

②　王德和：《〈美学原理〉（蔡仪主编）讨论会侧记》，《文学评论》1985 年第 6 期。

③　王德和：《〈美学原理〉（蔡仪主编）讨论会侧记》，《文学评论》1985 年第 6 期。

④　如"对某些错漏指出提出了中肯的批评和建设性意见"等，详见王德和《〈美学原理〉（蔡仪主编）讨论会侧记》，《文学评论》1985 年第 6 期。

⑤　美学思想和美学流派的纷争姑且不论。蔡仪当时已近耄耋之年，为中国现代美学和中国现代文学的学科建设做出了诸多贡献，并且提携后进，笔耕不辍，事实上很多人对《美学原理》的积极评价是对蔡仪人格的敬仰。因之，《美学原理》讨论会众人的发言亦无可厚非。

⑥　其中比较重要的文章有：常明《一部旗帜鲜明的美学著作——简评蔡仪主编的〈美学原理〉》，《晋阳学刊》1985 年第 6 期；彭秀艮《简评〈美学原理〉》，《江汉论坛》1986 年第 2 期；严昭柱《蔡仪主编的〈美学原理〉》，《文艺研究》1986 年第 1 期；钱中文《读蔡仪主编的〈美学原理〉》，《文学评论》1986 年第 3 期。

争时，钱中文认为各个派别之间不能故步自封，而是应该取长补短，"我也希望在学派的争论中，除了要排除绝对化的倾向外，还要在学术上有进一步的建树"，① 认为美学流派的争论应该成为理论建设的发动机而不是障碍物。从这个意义上说，对蔡仪《美学原理》的评价完全可以放下流派的包袱，从此书的本体出发，吸收其中的精髓所在。

　　需要说明的是，与美学原理和美学理论的初步探索相关的会议在20世纪80年代并不只蔡仪《美学原理》。1987年5月18日，北京大学马克思主义美学沙龙和北京大学哲学系《现代美学教程》编写组举行会议对当时的美学理论研究进行总结和反思。这次会议在美学学科建设上对《美学原理》提纲讨论会和《美学原理》讨论会做以补充，而且从会议的主要内容看，这次会议讨论的美学理论已经走出了20世纪80年代前期的一些理论束缚，从中也能使人看到美学史发生的变化。叶朗参加了讨论会并就《现代美学教程》的编写工作提出了一些意见和建议，他说，"要力求在坚持马克思主义美学基本原理前提下，尽量全面反映世界现代美学成果，同时，要将中国古代美学领域的遗产介绍出来。这样在坚持改革与开放相结合的原则下以新的面貌把目前的美学理论建设向前推进一步"，② 为这部教材的编写工作定下了基调。此外，他还从美学学科与其他学科的相关性、美学理论中的西方哲学因素、华夏美学遗产和理论与现实实践的关系等方面对当时的美学学科建设提出了一些值得反思又可资借鉴的建议。以此为逻辑起点，一些与会者纷纷对当时的文艺学、美学和文艺理论学科建设等问题提出了自己的看法，有的认为，应该将马克思主义和美学实践紧密地联系在一起；有的认为，搞文学理论或美学理论不能人云亦云，应该有自己的立场和尺度；有的认为，应该科学地认识马克思主义文艺学和马克思主义美学；有人还就电影艺术、文化现象和舞蹈美学等问题进行发言。③ 这几次讨论会从多个方面对美学原理和美学理

---

① 钱中文：《读蔡仪主编的〈美学原理〉》，《文学评论》1986年第3期。
② 本刊记者：《美学理论研讨会在北大举行》，《文学自由谈》1987年第5期。
③ "会上发言的还有北大外国文学博士生王宁、中国文联理论研究室王庆璠、《文艺报》理论编辑潘凯雄等"，详见本刊记者《美学理论研讨会在北大举行》，《文学自由谈》1987年第5期。

论进行认识，并将之诉诸编撰教材的实践中，以美学研究为起点，以美学教学为终点，其实最终的走向是美学制度的一个维度，正是这些教材不断的丰富与完善，才能更好地进行美学的教学工作进而完善美学制度。

二　文艺学 20 年：美学学科的反思与畅想

文艺学与美学犹如孪生兄弟，甚至从某种意义上可以说是一个学科的两种表述，因此，笔者也注意到 20 世纪 90 年代关于文艺学学科召开会议的相关情况，相比于美学会议而言，纯粹文艺学学科会议召开的较少，其中比较重要的是召开于 1998 年 5 月 7 日的新时期文艺学二十年学术讨论会。这次会议由中国社会科学院文学所理论室召集，会集了相关专家、学者几十人，其中包括杜书瀛、董学文、童庆炳、王一川、李春青、陶东风等。[①] 大家围绕真理标准讨论以来二十年间的文艺学和美学发展集思广益，或总结经验、或追溯轨迹、或提出问题、或展望未来，进行了深入交流和探讨。

与会者对 1978—1998 年这二十年间文艺学和美学的发展概况和所取得的成就进行了总结。很多与会者认为中国现代美学在 20 世纪有两个比较辉煌的阶段，一个是 20 世纪前 20 年，一个是 20 世纪后 20 年，大家充分肯定了真理问题讨论的意义，认为没有真理问题讨论就不会有之后美学和文艺学的复兴，如杜书瀛就对于这 20 年的文艺学发展给予盛赞，认为社会的进步为美学和文艺学的发展提供了一个平台，同时文艺学和美学也以进步的姿态反哺社会，虽然这一时期文艺学和美学需要面对一些困难，但是他还是认为"这 20 年恐怕是 20 世纪中国文艺学研究最活跃、最多样、最具生命力、也最富有挑战性的 20 年，是新见迭出、也歧见迭出的 20 年"，"但其巨大成就和繁荣是不能否认的"。[②] 有的与会者以杜书

---

① 参加这次会议的还有贺兴安、黄卓越、何西来、张婷婷、许明、钱竞、党圣元、陈传才、程正民等。

② 文理论：《新时期文艺学 20 年——首都部分专家、学者座谈纪要》，《淄博师专学报》1998 年第 5 期。

瀛所谓"两个 20 年"为基本前提，认为这两个 20 年具有各自特点，前一个 20 年是"各自独尊"，后一个 20 年是"彼此互补"，① 从中也不难看出 1980 年之后文艺学和美学研究多元共生的局面。也有学者从"20 年"看开去，回顾了整个 20 世纪文艺学和美学的发展，尝试给 20 世纪中国文艺学研究分期，指出每个阶段的特点，并指出 20 世纪文艺学有两次"综合"，即将西方思想同中国文化相结合，1978—1998 年属于第二次综合阶段。

与会者对 1978—1998 年这二十年间文艺学和美学的发展特征和本体思想进行了讨论。如王一川就总结了 20 世纪 80 年代文艺学发展的四个特点，② 认为这个时期的文艺学非常活跃，其背后的原因是现代性的兴起，是现代性赋予理论以特殊地位，才能使文艺学和美学得以快速发展。但是，王一川也同样注意到，文艺学和美学在 20 世纪 80 年代的发展存在其局限性，一方面国内的理论孕育不出万能理论，理论面临枯竭，一方面国外的理论也不能永远处于神坛，所以必须要在 20 世纪 90 年代寻找到文艺学发展的空间。有的学者则从确定性和不确定性双方面概括 1978 年以来的文艺学状况，所谓确定性指的是文艺学学科逐渐形成，并具有相对稳定的研究对象；所谓不确定性指的是文艺学学科 20 世纪 90 年代初期依然受到其他因素（如政治、意识形态、体制）的制约，因此在文艺学研究方面要更加重视解决问题的能力。童庆炳、何西来和钱竞则讨论了文艺学的边缘化问题。童庆炳认为，边缘化为文艺学提供了一种新路径，文艺学的边缘化促成了研究的多元，可以从各个方面对文艺学和美学相关问题进行研究。何西来认为，不提"文艺为政治服务"不等于说文艺学被边缘化，而是为文艺学扩大了外延，使文艺学学科研究更加先锋化，也更具包容性。钱竞认为不能用"边缘"与"非边缘"概念评价文艺学

---

① 文理论：《新时期文艺学 20 年——首都部分专家、学者座谈纪要》，《淄博师专学报》1998 年第 5 期。

② 一是从一元到多元；二是从客体到主体，表现为再现论弱化和表现论强化；三是从认识到情感，也就是理性论的衰微而审美论的狂涛兴起；四是从思想到形式，也就是内容论的消解与语言论的生成。详见文理论《新时期文艺学 20 年——首都部分专家、学者座谈纪要》，《淄博师专学报》1998 年第 5 期。

学科，文艺学本身就是具有丰富性和包容性的学科，即使与政治关系不大也会在其他领域产生广泛影响。总之与会者对这一问题持谨慎、乐观态度，都相信未来文艺学发展的前景会越来越好。

　　与会者对 1978—1998 年这二十年间文艺学和美学的偏失和不足进行了剖析，并对文艺学和美学的未来进行展望。李春青认为，文艺学研究的不足主要是"价值观与方法论的背离"，① 社会主义市场经济导致中国社会日渐浮躁，反映在美学研究和文艺学研究方面则是对新事物和新理论的不断追逐，一味追求新理论而忽视中国传统文化之"根"导致现代美学研究的"消化不良"，以致影响美学学科和文艺学学科的发展。沿着这个思路，党圣元提出，事实上中国现代美学和文艺学并没有很好地承继中国美学思想传统，他认为，如果想更好、更全面地搞好中国文艺学学科建设，就必须重拾国故，将传统与现代相结合，真正做到"中国古代文论现代转化"，只有这样才能丰富和壮大文艺学学科。② 也有一些学者对美学和文艺学学科的未来充满了期待和希望。钱中文认为，中国现代文艺学汲取了三种资源，一是现代资源，二是古代资源，三是西方资源，其中现代资源蔚为可观，所以在之后的文艺学和美学建设中应该多多吸收现代文化和思想资源，辅之以古代思想和西方思想。③ 还有学者根据当时的文艺学和美学学科建设提出"希望有一本简明的有中国特色的文艺理论教材问世"，"编写这样一本教材，可以作为建设有中国特色的现代文艺学理论体系的第一步"，④ 并从宏观出发认为文艺学研究应该优化结构、勇于借鉴。

---

① 文理论：《新时期文艺学 20 年——首都部分专家、学者座谈纪要》，《淄博师专学报》1998 年第 5 期。

② 文理论：《新时期文艺学 20 年——首都部分专家、学者座谈纪要》，《淄博师专学报》1998 年第 5 期。

③ 文理论：《新时期文艺学 20 年——首都部分专家、学者座谈纪要》，《淄博师专学报》1998 年第 5 期。

④ 文理论：《新时期文艺学 20 年——首都部分专家、学者座谈纪要》，《淄博师专学报》1998 年第 5 期。

第三节　美学会议与文艺美学前沿问题的学科化

随着全球现代性的深入发展，各个学科之间的壁垒逐步被打破，使学科与学科之间的界限不再如之前一样清晰可见，无形中对美学学科建设也提出了新要求，美学学科如何独立，又如何与其他相关学科建立应然的联系，是很多美学工作者思考的问题。40 年间，随着学科建设不断完善，单独讨论美学学科建设的会议不多，而大部分会议将美学与文艺学作为一个统一的整体对象进行讨论，更多地关注文艺美学问题。

1999 年 11 月 2—5 日，《文艺研究》编辑部、暨南大学中文系、华南师范大学中文系和全国青年美学研究会联合召开了"文艺美学在中国"学术研讨会，会议在暨南大学举行，刘纲纪、胡经之、童庆炳和饶芃子等 60 多人参会。文艺美学是 1980 以来中国语言文学学科所辖旁支学科，关于文艺美学在中国的兴起，胡经之曾言，"1980 年春，我在昆明召开的全国首届美学会上提出，高等学校的文学、艺术系科的美学教学，不能只停留在讲授哲学美学原理，而应开拓和发展文艺美学。这一点得到了师辈朱光潜、王朝闻等学者的热忱鼓励"。[①] 可见，文艺美学是 1980 年之后现代美学家普遍关心的问题之一，这也为文艺美学研讨会的召开提供了理论支撑。这次会议与会者都已经关注文艺美学多时，都尝试从学科的角度为文艺美学的发展提供新思路。如有人认为，文艺美学在中国现代美学发展过程中还尚年轻，因此，还有很大的空间可待发展；有人认为，应该围绕"文艺美学"概念进行研究，回答包括概念的内涵、外延、延伸等相关问题；有人强调文艺美学与现代美学其他相关学科的区别，认为文艺美学有其特定的指涉性，与其他美学方向既兼容也不容，所以研究文艺美学应该从大处着眼；有人认为，文艺美学具有独立性；有人认为，应该将文艺美学建设同文学理论建设结合起来，使文艺美学更富活力；有人以文艺的审美属性为中心，认为文艺美学的精魂在于研究文

---

① 胡经之：《文艺美学》，北京大学出版社 1999 年版，第 2 页。

艺的审美属性，为文艺美学确立了研究对象。① 这次会议是20世纪90年代关于文艺美学研究的重要会议，与会学者从多个角度对文艺美学的现状和未来等问题进行了讨论，也从某种意义上对文艺美学之后的道路进行了建构。

2001年5月10—12日，山东大学文艺美学研究中心和首都师范大学文学院在泉城济南共同举办了"文艺美学学科建设与发展研讨会"，吸引了相关领域40多位参会者到会，就文艺美学的学科形成、研究现状和未来走向等问题交换了意见。曾繁仁、谭好哲、周来祥等针对文艺美学的学科定位进行发言，一部分人认为，文艺美学处于美学和文艺学的交叉领域，却可以独立成为一门学科，所以具有学科属性，很多美学研究可以在这种学科视域内进行。另一部分人认为，文艺美学虽然有比较确定的研究对象，但是，还是美学下辖的一个分支，所以涉及文艺美学的研究应该介入其他学科进行研究。关于文艺美学的学科属性也存在不同的声音，董学文就从概念本身的意义出发，认为这是一个不值得推敲的概念，无论是从研究对象还是从文艺美学与文艺学、美学的关系上来说都存在一种语义上的模糊性甚至是混乱，所以将文艺美学单独列为一门学科为时尚早。关于文艺美学学科发展，有的与会者认为，应该充分吸收中华传统美学的精华，将这些古典遗产与现代研究相结合，也有参与者认为"古为今用、洋为中用"不失为发展文艺美学的好办法，只有这样，才能丰富和完善文艺美学的研究。② 与近年来美学会议主题宏大相比，这次会议主题相对单一，这也就无形中加深了对文艺美学学科建设的讨论深度，而且，在这次会议上出现了对"文艺美学"概念的分歧和争鸣，也使得对相关问题的讨论呈现出多元化趋势。

---

　　① 其他如金岱、陈池瑜、王坤、苏桂宁、蒋述卓、张毅、张云鹏、吴予敏、王德胜等纷纷发言。关于这次研讨会内容，详见刘绍瑾、李凤亮《文艺美学的反思——"文艺美学在中国"学术研讨会侧记》，《学术研究》1999年第6期。

　　② 关于这次会议的详细内容，详见李鲁宁《文艺美学学科建设与发展研讨会综述》，《哲学动态》2001年第11期；另见李鲁宁《"文艺美学学科建设与发展"研讨会综述》，《东方丛刊》2001年第4期；又见李鲁宁《"文艺美学学科建设与发展"研讨会综述》，《文艺研究》2001年第5期。

　　2003 年 12 月 6—8 日，中华美学学会、中国中外文艺理论学会和台州学院在浙江临海共同举办了"全国美学与文艺学前沿问题学术研讨会"，这次会议被认为是"近 20 年来第一次自觉地举办这样性质的会议"，① 因此不同凡响。这次会议讨论了涉及美学和文艺学内部诸多问题，② 关于美学学科建设问题被与会者反复讨论，有人就学科属性问题发表意见，认为在美学研究中需要将艺术和美学区分开，因为艺术和美学具有不同维度和对象，美学所关注的是情，是对象的内在精神，而艺术关注的则是外在形式，这种区分也成为学科界限的划分标准。其他参会者也纷纷发言，阐释当时的美学热点问题。这次会议虽然不是专门讨论美学和文艺学学科建设的会议，但是与会者在会上所讨论的问题非常明确，都在美学和文艺学框架之内，为美学和文艺学建设提供了更加清晰的理路。同样，召开于 2006 年 11 月 11—13 日的"美学、文艺学基本理论建设全国学术研讨会"也沿着这种思路，从多个方面研究了理论建设问题。③ 这次会议由中华美学学会、《文艺研究》编辑部、泉州师范学院、厦门大学中文系联合举办，吸引了全国各地专家学者 70 余人。④ 就学科理论建设而言，一些参会者就现代美学学科和文艺学学科的发展走向阐明了自己的观点，他们认为现代美学的学科走向大致有三种出路，一是沿着西方美学的足迹继续前行；二是发展中国古典美学的传统；三是立足古典传统，将传统美学与西方美学相互融合，这三种途径各有利弊，都需要在发展的过程中取长补短、去粗取精，不断地完善学科建设。一些参会者对中国古典文论和当代文论的现实状况表示忧虑并从多个方面

　　① 吴世永：《美学与文艺学的互补、交融与创新——"全国美学与文艺学前沿问题学术研讨会"综述》，《台州学院学报》2004 年第 4 期。

　　② 如美学与文艺学纠缠不清的问题、感性与理性的问题、把信仰与爱作为美学研究的一个维度、科技理性的问题、生态美学、交互理论、审美教育问题、大众文化、关注现实、关于美学应用、文学与艺术终结论、文学意义问题。

　　③ 会议举办地为厦门、泉州。

　　④ 该次会议的宗旨是："总结近年来美学文艺学基本理论研究的成果，检讨理论建设的问题与得失，探讨进一步深化发展的可能；通过加强美学、文艺学基本理论建设，力图改变近年来美学文艺学界基本理论研究相对沉寂的局面。"详见萧湛《"美学、文艺学基本理论建设全国学术研讨会"综述》，《厦门大学学报》2006 年第 6 期；另见印晓红《美学、文艺学基本理论建设全国学术研讨会综述》，《中州学刊》2007 年第 1 期。

提出了解决的办法，有人认为，应该将中国传统与西方现代相结合；有人认为，文论研究应该以中国文论为主，辅之以西方人文思想，总之不能将中国美学和西方美学置于对立的位置，应该充分吸收各家之长。①

随着现代美学呈现出多元发展的新局面，从21世纪开始，涉及美学史的会议逐渐减少，同20世纪80年代相比，美学工作者似乎将更大的精力投入了美学本体论之中，而对美学史的研究变得鲜见，因此举凡涉及美学史研究的会议比较引人注目。就美学史研究而言，"中国美学史研究：问题与方法"学术研讨会值得重视，这次会议由北京师范大学哲学与社会学学院、北京师范大学美学与美育研究中心联合举办，来自北京各个高校和研究所的专家学者出席了这次会议。② 这次会议的主题是美学史的理论建构与研究，与会者从多个方面对这一主题进行阐释和交流。③其中，理论建构问题成为与会者讨论的焦点，有人认为，若干年来的美学史研究无论是从深度上说还是从广度上说都需要向前做大幅推进，将学科的外在形式和内在精神相互结合，才能把握住美学史的脉络；有人认为，应该站在更高的高度审视美学史，要重视内部研究和外部研究的结合；有人认为，中国美学史研究最重要的是要有一个学科意识，中国古典美学和中国现代美学要在学科视域下形成一种契合；有人以对"意境"理论的阐释为中心，认为中国美学史研究应该向历史论和本体论回归，从历史源头对中国美学史的学科属性进行重新界定。此外，与会者还就美学史研究中的具体问题（如宗教、启蒙、电影、文化、诗学等）发言，呈现了美学研究中的新成果。这次会议虽然规模不大，却形成了一种小范围的美学制度，参会者刘成纪会后表示，北京师范大学美学与美育中心要不时举办涉及美学史的相关活动，从多个方面对这些问题进行研究，以促进作为学科美学史的发展。

从统计数据上看，进入21世纪之后，涉及学科建设和美学史的会议

---

① 这两次会议讨论的其他问题将在另节说明。

② 主要有北京大学、清华大学、中国人民大学、中国社会科学院、中国艺术研究院、中国传媒大学、北京第二外国语学院等。

③ 关于该次会议的详细内容，见尤字翔《"中国美学史研究：问题与方法"学术研讨会综述》，《美与时代》2004年第2期。

比20世纪80年代相关会议，明显呈现出减少的趋势，这并不能说明美学研究的走势，事实上美学学科建设问题研究在新世纪的式微具有其内在原因。其一，20世纪80年代尤其是80年代初期，新时期美学与美学研究尚在蒙昧阶段，老一辈美学家不断在探索中寻找并确立美学学科的研究对象、研究范围和研究范式等，或重理论，或重实践，使得新时期美学学科范式得以确立，经过二十几年的发展与建设，中国现代美学学科基本确立，制度基本成熟，下辖相关学科的研究对象非常明晰，已经似无研究的必要，所以这一时期的学科建设会议逐渐减少。其二，如前所述，虽然新时期现代美学只经历了30年的发展，但是其速度可谓飞快，及至新时期，现代美学学科已经随着中国现代学术史的发展而发生了一些新变化，学术史最显著的变化就是学科界限的模糊，即学科边界逐渐消解，跨学科研究逐渐成为学术研究的某种趋势，美学研究亦如是。所以，这一时期以美学学科建设为中心主题的会议不多，跨学科属性本身就昭示了就美学、文艺学、文艺美学或文学史等召开专门会议的意义不大，因此，这一时期内相关美学会议更重视美学本体论研究。值得注意的另外一个事实是，21世纪以来，涉及美学学科建设的会议不多，涉及文艺学学科建设的会议很多，并且通过文艺学学科建设会议衍生了关于"日常生活审美化"及相关问题的讨论，形成了现代美学与现代文艺学一次非常重要的转向。从另一个方面说，经过了二十几年的发展，作为学科美学的美学制度已经非常成熟了，事实上，无论是在美学课层面上说还是在美学会议层面上说，美学学科建设问题都得到了进一步的解决并呈现出繁荣的局面。

第三章　美学会议与美学家的历史贡献

中国现代美学史上的早期美学家身份很多是盖棺论定的。王国维、蔡元培和梁启超等生前并没有被看作美学家，显而易见，他们在其他方面的影响远大于美学，而且，如梁启超者为中国现代美学所做的贡献或言在美学史上的地位其实还有很大的讨论空间——这涉及一个重写美学史的问题，是本书之外的另一个问题，姑且不论——这些都说明美学家身份的历史是一个美学史上的重要问题。新中国成立之后的情境似乎与民国年间并不相同，即使朱光潜先生和宗白华先生等美学家还筋骨健硕，他们就已经成为"美学家"，这是一种值得关注的美学现象。在这其中，会议成为对以上述三位为代表的美学家身份确认的重要环节，一方面，会议是一种制度的象征，20世纪80年代各种较大规模学术会议都由中央宣传部和中国社会科学院牵头，参会与否涉及与会者身份在学术上、政治上、社会上的确认，所以会议对于这些美学家来说非常重要；另一方面，会议上的领袖人物也能起到统摄美学史学科发展的作用。如前文所述，虽然周扬没有参加第一次全国美学会议，但是，如果没有周扬谈话，新时期美学走向恐怕就会呈现出另一种景观。这并不是说，周扬谈话是新时期美学的唯一话语方式，但是周扬谈话使美学有了一个新的方向。这些都说明了美学家与美学会议的重要性。首先，新中国成立之后的中国现代美学史普遍存在一种经验，即重要政治人物和重要美学人物一直以来都保持着政治上和美学上的权威性以及这种权威性的惯性，大家普遍相信，只有这样，中国现代美学才有了政治上的方向和美学上的方向，美学会议恰恰是政治人物和美学人物悉数现身并频繁现身的契机之一，所以无论是作为政治事件还是美学事件，主要人物变得非常重要；其次，美学家并不是一个美学符号，而是一个深谙中国现代美学思想和规则的具体的人，所以大部分美学家的思想会在美学会议上以最为简明扼要且切中要害的方式表达出来，于是，美学会议就成为美学家表达自我美学观念的传声筒，也成为美学家倾撒和传播美学思想的理论场，因此可以说美学会议成为散播美学家美学思想的重要载体；再次，美学家思想也需要得到美学界甚至社会与国家的确认，这种思想的确认本身也是对美学家本人美学身份的确认，只有对美学家身份加以确认，才能把握住中国现代美学理论和美学史大致的发展方向，不至于南辕北辙，因此关于美学家的纪念会和追思会也显得非常重要；最后，一些后继美学研究者往往需要在美学会议上崭露头角，只有这样才能让他人在最短的时间内认识自己和自己的美学思想，同时在参会过程中，也有了更多的和他人交流经验的机会，这从另一方面反映出美学会议对"新人"的重要作用，也为后学美学家身份的建构、后学美学家的成长与培养提供了必要的制度依据。

大卫·R. 沙姆韦在《文学研究中的明星制度》中全面分析了文学研究中明星制度的产生机制，他以戏剧明星和电影明星起兴，以此为切入点，认为"当代美国名人的诸多形式包括明星地位的重要性有助于说明学术明星制度的兴起。此外，电影明星制度的运作也有助于我们理解学术明星制度的运作"，① 并分析了哈德罗·布鲁姆、雅克·德里达、弗雷德里克·詹姆逊等能够成为学术明星的原因。值得说明的是，沙姆韦认为，"促成学术明星诞生最重要的催化剂要属巡回会议和巡回讲座"，② 因为"这种

---

① ［美］大卫·R. 沙姆韦：《文学研究中的明星制度》，［美］杰弗里·J. 威廉斯编著：《文学制度》，李佳畅、穆雷译，南京大学出版社 2014 年版，第 192 页。

② 大卫·R. 沙姆韦以美国现代语言协会为例，认为会议自 20 世纪 70 年代起开始激增，其中原因有二：一是在美国现代语言协会为相关机构举办的常规会议所做的筹备活动的推动下，学术团体的数量有了越来越快的增长；二是专题会议的迅速涌现已成为学术制约生涯的惯常特征，并指出这种新型学术会议需要知名学者参与以便吸引与会者及出席者。详见［美］大卫·R. 沙姆韦《文学研究中的明星制度》，［美］杰弗里·J. 威廉斯编著《文学制度》，李佳畅、穆雷译，南京大学出版社 2014 年版，第 196—197 页。

新型学术会议利用知名学者来吸引与会人士，赋予了他们特殊的角色，以此在知名学者及其听众之间建立起了一种全新的关系"①。沙姆韦对学术明星制度的这种分析其实完全适用于中国现代美学界尤其是 20 世纪 80 年代初期的中国现代美学界。不能不说，20 世纪 80 年代初期，朱光潜等已然成为大众的美学家明星：在美学界，朱光潜凭借几十年的译著已经成为泰斗级人物，在美学界外，他凭借《给青年的十二封信》（1929）和《谈美书简》（1980）俘获了很多青年的心。而沙姆韦所谓学术会议对明星制度的影响在中国也已存在。

20 世纪 80 年代初期，美学家成为明星的现象并不是毫无缘由。黑暗年代结束之后，全社会的普遍追求是人性的解放和人道主义，② 而美学的复兴一方面同人性的解放有关，另一方面也成为人性解放的形式之一。当时的人，既利用所谓美学解决自身压抑已久的个性，又将美同生活建立必然的联系。这从另一个面说明当时全社会兴起的美学热是产生中国现代美学家明星制度的外部环境和原因。当然，并不能说，中国现代美学家中存在沙姆韦所谓美国式的学术明星制度，但是，就当时的美学环境和美学人物而言，中国现代美学家明星制度已经和《文学研究中的明星制度》的主题无限接近。学界一般认为，20 世纪 80 年代美学以 1985 年为一个节点，呈现出一个明显的差异，而美学家明星制度——假如确定存在这种制度——也随着美学研究的低谷而逐步消解。在这个过程中，美学家首先成为美学家明星，之后又被还原成美学家。这恐怕是中国现代美学在 20 世纪 80 年代尤其是 20 世纪 80 年代初期特有的现象。因之，与其说这是美学家明星的确认和建构，毋宁说是美学家身份的确认和建

①　大卫·R. 沙姆韦继而指出，"知名学者应邀频频出席各种讲座，不仅仅提出论点，而且还在举办讲座、宣读论文、回答提问和评论时，甚至是在正式发言前后的非正式交谈时展现自己的个性，最后这种情况或许收效甚为显著"。详见［美］大卫·R. 沙姆韦《文学研究中的明星制度》，［美］杰弗里·J. 威廉斯编著《文学制度》，李佳畅、穆雷译，南京大学出版社 2014 年版，第 197 页。

②　例如，甘阳认为卡西尔的《人论》在 20 世纪 80 年代能够畅销的原因在于，"为什么畅销，就是因为这个书名。哎，《人论》！因为你想吧，'文革'刚结束的时候就是在谈人嘛，人道主义嘛，所以这个完全是阴差阳错的"。这就是当时人道主义与人性论复兴的明证。详见甘阳《古今中西之争》，生活·读书·新知三联书店 2006 年版，第 187 页。

构，但无论如何，美学会议起到的作用和意义对于美学家来说不可谓不深远。

第一节　美学会议与现代美学家的美学遗产

20 世纪 90 年代，中国现代美学界已经集众人之力编撰出几部涉及现代美学的美学史，这些美学史著作自成体系，直到如今也发挥着其作用，这些美学史所具有的一个共同特征是多以美学家为中心进行美学史书写，[①] 美学家似乎是美学史言说的主要方式，这种现象发生在撰写美学史的过程中，也发生在一般的美学史研究过程中。因此，对于美学家的历史定位和美学定位变得格外重要，尤其是对中国现代美学做出过杰出贡献的王国维、梁启超、蔡元培、丰子恺和张竞生等，所谓"不求远因，不足以明近果"，所以，在新的历史时期，一些学者和美学会议开始有意识地关注这些现代美学家，并对其身份进行确证和确认，围绕中国现代美学家召开了多次会议，既有纪念会也有交流会，使他们的美学身份得到了历史的确证，并逐步整理出了丰富的美学遗产。对现代美学家美学思想的研究一直以来都是中国现代美学研究的重点和热点，美学工作者在这些经典美学家的理论和思想中寻找新的理论增长点，并尝试将王国维、蔡元培、朱光潜等所树立的美学传统一代一代传承下去，同时也从中寻找出新的美学理路。以梁启超为例，无论是在梁启超所生活的那个时代，还是新中国成立之后美学迅速发展的时代，梁启超的美学思想一直都并没有被美学工作者重视，直到 1984 年陈永标发表了第一篇关于梁启超美学思想的论文《试论梁启超的美学思想》，[②] 从此开启了梁启超美学思想研究的历程，这一方面说明中国现代美学研究的漫漫长路，另一方面也说明了梁启超美学本身对美学的重要影响。事实上梁启超并不是

---

① 如陈伟所撰《中国现代美学思想史纲》即为一例，作者以美学家为中心，在三章内将 1949 年之前的美学划分为三个十年，在每一个十年分别介绍美学家，先后介绍了陈独秀、胡适、鲁迅、李大钊、梁实秋、瞿秋白、朱光潜、丰子恺、毛泽东、胡风和蔡仪等的美学思想，虽然在每章开始部分交代了大的历史背景和美学背景，但是整体上是以美学家为中心进行表述。
② 陈永标：《试论梁启超的美学思想》，《华南师范大学学报》1984 年第 2 期。

孤例，21 世纪以来涉及王国维、梁启超、蔡元培、朱光潜、宗白华等的材料林林总总，相关美学会议也时有召开，深化了对这些美学家美学思想的研究。

一　"纪念王国维诞辰 120 周年学术研讨会" 与作为美学家的王国维

1997 年 9 月 4—7 日，"纪念王国维诞辰 120 周年学术研讨会"在北京清华大学举行，这次会议由清华大学中文系、北京大学中文系、香港大学中文系和中国台湾新竹清华大学中文系共同主办，来自中国大陆、中国台湾、香港以及德国、日本、澳大利亚和韩国的 60 多位专家学者参加了会议，王国维之女王东明参加了这次会议。[1] 这次会议从各个方面对王国维学术史地位和学术史价值做了全方位的诠释，对其贡献做了科学而合理的评价。涉及美学方面，中国社会科学院文学所钱竞高度评价了王国维的美学思想，认为王国维美学贡献主要有三，一是将西方美学引介到中国，二是用理论分析中国文学作品，三是重塑中国文学史，这些贡献足以使王国维在中国现代美学界和文学界成为扛鼎之人。[2] 王令之（王国维之孙女）专门介绍了王国维的绘画艺术批评理论，认为这是王国维美学思想的重要组成部分。[3] 北京大学温儒敏以《〈红楼梦〉评论》为中心说明王国维将西方美学理论和文学理论与中国传统文学作品相结合是一种理论自觉的表现，也为现代美学研究拓展了新空间。[4] 日本学者须川照一关注的是王国维对"古雅"问题的判断，认为这一问题的提出受

---

[1]　早在 1994 年，已经召开了首届海峡两岸王国维学术研讨会，会议由浙江海宁市文联、北京师范大学汉字研究所、中国台湾中华两岸文化综合研究会、清华大学国学研究所等单位联合举办，来自海峡两岸的专家学者 40 余人和王国维先生后人参加了会议。会后，中国台湾学者提议，在王国维诞辰 120 周年之际再举行更大规模的王国维学术研讨会。详见王学海《首届"海峡两岸王国维学术研讨会"召开》，《文学遗产》1995 年第 2 期。因为会议讨论的多为文字和文学问题，所以本书在此不做过多介绍。

[2]　黄振萍：《纪念王国维诞辰 120 周年学术研讨会综述》，《文艺研究》1997 年第 6 期。

[3]　黄振萍：《纪念王国维诞辰 120 周年学术研讨会综述》，《文艺研究》1997 年第 6 期。

[4]　黄振萍：《纪念王国维诞辰 120 周年学术研讨会综述》，《文艺研究》1997 年第 6 期。

到席勒美学思想的潜在影响。① 日本学者岸阳子以竹内好对王国维的认识为中心论述了王国维思想在日本的传播情况。② 众所周知，王国维在中国现代学术史上具有崇高地位，举凡考古学、文字学、边疆学、历史学、教育学、哲学、文学和美学都有涉猎，无论是在本体论上还是在方法论上都为中国现代学术提供了新理路，这次关于王国维学术思想会议上呈现出了诸多关于王国维美学的内容，相关研究者对王国维美学思想加以确认，使其美学思想与其他学术思想处于平等的地位，对王国维美学家身份的形成和确认具有重要意义。

2010 年 5 月 28 日，为了庆祝《王国维全集》出版，华东师范大学、浙江教育出版社、广东教育出版社和浙江海宁市政府联合举办了"王国维与中国现代学术国际学术研讨会"，来自国内外的专家学者 50 多人参加了这次会议。从严格的意义上说，这是一次偏重王国维史学研究的会议，但也有美学研究者发言，比如有学者就以王国维的"境界"说起兴，将王国维的美学研究与他的人生境界置于同一视域下，认为"对境界的追求是他取得大成的根本原因，也是其最后自觉选择死的主要因素。在学问的世界里，王氏已经'坐忘'，而在'人间世'，尚未达此高境。'境界'乃王氏人格、思想、学术之魂"。③ 这也可以说是这次会议上唯一与王国维美学思想相关的论述。然而，会议讨论美学的内容虽然乏善可陈，但这次会议无形中提升了王国维的学术史地位。

二 学术研讨会与梁启超、蔡元培、丰子恺与张竞生的美学贡献

2008 年 4 月 19—20 日，中华美学学会、中国中外文论学会和杭州师范大学共同召开了"中国现代美学、文论与梁启超全国学术研讨会"，④ 会议吸引了来自全国各地的专家、学者和期刊杂志编辑 100 余人，⑤ 对梁

---

① 黄振萍：《纪念王国维诞辰 120 周年学术研讨会综述》，《文艺研究》1997 年第 6 期。
② 黄振萍：《纪念王国维诞辰 120 周年学术研讨会综述》，《文艺研究》1997 年第 6 期。
③ 于文善：《王国维与中国现代学术国际学术研讨会综述》，《史学史研究》2010 年第 3 期。
④ 会议由杭州师范大学中国美学与文论研究中心承办。
⑤ 梁启超后人也受邀参加了会议。

启超及其与中国现代美学之关系问题进行了交流和讨论。会议认为，一直以来，梁启超在中国学术史上扮演的都是政治角色、社会角色和思想角色，而少有在美学层面对其进行解读的集中讨论和对话，所以这次会议"是在梁启超美学、文论研究长期冷寂滞后，缺乏深度的学理发掘和完整的整体观照的大背景召开的"，① 也是新时期以来涉及梁启超与美学关系问题的第一次会议。从宏观方面说，这次会议主要讨论了三个问题。一是对梁启超美学思想的整体评价，对梁启超美学研究的历史和意义进行了重新评价。滕守尧、聂振斌、杜书瀛、袁济喜和王元骧等学者先后发言，一方面阐释了梁启超在中国思想史和中国社会史中的重要地位，另一方面说明了梁启超为现代美学所做的贡献，着重呈现了梁启超在特定历史时期所体现出来的承上启下的作用。二是对梁启超"趣味"说的阐释。"趣味"可谓梁启超美学中最重要的概念之一，诚如叶朗所言，"在梁启超看来，艺术（文学、音乐、美术等）的本质和作用，就在于以审美趣味来恢复人的审美本能，以维持和增进人的生活康健"，② 足见"趣味"之重要性。在这次会议上，钱中文、胡经之、王元骧、祁志祥、方红梅、徐碧辉、金雅、朱志荣、李茂民等从多个方面阐述了"趣味"的意旨及其同人生哲学的联系，使"趣味"问题研究在学理上又上升了一个高度。③ 三是关于梁启超的美育思想。与会者认为，这种美育思想建立在趣味说基础之上，既有一种历史感又有一种未来性，也有学者认为梁启超的美育思想结合了柏格森的生命美学和宋明理学，所以体现出一种时代性。

2012 年 11 月 17 日至 18 日，"蔡元培梁启超美育艺术教育思想与当代文化建设全国学术研讨会"召开，④ 在这次会议上还举行了"中国现代美学名家研究丛书"首发式，聂振斌、胡经之、王元骧、凌继尧、刘悦

① 郑玉明、孙旭辉：《"中国现代美学、文论与梁启超"全国学术研讨会》，《文学评论》2008 年第 5 期。

② 叶朗：《中国美学史大纲》，上海人民出版社 1985 年版。

③ 详见徐碧辉《"中国现代美学、文论与梁启超全国学术研讨会"综述》，《哲学动态》2008 年第 10 期。

④ 具体地点为浙江杭州。

笛、朱志荣等 80 多人参加了会议，梁启超后人和蔡元培后人也参加了这次会议。① 会议的主要议题是蔡元培和梁启超的艺术教育和美育思想，首先讨论了蔡元培、梁启超美育思想的本质，如蔡元培"以美育代宗教"思想的具体内涵和其对于现代中国文化的作用意义，如梁启超"趣味教育"所呈现出来的表征和特点等。其次讨论了蔡元培、梁启超美育思想的不足和价值，如认为"美育代宗教"在学理上具有局限性，也有参会者认为，应该将二人的美育思想与中国社会现实联系得更紧密一些。第三是讨论了蔡元培和梁启超美育思想所具有的人文意识，如金雅认为，二人的美育思想体现出一种人生哲学；有学者认为，蔡元培虽然生活在世界变革的一个时代，但是，他的美育思想与当今的"生活美育"有相通之处，所以应该在生活美学研究的过程中重视对经典美学家著作的研读。与会者高度评价这次会议，认为这次会议影响深远，"本次研讨会的成功举办必将推动中国现代美学与美育思想研究的深入，推进当下美育实践、艺术教育实践和文化建设的发展"。②

2012 年 5 月 19—21 日，北京大学美学与美育研究中心与杭州师范大学"弘一大师·丰子恺研究中心"在杭州共同举办了"第二届丰子恺研究国际学术会议"，来自国内知名高校、科研机构和日本熊本大学的专家学者 60 多人参加了会议，并就丰子恺的美学思想和艺术思想进行评价和

① "中国现代美学名家研究丛书"，金雅主编，商务印书馆出版，"系中国现代美学领域第一套名家研究专著集成，汇聚了国内该领域研究的重要专家，对包括蔡元培和梁启超在内该领域研究的重要专家，对包括蔡元培和梁启超在内的中国现代美学六位代表性人物首次进行了集中研究，提炼了中国现代美学的人生论传统"。详见郝赫、郑玉明《"蔡元培梁启超美育艺术教育思想与当代文化建设"全国学术研讨会综述》，《新文学评论》2013 年第 1 期。金雅认为，丛书所选美学家"或是中国现代美学的基础开拓者与奠基人，或是中国现代美学的积极建设者与推进者。他们的思想理论，虽不能说完全反映了中国现代美学的全貌，但无疑代表了中国现代美学发展的重要部分与基本走向。在中西撞击古今交替的历史语境和文化语境中，在民族学术文化涅槃新生的现实需要和重大课题前，他们广纳西学而坚守民族韵脉，努力新变而不失文化之根，不仅探索拓进了与西方美学对话的中国美学的现代学科之路，也创化引领了以审美艺术人生之统一为标志的人生论美学的重要精神传统"。详见金雅《梁启超美学思想研究》，商务印书馆 2012 年版，第 2—3 页。另，因为本节主要讨论蔡元培和梁启超纪念会，因此涉及丛书内容，不再赘述。

② 详见郝赫、郑玉明《"蔡元培梁启超美育艺术教育思想与当代文化建设"全国学术研讨会综述》，《新文学评论》2013 年第 1 期。

讨论,① 从美学层面上说,与会者讨论了丰子恺美学思想的来源,认为其美学思想肇生于西学东渐的过程中,并在传统和新学中寻找突破口。也有参会者从丰子恺的艺术精神入手,强调他对艺术之真和道德之善的双向思考,认为丰子恺追求的是一种美学上的唯美主义,同时也是丰子恺美学的思想基础。"绝缘说"成为与会者讨论最多的话题,与会者结合自然与佛教思想对丰子恺的美学进行解读,认为丰子恺尝试将日常生活同美学建立联系的理论是一种佛家境界。从美育与艺术教育上说,与会者一方面说明了丰子恺美育思想所产生的效果,如将传统与现代相结合的艺术教育方法等,另一方面也阐述了丰子恺美育思想的普遍性和适用性。② 这次丰子恺研究国际学术会议对丰子恺的思想尤其是美学思想进行了一次非常全面的总结,与会者从多个方面对相关问题给予了颇有见地的分析,推动了丰子恺美学的发展,也将丰子恺美学研究带进了一个新阶段。

2016 年 5 月 14—15 日,"第三届丰子恺研究学术会议"在杭州召开,这次会议由杭州师范大学"弘一大师·丰子恺研究中心"主办,来自国内外多个国家的近 50 位专家学者参加了这次会议。③ 会议收到论文 33 篇,在会宣读了 26 篇,从丰子恺的美学、美育和文学思想、艺术创作和人物生平等多个方面进行了讨论。就美学、美育和文学思想来说,有学者认为,丰子恺的美育思想继承和发展了儒家美学思想,并对现代美育思想的形成产生了重要作用;有学者讨论的是丰子恺"童心说"的思想来源;有学者结合乡土人情对丰子恺的民俗学思想进行了回顾和总结,有学者讨论了古典文学对丰子恺童话的影响;从丰子恺的漫画创作层面来说,有学者认为,丰子恺的漫画中浸润着现代手法、传统艺术和西方文化之间的联系;有学者结合丰子恺的具体漫画说明了他抗战时期漫画承载的价值和意义;有学者从哲学的高度讨论了《护生画集》的现实意义。从丰子恺的个人生平层面说,与会者大多从中探析了实证主义的研

---

① 本书关心的主要是丰子恺的美学思想而非艺术创作。

② 关于会议发言的详细内容,详见马佩君、冯亚男《"第二届丰子恺研究国际学术会议"综述》,《美育学刊》2012 年第 5 期。

③ 宋睿:《第三届丰子恺研究国际学术会议》,《美育学刊》2016 年第 3 期。

究方法，对某封书信的习作年代、与朋友的交往进行了考证。丰子恺的外孙还回忆了丰子恺的家庭教育情况。① 这次会议的召开，深化了国内外对丰子恺美学思想的研究，更多的西方学者参与到丰子恺的研究中，本身就为丰子恺研究提升了一个层次和高度。

2018 年 12 月 15—17 日，纪念张竞生诞辰 130 周年暨"张竞生与现代中国学术研讨会"在广东潮州举行。② 来自全国各个高校和研究机构的150 多位专家学者参加了会议。③ 会议大致讨论了四个方面的内容，涉及"张竞生与现代中国""张竞生美学思想""张竞生乡村建设思想""张竞生性教育思想"等。涉及张竞生的美学思想，与会专家学者进行了热情讨论。有学者从《美的人生观》入手谈及张竞生美学思想的关键词及其张力；有学者比较了张竞生和鲁迅的美学思想和文艺思想；有学者以《美的社会组织法》为中心论及 20 世纪 20 年代的中国社会理想；有学者讨论了"美的人生观"的内涵及其实现路径；有学者讨论了张竞生乌托邦建构中的美学和浪漫主义主张等问题。长期以来，张竞生在现代学术史上的地位并不被重视，实际上作为新文化运动的"偏师"，他是应该并值得被重视的，所以这次会议期间涉及的讨论和发言丰富了对于张竞生美学思想的研究，对他美学思想的研究有进一步拓展的作用。④

第二节　朱光潜与宗白华纪念会及其美学史意义

1999 年 7 月，安徽教育出版社出版了《美学的双峰：朱光潜、宗白

---

① 宋睿：《第三届丰子恺研究国际学术会议》，《美育学刊》2016 年第 3 期。

② 具体地点为潮州韩山师范学院。

③ 韩山师范学院党委书记幸小涛、广东省文史馆巡视员陈小敏、广东省档案馆党组成员张进思、张竞生之子张超等出席会议并致辞。中央文史研究馆馆员、北京大学教授陈平原，上海大学教授刘达临、中央党校教授范玉刚等作大会主题发言。详见余与之《张竞生与现代中国学术研讨会综述》，《岭南文史》2018 年第 4 期。

④ 研讨会期间，还举行了《文妖与先知——张竞生传》再版发布会以及《张竞生集》（十卷本即将由生活·读书·新知三联书店精装出版发行）书样展示和张竞生故居重新开馆仪式。12月 16 日，在张竞生先生的故乡饶平，来自全国各地的 100 余名专家学者参观了新落成的张竞生文化园，还拜谒了张竞生墓。详见余与之《张竞生与现代中国学术研讨会综述》，《岭南文史》2018 年第 4 期。

华与中国现代美学》一书，选编了研究朱光潜和宗白华美学的文章多篇，全面回顾了二位先生的美学遗产。在该书的"前言"中，作者从各个方面阐释了编辑出版文集的目的。一是缅怀两位先生并追思他们的美学贡献；二是"通过对朱光潜、宗白华两位先生的研究，回顾、总结二十世纪中国美学的历史，特别是近半个世纪的发展历史，总结理论思维的经验教训，并对二十一世纪中国美学的前景作一个展望"；三是"进一步活跃美学界自由讨论的学术空气"；四是"推动我们和港台美学界以及国际美学界的学术交流"。① 这四点是这本编选著作的初衷，实际上也是后人研究朱光潜和宗白华美学思想的落脚点。两位先生是 20 世纪中国美学的重要见证者和经历者，其美学思想理应得到更加深入的研究。

一　朱光潜：美学会议的指路灯

"文革"早期，如其他受到迫害的知识分子一样，朱光潜遭受到的磨难同样惨不忍睹。1966 年 7 月下旬，朱光潜被当作"牛鬼蛇神"和"黑帮分子""揪"出来，② 这种情况一直持续到 1970 年，之后的情况稍好一些，因为朱光潜谙熟外语，在这期间也不停地受到政治的牵绊，但是也不影响朱光潜对于西方美学名著的翻译工作。这些都说明"文革"后期朱光潜处境尚好，不像周扬那般问题"严重"，这就为新时期朱光潜晚年出山定下了一个基调，打下了一个基础。"晚年朱光潜总的说来意气风发，1978 年成为全国政协常务委员，1980 年被选为中国美学学会第一届会长，1982 年选为第二届美学学会名誉会长，经常参加一些重要会议。"③ 朱光潜当时的地位确实是几次会议确认下来的：1978 年 2 月 24 日至 3 月 8 日，朱光潜参加了中国人民政治协商会议第五届全国委员会第一次会议，并列席了中华人民共和国第五届全国人民代表大会第一次会议，

①　叶朗主编：《美学的双峰：朱光潜、宗白华与中国现代美学》，安徽教育出版社 1999 年版，第 1—2 页。

②　王攸欣：《朱光潜传》，人民出版社 2011 年版，第 373 页。

③　王攸欣：《朱光潜学术思想评传》，北京图书馆出版社 1999 年版，第 124 页。

并且和教育界其他委员共商国是；1978年11月25日至12月6日，全国外国文学工作规划会议在广州召开，冯志、朱光潜、季羡林、卞之琳和李健吾等悉数到会，周扬、梅益、姜椿芳等意识形态骨干也参加了规划会；这两次会议对于新时期的朱光潜来说意义重大，官方会议延续着朱光潜的政治生命，在当时的情况只有有政治话语权才能把握住学术的一席之地，而学术会议则延续着朱光潜的学术生命，虽然当时朱光潜参加的并不是美学会议，但是同样能证明他在中国社会科学界的地位。在美学界，第一次全国美学会议的召开确认了朱光潜作为美学家的身份，对这次会议，朱光潜本人非常重视，据丁枫回忆，当时朱光潜带了一套中山装到昆明，"朱老平时的穿着是比较随便的，常常是一件蓝布制服。但大会照相那天，他真的把这套新装换上了，比谁都来得认真"。① 会议间歇，朱光潜常常和后学一起讨论中国现代美学之问题，卢善庆回忆，他在会议发言当晚就相关问题和朱光潜进行了交流并得到朱光潜的肯定。② 事实上这并不是孤例，可见当时在与会者中朱光潜本然地成为德高望重的美学前辈。在这次会议上，朱光潜被推选为中华全国美学学会首任会长，在当时中国现代美学界地位至高。

朱光潜教授任教60周年庆祝会无疑使朱光潜美学家的身份得到了极大的确认。1982年10月18日下午，首都北京一些知名人士和学者在北京大学临湖轩召开会议，③ 热烈庆祝朱光潜从教60周年。④ 之前，周扬曾致信朱光潜表示祝贺，信文如下：

> 光潜同志：
>
> "北大"为您举行任教六十年庆祝会，特向您表示衷心的祝贺。

① 丁枫：《长歌当哭——纪念朱光潜先生逝世一周年》，《朱光潜纪念集》，安徽教育出版社1987年版。

② 卢善庆：《忆与朱老难忘的一晤》，《朱光潜纪念集》，安徽教育出版社1987年版。

③ 临湖轩，燕京大学时为司徒雷登住宅，现在已经成为北京大学贵宾接待室。朱光潜时代，临湖轩是北京大学接待贵宾和召开重要会议的场所。纪念会选在临湖轩，亦可见当时会议的规格之高。

④ 自从1923年朱光潜在上海中国公学中学部任教，到1982年任教于北京大学，整60年。

四十年前您曾给我一信，虽经"文化大革命"之难尚犹未毁，心中亦足见您的思想发展的片鳞半爪，颇为珍贵，特复制一份，赠送您，以志我们之间的友谊。

　　此致

敬礼

周扬　十月十六日①

　　这封信一方面诉说着往事，另一方面也借对往事的追忆为朱光潜庆祝从教60周年。之后，《人民日报》全文刊登这两封通信，并以按语形式指出，"今年10月，在祝贺朱光潜教授任教六十周年之际，周扬同志写了一封信。信中提到朱光潜同志1939年写信给他的往事。我们今天将这两封信在副刊发表，并借此对我国许多老年知识分子毕生爱国爱民、追求光明的心意表示敬意"。② 中央机关大报以朱光潜之事对"许多老年知识分子""表示敬意"，足见中央已经将朱光潜看作"毕生爱国爱民、追求光明"的典范，可以说，当时朱光潜在学术上和政治上的地位已经超越了美学。胡乔木③听闻北京大学举办朱光潜教授任教60周年庆祝会，特在会前（1982年10月17日）拜访了朱光潜，④ 事实上这次会面所言不多，只是形式上的"拜访"，⑤ 但是作为中央领导人的胡乔木能够前来，也从另一方面说明中央对朱光潜的重视和对他学术贡献的肯定。参加这次纪念会的有叶圣陶、萨空了、李文宜、闻家驷、王朝闻、冯志、卞之琳和任继

---

　　① 吴泰昌：《我认识的朱光潜》，生活·读书·新知三联书店2010年版，第160页。关于周扬致信朱光潜所言内容，吴泰昌言，"朱光潜在1942年加入国民党之前，他在1939年1月20日写给时在延安的周扬的信中表示同情革命，向往延安"，1939年1月20日朱光潜写给周扬信原文，详见吴泰昌《我认识的朱光潜》，生活·读书·新知三联书店2010年版，第161—163页。

　　② 《周扬同志和朱光潜同志的两封信》，《人民日报》1982年11月29日第8版。

　　③ 时任中央政治局委员、中共中央书记处书记。

　　④ 朱光潜当时居住在北京大学燕南园66号。

　　⑤ 胡乔木回忆说，"在所谓'文化大革命'结束之后，我曾经两次去拜访他。说是拜访，其实并没有谈多少话，无非问问他现在作些什么工作而已"。详见胡乔木《记朱光潜先生和我的一些交往》，《朱光潜纪念集》，安徽教育出版社1987年版，第23页。

愈等，李赋宁到会并介绍了朱光潜在学术上所做的贡献，张龙翔、① 黄辛白、② 楚图南③分别讲话，对朱光潜从教60周年表示祝贺。朱光潜随后进行了答谢讲话，他说，"只要我还在世一日，就要做一天事，'春蚕到死丝方尽'，但愿我吐的丝加上旁人吐的丝，能替人间增加哪怕一丝丝的温暖，使春意更浓也好"。④ 通过这次纪念会，朱光潜既获得了官方的极大支持，又得到了民间的真挚友情，对于朱光潜的一生来说都非常重要。

如果说1982年的纪念会是对朱光潜从教60年的敬礼，那么朱光潜故去之后的追悼会就成为对这位美学家一生的总结，虽然追悼会并不似学术会议，但是透过追悼会，也能窥探出朱光潜政治地位和学术地位究竟几何。事实证明，朱光潜追悼会之规格相当高。1986年3月6日凌晨，朱光潜病逝。⑤ 追悼会于3月17日在北京八宝山革命公墓举行，⑥ 追悼会上，"赵紫阳送了花圈，中央其他领导同志邓颖超、习仲勋、李鹏、胡乔木、胡启立、王兆国、彭冲、周谷城也送了花圈，并参加了遗体告别仪式"，⑦ 另外，胡乔木、周扬、徐中舒和刘绍唐等纷纷致唁函。如王攸欣言，"官方悼词给予高度评价"，⑧ 悼词指出，朱光潜早年"就以文笔优美精炼、资料翔实可靠、说理清晰透彻、见解独到精辟，而蜚声于海内外学术界"，解放后"努力学习马克思主义毛泽东思想，并用以指导美学研究，在我国美学教学和研究领域作出了开拓性的贡献"。⑨ 可见，无论是追悼会规模还是悼词的措辞都具备了很高的规格。可以说，无论是20世纪50年代初期朱光潜所经历的"屈辱"时期，还是美学大讨论时期，甚

---

① 时任北京大学校长。
② 时任教育部副部长。
③ 时为民盟副主席。
④ 杨辛：《悼念朱光潜先生》，《朱光潜纪念集》，安徽教育出版社1987年版。
⑤ 朱光潜病重期间，邓颖超、习仲勋、胡乔木、叶圣陶、李锡铭、周绍铮、陆平、彭佩云、李伯康和沈从文、闻家驷等亲自或派代表到医院看望，急救期间，时任北大校长的丁石孙在场。详见王攸欣《朱光潜传》，人民出版社2011年版，第410页。
⑥ 事实上，朱光潜嘱丧事从简，但还是举行了追悼会。
⑦ 参加追悼会的还有全国政协副主席、民盟中央领导人、其他民主党派和有关方面负责人共计三百多人。
⑧ 王攸欣：《朱光潜传》，人民出版社2011年版，第410页。
⑨ 《朱光潜同志生平》，《朱光潜纪念文集》，安徽教育出版社1987年版，第4页。

至是灰色的十年，朱光潜一直都是作为美学家、教育家而被人看待和认识的，而"文革"之后，这种身份通过几次会议得以确认，依次加深了朱光潜身上美学家的烙印和标签。其实，朱光潜同沙姆韦所谓文学明星制度下的德里达颇为相似，沙姆韦认为德里达"在出席巡回讲座和巡回会议时会在其崇拜者面前露面，由于露面次数有限，因此，每次露面都成了重大事件"，① 朱光潜虽不至像德里达那般富有学术的"个性"，但是，因为20世纪80年代年迈，对于美学界来说亦是难得一见，如不是登门拜访，就只能在各种会议上有幸得见。从这个意义上说，称朱光潜是一盏美学家长明灯，并不为过。

朱光潜身后，为了追思其学人风范和美学意义，安徽省高校美学研究会和安徽省青年美学学会于1989年春共同举办了"朱光潜美学思想研讨会"，"来自省内高校、科研单位等方面的专家、学者，以及中青年同志共四十余人出席了会议"，② 会议主要讨论了四个比较大的问题。一是朱光潜美学思想的发生发展和流变传承，一般认为，朱光潜一生的美学研究分为三个时期，早期以审美经验为主要研究对象，新中国成立后将马克思主义与美学相结合，主张主客观相统一的美学思想，晚年开始主张以"人"为中心的美学研究。二是关于朱光潜"人生艺术化"的思想，认为朱光潜的一些艺术观点并不是空中楼阁，而是以现实世界和现实生活为依归，强调艺术与生活和人生的联系，这也可以看作朱光潜审美教育论的一种表达方式和表现形式。三是朱光潜的中西文化观，与会者认为朱光潜既受到中国传统文化的浸染和熏陶，又将目光投向西方美学，可谓学贯中西。四是对朱光潜美学思想的评价，主要是对朱光潜美学地位的肯定。庄志民、陈育德、潘国祥等先后发言，③ 朱式蓉还介绍了《朱光潜全集》的编辑工作进度。这次会议虽然级别不高，但是从诸多方面

---

① ［美］大卫・R. 沙姆韦：《文学研究中的明星制度》，［美］杰弗里・J. 威廉斯编著：《文学制度》，李佳畅、穆雷译，南京大学出版社2014年版，第202页。

② 美研：《朱光潜美学思想研讨会综述》，《安徽师范大学学报》1989年第2期。

③ 发言的还有汪裕雄、李祥林、蒯大申、岳介先、钱念孙、郭因、韩德民、张保绰、唐跃、王磊和朱式蓉等，关于这次会议的详细情况，见美研《朱光潜美学思想研讨会综述》，《安徽师大学报》1989年第2期。

对朱光潜的美学思想和文艺思想给予了很高的评价，算是在 20 世纪 80 年代末期对朱光潜的美学思想进行一次回顾和总结。

二　宗白华：从美学教员到美学家

虽然说宗白华和朱光潜是中国现代美学双璧已然是一个无争的事实，但是，宗白华的美学道路却同朱光潜颇为不同。新中国成立之前的旧事不提，新中国成立后，宗白华依旧留任南京大学，① 继任哲学系教授。直到 1952 年全国范围内进行高校院系调整，宗白华于下半年调入北京大学哲学系，之后先后在西方哲学史教研室、中国哲学史教研室任教职。虽然当时朱光潜"是北京大学思想改造的重点，但调整方案公布，他仍然留在北大西语系任教"，② 北京大学迁址后，朱光潜待遇直线下降，③ 即便如此，朱光潜在新中国成立后相当长一段时间内都是"美学家"，即使《我的文艺思想的反动性》时期，这一身份依然没有被剥夺。从这个意义上说，宗白华的美学家身份显然尚未得到确认，他当时无非至多是一个美学教员而已。比如：20 世纪 50 年代北京大学调整职称时，宗白华被定位为三级教授，熊伟回忆言，"我当时还被定为二级，宗先生是我的老师，定三级不合适"；④ "文革"结束之后，郭沫若病逝，1978 年 6 月 18 日举行追悼会，作为郭沫若的至交老友，宗白华并未被邀请出席，⑤ 20 世纪 50 年代和 20 世纪 70 年代的这两个例子足见当时宗白华在制度上的身份和位置，诚如有学者所言，"当时对宗白华，大家根本都不知道，连搞美学的都不知道这个名字，因为他的那些文章在新中国

---

① 即新中国成立前所谓中央大学。
② 王攸欣：《朱光潜传》，人民出版社 2011 年版，第 338 页。
③ 据王攸欣言，"趁这次迁校，学校大幅降低了朱光潜的待遇，如住房，让他一家搬迁到新北大校南门内 8 号，这里其实根本算不上正规的住房，只是一位教授的中式住宅的后灶房，总面积不到 30 平方，条件相当差，大雨来时，斜坡屋顶漏雨，卧室的纸顶棚往往被淋塌，床上需要放上脸盆接水，客厅里也漏雨，住在这里的处境可想而知"。详见王攸欣《朱光潜传》，人民出版社 2011 年版，第 338 页。
④ 邹士方：《宗白华评传》（下），西苑出版社 2013 年版，第 278 页。
⑤ 邹士方：《宗白华评传》（下），西苑出版社 2013 年版，第 312 页。

成立以前都是散发在报刊上，根本没成集子"，"宗白华当时在美学界确实没有什么影响，在北大也没有什么影响"。① 宗白华和朱光潜这种学术身份和政治地位的差异并不是毫无根据：朱光潜自留学法国斯特拉斯堡时期起就潜心致力于美学，且有《悲剧心理学》《西方美学史》等体系性很强的美学著作，身上"美学家"的标签显而易见。而宗白华虽然于1921 年就在柏林大学师从著名的美学家、艺术史家德索（Dessoiz）、伯尔施曼（Bolschman）和哲学家里尔（Riehl）等修习美学和历史哲学并遍访欧洲各大艺术圣殿，撰写出一系列关于艺术和艺术史的文章，但是一般认为宗白华还是"哲学家兼诗人"（熊伟语），② 从身份确认上说显然存在差异。

1976 年 11 月 29 日，宗白华致林同华信言，"关于中国美学史，是一种全新的课题，我曾在北大美学组讲了《关于中国美学史问题探索》，叶朗助教笔记，现在正由上海中国美术出版社排版，想不久可出版，请你参阅，提意见"。③ 信中所指《关于中国美学史问题探索》1979 年 1 月以《中国美学史中重要问题的初步探索》为题发表在《文艺论丛》（上海文体出版社出版）第 6 辑上，因为发表时间为特殊的历史时期，此文一出立即引起强烈反响，④ 也标志着宗白华美学家身份的复归。即便如此，宗白华在中国现代美学中的政治地位、制度地位甚至美学地位都谈不上高，第一次全国美学会议上，后来被认为是美学双峰之一的宗白华仅当选为理事，位列周扬、朱光潜、王朝闻、蔡仪等之后，这足以说明当时宗白华在中国现代美学史上的位置。1981 年 5 月，《美学散步》由上海人民出

---

① 李世涛、戴阿宝：《中国当代美学口述史》，中国社会科学出版社 2014 年版，第 77 页。

② 这种说法似乎存在一种惯性，在陈伟所著的《中国现代美学思想史纲》中也未涉及宗白华，该书出版于 1993 年。

③ 宗白华：《宗白华全集》（第三卷），安徽教育出版社 2008 年版，第 577 页。关于此信内容，有两个不同版本，邹士方引为"关于中国美学史，是一种全新课题，我曾在北大美学组讲了《关于中国美学史问题研究》，现由上海中国美术出版社排印，想不久可出版，请你参阅提意见"。详见邹士方《宗白华评传》（下），西苑出版社 2013 年版，第 312 页。本书从林同华（《宗白华全集》主编）说。

④ 关于《中国美学史中重要问题的初步探索》所产生的影响，详见邹士方《宗白华评传》（下），西苑出版社 2013 年版，第 312 页。

版社出版，引起了强烈反响，① 有学者在该书序言中指出，"在北大，提起美学，总要讲到朱光潜先生和宗白华先生。朱先生海内权威，早就名扬天下，无容我说。但如果把他们两位老人对照一下，则非常有趣（尽管这种对照只是在极有限的相对意义上）"，继而从多个方面比较了朱光潜和宗白华的美学思想，这成为现代美学史上将朱光潜和宗白华平行比较的第一次言说。一方面，当时美学热如火如荼，《美学散步》契合了这种美学思潮，加之散文式的写作策略更能打动一批读者；另一方面，虽然很早宗白华就写出了《美学的散步》一文，但是，《美学散步》初版也标志着宗白华几十年美学思想的一次勃发，因此之于宗白华本人也具有很深的意义，另外，美学家明星专为《美学散步》作序，也使该书增色不少，这些都是值得注意的美学现实。这个时期也是宗白华名望和身份的上升期。1983 年中华全国美学学会第二次会议，宗白华当选为中华全国美学学会顾问，② 这同他在三年前第一次全国美学会议的位置有很大的不同，事实可证，1980—1983 年间，宗白华在现代美学史上的位置发生显著变化，既得益于《美学散步》的初版，又同序文有关，但是毋庸置疑，这种身份确认和建构的标志是在美学会议上完成的。

同朱光潜一样，宗白华教授从事教学 60 周年庆祝会是宗白华美学家身份确认的重要会议，在某种意义上说，因为身份史的原因，这次庆祝会之于中国现代美学史的意义胜过朱光潜的那一次，如果说朱光潜从教 60 周年纪念会是中国现代美学对朱光潜的一次致敬，那么宗白华从教 60 周年纪念会就是中国现代美学对宗白华的召唤。1984 年 11 月 20 日，宗白华从教 60 周年纪念会在北京大学哲学系办公楼举行。③ 时任中华全国美学学会会长的王朝闻发来贺信，信文如下。

---

① 以印数为中心论，据邹士方统计，1981 年 5 月第一次印数为 1—25000 册，1982 年第二次印数为 25001—81000 册，1983 年第三次印数为 81001—114000 册，从这个数据可见，受当时美学热的影响，《美学散步》销量非常高。关于《美学散步》初版印数，详见邹士方《宗白华评传》（下），西苑出版社 2013 年版，第 329 页。

② 顾问还有伍蠡甫、朱光潜、黄药眠、蔡仪。

③ 关于这次会议，笔者大部分参考了邹士方《宗白华评传》（下），西苑出版社 2013 年版，第 360—364 页。

宗白华先生：

您在高等院校从事教学多年，为培养专门人才作出卓越贡献，您的美学论著促进了我国美学的发展。

为了我国美学的繁荣昌盛，敬祝您健康长寿！预祝您在整理自己的学术成果方面丰收！

王朝闻　一九八四年十一月十七日①

北京大学副校长沙健孙、哲学系党总支书记朱德生、系主任黄枬森，北京市委统战部副部长任宁芬和张岱年、齐良骥、李志敏等参会，美学界张瑶均、杨辛、齐一和马奇等参加了庆祝会。庆祝会由北大哲学系副主任赵光武主持，系主任黄枬森致辞，回顾了宗白华的学术历程。之后，宗白华、任宁芬、张岱年、王太庆、叶朗、邹士方、刘小枫等分别发言，有学者在发言中指出，"关于宗白华先生过去大家都不知道，现在这种状况已经在改变了。为真理做出贡献的人迟早被人们认识"，并指出"宗白华先生本人对于名声是无所谓的，他是魏晋风度，'逍遥游'"。② 这说明宗白华成为美学家的艰苦历程已经为人所知，同时也是其地位上升的一种标志。张岱年、王太庆和刘小枫等作为代表从各个方面对宗白华的美学成就进行介绍，都给予宗白华以很高评价。宗白华的讲话言简而意丰。③

这次庆祝会在宗白华美学评价史和现代美学史上无疑具有重要意义，早在会议当日，叶朗在发言中就已经陈述了意义之所在，他指出了庆祝会的三重意义，一是"对宗先生的学术道路进行回顾，对他的思想和道

---

① 邹士方：《宗白华评传》（下），西苑出版社 2013 年版，第 361 页。

② 邹士方：《宗白华评传》（下），西苑出版社 2013 年版，第 362 页。

③ 兹录全文如下："今天是我一生最愉快最光荣的日子，见到了许多老朋友，又结识了不少新朋友。想起过去几十年的时间，自己很惭愧，我没有拿出多少东西，教学方面做的也很少。但这几十年来我的生活很丰富，见到许多东西，得到许多益处。新中国对古代艺术很重视，考古有许多发现。研究美学和艺术的人要重视考古，我一直重视考古。中国地下宝贝那么多，中国的美学和艺术研究希望最大。我虽已八十多岁了，还感到很年轻。北大的领导很重视研究工作，今后一定能够搞得更好。"详见宗白华《宗白华全集》（第三卷），安徽教育出版社 2008 年版，第 619 页。

德修养有了更深刻的认识"；二是"对五四以来的中国美学进行回顾"；三是"对北大重视美学的传统进行回顾"。① 从这个意义上说，宗白华教授从事教学60周年庆祝会之于现代美学的意义已经远远超过了宗白华本人。可以说，如果没有这次庆祝会，现代美学史对宗白华的认识恐怕还需要摸索更长一段时间。

同时，宗白华的追悼会也能呈现出他的学术地位和政治地位。1986年12月8日，宗白华在北京大学医院病逝，追悼会于12月27日在北京八宝山革命公墓举行。全国政协副主席钱昌照、全国妇联书记处书记王庆淑，北京大学党委书记王学珍、副校长沙健孙、张学书、哲学系主任黄枬森、北京市委统战部副部长任宁芬等和美学界张瑶均、杨辛、张帆、聂振斌、叶朗、张首映、李醒尘等参加了追悼会，② 国家教委、全国文联、中国剧协、中国国民党革命委员会中央委员会、北京市委统战部及朱学范、周扬、茅以升、冯友兰、阳翰笙、吴作人、廖靖文等送了花圈。③ 追悼会由黄枬森主持，沙健孙致悼词，悼词强调，"宗白华同志是我国现代美学的先行者和拓荒者之一。早在五四前，他就开始致力于德国古典哲学和美学的研究"。④ "先行者"和"拓荒者"凸显了宗白华为中国现代美学所做出的巨大贡献，这是对宗白华美学人生的极大肯定和高度评价。但是也不得不说明的是，从追悼会参加者来看，宗白华追悼会的规模和级别远低于朱光潜，这其中有政治上的原因：朱光潜是连续几届的政协委员，同时又是民盟重要人物，这种官方身份宗白华并不具备，此外，这也从另一个方面说明，宗白华虽然在20世纪80年代初期的美学家身份得到确认或者说重构，但无论是现代美学界还是官方意识形态对他的美学思想及美学思想背后隐藏着的人格逻辑并没有完全消化。

---

① 邹士方：《宗白华评传》（下），西苑出版社2013年版，第362页。

② 参加追悼会的还有刘再复、常任侠、张安治、齐良骥、雄伟、汪子嵩、谢龙、王太庆、朱伯崑、周辅成、李真、宿白、李志敏、陈玉龙等。

③ 邹士方：《宗白华评传》（下），西苑出版社2013年版，第377页。

④ 并指出，"长期以来，他是国内公认的研究歌德的权威学者之一。他对中国古典美学，特别是老庄和魏晋美学更有精湛的研究和独到的见解……普遍认为宗白华同志对中国美学和中国艺术特点的研究和把握，对中国和西方美学思想的比较，均达到了十分精深的境界"。详见邹士方《宗白华评传》（下），西苑出版社2013年版，第377—378页。

1996 年，适逢朱光潜、宗白华两位美学家诞辰 100 周年，为纪念两位美学家，北京大学、德国波恩大学、安徽教育出版社、安徽省社科院在安徽黄山联合主办了纪念朱光潜先生和宗白华先生诞辰一百周年国际学术研讨会，缅怀两位先生的人格，讨论两位先生的思想，展望美学未来，来自全国各地和德国的著名美学家和美学工作者都参加了这次会议，可谓一次盛举。关于朱光潜先生，与会者的讨论集中于朱光潜美学前后两个阶段所产生的变化以及变化之间的关联性，主要有三个方面，一是朱光潜美学的发展历程；二是对朱光潜后期美学思想的评价；三是朱光潜美学的影响与意义。① 与会者一致认为，朱光潜美学尽管前后两个时间段发生了一些变化，但是其本质和内核从未改变，都是针对美感和人进行研究，以美感和人为中心进行发散。② 与会者还对朱光潜将东西方美学学术有机结合的研究方法和研究路径给予高度评价，认为这种美学研究方法对于现代美学研究具有非常重要的作用。③ 关于宗白华先生，这次会议的召开时间正是在《宗白华全集》出版之后，④ 所以，与会者在讨论宗白华时援引了一些新材料，为论点提供了例证。有的学者从"艺境"理论出发对宗白华的美学思想进行论述，有的学者以哲学和形而上学为切入点对宗白华美学进行言说，有的学者尝试给宗白华美学的发展走向划分时期。这些都给宗白华美学思想研究提供了可借鉴的可贵思路。另有一些学者对朱光潜和宗白华的美学思想进行了比较研究，认为朱光潜美学重视传统而宗白华美学深谙现代。以此为契机，可以从二位美学家的美学思想出发寻找到中国现代美学研究的一个逻辑起点，为未来的美学研究提供了理论框架。

---

① 《纪念朱光潜宗白华诞辰一百周年国际学术研讨会综述》，《北京大学学报》1996 年第 6 期。

② 如丁枫就用"活生生的人—抽象的人—活生生的人"这一公式来描述朱光潜美学的发展线索，认为朱光潜前期美学思想主要关注人的体验，指出二者的关联在于"人的本位主义"。详见朱良志《纪念朱光潜宗白华诞辰 100 周年国际学术研讨会综述》，《文艺研究》1997 年第 1 期。

③ 《纪念朱光潜宗白华诞辰一百周年国际学术研讨会综述》，《北京大学学报》1996 年第 6 期。叶朗在会上发言表示，中国现代美学应该"从朱光潜接着讲"，而不是"从朱光潜照着讲"，充分说明了后辈学人对于朱光潜美学影响的认识。

④ 《宗白华全集》初版于 1994 年，再版于 2008 年。

2017 年 10 月 28—29 日，中华美学学会、北京大学美学与美育研究中心、安徽大学哲学系联合主办了"朱光潜、宗白华与二十一世纪中国美学：纪念朱光潜、宗白华诞辰 120 周年国际学术研讨会"。① 来自国内外 50 余所高校和研究机构的近 90 位专家学者参加了会议。② 与会者从朱光潜和宗白华的美学思想入手，分别阐述了二位先生的美学理论和美学思想以及对美学未来的指向。关于朱光潜的美学思想本体，有学者以《美学拾穗集》为中心阐释朱光潜美学思想的历史理路、本体结构和未来走向；有学者以《悲剧心理学》为中心阐述朱光潜美学思想与莎士比亚之间的联系；有学者探讨的是《西方美学史》的写作策略；有学者以《诗论》为中心讨论朱光潜的"非对象化审美思维"；有学者讨论了朱光潜的身体观念。关于朱光潜的美学思想形成过程，有学者认为朱光潜的实践观丰富并充实了中国的实践论美学；有学者结合朱光潜晚年的美学思想指出朱光潜晚年是一个"自觉的马克思主义美学家"；还有学者论及朱光潜的美学独特性和他对中国现代美学的种种贡献。

与会学者从两个方面讨论了宗白华的美学思想。一是"阐明宗白华美学思想的意义及现实性"，③ 有学者论及宗白华美学和艺术思想给现代美学研究带来的诸多启示；有学者讨论了宗白华美学思想与"幽州旋律和生命节奏"的生成机制。二是"探究宗白华美学思想特点或深究其美学思想渊源以准确把握宗先生美学思想"，④ 有学者指出宗白华的美学思想与日常生活实际息息相关，认为宗白华具有某种人生关怀意识；有学者认为，宗白华的美学思想中存在"东方"性；有学者阐述了宗白华美学思想与庄子美学及魏晋玄学美学的内在联系；有学者则强调宗白华美学的"西方"线索，认为宗白华从斯宾格勒和费舍尔那里获得了理论给

---

① 具体地点为安徽大学。

② 叶朗、高建平和国际美学学会前主席卡特、凌继尧等在会上先后做主题发言。关于该次会议的详细介绍，详见苏培君《"朱光潜、宗白华与二十一世纪中华美学——纪念朱光潜、宗白华诞辰 120 周年"国际学术研讨会综述》，《安徽大学学报》2018 年第 4 期。

③ 苏培君：《"朱光潜、宗白华与二十一世纪中华美学——纪念朱光潜、宗白华诞辰 120 周年"国际学术研讨会综述》，《安徽大学学报》2018 年第 4 期。

④ 苏培君：《"朱光潜、宗白华与二十一世纪中华美学——纪念朱光潜、宗白华诞辰 120 周年"国际学术研讨会综述》，《安徽大学学报》2018 年第 4 期。

养并以此形成他的美学思想。除此之外，与会专家学者还从多个方面阐释了以朱光潜和宗白华美学思想为中心的美学话语体系的影响和意义，比如，有学者认为，朱光潜和宗白华的美学遗产已经成为世界美学的重要组成部分；有学者从"美学大讨论"入手讨论朱光潜美学思想的前沿性；有学者指出，朱光潜美学思想的全球意识；有学者则看到朱光潜和宗白华美学思想中关于古典意象和关键词的现代转换问题。这次研讨会最重要的意义在于，与会专家学者不但确证并深凿了朱光潜和宗白华的美学思想，而且将二位前辈的美学思想与当下美学和未来美学结合起来，强调以他们的美学思想为基点和起点，"接着讲"（叶朗语），无形中将中国现代美学的过去、现在和未来联结起来，为未来中国美学的发展指出了一个明确的方向，影响和意义不可谓不重大。

第三节　美学会议与"新"美学家身份的确认与建构

中国现代美学研究的不断发展与完善需要美学家在宏观层面上指明方向，也需要美学队伍不断更新与扩容，这两个方面的原因促使现代美学既需要保持代际之间的连续性，又需要新的美学家主持美学工作，这样才能完成现代美学研究的新陈代谢。从某种意义上说，"新"美学家的诞生需要现代美学甚至现代社会科学的确认，其中相关美学纪念会、美学评价会和涉及美学家的新书出版座谈会等变得尤为重要，因为这些会议大部分为官方举办，或给予美学家高度评价，或给予美学著作高度评价，从多个意义上对新美学家身份进行确认。

一　对蔡仪和《新美学》的讨论与评价

2006 年 10 月 19 日，中国社会科学院文学研究所、深圳大学文学院、上海社会科学院《社会科学报》报社联合主办了蔡仪学术思想研讨会，① 这次会议的初衷主要有二，"一方面是为了纪念蔡仪先生百年诞辰，缅怀先生治学、为人的风范；另一方面，更为重要的，则是要对当前的文艺学美学的发展如何汲取蔡老留下的丰厚学术资源进行思考"。② 就讨论的话题本身来说，一些学者讨论了蔡仪美学的历史地位和逻辑起点问题，比如，有学者高度评价了蔡仪美学在马克思美学发展过程中的重要作用，并强调蔡仪美学及其文学创作和文艺理论的丰富性；有学者指出，蔡仪美学思想的来源在于古典美学和现代美学两个方面；有学者则强调蔡仪美学思想的来源是苏俄美学和艺术社会学；有学者认为，蔡仪美学受到了中国传统天人合一思想和狄德罗思想的影响；也有学者认为，蔡仪美学的产生与西方美学从古典主义到唯物主义的转型有关。与会专家认为，应该将蔡仪的美学思想与历史语境相结合，他们认为，"蔡仪美学是马克思主义中国化过程中的重要成果"，"具有其学术合理性和长远的历史价值"，③ 同时认为，蔡仪在马克思主义美学、文艺学的普及方面有着突出贡献。④ 与会者对蔡仪的《新美学》进行了很高的评价，认为这本著作是美学范式的某种开拓，同时也是蔡仪人格的象征。大家一致认为，今天的美学研究和美学发展，一定要将蔡仪美学纳入。

1996 年 6 月 28 日，为纪念蔡仪诞辰 90 周年，中国社会科学院文学研究所主办了蔡仪美学思想研讨会，这次会议由中国社会科学院文学研究所主办，由中国艺术研究院马克思主义文艺理论研究所、中国现代文学馆、中央美术学院、《文艺报》报社和中国社会科学出版社协办，来自全国各地 50 多位美学研究者和文艺理论工作者参加了这次会议，很多参会者纷纷发言对蔡仪美学进行评介。会议由张炯和涂武生主持，张炯认为，当时社会上存在一种混淆马克思主义的倾向，为正本清源，有必要召开这样一次会议；涂武生则从蔡仪美学思想出发强调本次会议的重要

---

① 具体地点为中国社会科学院图书馆。
② 师雅惠：《蔡仪学术思想研讨会综述》，《文学评论》2007 年第 2 期。
③ 师雅惠：《蔡仪学术思想研讨会综述》，《文学评论》2007 年第 2 期。
④ 师雅惠：《蔡仪学术思想研讨会综述》，《文学评论》2007 年第 2 期。

性。汝信对蔡仪其人及其美学思想进行了全面评价，尤其认为蔡仪对《新美学》的改写极其不易，希望这些美学成果受到大家的重视。① 与会者都对蔡仪的美学思想和美学实践给予高度评价，号召与会代表向蔡仪学习。其他与会者也纷纷发言，一方面梳理蔡仪的美学思想，另一方面展望未来美学前景。② 总体来说，这次会议就蔡仪美学思想问题和 20 世纪 90 年代美学本体论问题并没有产生学理上的建树和影响，并不是一次关于蔡仪美学理论的讨论性质会议，而是一次关于蔡仪评价的会议，毋宁说对蔡仪的评价史和中国现代美学史的书写具有重要作用，虽然形式大于内容，却同样产生了美学史意义。

二　蒋孔阳的美学史地位

蒋孔阳是著名的文艺理论家，是"生活实践"美学的重要代表人物，无论是生前还是身后，都得到了学界非常高的评价。1998 年 1 月 3 日，"蒋孔阳濮之珍教授从教 50 周年庆祝会"在上海召开。③ 与会专家学者从多个方面高度评价了蒋孔阳在美学上取得的成就，并致热烈祝贺。当天下午，召开了"蒋孔阳美学思想暨迈向 21 世纪中国美学走向"学术研讨会，"与会代表从审美人生论、实践本体论、人生感悟、治学特色等方面，对蒋先生的美学思想展开了热烈讨论。代表们认为，21 世纪的中国美学将朝着多元化的方向发展，蒋先生的美学思想作为具有中国特色的马克思主义美学思想的一个新体系，是很有发展潜力的，是通向未来的

---

① 闻礼萍：《坚持、运用、发展马克思主义美学："蔡仪美学思想研讨会"在京召开》，《文艺理论与批评》1996 年第 5 期。

② 在会议上发言的还有：何祚庥、杨柄、陈燊、钱中文、何楚雄、张国民、李传龙、杨汉池、朱丰顺、杜书瀛、谷方、白烨、钱竞、许明等。蔡仪夫人也应邀莅临此次会议并做了发言，她在会上宣布设立"蔡仪基金"。关于前述路梅林和王建宏发言情况及会议详情，见闻礼萍《坚持、运用、发展马克思主义美学："蔡仪美学思想研讨会"在京召开》，《文艺理论与批评》1996 年第 5 期。

③ 具体地点为复旦大学。会议由复旦大学出版社、上海市美学学会、上海市生活美学学会、上海社会科学院文学所和哲学所等单位共同主办。详见小郑《蒋孔阳濮之珍教授从教 50 周年庆祝会在复旦大学召开》，《复旦学报》1998 年第 1 期。

美学"。① 这两次会议的召开充分肯定了蒋孔阳美学的价值和意义，从某种程度上提升了蒋孔阳的美学史地位。

2013 年 12 月 9 日，"当前中国美学文艺学理论建设暨纪念蒋孔阳先生诞辰 90 周年学术研讨会"在上海复旦大学举行，这次会议由复旦大学中文系、《学术月刊》、上海师范大学人文学院和上海大学中文系共同举办。② 杨玉良、朱刚、金福林、童庆炳等分别在会议开幕式上发言，③ 对蒋孔阳的人格操守和学术史地位给予高度评价。在会议发言阶段，朱立元、曾繁仁、张玉能、毛宣国、姚文放等从美学理论、美学思想史、当代美学和西方美学层面对蒋孔阳的美学思想进行评价，④ 这次会议从各个方面对蒋孔阳的学术思想和精神追求给予评价，对现代美学的发展具有重要意义。2015 年 1 月 16 日，"《蒋孔阳全集》新书发布会暨蒋孔阳美学思想研讨会"在上海召开，⑤ 濮之珍、娄喜勇、王坤、王维松、张玉能、朱立元、桑玉成等参加了会议，蒋孔阳弟子等也在会，并从两方面发言。与会者首先对蒋孔阳的人格操守和学术精神给予高度评价，认为《蒋孔阳全集》（六卷本）集中了蒋孔阳先生毕生心血，既是蒋孔阳的典范著作，也是现代美学的重要著作。之后，与会者围绕蒋孔阳的美学思想尤其是实践美学思想进行全面述评，探讨了其美学的核心概念，一些学者还对学习蒋孔阳美学的心得体会加以阐释。⑥ 这次会议是对《蒋孔阳全集》的评介会，也是对蒋孔阳本人的确认会，是纪念会，又是学术会，无论是对蒋孔阳来说还是对中国现代美学研究来说都具有重要影响。

---

① 小郑：《蒋孔阳濮之珍教授从教 50 周年庆祝会在复旦大学召开》，《复旦学报》1998 年第 1 期。

② 蒋孔阳夫人濮之珍参会。

③ 复旦大学校长杨玉良致欢迎词，复旦大学中文系副主任朱刚致辞怀念蒋孔阳先生，《学术月刊》常务副主编金福林回顾了蒋孔阳与《学术月刊》的渊源，童庆炳对蒋孔阳表示深切怀念。

④ 详见李琳琳《当前中国美学文艺学理论建设暨纪念蒋孔阳先生诞辰 90 周年学术研讨会综述》，《探索与争鸣》2013 年第 12 期。

⑤ 具体地点为上海社联大楼本真堂。

⑥ 关于这次会议的详细内容，见刘阳军《人生与实践：蒋孔阳先生美学研究的贡献与成就——〈蒋孔阳全集〉六卷本新书发布会暨蒋孔阳美学思想研讨会综述》，《上海文化》2015 年第 2 期。

三 对周来祥与《周来祥美学文选》的讨论与评价

周来祥参加过 20 世纪 50 年代的美学讨论，也参与过王朝闻主编的《美学概论》的编写，关于"美是和谐"的论述在现代美学史上具有一定影响。1995 年 10 月，为庆祝周来祥从事美学研究 45 周年，山东大学、贵州大学、青岛大学、广西师范大学、贵州师范大学等高校在贵州联合召开了周来祥美学思想研讨会，① 来自全国 11 个省市的 40 多位美学研究者参加了这次会议，就周来祥美学的本体论与方法论发表了见解，对周来祥美学思想给予高度评价，彭修银、王德胜、刘恒健和袁鼎生等纷纷发言。② 周来祥美学思想研讨会受到学术界高度重视，一些老专家、老学者纷纷致信、致函表示祝贺。③ 事实上，同蔡仪美学思想研讨会一样，周来祥美学思想研讨会的意义在于对周来祥本人美学家身份的建构。从 20 世纪 90 年代开始，类似如是的美学家美学思想讨论会时有召开，事实上都遵循着这种传统。

1999 年，《周来祥美学文选》出版。当年 7 月 31 日，《周来祥美学文选》讨论会在北京召开。这次讨论会由山东大学美学研究所、广西师范大学和浙江师范大学等多个单位共同举办，④ 包括季羡林、陆梅林、李希凡、罗国杰、谢冕、李准、敏泽、聂振斌、聂震宁、滕守尧、柏柳、杜书瀛、郭运德等在内的专家学者 80 余人参加了这次会议。与会学者围绕周来祥的美学体系、辩证思维、审美关系理论、"美是和

---

① 会议具体地点为贵阳花溪。

② 关于此次会议的详细内容，见杨存昌《构筑人类审美王国的理性大厦——周来祥教授美学思想讨论会概述》，《山东社会科学》1996 年第 1 期。

③ "会议期间，季羡林、蒋孔阳、徐中玉、王运熙、林焕平、叶子铭、刘纲纪、胡经之、张文勋、甘霖、童庆炳、王善忠、陆贵山、皮朝纲、曹顺庆等著名学者纷纷发来贺信、贺电，向周来祥教授致以祝贺并表达敬意。"详见董强《周来祥美学思想研讨会在贵阳花溪召开》，《贵州大学学报》1996 年第 2 期。

④ 具体为山东大学美学研究所、广西师范大学、浙江师范大学、广西师范大学出版社、华南师范大学中文系、贵州师范大学中文系、贵州大学人文学院、《东方文化》杂志社、首都师范大学美学研究所和贵州省美学学会等。

谐"说、中外美学史研究、中西比较美学思想等问题进行深入讨论。①
针对周来祥的美学思想体系，与会学者一致认为，他思想的核心是
"美是和谐"，这也构成了周来祥美学体系的支点。针对周来祥美学的
方法论，与会学者认为，他的美学方法基础是辩证唯物主义、历史唯物
主义和辩证思维心理结构，并认为这种开放性的美学方法在现代美学研
究方法论上具有重要意义。针对周来祥的对象论和审美关系理论，与会
学者做了具体阐释并且对此做了高度评价。针对"美是和谐"说，与
会学者对此进行了深入研讨，季羡林和张岱年等都积极发言肯定周来祥
"美是和谐"说的独特性和正确性。针对周来祥的中西美学史研究和中
西美学比较研究，与会学者认为周来祥"抓住每个时代美学的总范畴
和审美理想，作为历史发展的主要线索，着力揭示这一总范畴和审美理
想的产生、发展、裂变、兴替的历史轨迹"。② 周来祥也参加了这次会
议并发言，"感谢大家的鼓励、鞭策，更感谢那些批评意见。他表示自
己一生都在美学这条'船'上，生命不息，笔耕不止"。③ 这次会议非
常全面地回顾、概括、阐释并升华了周来祥的美学思想，对周来祥美
学的内涵和外延进行了比较详尽的阐释，对周来祥美学家的身份进行
了确证，无论对周来祥本人还是对于中国现代美学来说，都具有重要
意义。

四　对刘纲纪与《中国美学史》的讨论与评价

2012 年 11 月 17 日，"中国当代美学的回顾与展望暨刘纲纪先生八
十华诞学术研讨会"在湖北武汉大学召开，来自德国特里尔大学、台
湾大学、北京大学、中国社会科学院等学校和科研机构的专家学者等

---

① 宋民：《贯通古今以求索　融汇中西而开拓：〈周来祥美学文选〉讨论会综述》，《文史
哲》1999 年第 6 期。
② 宋民：《贯通古今以求索　融汇中西而开拓：〈周来祥美学文选〉讨论会综述》，《文史
哲》1999 年第 6 期。
③ 宋民：《贯通古今以求索　融汇中西而开拓：〈周来祥美学文选〉讨论会综述》，《文史
哲》1999 年第 6 期。

200 多人参加了这次会议，① 很多单位和个人还发来了贺信贺电，② "会议回顾了我国人文社科资深教授刘纲纪的学术生涯，高度肯定了刘纲纪先生一生的学术贡献"，③ 围绕这一话题，与会者对相关问题进行了深入交流，从各个方面对刘纲纪美学思想进行了述评。就马克思主义美学而言，一些学者从实践美学入手，呈现刘纲纪对实践美学所做的贡献。还有一些学者认为其实践美学本体论对于未来美学发展起到了推动作用。就美学本体论研究而言，与会者从刘纲纪本人的美学研究出发，对关心的中国现代美学问题进行再诠释，一方面关注了刘纲纪的美学研究，如一些学者对刘纲纪的哲学立场和美学体系进行了阐释。另一方面也对相关美学问题进行讨论，如现代美学的创新性研究，审美现象的学术定位，艺术作为文化形式与宗教、哲学之不同，等等问题。就中国美学和西方美学研究而言，与会者高度评价了刘纲纪执笔的《中国美学史》，认为这部美学史是中国美学史的奠基之作，并从这部美学史入手对其中所涉及相关问题进行全面分析。也有与会者结合本人的西方美学研究讨论了解释学和存在主义哲学等问题。与会者还讨论了刘纲纪的艺术创作和文艺美学等问题。这次会议可以说是对刘纲纪学术思想、学术精神和道德情操的一次全面总结，对于刘纲纪的美学家身份给予了极大肯定和确认。

五　对曾繁仁与《曾繁仁美学文集》的讨论与评价

2007 年 12 月 22—23 日，"转型期中国美学问题学术研讨会暨《曾繁仁美学文集》出版座谈会"在北京举行，这次会议由首都师范大学美学

---

①　所包含单位还有中国艺术研究院、中国国家画院，还包括武汉大学师生代表。卜松山、阎国忠、曾繁仁、邓福星、刘清平等参加了会议。

②　"会议还收到贵州省文联等数十家单位，原湖北省委书记关广富、武汉大学人文社科资深教授陶德麟、北京大学哲学社会科学资深教授叶朗、湖北省文联原主席周韶华等发来的贺词、贺诗、贺画、贺信、贺联等。"详见任天《"中国当代美学的回顾与展望暨刘纲纪先生八十华诞学术研讨会"在武汉大学隆重举行》，《马克思主义美学研究》2012 年第 2 期。

③　刘剑：《美学家刘纲纪先生喜度八十华诞》，《贵州大学学报》2012 年第 4 期。

所等单位联合召开。① 包括汝信、叶朗、钱中文、胡经之等在内的与会代表共计130多人出席会议。②《曾繁仁美学文集》2007年12月由商务印书馆出版，共三编，第一编为文艺美学——由本质论到经验论，第二编为审美教育——由思辨美学到人生美学，第三编为生态美学论——由人类中心到生态整体，即从这三方面总结归纳了其本人的学术思想。在这次出版座谈会上，与会者给予《曾繁仁美学文集》积极评价，并对21世纪初期的美学问题进行对话和讨论。一是对现代美学现实进行了阐述，认为在大众文化多元共生的一个时代，美学也应该本着"以人为本"的原则进行研究，在这个整体架构下对现世的"美学"重新解读。二是从学科建设的角度出发，从"日常生活审美化"和文艺美学学科入手对当时美学热点问题进行深入解读，认为不能对美学的发展和研究过于乐观，而应该看到美学理论存在的困境并且尝试解决相关问题。2009年4月8日，中国社会科学院文学研究所文学理论研究室联合相关单位在北京共同召开了杜书瀛美学研究暨《价值美学》座谈会，来自国内著名高校和研究机构的60多人参加了这次会议，对杜书瀛美学和《价值美学》进行研讨。③ 党圣元对《价值美学》进行了全面评价，从审美现象、美学误区、审美价值载体、艺术创作等问题上对杜书瀛美学做了阐释，并对杜书瀛的治学精神给予肯定。其他如童庆炳、曾繁仁、李德顺、蒲震元、陶东风、王柯平等纷纷发言，④ 从个人研究角度结合现代美学对杜书瀛及其《价值美学》给予积极评价。

---

① 主要有首都师范大学美学研究所、黑龙江大学文学院、山东大学文艺美学研究中心、山东师范大学文学院、中南民族大学文学院、华中师范大学文学院、华南师范大学文学院、哈尔滨师范大学文学院、山东理工大学文学院、浙江师范大学文学院、商务印书馆等单位。

② 著名专家还有陆贵山、杜书瀛、朱立元、王向峰等。曾繁仁也参加了会议。

③ 杨义、党圣元、李德顺、童庆炳、程正民、曾繁仁、高建平、刘跃进、蒲震元、陶东风、金元浦、叶廷芳、史忠义、周启超、王柯平、钱中文、刘扬忠和包明得等参会，《人民日报》和《中国政法大学学报》也有记者和编辑参会。

④ 关于上述学者的发言内容，详见陈定家《"杜书瀛美学研究暨〈价值美学〉座谈会"召开》，《中国政法大学学报》2009年第3期。此外，钱中文、程正民、史忠义、靳大成、彭亚非、金元浦、王晓旭、张晶、徐碧辉、牛宏宝、刘悦笛、孟登迎、黎湘萍、金惠敏等都在会上发言。

六　对朱立元及其"实践存在美学观"的讨论与评价

朱立元曾师从蒋孔阳先生，并逐步成为中国当代美学的领军人物之一。2018 年，为纪念改革开放四十周年，作为上海市美学学会纪念改革开放四十周年系列活动之一，"朱立元先生美学思想与贡献暨实践存在论美学观研讨会"在上海举行。[①] 朱立元本人也参加了这次研讨会，他发言从两方面介绍了自己的美学路径，认为自己美学思想的来源是马克思的《1844 年经济学哲学手稿》和业师蒋孔阳的《美学新论》，在此基础上又从五个方面对实践存在论美学观进行了具体的阐释。[②] 其他与会者对朱立元的美学思想进行了充分的讨论，有学者认为，朱立元的"实践存在美学观"是对传统美学的解构，并在此基础上将海德格尔的存在论与马克思主义实践论结合在一起；有学者从"人"与时代的角度高度评价了朱立元的美学思想；还有一些学者看到的是朱立元身上的"学统"和精神，认为朱立元是一位"人品好、学问也好"的学者。

在新的历史环境下，新时期美学取得了长足的发展，其中关键的是离不开美学研究的掌舵者，上述几位美学家及其著作的相关会议无形中呈现了某种美学制度的框架。一是对美学家身份的确认，正因为美学家在新时期美学发生、发展的过程中做出过极大贡献，才有了如众星拱辰般的美学家身份，换句话说，这种身份的确认也是美学制度的产物，著作和会议都属于制度范畴，在美学会议上给予美学著作高评价，更是一种制度呈现。二是对中国美学发展的确认，这些美学家的美学思想对美学的发展影响深远并深刻，很多美学命题都是由他们创生、建构、重构或发展起来的，而且，这些美学家对很多美学研究者和美学学者影响很大，一个美学问题会带动多个美学问题的研究，继而影响美学发展和进程，事实上这也是现代学术制度的一个侧面。

---

① 具体地点为复旦大学。
② 详见孙沛莹《实践存在论美学观：突破传统探寻新知——"朱立元先生美学思想与贡献暨实践存在论美学观研讨会"近日举行》，《社会科学报》2018 年 7 月 12 日第 5 版。

第四章　美学会议与美育的制度化

2015 年 9 月，国务院办公厅印发了《关于全面加强和改进学校美育工作的意见》（以下简称《意见》），重提美育建设问题，《意见》指出，虽然学校美育在近年来取得了一些进展，但是仍然处于教育事业的薄弱环节，存在一些这样那样的问题，陈年不提，积弊较多，因此值得进一步重视与强调，《意见》从课程体系、教育教学和健康发展等三方面对学校美育的未来走向提出了新要求，也为学校美育制度建设开辟了新的道路。然而，从另一方面说，自 20 世纪初期中国有志学人将西方经典美育思想传播到中国以来，前前后后，已历一个世纪，美育问题和美育的制度性建设等问题虽然反复被提及，却一直历经坎坷，发展不深，这不可谓不是一个值得思考的问题。

事实上，蔡元培先生早在 20 世纪初期就借鉴西方美育范式为中国美育提出了一些新的构想，当时，蔡元培先后五次旅居德国、法国等欧洲国家，并游历欧洲，积累了众多关于美育的经验，① 并撰写了《以美育代宗教》一文，②

---

① 蔡元培在欧洲接受了大量的艺术教育，既有课堂上的艺术史和美学史，认为西方美学"经席勒而详论美育之作用，而美育之标识，始彰明较著矣。自是以后，欧洲之美育，为有意识之发展，可以资吾人借鉴者甚多"，也有对整个欧洲社会化美育的亲历，认为应该从社会各方面着手陶冶人们的情操和情感，以此美化生活环境、净化人类灵魂。

② 《以美育代宗教》所表达的思想很大一部分来自欧洲：蔡元培认为欧洲的宗教在前科学时代具有重要作用，其通过雕塑和建筑、绘画与文学让人们忘记现世，但是很多寄托于宗教的事情随着科学的进步而明了了，这样一来在宗教的仪式中去除很多元素，留下的只有美育，因此在社会生活中应该用美育取代宗教，这样才能取得更大的社会进步。蔡元培认为实施美育有家庭教育、学校教育和社会教育三种，这三种方式内部有很多借鉴了西方美育经验，如艺术场所和城市景观的设置等，这些都离不开西方社会对蔡元培的影响。

宣传美育思想，落实美育实践。① 王国维、梁启超和张竞生等无不提倡进行美育研究和美育制度建设。可以说，以蔡元培为首的中国 20 世纪第一代美学家为美育发展开了一个好头。遗憾的是，历史原因和政治因素，使美育研究和美育建设问题并未能始终如一地发展下去。新中国成立之后，美学的主要工作集中于《美学概论》的编撰工作和美学教学等工作，虽然美育问题散见于一些美学著作或美学工作者的言论中，② 但是总体来说并没有形成某种体系性，因此可以说，美育问题和美育建设问题在一段时间内得不到重视，这无形中影响了美育的发展速度。这种局面在"文化大革命"之后发生了很大变化，第一次全国美学会议上各位与会者就提出了美育的建设问题，并在这次会议影响下，先后召开多次会议，从多个方面对美育问题进行研究和反思，这些会议中涉及的美育事项成为 30 多年来中国美育发展的一条重要线索，可以说，透过涉及美育的美学会议看到的是美学的发展与进步。

第一节　20 世纪 80 年代美学会议与"美育"的重构与流播

如前所述，今天，美育已经成为国家教育方针的一部分，成为一种制度，这在 20 世纪 50 年代是很难想象的。1961 年《文汇报》举行的"美育"座谈会上，参会者还在为是否将美育作为全面发展教育的一部分而争论不休，③ 可见当时的美育研究状况。改革开放之后，人们一方面在与过去年代的告别和对比中来确定未来道路，另一方面反观"历史"作

---

① 蔡元培的美育思想并不是纸上谈兵，而是非常深入地运用到当时的社会文化生活当中去，蔡元培看到当时社会人文环境枯燥无味，因此主张将美育播撒到社会生活的每一个角落，而这些行动和措施大部分都是对欧洲社会的模仿和学习。之所以能将这些美育思想付诸社会实践，一方面是因为当时蔡元培身处的社会地位和社会影响使很多方针计划可以有效落实，另一方面也因为蔡元培在旅欧期间亲身经历了这些设施的细部，所以才能把美育思想社会化这一工作落到实处、落到细处。具体而言，这种美育的实践性表现在专设机关和地方美化两方面，专设机关包括设立美术馆、美术展览会、音乐会、剧院、电影院等，既丰富了人们的日常生活，也增强了人们的审美意识。

② 如朱光潜 1963 年出版的《西方美学史》在谈及席勒的美学思想时，就以《审美教育书简》为中心对席勒的美育思想进行了介绍。

③ 《文汇报座谈"美育"问题》，《人民教育》1961 年第 8 期。

出的发问和思考，使得很多问题得以修正。① 美学和美育正是在这样的大环境下完成自我革新并重新崛起的。

一 "美育"重生：第一次全国美学大会中的美育思想

周扬谈话中，美育问题成为比较重要的方面。② 周扬首先指出了美育在现代化教育中的重要性，认为有必要在青少年中大力提倡和实施美育并需要做好美育的宣传工作，他强调美育的任务是"培养和提高人们对现实世界（包括自然和社会）以及文学艺术作品的美的鉴别、欣赏和创造能力，陶冶人们的情操，提高人们的生活趣味，使人们变得高尚、积极，在思想感情上全面健康成长"。③ 这次谈话成为第一次美学会议的指南，以此为圭臬，第一次全国美学会议各位代表进行了两次关于美育的讨论，讨论主要涉及五个方面：（1）美育的必要性和迫切性；（2）美育要从实际的物质条件和社会条件出发；（3）美育的具体内容和形式；（4）美育与智育和德育的关系；（5）关于加强美育的措施和建议。很多美学家和美学工作者围绕上述几个问题进行了会议发言。在 6 月 5 日的发言中，洪毅然在专题报告《论美育》中认为现代教育不能没有美育，美育的实施是培养社会主义新人的途径之一；④ 伍蠡甫以上海为中心介绍了美育对于青年人全面发展的重要作用；郭因认为美育应该同德、智、体并列成为四育，这样才能使美育渗透进人们日常生活的各个领域；卢善庆介绍了王国维、蔡元培和陈望道的美育思想，指出蔡元培的美育思想在培养和塑造社会主义新人方面最值得借鉴，并认为美育需要有一个制度作为保证；朱狄和刘志一都将目光放在了小学美学教育上，提倡从小接

---

① 洪子诚：《中国当代文学史》，北京大学出版社 1999 年版，第 225 页。
② 周扬本人比较重视美育，除了在周扬谈话中言及美育，周扬也写过与美育相关的文章，详见周扬《重视审美教育，加强美育研究》，《美育》1981 年第 3 期。
③ 周扬：《周扬文集》（第五卷），人民文学出版社 1985 年版，第 272 页。
④ 这篇文章后来经过作者修改发表于《美学》。详见中国社会科学院哲学所美学研究室、上海文艺出版社文艺理论编辑室《美学》（第三期），上海文艺出版社 1981 年版，第 53—60 页。

受审美教育；李范结合教学实践对当时的美育建设提出了五点建议。① 在6月8日下午的发言中，有的参会者认为，应该认清美育和德、智、体之间的关系，同时也要认清美与真和善之间的关系，只有这样才能培养出全面的人；有的参会者为美育实施制定了一系列具体的措施；有的参会者认为要加强美育需要落实组织机构；有的参会者则认为，开展美育工作不能只喊口号，必须采取一些积极的措施，② 其他与会人员也就美育的落实纷纷发言。可见，这次会议对美育问题进行了非常深入、卓有成效的讨论，不但对美学和美育内部的问题进行研究，而且对美育同社会主义建设和树人结合在一起，其影响不可谓不大。

通过关于美育思想的讨论，与会人员认识到如果将美育落到实处，必须要有国家政策的干预，也就是所谓制度保证的问题，只有这样，才能将美育在全社会尤其是学校教育中普及开来。基于此，以齐一为代表的大会筹备委员会成员"请朱光潜、伍蠡甫等四名专家写了一封很恳切的信，向中央、教育部门提议，把'美'加入教育方针"，③ 建议将美育上升为一种国家制度。这封倡议信后来得到了党和政府的重视：1981年，教育部、文化部联合下发了《关于当前艺术教育事业若干问题的意见》，要求各级部门重视艺术教育和美育；1986年，国务院制定的"七五"计划规定各级学校要贯彻德、智、体、美全面发展的方针，将学生培养为"四有新人"；④ 1989年，国家教委颁发了《全国学校艺术教育总体规划（1989—2000）》，明确规定了我国学校艺术教育的方针和任务。⑤ 并不是说，一封

---

①　中国社会科学院哲学所美学室：《第一次全国美学会议简报》1980年第3期。

②　中国社会科学院哲学所美学室：《第一次全国美学会议简报》1980年第6期。

③　李世涛、戴阿宝：《中国当代美学口述史》，中国社会科学出版社2014年版，第41页。联名写信的其他两位是洪毅然和萧肃。

④　1986年12月28日，原国家教委艺术委员会成立，它是国家层面艺术教育的重要咨询机构。艺教委主任委员彭佩云在成立大会上明确指出，"美育是社会主义精神文明建设的重要组成部分"。详见曾繁仁《美育十五讲》，北京大学出版社2012年版，第383页。

⑤　《规划》分为发展目标和主要任务、管理、教学、师资、教学设备器材与科学研究六个部分。这是我国教育史上第一个理论与实际结合的艺术教育发展规划，具有重大的理论价值、实践价值与历史意义，标志着我国美育事业逐步走上健康发展的轨道。尤其需要说明的是，《规划》确定了十年发展目标："到本世纪末，在幼儿园进行多种艺术活动，入园儿童普遍受到良好的早期艺术教育；在小学、初级中学按教学计划开设艺术课，基本上能实施九年义务教育阶段（转下页）

倡议信能够引起如此大的连锁效应，但是，第一次全国美学会议确实起到了助推美育的崛起和重构之作用，从某种意义上说，这次会议成为新时期提倡和推广美育思想方面的一座灯塔。

二　时代精神：美育与意识形态的互文

第一次全国美学会议对于中国现代美学和美育制度的影响远不止于此。在这次会议 6 月 11 日通过的《中华全国美学学会简章》中，明确了"提倡审美教育"是学会的宗旨之一。① 更重要的是，《中华全国美学学会工作计划纲要》"建议各省、市、自治区的哲学学会和有关高等院校、艺术科研单位成立美学研究组或美学分会、研究会。经常的学术活动主要由各地方研究组或分会组织"。② 这样一来，各地方哲学学会和相关高校等单位纷纷开始筹备省级的美学学会并讨论关于美育的相关问题。

如前文所述，由于当时的美学环境所限，各地方美学会议的中心主旨主要围绕第一次全国美学会议所论及的话题进行，所以，很多学会召开美学会议的讨论都存在关于美育的内容，从中也能看出作为制度的美学会议对于美学话题再生产的作用。如天津市美学学会成立会上，当选会长鲍昌就提出学会的工作重点之一是"开展什么是社会主义审美标准的讨论，加强对青少年的审美教育"，并打算近期"与市宣传教育部门联合举行一次美育座谈会"；③ 河北省美学学会计划"协助我省中小学美育

（接上页）所要求的艺术教育；在各级师范院校和较多的高级中等学校、中等专业学校、普通高等学校中普遍增设艺术选修课，进行高中和大学阶段的艺术教育，从而为建设具有中国特色和时代精神的社会主义学校艺术教育体系打好基础。"以上皆引自曾繁仁《美育十五讲》，曾繁仁认为《规划》既有前瞻性又有可操作性。详见曾繁仁《美育十五讲》，北京大学出版社 2012 年版，第 383—384 页。

①　《中华全国美学学会简章》，载中国社会科学院哲学所美学室《第一次全国美学会议简报》1980 年第 8 期。

②　《中华全国美学学会工作计划纲要》，载中国社会科学院哲学所美学室《第一次全国美学会议简报》1980 年第 8 期。

③　王南、何达、刘荣兴、德：《天津、河北、四川、安徽美学学会相继成立》，《国内哲学动态》1981 年第 1 期。

教师，积极开展和搞好美育工作；搞好文学艺术和现实生活的审美教育"；① 安徽省美学学会成立了审美教育研究会，提出今后美学工作的设想，其中也包括"协助有关部门进行美学教学和审美教育工作"，② 其他美学学会也对美育相关问题进行了讨论。③

从这些讨论中，既可以看到第一次全国美学会议产生的积极影响，也可以看到美育的落实情况。可见，美育已经成为新时期美学建设中的一个重要方面。

美育同社会主义精神文明建设的关系问题是这个时期美学会议讨论的最主要话题。"精神文明"最早由叶剑英在庆祝中华人民共和国成立30周年大会上提出，后来邓小平在1980年召开的中央工作会议上做了进一步诠释，认为"我们要建设的社会主义国家，不但要有高度的物质文明，而且要有高度的精神文明"，④ 他还尝试对"精神文明"的概念进行界定，认为"所谓精神文明，不但是指教育、科学、文化（这是完全必要的），而且是指共产主义的思想、理想、信念、道德、纪律，革命的立场和原则，人与人之间同志式关系，等等"。⑤ 1981年2月18日，《光明日报》发表特约评论员文章，称社会主义国家"必须要有高度发展的精神文明"，认为"高度的精神文明，是社会主义社会的一个重要特征，是推动社会主义社会向前发展的重大因素。因此，建设精神文明，应当同经济上的现代化和政治上实现民主化一起，作为我们党的政治路线的一个重

---

① 王南、何达、刘荣兴、德：《天津、河北、四川、安徽美学学会相继成立》，《国内哲学动态》1981年第1期。在河北省美学学会成立会上，美育问题也是会议讨论的重要问题，很多与会者先后发言，如黎明祥《漫谈学校的美育》、石孝慈《用造型艺术的美对儿童进行美的教育》、郭嘉贤《语文美育小议》，关于河北省美学学会年会论文，详见河北省美学学会《河北省美学学会年会论文选》（1981），内部资料。

② 王南、何达、刘荣兴、德：《天津、河北、四川、安徽美学学会相继成立》，《国内哲学动态》1981年第1期。

③ 如浙江省美学研究会暨学术讨论会。

④ 1980年12月，邓小平出席中共中央工作会议闭幕式，并作题为《贯彻调整方针，改善党的工作，保证安定团结》的讲话，其中涉及关于精神文明的内容。关于邓小平出席中共中央工作会议闭幕式等相关内容，详见中共中央文献研究室编《邓小平年谱（一九七五——一九九七）》（上），中央文献出版社2004年版，第700页。

⑤ 中共中央文献研究室编：《邓小平年谱（一九七五——一九九七）》（上），中央文献出版社2004年版，第700—701页。

要内容"。① 1981 年 2 月 25 日，全国总工会、共青团中央和中华全国美学学会等九家单位联合发出《关于开展精神文明礼貌活动的倡议》，正式提出"五讲四美"口号，② 以此给精神文明建设问题寻找到一个现实落脚点。这些脚前脚后的关于"精神文明"的事件无疑同当时所谓的美育思想相契合，因此，很多美学会议以此为逻辑起点进行讨论，一方面是为了响应党中央的号召，另一方面也丰富了美育在新时期下的内涵和外延。中华全国美学学会第二次年会上张云树提出"美育的根本任务就是引导人们按照美的规律去建设社会主义的物质文明和精神文明，使人们运用

---

① 本报特约评论员：《社会主义国家一定要有高度的精神文明》，《光明日报》1981 年 2 月 18 日第 1 版。1981 年 2 月间，社会上关于"精神文明"问题进行了非常深入而热烈的讨论，而且已经进入文艺领域。1981 年 2 月 18 日，全国第二届连环画发奖大会上，周扬就指出"文艺界对建设高度精神文明负有重要使命"，认为"党和广大群众对文艺界寄予很大的希望，在建设社会主义高度的精神文明方面，文艺界负有重要的使命"，他说，"最近党在充分肯定三中全会以来文艺界所取得的成绩的同时，指出了文艺工作中存在的问题和缺点，文艺工作者们应该认真地进行回顾和总结，以便创作更多更好的作品，适合新时期的需要"。关于周扬在这次会议上的讲话，详见新华社北京 2 月 18 日讯：《周扬同志在第二届连环画发奖大会上说：文艺界对建设高度精神文明负有重要责任》，《光明日报》1981 年 2 月 19 日第 1 版。1981 年 2 月 12 日，《光明日报》编辑部还邀请了首都理论界、文艺界、教育界和科学界部分同志，就"建设社会主义的精神文明"这个主题，举行座谈。李奇、刘启林、冯兰瑞、何祚庥、胡平、孙长江、曾彦修、王蒙、苏叔阳、王加鑫、齐振海和游铭钧等参会，就建设社会主义精神文明的意义、建设社会主义精神文明要从实际情况出发，要有针对性、宣传社会主义精神文明要注意科学性、建设社会主义精神文明要上下左右齐心协力、要重视对精神领域的科学研究等问题进行了讨论。关于这次讨论会的情况，详见本报讯《上下左右，齐心协力，建设社会主义精神文明》，《光明日报》1981 年 2 月 20 日第 1 版。另外，《光明日报》于 1981 年 2 月 25 日再发一篇评论员文章，指出"建设精神文明是现实提出的重大任务"，认为"贫乏的物质条件，固然不能成为建设高度精神文明的基础，但却能够成为建设高度精神文明的起点；我们固然不能一步登天，但应该而且能够一步一步地登天。精神文明建设到什么程度，不能不受到物质条件的制约，不承认这一点，就不是一个唯物主义者；但如果因此而忽视乃至取消了精神文明建设的任务，那就不是一个辩证的唯物主义者"。详见本报评论员《建设精神文明是现实提出的重大任务》，《光明日报》1981 年 2 月 25 日第 1 版。

② 发起单位分别是：全国总工会、共青团中央、全国妇联、中国文联、中央爱国卫生运动委员会、全国学联、全国伦理学会、中国语言学会、中华全国美学学会。倡议指出，"为了响应党中央的号召，推动社会主义精神文明的建设，我们向全国人民特别是青少年倡议，开展以讲文明、讲礼貌、讲卫生、讲秩序、讲道德和心灵美、语言美、行为美、环境美为内容的'五讲'、'四美'文明礼貌活动，使我国城乡的社会风气和道德风貌有一个根本改观，让伟大的祖国以社会主义高度精神文明的新风貌出现在世界的前列"，而且对"五讲四美"提出了具体要求。关于"五讲四美"倡议，详见新华社北京 2 月 27 日讯《全国总工会、共青团中央、全国妇联、全国文联、中央爱卫会等九单位倡议开展"五讲"、"四美"文明礼貌活动》，《光明日报》1981 年 2 月 28 日第 1 版。

物质文明和精神文明中所创造出来的美，不断的丰富和完善自己"，① 浙江省哲学学会美学研究会成立会上，与会者认为共产主义道德是社会主义审美教育的核心，认为"正在全国范围内开展的'五讲四美'活动，是从实际情况出发确定的当前审美教育的重点"，② 全国党校美学研讨会也指出"商品经济发展促进了社会进步，但是，在这一过程中，社会进步要以重大的道德牺牲为代价。这就是美育两难的社会背景"，③ 因此要平衡物质和道德的关系，就必须将美育和精神文明建设结合起来认识。此外，黑龙江省美学学会、河北省美学学会、浙江省美学研究会等美学学会也纷纷召开会议围绕这一问题进行讨论。④ 大家普遍认为，只有将美学与精神文明结合起来，才能卓有成效地将美育落到实处，也正因如此，美育逐渐成为一种制度自上而下普及开来。总体而言，这一时期的美学会议涉及美育者主要有两种倾向：一是关于美育的落实情况，虽然偶尔也存在关于美育内部研究的会议发言，但大部分会议发言还是与美学的实践性有关；二是关于美育和社会主义精神文明建设关系的讨论，这也使美育逐渐成为国家政策的一部分。

　　就精神文明建设和"五讲四美"的具体内容而言，其中有很多同现代美育思想相互交叉的内容，⑤ 这无形中给予美学研究者以理论上、政治上和思想上的保证。一直以来，中国现代美学家都在寻求美育的制度化，因为只有美育思想真正落到实处，才能彰显出美育的价值，所以才会将美育和国家政治、意识形态结合在一起，这样一来，美育制度的形成和美育落实的步伐才能更快些。而作为国家意识形态的一部分，精神文明建设需要通过主体建构、传播和扩散，一旦美学研究者将美育同精神文明建设结合在一起，党和国家的宣传部门也乐见其成。总而言之，美育

---

　　①　《中华全国美学学会第二届年会简报》1983 年第 2 期。

　　②　陶济：《浙江省哲学学会美学研究会成立》，《国内哲学动态》1983 年第 7 期。

　　③　扬帆：《全国党校美学研讨会综述》，《党校科研信息》1988 年第 43 期。

　　④　上海市美学研究会于 1982 年 3 月、1982 年 5 月和 1982 年 10 月还举办了三次美学与社会主义精神文明建设等问题讨论会，虽然并没有冠之以"美育"之名，但是讨论会上所讨论的"心灵美""美学与社会主义精神文明建设"等问题，完全可以看作美育问题。

　　⑤　如"心灵美"就是指注意思想、品德和情操的修养，维护党的领导和社会主义制度，做到"爱国、正直、诚实"，不做有辱国格、人格的事，不损人利己，不弄虚作假。

思想落实或美育成为制度需要国家政治、意识形态保驾护航，意识形态需要通过美育的流播生成更广泛的基础，因此说，在时代精神的召唤之下，美育与意识形态具有一种浑然天成的互文性。

三　重视"美育"：美育制度的普及与流播

受第一次全国美学会议以及各个省级美学学会讨论会的影响，中国美学界充分认识到了美育与新时期社会生活之间的必然联系，也从中总结出美育思想的讨论方式和发展方向。考虑到美育与社会主义国家精神文明之间的深密关系，很多美学家和研究者甚至认为，可以将美育作为美学的主要旁支做重点研究和讨论，① 因之，20 世纪 80 年代也召开了很多次以"美育"为名的专门会议，其中最重要者是第一次全国美育会议。

第一次全国美育会议于 1984 年 10 月 9—19 日在湖南张家界召开，来自全国 17 个省、自治区、直辖市的 70 多位美学家、美学研究者、共青团干部和中小学教师参加了会议，其中著名者如王朝闻及其夫人解驭珍、陈科美、蒋孔阳、洪毅然、齐一、黄济、滕纯、赵宋光、聂振斌、张瑶均、朱狄、蒋冰海、胡经之、周来祥、李范和陈望衡等。② 陈望衡在《我与〈美育〉杂志》一文中对这次会议做了专题介绍，他认为这次会议的召开和当时的美育形势有关，其时"主要由共青团倡导的'五讲''四美'活动在全国开展得轰轰烈烈，'文化大革命'后，美育进入了教育方针，全国中小学都比较重视美育，涌现了一些美育开展得不错的先进典型"，③ 从这方面看，第一次全国美育会议的召开水到渠成。另外，作为当时《美育》杂志的主要负责人，陈望衡因为参加了中华美学学会美育指导小组之故，最早萌生了召开美育会议的想法。④ 事实上，《美育》杂

---

① 20 世纪 90 年代，甚至有人将美育置于同美学并列的地位，如杜卫的《美育学概论》和王秀芳、张永昌的《美育学教程》等。

② 10 月 9 日在长沙报到，住湖南宾馆，10 月 11 日乘车往张家界，10 月 12 日抵达张家界，13 日正式开会。详见陈望衡《我与〈美育〉杂志》，《美育学刊》2014 年第 2 期。

③ 陈望衡：《我与〈美育〉杂志》，《美育学刊》2014 年第 2 期。

④ 陈望衡：《我与〈美育〉杂志》，《美育学刊》2014 年第 2 期。

志最早也与第一次全国美学会议有关，是周扬关于美育的谈话、美学会议上各位代表关于美育的发言和以朱光潜、伍蠡甫等老一辈美学家对美育的热情促使陈望衡创办《美育》杂志的。可以说，第一次全国美学会议、《美育》杂志和第一次全国美育会议的美育思想一脉相承。在这次美育会议上，陈望衡做了主旨发言，回顾《美育》杂志四年来的工作，之后，与会人员围绕当时的美育问题进行了讨论，话题主要集中在美育与生活的关系、美育与教学的关系和美育如何落实等方面，比较重要的论文共 11 篇发表在 1985 年第 1 期的《美育》杂志上，其中尤以齐一的《关于建立"美育中心"的设想》最具有建设性，他在会议发言中对建立"美育中心"及相关诸问题提出了非常实用的建议，即使今天看来也有诸多可供借鉴之处。这次美育会议虽然各位与会者发言观点不一、角度不同，但是在形式上开启了美育独立研究的先声，为美育制度的重构和流播起到了助力作用。

　　第一次全国美育会议最重要的贡献是通过了《倡议书》，这也是参会者达成的重要共识之一，当时，"代表们纷纷提议：筹建全国性美育研究会，在学校增设美育课；在城市建立美育中心……会议一致通过了呼吁全社会重视美育的倡议书，期望今后美育工作能有一个新的局面"。① 因此，会议《倡议书》行文虽然短促，却变得非常重要，也可以说为现代美育思想提供了一个落实方向和落实途径。《倡议书》主要对当时提倡美育、研究美育和落实美育的性质和意义进行了界说，之后提出了三点倡议：一是希望社会各界关心美育、重视美育、支持美育，开展各种美育活动；二是希望有关学术部门重视美育理论的研究和美育实验，使美育不断提高和发展；三是希望各地成立美育中心，对广大群众实施审美教育。② 由此可见，当时提出的美育倡议主要集中在宣传工作和落实工作上，一方面急于向全社会宣传美育思想，形成美育风气，另一方面也呼吁将美育思想落到实处，从中也可见第一次全国美育会议组织者的经营之苦心。

---

① 湘岳、冼睿：《正是橙黄桔绿时——全国美育座谈会侧记》，《美育》1985 年第 1 期。
② 《倡议书》，《美育》1985 年第 1 期。

除了全国性质的美育会议，20世纪80年代，各个地方美学学会也分别召开了美育专题会议，如辽宁省第一次美育讨论会、湖南省美学学会召开的"审美理想与审美教育"学术讨论会和江苏省审美教育研讨会等。辽宁省第一次美育讨论会召开的时间较早，与会人员在这次会议上讨论了三方面内容：一是美育与社会主义精神文明建设的关系；二是美育的内容和手段，认为美育的内容"应当包括对接受对象实行审美知识的传授、审美意识的培养、审美能力的提高等方面"，其手段"主要是形象教育，亦即是使教育对象在潜移默化中得到熏陶"，[①] 三是美育发生作用的广阔性和美学工作者的责任问题。"审美理想与审美教育"学术讨论会上，与会人员认为，"审美理想与审美教育是社会主义精神文明建设和物质文明建设的重要组成部分，美学工作者肩负着历史的重任"，[②] 认为审美教育是教育的本质，是审美文化建设的基础，理论工作者和全社会都更应该重视实践性。比之于"审美理想与审美教育"学术讨论会，江苏省审美教育研讨会更有针对性，与会代表都看到了美育实践的现实困境，他们认为，经济水平、社会氛围和理论基础成为美育实践的屏障，因此就必须创造条件解决困难，其中方案包括加大宣传力度、加快学校美育建设步伐、建立"学校美学"教学体系和将美育同人们的日常娱乐生活相结合等。

20世纪80年代，关于美育的专门会议并不止于上述几次，关于美育的会议还有很多，如兰州市美育座谈会、全国中专美育座谈会、全国第三次美育学术讨论会等，虽然这些会议的规模不一、方向不同，但是围绕美育问题都进行了或多或少、或深或浅的讨论，很多地方性质的美育会议无形中起到了美育制度的执行作用，至少将中共中央和中华美学学会的方针政策、理论重点输送到了基层的美学组织中，力图将制度转化成为一种风气和氛围，完成了美育制度的初步流播。

---

① 晋申、丁悦：《"加强审美教育，开展美育研究，促进精神文明"：辽宁省第一次美育讨论会综述》，《社会科学辑刊》1982年第6期。

② 谢方、尹晓波：《"审美理想与审美教育"学术讨论会综述》，《长沙水电师院学报》1987年第1期。

第二节 20世纪90年代美学会议与美育制度的落实

中国现代美育制度化经历了一个非常漫长的过程。如前文所述，早在20世纪80年代早期的第一次全国美学会议期间，就已经有美学家和美学工作者呼吁教育部将美育思想落实为教育方针，之后从各个层面上召开过多次涉及美育问题的相关会议。及至20世纪90年代初期，现代美育落实情况并没有得到真切的改变，至少尚未取得和"德、智、体"平等的地位。换句话说，这是一个关于美育制度的沉寂时代。

一 教育方针之外：20世纪90年代早期美育制度的基本状况

20世纪90年代初期，国家依然沿用1986年颁布的《中华人民共和国义务教育法》，其方针规定，"义务教育必须贯彻国家的教育方针，努力提高教育质量，使儿童、少年在品德、智力、体质等方面全面发展，为提高全民族的素质，培养有理想、有道德、有文化、有纪律的社会主义建设人才奠定基础"。[1] 这个方针实际上包含两方面的内容，也涉及了中国两代领导人对教育问题的期待。其一，所谓"品德、智力、体质"三方面出自毛泽东在1957年的一次重要讲话。1957年2月27日，毛泽东在最高国务会议扩大会议上发表了《关于正确处理人民内部矛盾的问题》的谈话，其中涉及教育问题，在谈到教育问题时，毛泽东指出，"我们的教育方针，应该使受教育者在德育、智育、体育几个方面都得到发展，成为有社会主义觉悟的有文化的劳动者"，[2] 国家在之后相当长的一段时间内都遵循这一教育方针，即使"文革"结束的20世纪80年代，这一教育方针也并没有发生根本性变化，几次教育法修订都沿用这一方针。其二，所谓"有理想、有道德、有文化、有纪律"源于邓小平1980

---

① 苏渭昌、雷克啸、章炳良：《中国教育制度通史·中华人民共和国（公元1949—1999年）》，山东教育出版社2000年版，第77页。

② 毛泽东：《毛泽东选集（第5卷）》，人民出版社1977年版，第385—386页。

年为《中国少年报》和《辅导员》杂志的题词，之后成为全国小朋友和青少年教育的标尺，被写进教育法。这两方面共同构成了《义务教育法》的总方针。

遗憾的是，1986 年《义务教育法》关于教育方针中并没有提到"美育"，也就是说，在 20 世纪 90 年代初期的教育制度中并不存在美育环节，美育在 20 世纪 90 年代初期尚未成为国家教育的官方指南。① 1992 年党十四大提出建立社会主义市场经济，之后一系列重要举措都在为落实这个战略选择服务。教育方面，1993 年 2 月 13 日，中共中央和国务院印发了《中国教育改革和发展纲要》（简称《纲要》），《纲要》规定现阶段的主要教育方针是"教育必须为社会主义现代化建设服务，必须与生产劳动相结合，培养德、智、体全面发展的建设者和接班人"，虽然《纲要》同 1986 年教育方针相比存在一些变化，② 但方针中对于美育的零表述与之前大致相同。1995 年 3 月 18 日八届全国人大第三次会议通过的《中华人民共和国教育法》是我国第一次以立法形式将教育方针法律化，其中主要的教育方针和教育思想基本上沿袭了 1993 年印发的《中国教育改革和发展纲要》，但是同样没有将"美育"作为方针收入其中。

但这并不是说，官方表述中不重视美育。虽然美育一直没能成为国家教育方针，但是，在多个场合和层面上，高层都对美育有所观照。早在 1986 年，第六届全国人大四次会议批准了《中华人民共和国国民经济和社会发展第七个五年计划》，其中关于教育的相关论述为，"各级各类学校都要加强思想政治工作，贯彻德育、智育、体育、美育全面发展的方针，把学生培养成为有理想、有道德、有文化、有纪律的社会主义人才"，③ 其

---

① 需要说明的是，1986 年版《中华人民共和国义务教育法》中所谓"义务教育必须贯彻国家的教育方针，努力提高教育质量，使儿童、少年在品德、智力、体质等方面全面发展"的方针中有两个细部需要注意，其一是在"品德、智力、体质"后面加了一个"等"字，有除了三项还有其他的意思，其二是后面的"全面发展"也体现了教育方针试图朝向更加全面的方向发展，也给美育写人教育法提供了可能。

② 关于变化，详见苏渭昌、雷克啸、章炳良《中国教育制度通史·中华人民共和国（公元1949—1999 年）》，山东教育出版社 2000 年版，第 80 页。

③ 何东昌主编：《中华人民共和国重要教育文献（1976—1990）》，海南出版社 1998 年版，第 2417 页。

中提到了美育概念。之后，国家的一系列政府机构改革和相关会议都或多或少地提到了美育或艺术教育，无形中促进了美育作为制度在新时期的流播。① 1993 年，前述《中国教育改革和发展纲要》虽在方针中未涉及美育，但是其中有对于美育的表述，称"美育对于培养学生健康的审美观念和审美能力，陶冶高尚的道德情操，培养全面发展的人才，具有重要作用。要提高认识，发挥美育在教育教学中的作用，根据各级各类学校的不同情况，开展形式多样的美育活动"。② 1994 年 6 月 14 日召开的全国工作会议上，国务院总理李鹏和国务院副总理李岚清分别提及美育及美育的作用，这可以被看作中国政府领导对于美育思想的权威表述。③

通过这两个方面的平行研究，可以窥探出 20 世纪 90 年代初期美育思想与美育制度在国家层面上所呈现出的显著特点。20 世纪 90 年代初期，国家颁布的所有关于教育的规划、纲要和立法中，美育从来就不是一个教育方针，尚未能和"德、智、体"保持平等地位。但是，在方针之外，美育却得到了一些国家层面的关注，"七五计划"和《纲要》中虽然尚未将美育作为教育方针的中心主旨，却也试图对美育思想、美育政策和美育制度进行言说，这同 20 世纪 80 年代官方重视美育思想的程度相比，不能不说是很大的进步。有学者注意到这一时期美育制度的一个状况，认为 1986—1998 年间，"在教育方针里，是时有时无；在实施和举措方面，是逐步得到重视"。④ 其实，这一时期的教育方针中，"美育"不能说"时有时无"，很多领导人（如李鹏、李岚清）发表关于美育的谈话有些

---

① 关于此，详见苏渭昌、雷克啸、章炳良《中国教育制度通史·中华人民共和国（公元 1949—1999 年）》，山东教育出版社 2000 年版，第 83—85 页。

② 《中华人民共和国教育法》《中华人民共和国义务教育法》《中华人民共和国教师法》，转引自苏渭昌、雷克啸、章炳良《中国教育制度通史·中华人民共和国（公元 1949—1999 年）》，山东教育出版社 2000 年版，第 85 页。

③ 李鹏指出，"中小学的美育（包括音乐、美术、劳作等）对全面提高学生素质，陶冶学生情操，培养全面发展人才，具有重要作用，应该切实加强"；李岚清指出，"要重视美育。学校的美育对于培养全面发展的人才具有重要作用，应该切实加强。不仅小学、初中要开好音乐、美术等课程，高中、大学也开设艺术欣赏课，教会学生欣赏音乐、舞蹈、戏剧、美术、书法等等，并掌握一定的技巧。但重点还是着力于陶冶情操，提高道德修养"。详见何东昌主编《中华人民共和国重要教育文献（1976—1990）》，海南出版社 1998 年版，第 3653、3657 页。

④ 张正江：《新中国美育发展研究》，人民出版社 2014 年版，第 79 页。

是出于个人原因，认为美育对于教育来说非常重要（如李岚清），有些则是对"计划"或《纲要》进行多方面的阐释，这些表述尽管属于官方表述，却并不属于方针范畴。张正江所谓"事实和举措"方面确实是在逐步得到重视，① 以美学会议言之，这一时期延续了 20 世纪 80 年代的传统，也召开了一些规模或大或小的美学会议，其中涉及诸多相关美育问题，这些美育会议的召开也无形中催化了美育制度成为国家的教育方针，又旁及了关于美育制度形成过程之中的其他问题。

二　继承与重构：20 世纪 90 年代美育会议的双重诉求

20 世纪 90 年代的美育会议和 80 年代的美育会议事实上存在很大区别，20 世纪 80 年代的美育会议在新时期美学史上具有建设性意义，正是一次次美学会议和美育会议使新时期的美育思想从无到有、从弱到强、从边缘到中心，以朱光潜、伍蠡甫等为中心的老一辈美学家对美育思想和美育制度非常重视，因此 20 世纪 80 年代美学会议涉及美育内容颇多，相关美学家和美学工作者也乐见其成。及至 20 世纪 90 年代，现代美学的话语权逐渐分散，已经没有一个中心话语再重新召集起关于美育思想和美育制度的讨论，因此可以说，20 世纪 90 年代尤其是 20 世纪 90 年代初期的美育会议一直都在 20 世纪 80 年代美学会议和美育会议所产生的惯性之中进行，汝信在 20 世纪 90 年代初期召开的一次会议上就指出国人的文化素质和文艺修养还需提高的问题，同时也对当时的美育建设发出"我们的审美教育做得怎么样"的质疑声。② 这也就解释了 20 世纪 90 年代关于美育的美学会议无论是从数量上还是从质量上都呈现出下降趋势的原因之所在。总的来说，"全国高校美育学术研讨会"和"首届全国高师院校审美教育理论研讨会"是 20 世纪 90 年代举行的比较重要又具有代表性的美育会议。

---

① 张正江：《新中国美育发展研究》，人民出版社 2014 年版，第 66—94 页。
② 陶钧：《"美学与现代艺术"学术讨论会综述》，《文艺研究》1993 年第 5 期。

　　全国高校美育学术研讨会于 1994 年 4 月 2—5 日在广州召开，① 这次会议由美术教育家郭绍纲和美术史家迟轲发起，由国家教委高等学校社会科学发展研究中心、广东省高等教育学会、广东省美学学会、广州美术学院联合主办，吸引了来自全国各地的专家学者共 30 余人参加。这次会议主要以高等学校美育工作为着眼点，就相关问题进行讨论。随着社会主义市场经济体制的建立，高校美育已经开始逐步受到重视，人们逐步开始认识到美育之于大学生教育的重要意义，并且注意到美育在大学生教育方面的时代性和前瞻性，② 因此召开一次关于高校美育的会议适逢其时。这次高校美育学术研讨会同以往其他会议存在一个显著的不同之处，即这次会议与会人员发言多从实践入手对高校美育进行阐释，而不是从美育思想的理论源头对相关问题进行论述，与会人员一致认为市场经济的大潮使高校学生滋生了一些不良嗜好，其人生观、世界观和价值观发生很大变化，在这种环境下，高校美育建设显得尤为重要，与会者对这些问题进行了深入讨论。"他们一方面为高校美育没有基础而感到压力很大，有一种饥饿感；另一方面学生眼高手低，很难引上正轨"，③由此可以看出高校美育问题的症结之所在。与会者认为，应该更加重视美育的重要作用和意义，从理论和实践两方面加大对美育的宣传力度，只有这样，才能提高大学生综合素质，才能使高校美育工作有序开展下去。

　　如果说全国高校美育学术研讨会更注重美育的实践意义，那么首届全国高师院校审美教育理论研讨会则在乎美育的理论价值。这次会议的召开背景与上述会议大致相当，都是在市场经济初期高校美育问题凸显之时召开，因此也可以说具有迫切性。这次会议由首都师范大学中文系

---

　　①　具体地点为广州美术学院。

　　②　关于此，已经有诸多论述。如金昕认为，"美育是大学生人格养成的现实需求"，并从几个方面对这个问题进行阐述，"美育是大学生人格养成的现实需求"，"美育在大学生人格养成中占有重要地位"，"美育契合大学生人格发展的内在需求"等等，关于美育理论的旨归等问题，详见金昕《当代高校美育新探》，商务印书馆 2013 年版，第 51—95 页。

　　③　广州美院美术教育研究室：《全国高校美育学术研讨会在广州美院召开》，《高教探索》1994 年第 5 期。

和首都师范大学美学研究所共同承办，于 1995 年 6 月 10—14 日在北京召开，吸引了来自全国各地相关研究人员共计 50 多位，对高校美育问题进行了非常深入的讨论、交流和对话。北京市相关领导也参加了这次会议。① 会议讨论的内容主要包括三个方面。一是审美教育的重要意义，与会者普遍认为当今社会的人和人性存在问题，20 世纪 90 年代初期，改革开放已经进行十几年，人们一方面在思想解放思潮的感召下寻求着思想上的变化，一方面也有些人将这种变化极端化，因而造成人格的缺失，这就要求美学工作者重视美育对人的引导作用，只有积极引导，才能在全民族美育建设问题上有所收益。大家不但围绕美育的意义问题提出本体论看法，而且从方法论上提出一些加强美育建设的措施，认为美育实践不能只重视艺术层面和艺术层面的技能，而应该走向人的全面发展。② 二是审美教育的地位问题，与会者认为应该扶正美育在教育中的位置，使美育能够在教育中占有一席之地并具有独特地位。大家认识到，因为历史的原因，因为存在"附属论""工具论"等去美学教育理论，使美育一直处于教育的边缘，因此大家呼唤美育在现代教育中的作用。有学者专门提出不能将美育与艺术教育混同起来，认为应该将美育同其他各个教育门类融合起来，尝试进行"融合性教育"。③ 三是对高校美育进行专门讨论，与会者普遍认为应该加强师范院校的审美教育建设，认为高校美育主要存在两方面要素，"一是以当前社会实践的社会整体而提出的审美规范和审美引导，它是以目前需要为目的；另一则是学院的审美教育，它以学理为基础，以长远的恒久人性为目标"，④ 并认为这两方面在实际操作过程中应该相互结合，只有这样审美教育才能跟得上高校校园文化

---

① 参会的主要领导有北京市委常委、宣传部长强卫，北京市教育工委书记陈大白，北京市委宣传部副部长王学勤，北京市高教局常务副局长耿学超等。详见李富生《首届全国高师院校审美教育理论研究会综述》，《首都师范大学学报》1995 年第 6 期。

② 李富生：《首届全国高师院校审美教育理论研究会综述》，《首都师范大学学报》1995 年第 6 期。

③ 李富生：《首届全国高师院校审美教育理论研究会综述》，《首都师范大学学报》1995 年第 6 期。

④ 李富生：《首届全国高师院校审美教育理论研究会综述》，《首都师范大学学报》1995 年第 6 期。

建设，也能在高校建设中占有一席之地。

　　20 世纪 90 年代中后期，中国现代美学逐渐走出本身的传统范式，开始同世界美学接轨。1995 年召开的"深圳国际美学、美育会议"即为一例，这次会议是中国现代美学界第一次与国际美学学会合作召开国际会议，虽然讨论美育的部分不多，但是也值得关注。① 这次会议由中华美学学会、深圳大学等单位联合举办，于 1995 年 11 月 15—20 日在深圳大学召开，邀请了来自德国、瑞典、美国、芬兰和日本等多国美学家参会。② 参会的中方人员有汝信、刘纲纪、聂振斌、胡经之、彭立勋和滕守尧，参会的外方人员有国际美学学会会长、瑞典龙德大学哲学系主任格兰·何米伦和曼纽什、塞·索尼亚、川野洋、伊·瓦·本丝等，③ 中国台湾学者史作柽和姜一涵也受邀参会。④ 会上，美育工作者一致认为，应该高度重视美育的重要性，认为不仅要将美育置于同德育、智育、体育等其他方面平等的位置，还要将美育渗透到教育的各个方面，将理论和实际结合起来，"到实践中把他们的思想化为实践力量，为提高中华民族的素质而尽一份自己的责任"。⑤ 其中北京化工学院沈致所言应该逐步从应试教育过渡到素质教育的设想得到了何米伦的肯定。⑥ 此外，有的与会者还就中小学美育问题进行了讨论，厘清了美育和中小学教育之间的逻辑关系。需要说明的是，这是海峡两岸美学学者在新时期的首次交流与对话，很多台湾美学学者在会上发言，如台湾少儿美术基金会董事陈处世就结合自己的亲身教育经历认为美育不应该只重视艺术教育而应该将艺术教育和人格教育结合起来共同研究，这是值得大陆美学研究者参考的重要方面。⑦ 这次会议讨论美育的内容有限，却在一些方面有所突破，言说了一些之前美学会议与美育会议并未涉及的内容，如向素质教育过渡、扩大

---

　　① 关于此次会议涉及美学部分，将在本书其他部分说明。

　　② 樊美筠：《当代西方学者眼里的中国美学——九五深圳国际美学美育会议一瞥》，《国外社会科学》1996 年第 1 期。

　　③ 参会者还有孔寿山、阎国忠、王德胜、秦裕芳、梅宝树和王柯平等。

　　④ 周易：《深圳举办国际美学、美育会议》，《外国文学研究》1996 年第 1 期。

　　⑤ 徐碧辉：《深圳国际美学美育会议综述》，《哲学动态》1996 年第 1 期。

　　⑥ 周易：《深圳举办国际美学、美育会议》，《外国文学研究》1996 年第 1 期。

　　⑦ 聿之：《海峡两岸美学界的首次交流》，《台声》1996 年第 2 期。

美育的所涉范围等，尤其是台湾学者和大陆学者实现了交流，台湾学者提供了一些台湾地区美育的经验和路径，两岸学者互通有无，也扩大了美育的深度和广度。

如果说上述三次比较重要的美学会议涉及美育部分距离中央政策与制度略远，那么1998年在北京大学举办的"北大与美育"座谈会则在美育制度层面产生了影响。1998年，时逢北京大学建校100周年，5月1日到8日，北京大学国际交流合作处、北大资源集团和《美术》杂志共同召开了这次会议，北京大学相关领导和教师代表、北京各个美术学院美术和美学工作者及相关人士参加了会议。① 这次关于美育的专题会议在美学学科史上的意义不大，因为并没有在理论上推进美育思想的研究和发展，但是对美育制度的形成却具有重要影响。在会议致辞中，北京大学党委书记任彦申主要陈述了中共中央和中央政府借北京大学建校100周年之际对美育等相关问题的重视。他指出，"校庆前夕江泽民同志视察了北京大学，用了两个多小时的时间考察北大的工作，认真询问了北大的艺术教育"，并鼓励北大学人加强艺术教育，同时也指出，李岚清两次给北京大学写信谈及电影教育和音乐教育问题，② 说明当时中央领导对于北京大学美育的重视。江泽民在庆祝北京大学建校一百周年大会上讲话也强调"青年时期注重思想修养，陶冶情操，努力梳理正确的世界观、人生观、价值观，对自己一生的奋斗和成就将会产生长远而巨大的作用"，③ 这说明这次美育会议与中央高层之间业已形成了良好的互动，一方面证明当时中央政府对美育问题已经非常重视，另一方面证明这次美学会议正当其时。这次会议上发言人数众多，其中心主旨是蔡元培、北京大学与美育的关系及美育建设等相关问题，④ 其中，蔡元培女儿蔡睟盎专门回

① 关于这次会议参会嘉宾的详细情况，详见楚水《纪念北京大学建校百年"北大与美育"座谈会在京召开》，《美术》1998年第7期。

② 楚水：《纪念北京大学建校百年"北大与美育"座谈会在京召开》，《美术》1998年第7期。

③ 江泽民：《江泽民文选》（第二卷），人民出版社2006年版，第124页。

④ 关于此次会议发言的具体情况，详见袁宝林等《百年华彩再奏新章——"北大与美育"座谈会发言选登》，《美术》1998年第7期。

顾了蔡元培倡导美育的历史及贡献，重点说明了蔡元培如何在北京大学积极开展美育的情况。与会者从北京大学的美术教育和音乐教育出发，提出应该将美育置于教育方针的范畴内；有的与会者介绍了北京大学的艺术教育情况；有人结合李岚清在中央美院考察情况阐明了倡导美育的重要意义；还有人认为，应该将美育与日常生活实践结合起来，使美育落到实处。叶朗在总结发言时指出，"中央领导同志在不同的场合多次强调要加强美育工作，因为美育是关系到学生素质、乃至民族素质提高的不可忽视的大事"，并希望美育能在未来的教育建设中发挥更大的作用。①从这次在北京大学举办的"北大与美育"座谈会看，20 世纪 90 年代末期，美育和国家教育方针已经无限接近，无论是美学界还是教育界对"将美育纳入教育方针"的呼声越来越高，也从另一个方面说明加强美育制度建设的必要性。

另外，20 世纪 90 年代各地方美学学会和一些高校也召开了关于美育的相关会议，虽然影响不是很大，但是也起到了美育思想和美育制度流播的作用。在 1992 年召开的云南省美学学会成立会上，参会人员专门讨论了美育问题，"认为审美教育是提高人民文明素质的重要途径，也是建设社会主义精神文明的巨大工程，特别是中小学、大中专学校的美育工作应该重视，应提倡'德、智、体、美'全面发展"，②给美育问题提供了新路径。1997 年 10 月 7—9 日，湖南省美育研究会举行第三届学术年会，针对美育问题进行了讲座、发言和讨论。陈望衡参加本次会议并做了题为《构建新世纪人类生命的和谐——漫谈现代生活方式与审美教育》的发言，他从"现存世界的基本形态"、"后工业社会的人类生活景观"和"美育的历史使命"三方面进行了言说，强调"审美教育要做到三个尊重：即尊重情感，尊重想象，尊重个性"。③湖南省美育研究会会长易

---

①　楚水：《纪念北京大学建校百年"北大与美育"座谈会在京召开》，《美术》1998 年第 7 期。

②　李健夫：《云南省美学学会成立并举行学术研讨会》，《当代文坛》1992 年第 5 期。云南省美学学会成立会于 1992 年 6 月 3 日在昆明召开，主要讨论的问题是美育、自然景观开发和民族审美文化等问题。马奇、王世德和贵州省美学学会等个人和单位发来贺信表示祝贺。

③　陈润兰：《湖南省美育研究会第三届学术年会综述》，《株洲教育学院学报》1998 年第 1 期。

健及相关参会人员对美育问题进行了论述，会议收到提交论文 50 多篇，可见其内容涉猎之广。① 其他如在北京举办的"美学与精神文明座谈会"（1996 年 11 月 24 日）、在北京师范大学举办的"青少年美育研究讨论会"（1997 年 12 月 14 日）、"第四届全国党校干部美学讨论会"（1997 年 7 月 26 日）和"美学与美育教育交流研讨会"（1999 年 12 月 12 日）等都对美育问题提出了可进一步研究的价值，虽然影响范围有限，但是也起到了推动作用。

三　制度建设：美学会议与美育制度的关联性

与 20 世纪 80 年代相比，20 世纪 90 年代涉及美育的美学会议发生了一些变化，具体言之，20 世纪 80 年代的美学会议中针对美育与美育制度有很强的针对性，如第一次全国美学会议不但涉及了美育问题，而且朱光潜等还专门致信教育部，建议将美育写入教育方针中；陈望衡与《美育》杂志举办的美育会议也具有很强的实际意义，这些与美育相关的会议既受到社会的重视也受到国家的重视，所以，20 世纪 80 年代美育工作和美育研究一直向前推进。及至 20 世纪 90 年代，相关美育会议较少，美育会议同决策层的联系也相对较少，使美育制度的实施与落实进行缓慢。

就学科发展而言，这种情况并不科学，一个学科的发展应然地随着时代的发展而进步，而美育在 20 世纪 90 年代却一直停留在稳定期，发展的并不算快，事实上这种状况背后具有其隐秘的内在因素。首先，美育长时间得不到制度落实可以理解成一个政治事件或者政治惯性。如前所述，最早毛泽东提到了"德育、智育、体育"应该全面发展的教育方针，时间尚在 1957 年，其中，在一个个人崇拜近乎宗教的时代里，这种思想一直是国家教育的"最高指示"，即使"文革"结束之后这种情况也并没有改变。新时期，社会科学和人文科学全面重建，本来"德育、智育、

---

① 关于此次会议讨论的具体情况，详见陈润兰《湖南省美育研究会第三届学术年会综述》，《株洲教育学院学报》1998 年第 1 期。

体育"的教育方针存在扩大范围的可能，但是邓小平的一次讲话又使得这一方针沿着惯性使然的路线继续前行。1978 年之后，如何评价毛泽东带有"左"的倾向的教育方针问题成为教育界乃至国家面临的问题，如何全面阐述毛泽东教育思想也成为重要的问题，基于此，邓小平在1978 年 4 月 22 日的全国教育工作会议上对这个问题进行了说明和重诠，指出"把毛泽东同志提出的培养德智体全面发展、有社会主义觉悟的有文化的劳动者的方针贯彻到底"。① 20 世纪 70 年代末期是一个拨乱反正的时代，当时的诸多言论和思想都成为未来长时间内的政治社会思想要旨，邓小平的这一评价成为如何制定教育方针的准绳，可见，即使 1978 年之后，教育方针的施行也来自毛泽东，邓小平并没有从本质上深化教育方针的表达，反而加重了人们对"德、智、体"三方面的认识而忽视了美育建设。邓小平组织召开 1978 年全国教育工作会议及在会上的讲话是新时期教育史上的重要事件，对新时期教育史影响深远，当时并没有认识到美育的重要性，惯性一旦产生，作用很大，所以之后很长一段时间内，在贯彻"德、智、体"教育方针的同时忽略掉美育，也属顺其自然的事情。

其次，从 20 世纪 80 年代中后期到 90 年代初期，中国现代美学实现了精英化的过程，如前所述，伴随这个过程而来的是美学的式微，而美育则同样随着美学的潜流默默流淌。从美学发展的情况看，20 世纪 80 年代初期美学基本上得到全社会的认可甚至普及，然而显而易见的是，当时大众所谓的"美学"事实上其实仅仅是一般意义上的"美"而不是学科范畴内的"美学"。随着美学学科逐渐清晰化和专业化，贴用时髦词的人们也渐渐发现事实上美学距离自己相当之远，所以 20 世纪 80 年代末期美学热潮相对大众而言逐渐退却，实际上这其中也伴随着很多美学工作者出走的过程，表面上是美学的精英化，但实际上却是美学的低潮。受此影响，无论是美学会议还是美育会议的层次都没有之前高，对决策层和制度的影响也显得非常有限，上述会议虽然有几次大家共同呼吁将美

---

① 苏渭昌、雷克啸、章炳良：《中国教育制度通史·中华人民共和国（公元 1949—1999 年）》，山东教育出版社 2000 年版，第 62 页。

育制度上升为国家意志和制度层面，但都局限在民间，呼声不高。这无形之中引出了另外的问题：美学会议和美育会议无论规格还是层次都不算高，但是1999年6月13日发布的《关于深化教育改革全面推进素质教育的决定》依然将"美育"作为素质教育的重要环节，美育已经上升到国家制度层面。① 美学会议、美育会议与美育成为教育方针之间并不存在事实联系，换句话说，美育成为教育方针在很大层面上并不是基于美学而是基于教育学。

再次，纵观20世纪90年代涉及美育的美学会议，一些小型会议在小范围内对美育思想的落实产生了影响，形成了20世纪90年代美育政策落实的复调式结构。从宏观的层面上说，虽然在20世纪90年代初期并没有高度重视美育，但是一系列文件的发布无形中对美育实施产生影响，尤其是对中小学美育建设颇具意义，相关文件重要者包括《九年义务教育全日制小学音乐教育大纲》《九年义务教育全日制小学美术教学大纲》《九年义务教育全日制初级中学音乐教学大纲》《九年义务教育全日制初级中学音乐教学大纲》等，实际上，这些大纲的颁布最早并不是从美学教育而是从艺术教育的层面对中小学教育进行规范的，但是同样潜在地影响美育发展。从微观的社会层面上说，相关美学会议所讨论的内容与中小学教育和高等院校课程计划存在交集，如深圳大学召

---

① 1999年6月13日，中共中央、国务院为了配合即将召开的全国教育工作会议印发了《关于深化教育改革全面推进素质教育的决定》，《决定》指出，"实施素质教育，必须把德育、智育、体育、美育等有机地统一在教育活动的各个环节中。学校教育不仅要抓好智育，更要重视德育，还要加强体育、美育、劳动技术教育和社会实践，使诸方面教育相互渗透、协调发展，促进学生的全面发展和健康成长"，详见何东昌主编《中华人民共和国重要教育文献（1998—2002）》，海南出版社2003年版，第218页。另外，1999年6月15日，第三次全国教育工作会议召开，江泽民在会上指出，"我们必须全面贯彻当地教育方针，坚持教育为社会主义、为人民服务，坚持教育与社会实践相结合，以提高国民素质为根本宗旨，以培养学生的创新精神和实践能力为重点，努力造就'有理想、有道德、有文化、有纪律'的，德育、智育、体育、美育等全面发展的社会主义事业建设者和接班人"，李岚清在会上做了题为《深化教育改革，全面推进素质教育，为实现中华民族的伟大复兴而奋斗》的报告，指出"要提倡为学生的全面发展创造良好宽松的环境，克服那种只重视智育，轻视德育、体育和美育，在智育中又只重视知识传授、忽视能力培养的倾向"，"各级各类学校要全面贯彻党的教育方针，有责任把德育、智育、体育、美育等方面，有机地统一在教育活动的各个环节之中"。详见张正江《新中国美育发展研究》，人民出版社2014年版，第97页。

开的美学美育会议上，就有专家学者提到素质教育的问题，说明美育会议的展开和推进与实际上的教育问题在小范围内存在一定联系，无形中也促进了美育思想的发展和美育制度的形成。

第三节　新世纪以来美学会议与美育的发展

新世纪初期，随着美学研究逐渐走出 20 世纪 90 年代的低潮期，美育研究也渐次呈现出一种积极向好的发展趋势，一方面，国家越来越重视教育中的美育环节；另一方面，随着美学研究愈加深入，并延伸至各个美学领域，美育研究也逐渐受到重视。这双方面的原因促成了新世纪之初就开始召开相关美育会议，并为美育研究提供了一个新的理路。

一　新世纪初期的美学会议

2002 年 11 月 5—7 日，"全国学校美育研讨会"在浙江嘉兴召开，这次会议由中华美学学会美育研究会、浙江省艺术教育委员会和嘉兴市教育局联合举办，来自全国各地的 100 多位专家学者参加了会议。[①] 一些学者从学理的角度尝试建立美育和现实之间的联系，认为应该将美育理论落到实处，并指出重视美育教学、完善课程设置、建设美育系统等是解决美育理论具体落实环节的重要手段；一些学者结合自己的学校情况和自身教学情况指出，应该将美育应用到教育的全过程，"以美施教，以美立校，以美育人"，并"开设教育美学课，加强宣传和培训力度，建立一支管理队伍，推广典型经验，以此加强美育建设，体现美育精神，提高

---

① "从提交会议的 40 多篇论文来看，其中探讨中小学美育问题的论文涉及面相当广，包括中小学美育的本质、功能、目标，以及课程、教学、学习、手段、评价、管理、师资等各个方面；而从研究成果整体来看，以解决实际问题为目标的应用性研究成果占了大多数。"详见姚全兴《2002 年全国学校美育会议综述》，载汝信、曾繁仁主编《中国美学年鉴》（2002），河南人民出版社 2003 年版，第 497 页。

美育含量"。① 一些学者探索如何将美育与自身学校的办学特色结合起来，以开拓美育实践的可操作性，并指出在此基础上形成独特的美育理念和实践策略。这次学校美育讨论会具有很强的指导性和实践性，与其他学术会议和研讨会不同，这次研讨会并没有就美育等相关问题进行形而上的讨论和理论上的归纳总结，而是完全将美育概念及周边相关问题纳入实践的环节中，讨论美育政策和美育制度的具体落实情况，可以说，这是一次开风气之前的美育研讨会。

2002 年 8 月 22—26 日，"审美与艺术教育国际学术研讨会"在山东大学召开，来自中国、荷兰、芬兰、美国、日本和韩国的 130 多位学者参加了这次会议，并围绕会议的主题进行非常充分的讨论。② 据称，围绕这个话题，与会者进行了大致五方面的讨论，一是将美育置于一个科技时代里，在科技时代如何进一步拓展美育的内涵和外延成为与会者讨论的主要问题，大家普遍认为，在一个物质和科技泛滥的时代里，美育是提升人类精神高度的有效原则，只有精神境界提升一个高度，人类所创造的文明才能恒久不衰，这也是提升美育理论意义的重要维度之一。二是回归美育的感性品格，并且将美育与生态美学有机地结合在一起。大家认为，美育的本质是一种感性经验，所以美育在本质上具有感性特征，只有挖掘出这种特征并将之言说开去，才能得到美育的精髓。此外，有学者认为不能只把美育与艺术问题相结合，还应该将美育、自然和科学等融合在一起，以拓展美育的内涵。三是结合当时的美育状态和美育研究的状况提出美育所面临的问题和挑战，如何提高审美认识能力、如何摒弃网络时代的网络垃圾、如何以新的方式完善美学研究与美学教学成为与会专家讨论的重要问题。四是学科美育与中国古典美学和美育理论之间的联系问题。大家认为应该深入挖掘中国古典文化遗产，进而呈现出美育发生发展的逻辑起点，以至于使美育理论有法可依，有理可循。

---

① 姚全兴：《2002 年全国学校美育会议综述》，汝信、曾繁仁主编《中国美学年鉴》（2002），河南人民出版社 2003 年版，第 498 页。

② 教育部社政司副司长黄百炼、教育部艺术教育委员会秘书长杨瑞敏、山东省教育厅副厅长刘向信等也参加了这次会议。详见仪平策、王祖哲《审美与艺术教育国际学术研讨会在青岛召开》，《艺术教育》2002 年第 5 期。

五是将美育置于全球化视野中，讨论全球视野和国际视野中的美育、美学和审美文化等问题，其中对审美文化、生活美学等多有侧重。① 这次会议，是中国大陆首次举办的涉及审美教育的大型学术研讨会，② 话题集中，讨论充分，为审美教育及审美教育研究的发展提供了很多可资借鉴的理论和养料。

2004 年 4 月 23—26 日，由浙江师范大学人文学院、山东大学文艺美学研究中心共同主办的"美育的当代性研讨会"在杭州召开，来自复旦大学、山东大学、浙江大学、首都师范大学、北京语言文化大学、扬州大学、山东师范大学、浙江师范大学、中国社科院、上海社科院、黑龙江省社科院的专家学者共计 30 余人参加了这次会议，就"美育与当代社会生活、美育与当代教育变革、美育理论与美育实践"等多个方面的问题进行了讨论和发言。针对美育与当代生活，有学者指出应该将美学和生活结合在一起，提倡一种关于审美的生活或生活的审美化，也有学者指出不能单单将美育置于感性层面而应该追求美育的精神性和超越性，还有学者将美育划分为精英美育和大众美育两种范式，强调这两种范式在具体的美育问题研究过程中应该加以区别对待。针对美育与当代教育变革，有学者认为当代的美学应该向美育转向，有学者认为应该将美育、生态、艺术教育和审美文化等放在一起进行研究，有学者认为提倡美育恰恰可以反证出目前美育的缺失，所以更应该进一步加强美育建设，培养出全面发展的学生和全面发展的人。针对美育理论与美育建设，与会学者们一致认为，全社会应该积极地进行美育实践建设，要将美育和中国社会文化及人的生存状况结合起来，尤其关注青年一代的审美教育问题，而不是相反。③ 这次会议的学术讨论将美育与现代生活紧密地联系在一起，讨论中国社会、现代人、文化、生活和美育的关系问题，是对美

① 关于这次会议的具体内容，详见尤占生《"审美与艺术教育国际学术研讨会"综述》，《文史哲》2003 年第 1 期。

② 仪平策、王祖哲：《审美与艺术教育国际学术研讨会在青岛召开》，《艺术教育》2002 年第 5 期。

③ 仪平策、王祖哲：《审美与艺术教育国际学术研讨会在青岛召开》，《艺术教育》2002 年第 5 期。

育问题的又一次新的探索和定位。

2005 年 5 月 9 日，"席勒美育思想的当代意义——纪念席勒逝世 200 周年学术讨论会"在北京大学召开，这次会议由北京大学美学与美育研究中心、山东大学文艺美学研究中心、教育部艺教司、北京市哲学会联合举办，吸引了 60 多位专家学者参会。这次会议的讨论话题集中在席勒的美育思想，涉及席勒美育思想的当代价值和席勒美育思想的历史定位两个比较重要的方面，曾繁仁、高建平、彭锋、肖鹰、刘清平、格明福、马龙潜、先刚、刘士林、刘悦笛、叶隽、陈炎等分别发言。① 会议讨论的相关问题理论性强，对席勒的美学概念和美育概念作了相对全面的讨论和研究，相比于当时其他涉及美育的会议，这次会议的理论性更强。

2009 年，教育部高等学校社会科学发展研究中心组织召开了中国 60 年学校美育理论与实践理论座谈会。来自北京大学、清华大学、首都师范大学、中国音乐学院的多位专家学者参加了这次会议，讨论的中心话题是新中国成立 60 年的学校美育问题，涉及美育艺术教育的实践和学校美育所应该遵循的价值理念等问题。具体言之，一是言说了 60 年内学校美育发展的重要地位和作用。有学者认为应该将美育与爱国主义建立联系，在美学教育中凸显爱国情怀；有学者指出自"改革开放"以来，中国学校美育已经取得了相当进展，"经过 30 年的努力，具有中国特色的学校美育艺术教育格局已初步建立"；② 有学者将学校美育分为大致三个层面，认为只有解决好这三个问题，才能将学校美育落实到实处。二是总结了 60 年以来学校美育艺术教育的实践工作，总结了这若干年来学校美育艺术教育所取得的成就，并指出，国家出台的相关美育政策和艺术教育政策对促进学校美育的发展起到了重要作用，而且，一批专家学者致力于学校美育和艺术教育的普及工作，不断改进并修正着学校美育工作。三是进一步提出了学校美育的一些问题和改进措施，比如，"需要不

---

① 详见黎萌《席勒美育思想的当代意义——纪念席勒逝世 200 周年研讨会综述》，汝信、曾繁仁《中国美学年鉴》(2005)，河南大学出版社 2007 年版，第 479—481 页。

② 李珍：《"新中国 60 年学校美育理论与实践"座谈会综述》，《高校理论动态》2009 年第 11 期。

断做出适应社会文化、教育发展，以及努力达到'育人'目的的调整"，①再如，有学者认为需要将学校美育与社会生活和时代紧密结合，从实践中来，到实践中去，唯其如此，才能将学校美育各项制度和政策落到实处。这次会议既是对 60 年学校美育发展历程的总结，又对未来学校美育工作提出新的要求，具有某种承前启后的历史作用。

二 美育工作在全国教育工作会议后的全面展开

2010 年 7 月 13 日，全国教育工作会议在北京召开，胡锦涛发表重要讲话，强调大力发展教育事业，是全面建设小康社会、加快推进社会主义现代化、实现中华民族伟大复兴的必由之路。全党全国要积极行动起来，坚持育人为本，以改革创新为动力，以促进公平为重点，以提高质量为核心，推动教育事业在新的历史起点上科学发展，加快从教育大国向教育强国、从人力资源大国向人力资源强国迈进，为中华民族伟大复兴和人类文明进步作出更大贡献。值得关注的是，在这次会议上，胡锦涛两次提出了涉及"美育"的内容，这说明，中央已经将美育上升到了国家教育的层面。这次全国教育工作会议之后，颁布了《国家中长期教育改革和发展规划纲要（2010—2020 年)》，倡导学生的全面发展，不止一次地强调美育的重要性。这使美育上升到国家层面，也使美育的展开和研究呈现出一些新的局面。

2010 年之后涉及美育的专门会议正是在这样的背景下召开的。从总体上说，这一时期的美学会议大致分为两个主要层面，一是对美育理论内涵及外延的延展和研究，二是对美育实践和美育对现实教育指导意义的重视。

2011 年 11 月 25—27 日，"21 世纪的人文与美育高端论坛"在杭州举行，这次会议由杭州师范大学艺术研究院、《美育学刊》杂志社主办，由浙江大学人文学部协办，来自海内外的 60 多位专家学者参加了这次会

---

① 李珍：《"新中国 60 年学校美育理论与实践"座谈会综述》，《高校理论动态》2009 年第 11 期。

议，就当前审美教育所面临的问题、机遇、挑战等相关问题做了非常全面而有意义的讨论。① 讨论大致分为四个方面。一是关于"人文与美育"在新形势下的机遇与挑战，与会专家从物质和精神两个层面上分析了当代社会所面临的诸多问题，并认为这些问题的出现和发生为美育在现实中的地位和实践等问题提出了一些新的挑战，这就需要重新对美育进行定位，或者在美育实践的过程中对相关问题进行新的判断，比如，有学者认为，"要想重建人文与美育和人类生活的深刻关系，首先要改变人们已经习惯了的身体感觉追求，进而改变人们的思想观念，创造人文与美育的新内容和新形式"。② 大家一致认为，只有将人文、美育和现实的关系处理好，才能将美育的理论与实践价值发挥到最大。二是"人文与美育"和中国文化的现代性认知与建构。与会者从中国传统文化和中国美育传统入手，讨论如何在现代性或后现代性视域下美育理论与美育实践的转型问题，有学者认为在向后现代转向的过程中，美育应该以伦理学为根基，并在理论和实践上转化为之于现实有用的思想；有学者以新世纪对孔子的研究为中心指出应该不断深入挖掘古典的遗产，只有这样才能明白应该抛弃什么并坚持什么；有学者认为既应该从"审美无利害"的角度讨论美育及其价值，同时也应该看到美育的实践属性；有学者结合未完成的启蒙这个话题，认为应该重拾启蒙的观念，并在此基础上共同创造"自由言说"的对话环境。三是"人文与美育"的哲学和理论思考。与会者讨论了美育观念产生的哲学基础，包括美的产生、席勒所提出的"审美乌托邦"概念、审美教育的可能性、人文教育与知识分子的担当、人的诉求与美的培育、美育的目的等多个方面，从多角度、多侧面对美育及其哲学基础进行了言说。四是"人文与美育"实践的革新与探索，旨在强调如何将美育落到实处，有学者结合自己的教学经验和学校管理经验指出应该将中国古代的"礼乐"观念重新引入大学中；有学者认为美育的一个重要方面就是培养现在的学生多读书、读好

---

① 关于这次会议的详细内容，见陈飚、林媛媛《"21世纪的人文与美育"高端论坛综述》，《美育学刊》2012年第1期。

② 陈飚、林媛媛：《"21世纪的人文与美育"高端论坛综述》，《美育学刊》2012年第1期。

书，以增长见识而成为全面发展的人。这是一次在关键历史时期召开的关于美育的重要会议，所讨论的问题全面而有意义，取得了很多理论和实践上的成果。

2012 年 4 月 18—22 日，由西南大学心理学部、文学院和重庆市高校美育研究会联合主办的"2012 审美认知与美育进展国际论坛"在西南大学举行，来自中外著名高校的专家学者 20 多人就美育和美学等相关问题进行了讨论与交流。"论坛以轻松自由的形式，从跨学科研究的角度，共同探讨人的审美发展和审美认知活动的规律，探讨自然科学、审美活动和教育活动的亲密关系，促进了中西方学者在审美认知与美育研究领域的交流与合作，推动了审美心理和审美教育研究的科学化、数字化和多元化进程。"① 实际上，在这次会议上，讨论审美认知的人居多，而讨论美育进展的人较少。涉及美育，有学者指出了美育面临的时代问题，同时也给出了自己的答案，认为"美育目前面临着客观资讯丰富多元、个体独立意识强化的情况，在这种主客观环境下，美育应当以潜能开发为重点，把人格塑造与完善作为目的，秉承'以美启智、以美润德'的理念，采用'启发式'、'介入式'、'情景式'等方法，进行不同于传统门类艺术教育的、以网络等现代媒介为载体的更广阔的美育"。②

2012 年 11 月 17—18 日，"蔡元培梁启超美育艺术教育思想与当代文化建设全国学术研讨会"在浙江杭州召开，这次会议由中华美学学会、中国中外文艺理论学会、商务印书馆和浙江理工大学联合主办，由浙江理工大学中国美学与艺术理论研究中心承办，由东南大学艺术学院协办，包括胡经之、聂振斌、王元骧、凌继尧、姚文放、杜卫、袁进、张永健、张永清、刘悦笛、王廷信、楚小庆、宛小平、丁国旗、李荣有等的 80 多位专家学者参加了这次会议，会议期间，还举行了"中国现代美学名家

① 陈丽君、赵伶俐：《"2012 审美认知与美育进展国际论坛"综述》，《美育学刊》2012 年第 4 期。

② 陈丽君、赵伶俐：《"2012 审美认知与美育进展国际论坛"综述》，《美育学刊》2012 年第 4 期。

研究丛书"首发仪式。① 研讨会主要讨论了三个方面的内容。第一，涉及蔡元培、梁启超美育艺术教育思想内涵特点，一些学者对蔡元培和梁启超两人美学美育中比较重要的概念、思想、观念进行了研究和讨论，讨论的内容涉及蔡元培的美育思想、梁启超美育的基本内涵、梁启超的"趣味"说和"趣味教育"、梁启超的"养气说"等。第二，涉及蔡元培、梁启超美育艺术教育思想的价值意义等问题。有学者直接指出了对"美育代宗教"的质疑，认为这个口号虽然产生了很大影响但是在学理上还存在某些局限性；有学者对蔡元培"美育代宗教"和梁启超"趣味说"进行了反思；还有学者谈及蔡元培和梁启超美育思想对现实生活和工作的影响等问题。第三，涉及蔡元培、梁启超美育艺术教育思想人文意蕴的探析。有学者指出，无论是蔡元培还是梁启超的美育思想，其最终指向都是人生，注重"情感教育"和"趣味教育"，"强调这种提情为趣的美育路径，突出了美情在人格建构和生命涵育中的核心意义，在当下有其独特的人文价值"。② 有学者结合蔡元培和梁启超二人的美育观点言及美育对现实的指导意义。

2015 年 11 月，中国人生科学学会美育研究会、中国高等学会美育专业委员会联合召开了"美育的使命与未来"研讨会，这次会议适逢《国务院办公厅关于全面加强和改进学校美育工作的意见》（以下简称《意见》）发布，实际上也是对《意见》的研讨，所以相关话题的讨论都集中在美育层面。涉及对美育政策的解读、美育的功能、美育的意义、美育的认知和理解、美育的途径等问题。从政策层面上说，与会者详细解读了前述《意见》的突出特征和未来美育工作的三个发展路向。从功能方面说，大家认为，要传承中华优秀传统文化，并以美育为先导继而促成

① 丛书包括《梁启超美学思想研究》（金雅）、《蔡元培美学思想研究》（聂振斌）、《王国维美学思想研究》（聂振斌）、《朱光潜美学思想研究》（宛小平、张泽鸿）、《宗白华美学思想研究》（王德胜）、《丰子恺美学思想研究》（于连祥）。关于这次研讨会的详细内容，参见李荣有、郝赫《"蔡元培梁启超美育艺术教育思想与当代文化建设"全国学术研讨会综述》，《艺术百家》2013 年第 2 期。

② 李荣有、郝赫：《"蔡元培梁启超美育艺术教育思想与当代文化建设"全国学术研讨会综述》，《艺术百家》2013 年第 2 期。

人的全面发展。从意义层面说，有学者认为，应该认识到美育的情感作用，使之成为处理各种关系的一个纽带。从认识和理解层面说，与会学者充分肯定了《意见》的重要性，并强调要全面地理解《意见》关于美育的指导意义，大家认识到美育依然是整个教育事业中最薄弱的环节，所以应该加大力度予以支持。是以在新形势下需要从两方面进行研究，"其一，美育理论研究需要进一步明确美育的独特目标；其二，美育实施方面需要进一步厘清美育与艺术教育的关系"。[①] 从途径的层面说，与会专家学者结合自己的教学经历对如何将美育落到实处发表了切实有效的意见，提出了一些建议，从多个方面言说落实美育的价值和意义。

---

① 史红：《以美学育人、以美化民："美育的使命与未来"研讨会综述》，《云梦学刊》2016年第2期。

第五章　美学会议与马克思主义美学及其中国化

从某种意义上说，20 世纪 80 年代第二次"美学热"的主题就是对《1844 年经济学哲学手稿》（以下简称《手稿》）的讨论，也是关于马克思主义美学的讨论，"美学热"中涉及的主要概念、观念、看法和思潮都离不开《手稿》，其间召开的多次美学会议也都围绕《手稿》进行。究其原因，当然有美学家一直以来所强调的马克思主义美学中国化的传统和 20 世纪 50 年代第一次"美学热"的影响，① 同样也存在大时代环境下中国现代美学发展转型的逻辑。另外，通过审视涉及马克思主义美学相关会议在 30 年内不同时期发生的主题变化，也可以见到以马克思主义美学为核心的美学制度发生的多样变化。

20 世纪 80 年代对于马克思主义美学的讨论肇始于蔡仪的一篇文章。蔡仪在 1979 年的《美学论丛》第一辑上刊发了题为《马克思究竟怎样论美?》一文，② 据作者言，文章"只想就他们拿中国引用马克思的言论作

---

① 虽然有学者认为第一次"美学热"和第二次"美学热"完全不同，如夏中义在接受访谈时谈及两次美学热潮的历史关联问题时就指出，"这完全不同，那是历史的另外一个篇章"，"因为审美作为一种人性的文化需求，随着人道主义在全社会的回潮，美也被解放了"，但是笔者通过考察一些资料认为，言两次美学热潮"完全不同"，缺少一定的历史合法性，毋宁将夏中义的意思理解为两次美学热潮的时代背景不同。关于夏中义的访谈和他对两次美学热的认识，详见夏中义、李圣传《百年文论史案与"美学大讨论"——上海交通大学博士生导师夏中义先生访谈》，《社会科学家》2014 年第 7 期。

② 此文最早写于 1976 年 2 月 26 日，后收入《美学论著初编（下）》、《蔡仪文集》（第四卷）和《蔡仪美学文选》等文集，关于此文，详见蔡仪《蔡仪文集》第四卷，中国文联出版社 2002 年版，第 93—159 页。

为幌子的主要的三个基本论点，即所谓'对世界的艺术的掌握方式'的论点，'自然界的人化'的论点和'劳动实践观点'的论点，加以简单的剖析、批判，看看他们是怎样歪曲、篡改马克思的原话、原意，并利用它作掩饰来进行唯心主义美学思想的宣传；看看它们究竟用怎样卑劣的手段，打的怎样丑恶的主意，表现着怎样狂妄而又愚昧的本来面貌"。① 就本体而言，文章主要批评了当时对"实践观点的美学"和"美的规律"的理解，一方面批判涅多希文等对马克思主义美学的所谓误解和歪曲，一方面告诫中国美学研究者不能重蹈苏联美学之覆辙。这篇文章在美学界反响很大，引来了很多反对的声音，朱光潜甚至在一封信中说，"蔡文写得很糟。他没有懂透马克思主义，只任意谩骂，我不想反驳，因为摘译《经济学—哲学手稿》两章的注释和介绍在第二期《美学》里发表，就是有些分量的反驳"②。

在《美学》第二辑中，发表了四篇关于《手稿》的文章：朱光潜节译了《手稿》的一部分，编者按言，"马克思《经济学—哲学手稿》这一部份是有关美学基本理论的重要篇章，原中译本已难找，且有晦涩难通等缺点。今特发表朱光潜同志加译注的新译文，以飨读者"，③ 可见其中节选此文的原委；在《马克思的〈经济学—哲学手稿〉中的美学问题》中，朱光潜从三方面对上述蔡仪文章予以反驳，并认为"对马克思的论'劳动过程'的这段文章对美学的重要性，无论怎么强调也不为过分，因为如果懂透其中的道理，就会懂得这种实践观点必然要导致美学领域里的彻底革命"；④《历史唯物主义与马克思的美学思想》和《〈经济学—哲学手稿〉中的美学思想——关于美的本体论和认识论》两篇文章从多个侧面建构了《手稿》与美学之间的联系，并梳理出其中比较重要的概念。另

---

① 蔡仪著，杜书瀛编：《蔡仪美学文选》，河南文艺出版社2009年版，第117页。

② 朱光潜：《朱光潜全集》第十卷，安徽教育出版社1993年版，第486页。

③ ［德］马克思：《经济学—哲学手稿》（节译），朱光潜译注，载中国社会科学院哲学所美学研究室、上海文艺出版社文艺理论编辑室《美学》（第二期），上海文艺出版社1980年版，第1页。

④ 朱光潜：《马克思的〈经济学—哲学手稿〉中的美学问题》，载中国社会科学院哲学所美学研究室、上海文艺出版社文艺理论编辑室《美学》（第二期），上海文艺出版社1980年版，第28页。

外，程代熙在《学习与探索》发表了《关于美的规律——马克思美学思想札记》一文，结合《手稿》对"美的规律"问题进行剖析。① 这些脚前脚后的文章无形中促成了 20 世纪 80 年代初期关于《1844 年经济学哲学手稿》的讨论，同时也掀起了对马克思主义美学与马克思主义美学中国化的讨论与研究热潮。

第一节 《1844 年经济学哲学手稿》讨论会与第二次"美学热"的兴起

自从前述 20 世纪 80 年代初期一系列马克思主义的文章形成和发表之后，美学界很多人发表文章谈论《手稿》与相关美学问题，同时，一些人也在积极地翻译西方《手稿》研究者对于相关问题的认识与理解。这些关于《手稿》和马克思主义美学研究的文章成为 20 世纪 80 年代初期美学热的主体，使得这个时代马克思主义美学清风拂面。当然，20 世纪80 年代初期的美学会议中同样出现很多关于《1844 年经济学哲学手稿》的讨论、对话和交流。

一 《1844 年经济学哲学手稿》的美学来途

《1844 年经济学哲学手稿》（以下简称《手稿》）与 20 世纪中国美学和文艺理论存在千丝万缕的联系，表征之一在于，这部马克思生前并没有发表的经济学、哲学著作被做了关于美学的解读；表征之二在于，《手稿》产生的美学意义具有持续性、拓展性、时代性和未来性，对 20 世纪后半叶中国美学及其发展产生了非常重要的影响。问题是，《手稿》是如何被译介至中国的？《手稿》最初是如何与美学建立联系的？新中国成立之后的第一次"美学热"何以围绕《手稿》展开？这些虽无关本书宏旨，但厘清这些问题，才有益于理解《手稿》讨论会与第二次"美学热"的

---

① 详见程代熙《关于美的规律——马克思美学思想札记》，《学习与探索》1980 年第 2 期。

兴起问题。

　　新中国成立之前，对《手稿》的译介集中在 20 世纪 30 年代。以家、梁实秋、柳若水、李达和周扬等或对之进行节译，或对之进行介绍，[①] 成为《手稿》最初的传播者。其中，周扬所译介同美学联系最近，1937 年，周扬在《认识月刊》上发表了一篇《我们需要新的美学——对于梁实秋和朱光潜两先生关于"文学的美"的论辩的一个看法和感想》的文章，对梁实秋所谓文学中不存在美的思想进行批评，同时强调美、美感与实践的关系，并引述《手稿》中的言论对此进行论证，是早期运用《手稿》阐释美的社会实践属性的文献之一。新中国成立之后，对《手稿》的重视和译介得到了延续，以至于 1956 年何敬思翻译了第一部《手稿》全文，产生了很大影响，暂不讨论其内容翻译得是否准确到位或是否存在讹误，单是能够全面地将其翻译出来已经推动了《手稿》在中国的传播过程。那么，为什么在第一次美学大讨论的时候，《手稿》和美学的关系变得如此密切呢？众所周知，当时的美学讨论源于 1949 年 10 月 25 日《文艺报》一封关于怀疑朱光潜美学思想的信和蔡仪的《谈距离说和移情说》，以及朱光潜的《自我检讨》，[②] 而 1956 年 6 月 30 日《文艺报》发表了朱光潜的《我的文艺思想的反动性》一文，直接拉开了"美学大讨论"的序幕。在这篇文章中，朱光潜结合自己的教育和求学经历，对他之前所膜拜的克罗齐的"直觉说""移情说""距离说"反现实主义倾向等一系列"唯心"主义文艺思想进行了反思和检讨，并在文章中屡次强调加强马克思主义文艺理论的学习对他思想进步的重要性，朱光潜指出：

　　　　马克思列宁主义的美学教导我们说，艺术是一种社会现象。就

---

　　① 1932—1934 年，以家翻译了《手稿》中"货币"的部分。详见马克思《莎士比亚论金钱》，以家译，《电影与文艺》1932 年第 1—2 期，1934 年第 3—4 期。1934 年，梁实秋也翻译了《手稿》中"货币"的部分，详见 Karl Marx《莎士比亚论金钱》，梁实秋译，《学文月刊》1934年第 2 期。1935 年，柳若水翻译了《手稿》的一节，命名为《黑格尔辩证法及哲学一般之批判》，详见［德］费尔巴哈等《黑格尔哲学批判》，柳若水译，辛垦书店 1935 年版，第 99—135页。1935 年，李达在《社会学大纲》中引述了《手稿》的一些观点。详见李达《李达文集》第 2 卷，人民出版社 1981 年版，第 58 页。

　　② 详见祁志祥《中国现当代美学史》（上），商务印书馆 2018 年版，第 252—257 页。

本质来说，它是以艺术形象反映现实的一种特殊的意识形态或社会上层建筑，一方面与经济基础，一方面与其他形式的上层建筑如哲学、伦理、政治观点等等，都是密切相关的；从作用说，艺术家是"人类灵魂的工程师"，艺术对教育人民与进行革命斗争都是有力的武器，它不但要反映现实，而且要改造现实。从马克思列宁主义美学的这些基本原则来看我的主观唯心论的美学，就可以看出我的思想是违背马克思列宁主义的。①

虽然朱光潜在这篇文章中并没有直接指出他已经读过《手稿》，但是从以上引文至少可以推断出，他当时已经开始关注《手稿》，② 并且有意识地运用马克思主义美学指导自己的美学思想。恰逢 1956 年 9 月，《手稿》被何敬思译出，与"美学大讨论"的时间几乎同时，因此，在之后的"美学大讨论"过程中，有很多学者都直接或间接引用了《手稿》。"美学大讨论"中的文章陆续结集为《美学论文讨论集》，前后出版六集，其中第二、三、五、六集中的很多文章都与《手稿》有关。实际上，当时讨论所谓的"四派"，其中也有一些美学家的思想是以《手稿》的美学和文艺思想进行支撑的。更重要的是，《手稿》与中国美学产生的这种联系具有很强的持续性，甚至已经成为新中国成立之后中国美学的枢纽。

二 《1844 年经济学哲学手稿》美学的早期讨论

早在 1980 年，周扬在《关于美学研究工作的谈话》中就指出要努力建立与现代科学水平相适应的马克思主义的中国美学体系，指出"在美

---

① 朱光潜：《我的文艺思想的反动性》，载朱光潜《朱光潜全集·美学批判论文集·维柯研究》，中华书局 2013 年版，第 29 页。

② 从新中国成立到 1956 年间，学界也对《手稿》保持了持续性的关注，比如，1954 年，贺麟就已经节译了《手稿》的部分内容。1956 年，何敬思译出《手稿》全本，此译本由宗白华校对，宗白华在 1952 年院系调整之后一直从教于北京大学，有理由相信当时朱光潜已经在他的同事那里了解了《手稿》的内容，尤其是与美学相关的部分内容。

学这个领域中发展马克思主义的文艺理论，这是文艺理论中一个最根本的任务"，① 并针对这个问题发表了个人的看法，其中包括马克思主义美学著作、对待马克思主义的态度、马克思主义的现代性问题、马克思主义与中国现实相结合等多个问题。虽然第一次全国美学会议没有集中讨论马克思主义美学问题，但是这次会议确实以马克思主义作为行动指南，同时，也有参会者提及马克思主义美学和《1844 年经济学哲学手稿》。在讨论"美的本质"问题时，有学者就结合《手稿》指出其实美的本质就是马克思所谓"人的本质力量的对象化"问题。② 可见，《1844 年经济学哲学手稿》和马克思主义美学已经渗透进第一次全国美学会议中。可以说，当时关于《1844 年经济学哲学手稿》的美学界讨论和第一次全国美学会议中浸润的《手稿》思想是平行的。而受到"美学热"和第一次全国美学会议的影响，很多涉及马克思主义美学和《1844 年经济学哲学手稿》的会议相继召开，也就是说，这一时期凡关涉《手稿》的美学会议具有某种双重背景："美学热"视域下这种关于马克思主义美学的讨论顺理成章，而具有官方意识形态的第一次全国美学会议则加速了关于《手稿》的讨论，在这种背景下，关于《手稿》的美学会议生机盎然地开始了。

北京市哲学学会美学组于 1981 年 6 月 19—26 日举行关于"美的本质及其规律问题"的讨论会，虽然并没有命之以马克思主义美学名，但是事实上这是第一次全国美学会议结束后讨论马克思主义美学比较早的讨论会之一，其规格亦比较高，包括马奇、刘纲纪、陆贵山和潘知水等的 40 余位美学研究者参加了会议，上述参会者及其他参会者 20 余人先后发言。会议讨论了"美的规律"和"美的本质"两个问题，具体说其实是两个概念问题。关于美的规律，在美是否具有规律性问题上，与会者达成了一致，但是，对于美的规律的所指究竟是什么还存在分歧，有人认为，"美的规律就是劳动的规律、造型的规律、人的本质（力量）对象化

---

① 周扬：《周扬文集》第五卷，人民文学出版社 1994 年版，第 268 页。
② 中国社会科学院哲学所美学室：《第一次全国美学会议简报》，第七期，内部资料，1980年 6 月 10 日。

的规律，这种美的规律可表述为对象的尺度和主体的尺度的融合"，① 也有人认为，"美在形式，巴黎手稿中的美的规律是形式的规律，按照美的规律制造，就是给物以美的形式、改变物的形式"，② 此外，与会者还讨论了内在尺度的问题，提出了自己对"内在尺度"概念的理解。关于美的本质，存在两种认识，一是"劳动创造了美"，认为美是主观和客观的统一，二是"人是对象性的存在物"，认为美产生于对象和美感的融合。

之后，黑龙江省美学学会成立会和辽宁省美学学会成立会上都对《1844 年经济学哲学手稿》进行了讨论，以辽宁省美学学会成立会为中心，会议一致认为"美学研究必须坚持以马克思主义为指导，在批判继承前人遗产的基础上，创建具有中国特点的马克思主义美学体系"，③ 同时，会议也对"异化"和"人的本质"等与美学相关的问题进行了讨论和交流，虽然在一些细节上未达成一致意见，但是也同样促进了对这个问题的认识。1982 年 11 月 24—28 日，为纪念马克思逝世 100 周年，江苏省美学学会在苏州召开了马克思美学思想讨论会，"会议围绕马克思的《1844 年经济学哲学手稿》讨论了马克思的美学思想以及对我们当前美学研究的意义。着重讨论了《手稿》在马克思主义美学思想中的地位、'人化自然'和'美的本质'等问题"。④ 1982 年 12 月 10—18 日，湖南省美学学会还专门举办会议讨论马克思主义美学的问题，⑤ 主要从马克思主义美学的哲学基础、《手稿》在马克思主义哲学史中的地位、"自然的人化"和美学的关系、自然美的本质、人与自然的关系等问题入手进行讨论，在全国范围内，对于这些问题的理解都存在争议和分歧，湖南省美学学术问题讨论会的讨论可谓紧跟形势，大部分问题都存在两方面或者多个

---

① 李毓英：《北京市哲学会美学组讨论美的本质等问题》，《国内哲学动态》1981 年第 11 期。
② 李毓英：《北京市哲学会美学组讨论美的本质等问题》，《国内哲学动态》1981 年第 11 期。
③ 一木：《辽宁省美学研究会成立》，《社会科学辑刊》1982 年第 5 期。
④ 《江苏省美学学会召开马克思美学思想讨论会》，《江苏社联通讯》1983 年第 1 期。
⑤ "一九八二年十二月十日一十八日由湖南省美学学会和常德师专联合主办的美学学术讨论会在常德地区慈利县举行。"详见罗群《湖南省美学学术问题讨论综述》，《求索》1983 年第 2 期。

方面的理解，成为对相关问题的补充。另外，福建省美学研究会1982年对《手稿》的讨论也比较热烈。1982年12月上旬，福建省美学研究会在厦门大学召开年会，就相关美学问题进行讨论，并主要讨论了《1844年经济学哲学手稿》。① 就《手稿》而言，参会者集中探讨了"美的规律"、"两种尺度"和美与劳动的关系问题，在对相关概念和问题的理解上，既达成了一些共识，又存在些许分歧，② 但无论如何，这些对话、交流和讨论在一定意义上至少使该地区对马克思主义美学和《手稿》的理解上升了一个层次。

对于中国20世纪80年代《手稿》研究来说，1982年和1983年是比较重要的两年，因为适逢马克思逝世一百周年的缘故，③ 1982年全国掀起了一股学习、研究、分析《手稿》的美学风潮，无论是美学家还是美学工作者都纷纷对这一问题提出看法，并同其他研究者进行交流与讨论。这其中，在天津和哈尔滨召开了两次关于《手稿》的专门讨论会，④ 与会者对相关问题进行了深入切磋，取得了一些实绩。这两次会议无论是在20世纪80年代还是在整个中国现代《手稿》研究史上都具有重要意义。

所谓哈尔滨会议，指的是全国马列文艺论著研究会第四次学术讨论会，召开于1982年8月2—8日，参会者共计100多人，提交论文共计70多篇，这次讨论会的主要议题是《1844年经济学哲学手稿》中的美学思想，⑤ 因此，对于《手稿》美学研究史具有重要作用。这次会议共讨论

---

① 福建省美学研究会1982年年会还讨论了中国美学史尤其是中国近代美学史问题、诸种艺术中的美学问题和美育等问题。

② 以"美的规律"为中心，有人认为美的规律是"美的创造（或美的产生）基本规律"；有人认为"人也依照美的规律来造形"就是"人认识掌握客观事物的规律性与能动地实现人的目的达到的统一"；有人认为美的规律是客观的；有人认为不能将美的规律一味地说成主观的或客观的。以美与劳动的关系为中心，有人认为劳动本身就有美的意味；有人认为马克思所谓"劳动创造了美"这个观念不能推出"劳动所创造的东西……具有审美价值"；有人认为美的起源不单单是劳动。总之在这次会议上对马克思主义美学和《手稿》的认识众说不一。关于这次会议对《手稿》的讨论问题，详见卢善庆《省美学研究会讨论马克思〈手稿〉等问题》，《福建论坛》1983年第1期。

③ 马克思生于1818年，卒于1883年。

④ 为行文方便，本书将这两次会议简称为哈尔滨会议和天津会议。

⑤ 周忠厚：《全国马列文艺论著研究会第四次学术讨论会简况》，《文学评论》1982年第6期。

了四个主要问题。一是对《手稿》美学思想在马克思主义美学体系中的重要地位加以肯定，参会者一致认为，《手稿》是马克思主义美学中的典范著作，同时，这部著作也体现出马克思本人已经"把认识论建立在唯物主义本体论的观点之上"。① 二是对美的本质问题的讨论，有人认为，美就是"人的本质力量的对象化"，这是《手稿》给予美学的重要启示，也是过去一段时间内研究《手稿》的重要成果，但是也有人认为"人的本质力量的对象化"即美这种论断过于笼统，所以应该在美和丑之间设定一条界线，只有这样，才能区别本质力量对象化中积极的部分和消极的部分。三是对于美的规律的理解。因为译文的关系，参会者对美的规律的看法不尽相同，有人认为，美的规律是主观的；有人认为，美的规律是客观的；也有人认为，美的规律是主客观的合一。四是关于美感的讨论，虽然与会者发言的角度不同，但是，都认为马克思主义美学中，实践是解决审美问题和美感问题的基础之所在，无论如何也不能抛开实践，空谈美感。②

所谓天津会议，指的是 1982 年 9 月 14—19 日在天津召开的马克思《1844 年经济学哲学手稿》美学问题学术讨论会。会议由中华全国美学学会、天津市美学学会和南开大学联合举办，"会议得到中华美学学会、中国社会科学院哲学所的大力支持，全国学会齐一副会长及中国社会科学院哲学所、文学所以及北京大学、复旦大学和我市（指天津——引者注）学者近百人参加了会议。中央马列编译局《手稿》两种译本的译者也参加了会议。会议受到中共天津市委的重视，市委副书记兼宣传部长陈冰

① 周忠厚：《全国马列文艺论著研究会第四次学术讨论会简况》，《文学评论》1982 年第 6 期。

② 会后，会议论文结集出版，题为《马克思手稿中的美学问题——全国马列文艺论著研究会第四届年会论文选》，据书后记载，"我们全国马列文艺论著研究会，于 1982 年 8 月，在哈尔滨举行第四届学术年会，讨论的中心议题正是马克思《1844 年经济学—哲学手稿》中的美学思想。1983 年 3 月，是马克思逝世百周年纪念，为了表示对这位马克思主义创始人、手稿的作者，表示无限的敬意，为了进一步推动马克思主义、马克思主义文艺理论和马克思主义美学的宣传、学习和研究，我们愿意将自己不太成熟的研究成果奉献出来"，"我们在很短的时间内，从年会近七十篇论文中选编了这个论文集。全书二十二篇论文，按内容大致分为四个部分：总论；美和美感论；论劳动与美；艺术审美论"。详见全国马列文艺论著研究会《马列文论研究》编辑部《马克思手稿中的美学问题——全国马列文艺论著研究会第四届年会论文选》，第 363—364 页。

到会致词"，① 会议收到论文和相关资料共计 25 篇，② "吴火等人在会上作了长篇发言，会议气氛活跃、各抒己见，并取得许多共识，会议取得圆满成功"。③

总体来说，"会议集中对实践美学观、资本主义社会'异化'现象、人的对象性即人的本质量的对象化以及'人性复归'等问题进行了深入讨论"。④ 具体言之，关于《手稿》，讨论会主要讨论了三个问题。第一是《手稿》在整个马克思主义系统中或言在马克思主义形成过程中所处的地位问题，涉及对《手稿》的哲学史判断和对马克思主义美学思想形成的判断。有人认为，创作《手稿》时的马克思思想已经将黑格尔放逐而逐步走向费尔巴哈，是在用"费尔巴哈不曾注意到的经济学领域"对世界观和认识论加以拓展，但是仍沿袭了费尔巴哈的唯物主义观；有人认为，马克思在《手稿》中所谓的人本主义和费尔巴哈所谓的人道主义和人本主义不能混为一谈，⑤ 可见，对于《手稿》之于马克思主义的意义和地位，大家并不存疑，只是在《手稿》的渊源与发展问题上存在差异。第二是关于《手稿》中几个概念的讨论和争鸣。其一是"人化的自然"，有人认为"人化的自然"就是一个人对自然的改造和控制问题，已经控制的自然为人所需，未经控制的自然人类也可以驾驭之，在这个过程中，人和对象之间才能形成一种审美关系；有人认为，"人化的自然"问题比较复杂；大家普遍认为，"人化的自然"

---

① 徐恒醇：《发展中的天津美学》，天津市美学学会《天津市美学学会 30 年（1980—2010）》，内部资料，第 3 页。另，关于此次会议的具体时间和参会人数，相关材料存在差异，徐恒醇指出，时间为 1982 年 8 月，参会百余人；潘知水指出，时间为 1982 年 9 月 14—19 日，参会 60 余人。关于潘知水对于此次会议的综述性文章，详见潘知水《在天津召开的巴黎手稿美学问题讨论会纪要》，《国内哲学动态》1983 年第 1 期。

② 潘知水：《在天津召开的巴黎手稿美学问题讨论会纪要》，《国内哲学动态》1983 年第 1 期。

③ 徐恒醇：《发展中的天津美学》，载天津市美学学会《天津市美学学会 30 年（1980—2010）》，内部资料，第 3 页。

④ 徐恒醇：《发展中的天津美学》，载天津市美学学会《天津市美学学会 30 年（1980—2010）》，内部资料，第 3 页。

⑤ 张楠：《马克思〈1844 年经济学—哲学手稿〉美学问题学术讨论会综述》，《天津社会科学》1983 年第 1 期。

和"人的本质力量对象化"殊途同归，是一种过程的两种表述；有人认为，"对象化和对象之间、劳动和产品之间，横着一个中介物，这个中介物就是一定的本质力量，所以说劳动不能够直接创造任何感性物，只有同一定的本质力量结合起来的具体劳动才能创造相应的感性物"。①其二是"美的规律"，有人认为，马克思继承了席勒《审美教育书简》中关于"美的规律"的学说，但是比之于席勒阐述"美的规律"时强调内容和形式的统一，马克思只注重其中关于内容的部分而忽略了形式；有人认为，"'美的'规律是在广泛的社会基础上形成的，以观念的形态存在于主体头脑中的主体目的与客观对象（形式）的统一，并通过劳动转化为美的存在"；②有人认为，美的规律就是人的本质力量对象化的规律。其三是"劳动创造了美"，有人认为，对《手稿》中关于这个问题的表述不能断章取义，要综合起来看待；有人认为，"劳动创造了美"是马克思关于美学的重要发现，是一个真命题；有人从相反的方向认为《手稿》中所谓劳动都是指异化劳动，这样一来，"劳动创造了美"就具有某种资产阶级倾向，"美化了资本主义剥削"。③除了上述三个概念外，这次会议还讨论了"人道主义"、"异化"、"人的本质"和"美的本质"等相关概念，但事实上讨论的内容大致相似，都是对《手稿》中涉及美学问题的基本认识。第三是对《手稿》的基本内容发表了自己的看法，有人认为，《手稿》涉及美学最重要的部分就是关于"异化劳动"的表述，这是理解马克思主义美学的关键所在；有人认为，《手稿》中"包含着马克思实践美学思想的天才萌芽"，所谓马克思实践美学是指"有意识的劳动实践是人类社会形成和发展的决定因素"，④这样就将《手稿》的理论特质和实践问题紧密地结合在一起。

---

① 潘知水：《在天津召开的巴黎手稿美学问题讨论会纪要》，《国内哲学动态》1983 年第1 期。

② 张楠：《马克思〈1844 年经济学—哲学手稿〉美学问题学术讨论会综述》，《天津社会科学》1983 年第1 期。

③ 潘知水：《在天津召开的巴黎手稿美学问题讨论会纪要》，《国内哲学动态》1983 年第1 期。

④ 张楠：《马克思〈1844 年经济学—哲学手稿〉美学问题学术讨论会综述》，《天津社会科学》1983 年第1 期。

1982 年 11 月 6—13 日在广西南宁召开的马克思美学思想讨论会也不容忽视。主办单位是中国社会科学院文学研究所、南宁师范学院和广西作家协会，参会者来自全国各地，共 70 余人。这次会议主要讨论了三个问题。第一是关于对《1844 年经济学哲学手稿》的评价问题，分歧主要集中在《手稿》在马克思主义体系中的位置，有人认为，《手稿》代表了成熟的马克思著作；有人认为，倘若参照成熟的马克思主义著作重新审视《手稿》会发现手稿的不成熟性；还有人认为，《手稿》是马克思思想发展过渡期的产物。第二是关于马克思主义美学的哲学基础问题，有人认为马克思主义美学是一种认识论，有人认为，马克思主义美学是一种辩证唯物主义；也有人认为，马克思主义美学是辩证唯物主义和历史唯物主义的统一。第三是《手稿》中相关概念的讨论，对这些概念的认识可谓见仁见智。有人认为，"美的本质是人的本质力量对象化、自然美是人化自然的结果，没有人的本质力量对象化就没有美，没有自然的人化也就无所谓自然美"；[1] 有人则认为，"人的本质力量对象化根本不是马克思的美学思想，不能用它来解决美学问题"；[2] 有人认为，"《手稿》中人化的自然的思想并不是什么马克思的美学思想"；[3] 还有人认为，"《手稿》强调了劳动实践，它标志着实践美学的诞生"。[4] 事实上，对这些概念内涵的讨论主要说的是问题相反的两方面，即对《1844 年经济学哲学手稿》美学价值的肯定与否定，也从另一方面说明了当时对这个问题截然相反的两个侧面。

第二节　全国马列文艺论著研究会讨论会对马克思主义美学中国化的推动

全国马列文艺论著研究会成立于 1978 年 12 月 26 日，是十一届三中

---

① 姜凌：《马克思美学思想讨论会在南宁召开》，《文学评论》1983 年第 1 期。
② 姜凌：《马克思美学思想讨论会在南宁召开》，《文学评论》1983 年第 1 期。
③ 姜凌：《马克思美学思想讨论会在南宁召开》，《文学评论》1983 年第 1 期。
④ 姜凌：《马克思美学思想讨论会在南宁召开》，《文学评论》1983 年第 1 期。

全会之后成立的第一个学术性团体。1978 年 12 月 14—26 日，全国马列文艺论著讨论会在武汉举行，会上，"由中国社会科学院、华中师范学院和中国人民大学发起，决定成立'全国马列文艺论著研究会'，总会设在华中师范学院，推举吴介民同志为学会会长，并确立了若干理事单位"。①之后（1980 年 4 月），全国马列文艺论著研究会选举了理事会：

> 顾问：周扬　　名誉会长：成仿吾
>
> 会长：吴介民　　副会长：王燎荧、孙子威、何洛、应必诚
>
> 秘书长：孙子威（兼）　　副秘书长：李中一、李思孝、周忠厚

需要说明的是，全国马列文艺论著研究会同一般的美学学会不尽相同，研究会的宗旨在于，"为了联合全国高教、科研和新闻出版战线从事美学、文艺学，特别是马列文论教学、研究、翻译和出版的工作人员，共同学习、研究和宣传马克思主义美学、文艺学，促进马列文论教学和研究，繁荣社会主义文艺"，②除了美学外，文学也成为研究会的关注点和着眼点。因之，全国马列文艺论著研究会学术讨论会是一个旨在以马克思主义美学和马克思主义文艺学为对象的讨论会，是在文学和美学之间的会议。

一　全国马列文艺论著研究会的美学倾向

全国马列文艺论著研究会从 1978 年成立至今，几乎每年都举行学术讨论会，只有几年例外。历次讨论会都具有一个明确的讨论点和主题，这些讨论点和主题又都被马克思主义美学理论和文艺理论统摄起来，基本上呈现的是以马克思主义为纲的原则（见表三）。截至 2018 年，全国

---

① 孙子威：《全国马列文论研究会 20 年之回顾与展望》，《全国马列文艺论著研究会学术研讨会论文集》，2001 年 12 月，第 526—536 页。

② 《全国马列文艺论著研究会章程》，转引自孙子威《全国马列文论研究会 20 年之回顾与展望》，《全国马列文艺论著研究会学术研讨会论文集》，2001 年 12 月，第 526—536 页。

马列文艺论著研究会已经举行了 35 次学术讨论会，成果颇丰。① 归结起来，全国马列文艺论著研究会所召开的历次会议可以分为六个比较重要的方面进行讨论。归结起来，20 世纪 80 年代的全国马列文艺论著研究会学术讨论会主要讨论六个方面的问题。

第一，以马克思主义为中心讨论文学的内部问题。在《文学理论》中，韦勒克和沃伦将文学研究分为内部研究和外部研究，一方面认为，"流传极广、盛行各处的种种文学研究的方法都关系到文学的背景、文学的环境、文学的外因"；② 另一方面认为，"文学研究的合情合理的出发点是解释和分析作品本身"，③ 以这种逻辑观之，马列文艺论著研究会学术讨论会一般讨论的都是文学的内部问题，1978 年会议讨论了现实主义问题，对恩格斯所谓"现实主义"做了逐字逐句的分析和讨论，并对关于现实主义的译文、现实主义的基本原则、现实主义的能指和所指、现实主义的历史形态和如何恢复现实主义传统等多个问题进行对话，在对话中求同存异。第三次学术讨论会上以恩格斯对《城市姑娘》的评价为中心讨论了关于典型、典型环境中的典型人物等问题，这种思想的碰撞直接影响了后来中国现代文学理论教材的编撰工作。④ 实际上，这种对文学内部的讨论具有很强的持续性，比如，第 18 次会议直接讨论了马克思主义文学理论的内容问题，从内容上厘清了马克思主义文论的本质，再如，第 30 次会议直接讨论了马克思主义文艺理论的价值取向。需要补充的是，在这 40 年的学术会议中，有时候文化和文学被与会者认为是一对孪生概念，有一些会议也直接和文化相关，比如第 22 次会议的主题是"全球化与文化的民族性"；第 27 次会议的主题是"马克思主义与文化遗产保护"；第 31 次会议的着眼点是马克思经典作家讨论文化和马克思主义

---

① 关于讨论会取得的早期成果，详见孙子威《全国马列文论研究会 20 年之回顾与展望》，《全国马列文艺论著研究会学术研讨会论文集》，2001 年 12 月，第 526—536 页。

② ［美］勒内·韦勒克、奥斯汀·沃伦：《文学理论》，刘象愚、邢培明、陈圣生、李哲明译，江苏教育出版社 2005 年版，第 73 页。

③ ［美］勒内·韦勒克、奥斯汀·沃伦：《文学理论》，刘象愚、邢培明、陈圣生、李哲明译，江苏教育出版社 2005 年版，第 155 页。

④ 在童庆炳主编的《文学理论》中，典型环境与典型人物等问题成为教材中非常重要的讨论话题和关注点。

文化理论的建构。

第二，讨论马克思主义美学中的相关问题。言之为美学问题毋宁说是美学和文艺学交叉学科的问题，如 1978 年讨论会就讨论了悲剧问题，涉及悲剧的定义、特征、产生、创作等多个问题，与会者各抒己见，在会议上共同建构出了一个关于马克思主义悲剧的体系，使人们对悲剧的认识更加明晰和晓畅，在美学范畴史的意义上做出了一些贡献。另外，关于马克思主义文艺思想的体系性和美的本质等问题也同样受到重视，就体系性问题而言，因为当时的认识所限，这个问题还存在很大争议，有少部分人认为"不能认为马恩有了辩证唯物主义和历史唯物主义，有了哲学、政治经济学和科学社会主义思想体系，就必然会有美学文艺学体系，他们还来不及从事文论体系的创造。有的同志认为，探讨马恩文论有无体系的问题，意义不大，不必为此进行经院式的论争"。① 就美的本质问题而言，与会者大部分还是回到《1844 年经济学哲学手稿》进行说明，对于这个问题的讨论也是 20 世纪 80 年代初期美学讨论的分流。特别需要说明是，在讨论马克思主义美学问题时，与会者往往将美学置于一个比较大的宏观视域下，尝试将马克思主义美学和文艺学与当时比较前卫的美学思潮或者学术话语建立联系，比如，第 15 次会议讨论的是马克思主义美学和文艺学建设等相关问题，但将之与十四届六中全会的精神相结合，并重视市场经济条件下道德与文艺的关系，显而易见是看到了当时社会的精神与文化走向；再如，第 19 次会议将马克思主义文论建设置于经济全球化的背景下，从世界范围内讨论美学和文艺学的发展，看到了全球化的"双刃剑"性质，这些都为马克思主义美学提供了新的理论生长点。

第三，专门探讨马克思、恩格斯、列宁、普列汉诺夫的文艺思想和美学思想，相关主题的讨论在 20 世纪 80 年代反映得尤为突出。如第四次学术讨论会就以马克思逝世一百周年为契机，专门讨论《1844 年经济学哲学手稿》，从《手稿》的美学性质、美的本质问题、美的规律和美感等多个方面进行对话和交流。而召开于 1983 年的第五次学术讨论会则专门

---

① 科文：《全国马列文艺论著研究会纪念马克思逝世一百周年学术讨论会综述》，《云南社会科学》1983 年第 4 期。

讨论马克思和恩格斯对美学学科和文艺学学科的理论意义和现实意义，"反映了从党的十一届三中全会以来，我国马列文艺论著的研究，已经冲破了教条主义、庸俗社会学的束缚和资产阶级自由化的影响，而进入了新的阶段"。① 为了纪念列宁逝世六十周年，第六次学术讨论会集中讨论列宁的文艺学思想，涉及唯物主义反映论、"两种民族文化"学说、艺术本质问题和文艺与生活的关系问题等，对这些问题的讨论并非仅仅局限于列宁文艺学思想本体论，而是从本体论出发，透视出列宁文艺学思想对中国现代文艺环境的指导作用和现实意义，如"大家认为，列宁的'两种民族文化'理论，对于我们批判和继承中外文化遗产、对于文艺的民族化都具有原则性的指导意义和方法论意义"，② 这样一来，从本体论转向方法论，就使列宁的文艺思想获得了更高的地位。

第四，讨论文艺与政治之间的关系问题。很多与会者注意到了马克思主义文艺思想和中国 20 世纪 80 年代政治存在联系，如在第三次学术讨论会上，就有人结合列宁的《党的组织和党的文学》一文提及"党的文学的原则"和"文学的党性原则"等问题，认为"党的文学"概念无形中给文学设定了一个边界，无论概念的外延如何，都涉及文学中政治的取向问题。在纪念马克思逝世一百周年学术讨论会上，与会者讨论了文艺与社会主义精神文明的关系问题，一方面强调了文艺对于精神文明建设的作用，另一方面也指出了不能让艺术成为经济的躯壳。③ 需要说明的是，在历次讨论会中，类似这种讨论文艺和政治关系的话题不多，与会者看起来也没有如美育研究者将美育紧紧同精神文明建设结合在一起那般热情，而讨论的话题往往还是以马克思主义美学本体论和文学本体论为中心，可以说，全国马列文艺论著研究会学术讨论会所讨论的基本上都是文艺学或者美学的内部问题。

第五，针对中国社会现实和理论现实的专门性讨论。40 年间，中国美

---

① 科文：《全国马列文艺论著研究会纪念马克思逝世一百周年学术讨论会综述》，《云南社会科学》1983 年第 4 期。

② 会文：《全国马列文艺论著研究会第六次学术讨论会综述》，《福建论坛》1984 年第 3 期。

③ 科文：《全国马列文艺论著研究会纪念马克思逝世一百周年学术讨论会综述》，《云南社会科学》1983 年第 4 期。

学自身产生或衍生了很多相关问题，而各个历史时期的理论着眼点又不尽相同，全国马列文艺论著研究会根据不同时期产生的美学热点和美学问题，对相关问题进行有针对性的讨论。比如，第11次会议和第12次会议，召开于全面发展市场经济的关键节点，会议就针对当时中国社会产生的一些理论问题及其争议进行了热烈讨论，第11次会议的主题是捍卫马克思主义，与会者"一致认为：近几年来，作为马克思主义文艺学和美学思想的理论基础的马克思、恩格斯、列宁、毛泽东的学说，受到了严峻的挑战，一些所谓的'精英'或'新思潮'的代表，妄图取消它对社会主义和社会主义文艺的指导地位。作为马克思主义者或信仰马克思主义的同志，对此绝不能等闲视之，必须迎接这一挑战，并给予有力的回击"。[①] 第12次会议讨论了马克思主义意识形态，并以此为理论支点，强调要反对"资产阶级自由化"。再如，第13次会议适逢1992年，专门对邓小平南方谈话进行了讨论；第34次和第35次会议，集中以习近平系列讲话为中心进行讨论，强调对马克思主义理论原典的学习，并对党和国家目前的重大理论问题进行讨论。这些会议的讨论更强调马克思主义引导下的中国现实问题和理论问题的独特性，同时也兼具了相关理论问题的时代性。

第六，讨论马克思主义美学和文艺学的学科建设和教学问题。马克思主义美学和文艺学的学科建设一直以来都是理论界重点建构和讨论的话题之一，所以在全国马列文艺论著研究会的一些会议上，学科建设会成为大家讨论的话题。第16次会议，美学教学就成为重要的话题，"李春青对马列文论教学的现状作了介绍和分析，并提出了相应的发展策略。赵利民认为，在马克思主义文艺理论的教学中，也有一个改革旧的教学内容和教学模式的问题，要特别突出马克思主义文艺理论的三个特性，即科学性、历史继承性和当代性"。[②] 第19次会议同样提到了马克思主义

---

① 罗坚：《坚持捍卫发展马列主义文艺理论，正确分析评价西方马克思主义文艺学——全国马列文论研究会第十一届学术讨论会纪要》，《南方文坛》1990年第6期。

② "此外，郭郁烈和张维麟分别向大会提交的论文《关于马列文论教学的几个问题》和《开创文艺学教学与研究新局面浅见》，也就马列文论课教学的地位和作用、马列文论课的学科定性、马列文论课的内容结构，以及马列文论课如何面对新世纪的挑战等若干方面的问题进行了探讨。"详见杨晓明《全国马列文论研究会第16届年会综述》，《文艺理论与批评》1999年第1期。

文艺学的学科建设问题，与会专家认为，应该将马克思主义文艺学的建设与中国的现实情况相结合，因为全球化带来了双方面的挑战，中西方存在明显的文化差异，在此过程中，我们不能一味盲目地照搬西方，不能被"西方"限制了眼界，所以要辩证、客观地看待马克思主义文艺学建设这一问题。第29次会议，与会学者讨论了巩固与改革马克思主义问题理论教学等相关问题，大家认为当时的马克思主义文艺学学科建设出现了一些问题，集中表现在教学面临困境，"对于这些严峻问题，与会代表认为不仅有马列文论教学自身的原因，也有社会时代变化的原因。而如何克服这些问题，代表们普遍认为一要积极巩固马克思主义文艺理论教学这个阵地；二要对现有的马克思主义文艺理论教学进行大胆的改革，要让马列文论教学主动去适应社会时代的发展与变化"。[1] 这几次讨论虽然谈不上为马克思主义美学和文艺学的学科建设提供了重要的、必要的基础，但是也根据时代精神言及了一些问题，成为马克思主义美学和文艺学建设的重要参照。[2]

---

　　[1]　吴世永、李涛：《全国马列文论研究会第29届年会在台州学院召开》，《文艺理论与批评》2013年第2期。

　　[2]　需要说明的是，马克思主义美学和文艺学体系性建设不止一次成为美学会议的中心话题。比如，1991年5月7日到9日，《学术月刊》杂志社在上海组织召开了建设当代马克思主义文艺学美学体系学术讨论会，来自全国各地的文艺学、美学学者专家40多人参加了这次会议，从多个方面对马克思主义文艺学美学体系进行了讨论。与会者一致认为，现代美学体系应该尽快确立本学科的指导思想，无疑，马克思主义可以完成这个任务，因为马克思主义文艺理论本身具有一种不竭的生命力，将之与中国现代文艺学美学结合起来，两者都会迸发出新的生命力。另外，随着美学学科和文艺学学科内涵的不断丰富，在丰富的动态过程中，如何吸收、如何汲取、如何舍弃都需要马克思主义予以指导。关于在20世纪90年代初期马克思主义文艺学美学体系是否形成这个问题与会者尚存分歧，有人认为马克思主义文艺学美学体系业已形成，而有人则认为，严格的理论体系和理论形态应该具备比较综合的要素，如果没有其中的任一要素，都不能说理论体系已经形成。事实上这种分歧在所难免，也无伤大雅，言之体系未完成并不是说对马克思主义文艺学美学体系失去信心，而是需要不断完成体系性建设。还有一些讨论涉及相关概念的周延性问题，如有与会者认为应该严格区分"马克思文艺学美学体系"和"马克思主义文艺学美学体系"，指出前者是以马克思理论为核心的马克思的文艺学美学，而后者则是在马克思主义指导下的范围更大的理论体系，并进一步认为，这种理论体系未必只有一个而可以有多个，因为文艺学美学下辖范围就非常广泛，所以从形态上说可以分为多种类型。马克思主义文艺学美学的逻辑起点问题是这次讨论会的重要内容。与会者一致认为，之所以能将马克思主义文艺学和美学称作"体系"，文艺学美学本体和研究就都不是点或线，而是呈现出面的趋势，因此，如何抓住问题的提纲挈领成为关键。在这个问题上与会学者存在一些分歧：审美活动、古典美学的"兴"理论、审美的主观形式、文艺的目的、历史唯物主义都可看作这一体系的起点，大家纷（转下页）

二　全国马列文艺论著研究会的美学特征

上述六个方面是 40 年间全国马列文艺论著研究会历次会议比较重要的内容，勾勒出了这些会议大致的内容轮廓，从这些会议的连续性和持续性中，也可以发现全国马列文艺论著研究会历次会议的主要特征。其一，是早期会议受到时代因素影响颇大。以 20 世纪 80 年代为中心，全国马列文艺论著研究会 20 世纪 80 年代召开的历次讨论会都受到中央和地方政府的支持，或多或少地呈现出讨论会同中国政治或意识形态之间存在的密切关系，也可看出新时期美学制度的独特性之所在。以第三次黄山会议为例，这次会议前，邓力群亲自致电过问会议事宜，时任安徽省委书记的顾卓新专程到会并讲话。① 第六次讨论会上，福建省委宣传部副部长也出席了开幕式并讲话。② 这些都说明当时召开学术讨论会不仅仅是一个学术事件，同时已经成为一个政治事件，政治和意识形态对讨论会召开的影响无疑将会议本身限定在一个框架内，使得讨论会参会者发言虽然"随心所欲"却不能"逾矩"。随着时间的推移，尤其是自 20 世纪 90

（接上页）纷发言发表自己的观点和看法，但可以看出，这些争论的分歧不大，因为众人的讨论都是在文艺学美学框架内的，归结起来也都是美学形式上而不是美学内容上的分歧，与会者所谓的诸多起点也都集中于研究原点而言，事实上并不影响文艺学和美学研究。与会者关心的另外一个话题是建设马克思主义文艺学美学方法论问题，大家都结合自己的研究对象和研究视点对这个问题给出了答案，有人支持一元论，有人支持多元论，有人支持哲学方法，有人支持演绎法，在交流中，众人不但阐述了自己的研究方法，而且学习了别人的研究方法，真正做到了取长补短，丰富了马克思主义文艺学美学的研究方法，也从另一个侧面拓展了马克思主义文艺学美学的丰富性。这次会议虽然处在中国现代美学的低潮，却具有一定意义，这次会议后很长一段时间内，涉及这一内容的大型会议不多，文化转型、经济转型和美学转型共同促进了中国现代美学发展与研究方向性的转变，"这次会议正是为了交流和总结研究的成果，推进当代马克思主义文艺学美学体系的建设，发展和壮大这个体系"，可以说，马克思主义文艺学美学体系学术讨论会是对之前马克思主义美学研究的总结，也为之后的马克思主义美学研究奠定了基础。及至 21 世纪，马克思主义美学和文艺学面临重构和新诠，人们不得不追忆其在 20 世纪 80 年代和 20 世纪 90 年代的发展。详见薛涵《建设当代马克思主义文艺学美学体系学术讨论会综述》，《学术月刊》1991 年第 4 期。

① 袁宏轩：《全国马列文艺论著研究会第三次年会在黄山召开》，《山西师院学报》1981 年第 4 期。

② 会文：《全国马列文艺论著研究会第六次学术讨论会综述》，《福建论坛》1984 年第 3 期。

年代初期开始，经济热潮兴起，学术与政治的密切程度远不如前，这种政治意义大于学术意义的美学会议也成为 20 世纪 80 年代美学会议的特定标签。

其二，由早期几次讨论会会议发言可知，当时的马克思主义文艺学讨论和美学讨论还存在一定的历史局限性。比如第一次讨论会在讨论悲剧时，专门讨论了关于社会主义社会悲剧产生的原因，与会者在悲剧已经冲破了"文革"时期的禁区这个问题没有异议，但是对产生悲剧的原因众说纷纭，有人认为"阶级、阶级矛盾和阶级斗争的存在，是社会主义时期产生悲剧的重要原因"；有人认为"社会主义制度本身的不健全，是产生悲剧的原因之一"；有人认为"旧的思想意识的存在，愚昧无知、不学无术也是产生悲剧的原因"，凡此种种，不一而足。① 这种对悲剧的认识具有局限性，自亚里士多德时代以来，西方讨论悲剧者不乏其人，但大部分对于悲剧的研究都是基于本体论的研究，即使恩格斯对悲剧的定义"历史的必然要求和这个要求的实际上不可能实现之间的悲剧性冲突"也在强调某种冲突和这种冲突的不可调和，而很少有人将悲剧与政治环境置于同一个屋檐下，从中足以想见当时人们讨论美学和文学概念本身背后所承受的历史重负。这说明，20 世纪 80 年代研究美学的专家学者对一些问题还存在着很多或很大争议，实际上，由第 11 次会议可知，即便在当时对马克思主义相关理论也存在诸多理解方式，但及至 20 世纪 90 年代，这些局限性已经不断随着知识水平提升、学科建设完善、学术话题均质趋于解体，这也是全国马列文艺论著研究会历次会议烛照的问题之一。

其三，全国马列文艺论著研究会历次会议的现实针对性较强。在 40 年间的会议中，与会专家学者都牢牢围绕一个主线进行相关的发言和讨论，这个主线即理论上的马克思主义和实践中的中国社会现实。无论会议存在怎样的主题思想内容，会议的灵魂都是马克思主义，这也和研究会创办的初衷息息相关。此外，对现实的深切关切是历次会议的重要内容。无论是在全球化语境中讨论还是在中国化语境中讨论，无论是涉及

---

① 周伟民：《马列文艺论著学术讨论会在武汉举行》，《外国文学研究》1979 年第 1 期。

马克思主义美学的回顾还是前瞻，无论是将马克思主义美学置于改革开放的大潮中还是将之置于经济全球化的视域下，历次会议都未脱离中国现实或现实中的美学问题。具体言之，历次会议讨论了文艺的民族化（第 8 次）、反对资产阶级自由化（第 12 次）、市场经济条件下的道德与文艺关系（第 15 次）、当前文学理论的新形势和新问题（第 18 次）、全球化与文化的民族性（第 22 次）、文化遗产保护（第 27 次）等，这些涉及了中国现实和现实理论的方方面面。另外，晚近以来，研究会还结合党和国家的重大方针政策并旁及马克思主义美学和文艺学的多个侧面进行讨论，不断延伸着理论的高度和深度。

其四，全国马列文艺论著研究会历次会议在形式上和内容上不断地和西方接轨。形式上，有的会议邀请了外国专家学者进行研讨和发言；内容上，会议话题存在一个和西方美学前沿问题不断接轨并实现同步的过程。实际上，从美学会议的角度分析，改革开放 40 年中国美学与西方美学前沿问题的同步化是分两个历史阶段实现的，一是从第一届全国美学会议到第四届全国美学会议，中国美学与西方美学前沿问题存在着间离，这种状态是多重因素造成的，这一阶段后期，一些学者已经开始意识到将西方美学热点问题引介到中国，但这些尝试是零散的且不全面的。二是从第五届全国美学会议到第八届全国美学会议，这个时期，中国学者不断与西方美学界接触，"走出去"了解相关美学思想和美学事件，"引进来"承办国际美学会议并传播西方美学，使中国美学与西方美学前沿问题更加交融，并逐步实现同步化。全国马列文艺论著研究会所召开的相关会议恰恰体现了这种同步化，也可以说是同步化的一个脚注。

表三　　　　全国马列文艺论著研究会 1978—2018 年历届年会

届次	时间	地点	主办单位	参加者—论文	主要内容
1	1978 年 12 月 14—26 日	湖北武汉	中国社会科学院外国文学研究所和华中师范学院	来自 26 个省区市的 95 个单位计 150 多人，论文 67 篇	现实主义、世界观与创作方法的关系、悲剧
2	1980 年 10 月	天津	全国马列文艺论著研究会		马克思、恩格斯论人性、人道主义和文艺

续表

届次	时间	地点	主办单位	参加者—论文	主要内容
3	1981 年 10 月 30 日—11 月 4 日	安徽黄山①	中国社会科学院外国文学研究所等②	共 200 余人参会③	文学典型、文学的党性原则、文学批评的标准、文学的真实性等问题④
4	1982 年 8 月 2—8 日	黑龙江哈尔滨	全国马列文艺论著研究会	150 多人，论文 70 多篇	讨论《1844 年经济学哲学手稿》
5	1983 年 3 月 19—27 日	云南昆明	云南省社会科学院等⑤	参会者 192 人，收到论文近 140 篇	马克思、恩格斯对文艺科学的贡献和意义
6	1984 年 4 月中旬	福建厦门⑥	全国马列文艺论著研究会	与会代表 200 多人，论文 80 余篇	讨论了列宁的文艺思想
7	1985 年 4 月 23—28 日	河南洛阳	全国马列文艺论著研究会	共 130 多人参会，论文 50 多篇	对恩格斯及俄国早期马克思主义传播者普列汉诺夫的美学思想进行了讨论
8	1986 年 9 月 15—20 日	甘肃敦煌	兰州大学	全国 90 多个高校和科研单位共 130 多人	马列主义与宗教艺术、文艺的民族化、高校马列文论改革

①　会议地点为黄山礼堂。

②　"这次会议受到全国马列论著研究会委托，由中国社会科学院外国文学研究所、国务院文化部文学艺术研究院、复旦大学、华东师范大学、上海师范大学、复旦大学分校、安徽师范大学、安徽大学、安徽省社联、南京大学、南京师范学院、扬州师范学院、徐州师范学院等联合主办。"详见袁宏轩《全国马列文艺论著研究会第三次年会在黄山召开》，《山西师院学报》1981年第 4 期。

③　杜书瀛参会，并进行关于文学党性原则和艺术规律等问题的发言。

④　这次会议备受重视。"会议之前，邓力群同志致电安徽省委，要求安排与组织好这次会议。会议期间，安徽省委书记顾卓新同志专程到会并讲话，代表安徽省委对与会代表表示欢迎。大会先后收到了成仿吾、陈荒煤、贺敬之、苏一平、蔡仪等同志的贺电。"详见袁宏轩《全国马列文艺论著研究会第三次年会在黄山召开》，《山西师院学报》1981 年第 4 期。

⑤　"会议由云南社会科学院、昆明院院、云南大学、四川大学、贵州大学牵头，由上述单位与云南民院、云南教育学院、昆明师专、贵州民族学院、洛阳师院、贵州社会科学院文研所、贵州省文联、作协、西南师院、成都大学、渝州大学、南充师院、中国社会科学院外国文学研究所、中国艺术研究院外国文艺研究所等单位联合主办。"详见李中一《全国马列文艺论著研讨会第五届学术讨论会综述》，《山西师院学报》1983 年第 3 期。

⑥　会议地点为厦门大学。

续表

届次	时间	地点	主办单位	参加者—论文	主要内容
9	1987 年 10 月 24—29 日	浙江普陀	全国马列文艺论著研究会	全国各地 100 多人，提交论文 40 篇	反映论与艺术创作，艺术生产与艺术家
10	1988 年 11 月	内蒙古呼和浩特	全国马列文艺论著研究会	来自全国各地专家、教授、学者 90 余人；	马克思与当代文艺思潮
11	1990 年 11 月 10—14 日	广西柳州	广西师院、柳州社科联、广西师大、广西文联、广西社科院文学所、广西社联《社会科学探索》杂志、柳州龙城化工厂	国内各高等院校、科研机构、新闻出版单位的教授、专家、学者等 150 余人出席了年会，与会代表提交大会的学术论文共计 49 篇	坚持、捍卫、发展马克思主义文艺理论，反对文艺领域的资产阶级自由化思潮，澄清文艺批评领域的理论是非；对"西方马克思主义"文艺美学思想进行分析和评价
12	1991 年 7 月 26—30 日	山东烟台	由山东大学主办，作协山东分会、山东师大、曲阜师大等八单位协办	几十位专家学者	马克思主义意识形态理论与文学艺术
13	1992 年 5 月 5—9 日	陕西西安	西北大学和陕西师大	来自全国高校、科研院所近百人	毛泽东文艺思想对马克思主义文艺理论的继承和发展
14	1995 年 5 月 22—26 日	湖北宜昌	由华中师范大学、武汉大学、湖北大学、江汉大学与宜昌市有关单位承办	出席会议代表 50 多人，提交论文 20 篇，所报选题 40 余个①	马列文论与时代
15	1996 年 10 月 20—29 日	湖南张家界	全国马列文艺论著研究会	来自全国各地的 70 多位代表	学习六中全会关于社会主义精神文明的决议和马列文论的研究②

---

① 李中一：《全国马列文论研究会第 14 届年会综述》，《文艺研究》1995 年第 5 期。

② 赵为学、姚建斌：《第十五届全国马列文艺论著研讨会综述》，《文艺理论与批评》1997 年第 1 期。

续表

届次	时间	地点	主办单位	参加者—论文	主要内容
16	1998 年 10 月 9—14 日	四川成都	由全国马列文论研究会和四川联合大学文学与新闻学院中文系联合举办	到会代表 80 余人①	世纪之交马克思主义文艺理论研究的回顾与前瞻
17	2000 年 5 月 8—11 日	上海	全国马列文论研究会、上海社科院	近百人	马克思主义文艺学的回顾与前瞻、马克思主义文艺学的当代形态
18	2001 年 12 月 9—11 日	广东深圳	由全国马列文论研究会主办，深圳市文联、深圳大学师范学院承办	来自中国社会科学院、北京大学、复旦大学、中国人民大学、《光明日报》、《文艺报》等国内高校、科研机构的专家学者 70 多人	马克思主义文艺学发展的百年回顾与新世纪的展望；如何在江泽民同志"三个代表"思想及其他新时期文艺发展的指示精神的指导下，进一步深化对马克思主义文化、文艺思想的研究，深化和完善有中国特色的马克思主义文艺学发展体系；在中国"入世"，社会主义市场经济蓬勃发展的条件下，如何加强社会主义精神文明建设、坚持马克思主义文艺学的发展方向等。②
19	2002 年 11 月 2—6 日	广西桂林	广西师范大学	来自全国各高等院校、科研院所及新闻单位的 60 余人参加了本次会议	经济全球化时代马克思主义文论的发展、社会主义市场经济与文学的发展、文学艺术与先进文化的前进方向

---

①　董学文、陈迈、李益荪、冯宪光、萧君和、吴岳添、刘文斌、李春青、吴元迈、程代熙、何国瑞、涂武生、李衍柱、叶纪彬、曾庆元、夏之放、曾簇林、苏文菁、高明霞、王开国等在会上发言或提交论文。详见杨晓明《全国马列文论研究会第 16 届年会综述》，《文艺理论与批评》1999 年第 1 期。

②　金浩、陈文：《面向二十一世纪的马列文论研究——全国马列文论研究会第十八届年会综述》，《深圳大学学报》2001 年第 1 期。

续表

届次	时间	地点	主办单位	参加者—论文	主要内容
20	2003 年 11 月 22—24 日	重庆	全国马列文论研究会、西南师范大学文学院	来自全国各地的专家学者 70 多人参加了会议	国外马克思主义文论与中国文论建设①
21	2004 年 10 月 14—18 日	江苏徐州	全国马列文论研究会与徐州师范大学	来自全国多个高校和科研院所的 80 多位专家学者②	马克思主义文论与文学的当代性
22	2005 年 10 月 23—24 日	广西南宁	全国马列文论研究会与广西民族学院	来自全国各地的 70 多位专家学者	"中国与世界：民族文化多样性的历史现状与未来"、"马克思主义民族文化经典学说的现代阐释"、"当代马克思主义与后殖民主义、文化多元主义等西方文论流派的比较研究"及其他有关马克思主义民俗文学、文化理论的问题③
23	2006 年 10 月 26—27 日	湖南湘潭	湘潭大学	来自全国各地的 70 多位专家学者参会	马克思主义与文化研究
24	2007 年 10 月 22—24 日	山东聊城	聊城大学	来自全国各地的 80 多位专家学者	马克思文艺理论中国化
25	2008 年 11 月 14—16 日	湖北武汉	全国马列文论研究会和华中师范大学文学院	来自全国各高等院校和研究机构的 130 多位专家学者	马克思主义文论与 21 世纪

① 本次会议期间召开了理事会，详见《全国马列文论研究会第二十届年会会议纪要》，徐放鸣、周忠厚《全国马列文艺论著研究会会议论文集》，人民文学出版社 2007 年版，第 478—479 页。

② 值得注意的是，俄罗斯专家安德烈·麦迪逊也参加了这次会议，并就"什么是文学的当代性"做了主题发言，并根据会议代表的提问，简要介绍了俄罗斯文学研究的现状等问题，受到与会者的关注。详见《全国马列文论研究会第二十一届年会暨"马克思主义文论与文学的当代性"学术研讨会纪要》，徐放鸣、周忠厚《全国马列文艺论著研究会会议论文集》，人民文学出版社 2007 年版，第 472—473 页。

③ 张磊：《"当代马克思主义文艺学与民族文化多样性"学术研讨会暨全国马列文论研究会第 22 届年会综述》，《黑龙江社会科学》2005 年第 6 期。

届次	时间	地点	主办单位	参加者—论文	主要内容
26					
27	2010 年 9 月 17—19 日	山西大同	大同大学	来自全国各地的 60 多位专家学者	马克思主义与文化遗产
28	2011 年 7 月 21—22 日	内蒙古锡林浩特	锡林郭勒盟职业学院	来自全国各地的专家学者	马克思主义与民族文艺的传承与发展、多元文化与社会主义核心价值观、经济全球化与民族文化、马克思主义文艺理论视野中"草原文化"的美学特征
29	2012 年 12 月 13—16 日	浙江临海	全国马列文论研究会和台州学院	来自全国高等院校和研究机构的 70 多位专家学者	马克思主义与当代中国文论
30	2013 年 11 月 1—4 日	广东汕头	汕头大学	来自全国各地的专家学者 120 余人	马克思主义文艺理论的问题意识和价值取向
31	2014 年 10 月 24—26 日	北京	全国马列文论研究会与首都师范大学共同主办、首都师范大学文学院与文化研究院联合承办	来自全国各地高校、科研机构、学术期刊的专家、学者 140 多人	马克思主义与文化研究
32	2015 年 11 月 21—22 日	湖北宜昌	由全国马列文艺论著研究会与三峡大学联合主办三峡大学文学与传媒学院承办	来自全国各地高校、中国社会科学院等科研机构的专家学者 130 余人	当代马克思主义美学
33	2016 年 10 月 14—17 日	四川成都	全国马列文艺论著研究会与四川大学	来自美国宾夕法尼亚大学、捷克科学院、中国社会科学院及全国各地高校的 150 多名专家学者	中国马克思主义文艺理论的当代性

届次	时间	地点	主办单位	参加者—论文	主要内容
34	2017 年 10 月 13—15 日	辽宁沈阳	由全国马列文论研究会和辽宁社会科学院《社会科学辑刊》编辑部联合主办、辽宁大学文学院提供特别学术支持	来自中国社会科学院、北京大学、复旦大学、中国人民大学、华中师范大学、山东大学、四川大学、辽宁社会科学院、辽宁大学等高校和科研机构的 150 余名专家学者	"习近平有关文艺问题讲话研究""当代中国马克思主义文论话语体系创新性构建及批评实践研究""马克思主义文论与中华优秀传统文化会通关系研究""马列主义文论经典文本与元典精神研究"等议题
35	2018 年 10 月 26—28 日	山东曲阜	曲阜师范大学	来自中国社会科学院、中国社会科学院大学、华中师范大学、中国人民大学、中央党校、北京大学、复旦大学、中国传媒大学和中央文献出版社、《社会科学战线》、《当代作家评论》等全国近五十所高校和研究机构、出版社、杂志社的 120 多位专家学者参加会议	新时代中国马克思主义文论研究的问题与导向

第三节 《在延安文艺座谈会上的讲话》在后毛泽东文艺时代的影响

　　洪子诚曾指出，"考察当代文学的基本状况，不可能离开对毛泽东文学思想、文学政策的了解"，[①] 这种表述在美学上也说得通。毛泽东文艺思想是马克思主义美学的延续和发展，也是长时间以来中国美学制度顶层建构的重要面向之一。

---

　　① 洪子诚：《中国当代文学史》，北京大学出版社 1999 年版，第 10 页。

　　从政治学的意义上讲，毛泽东思想是马克思列宁主义中国化的产物，也是马克思列宁主义在中国的延续。由此，也可以说，毛泽东文艺思想也同马克思主义文艺思想一脉相承，这已经成为共识。在这个框架下，《在延安文艺座谈会上的讲话》（以下简称《讲话》）一直以来都被认为是毛泽东文艺思想的灵魂，如洪子诚所言，"毛泽东对于马克思主义经典作家的文学理论遗产，和中国左翼文学运动的理论和实践，加以选择、融会、改造，在30年代末到40年代初，形成了体系性的关于文艺问题的观点"，并认为这些关于"文艺问题的观点""特别"体现在《讲话》中。①

一　《在延安文艺座谈会上的讲话》的经典化历程

　　《讲话》发表本身是一个政治事件，与制度有密切关系。"19世纪以来，中国建立现代国家所面临的问题，毛泽东和他所领导的政党所从事的革命事业所面临的问题，是他考虑文学问题的出发点。"② 因为涉及现代国家和革命事业所面临的问题，因此在《讲话》发表之后的历史中，国家、政府和学界无不十分重视《讲话》本身和对《讲话》的理解。

　　从学理上说，作为"我们党领导文艺事业的经典文献"，《讲话》也存在被经典化的一个过程。新中国成立之前，在《讲话》于《解放日报》发表之前，周扬就在《马克思主义与文艺》的"序言"中将《讲话》与马克思、恩格斯、列宁、斯大林的文艺思想并置，并指出，《讲话》"是中国革命文学史、思想史上的一个划时代的文献，是马克思主义文艺科学与文艺政策的最通俗化、具体化的一个概括，因此又是马克思主义文艺科学与文艺政策的最好的课本"。③ 这无形中将《讲话》置于新的理论

---

① 洪子诚：《中国当代文学史》，北京大学出版社1999年版，第10页。
② 洪子诚：《中国当代文学史》，北京大学出版社1999年版，第10页。
③ 周扬：《〈马克思主义与文艺〉序言》，《周扬文集》第1卷，人民文学出版社1984年版，第454页。

和政治高度。1943 年 3 月 10 日，中央组织部和文委召开了文艺工作者会议，要求贯彻《讲话》精神，学习《讲话》内容。1943 年 10 月 19 日，《讲话》在《解放日报》（延安）正式发表，之后，可以说掀起了学习《讲话》的一个高潮，解放区（周立波、舒群、艾思奇、萧三等）和国统区（周恩来、茅盾、郭沫若等）的很多学者和作家都对《讲话》进行诠释，使《讲话》经典化完成了第一步。新中国成立之后，准确地说，在第一次文代会上，《讲话》就已经成为当时文艺界重要的指导方针。① 更重要的是，鉴于毛泽东在 20 世纪 50 年代之后的空前个人政治影响，几乎每年五月，思想界、文艺界、学术界都要对《讲话》进行新的诠释。

其中，1952 年，《人民日报》发表了关于《讲话》发表十周年的社论，全国各大报纸都配合发表了相关文章，中央和地方也纷纷召开座谈会纪念；1962 年，《人民日报》发表了关于《讲话》发表二十周年的社论，同样强调贯彻《讲话》精神。② 这些脚前脚后的纪念活动无形中为之后逢十周年纪念《讲话》提供了历史和现实基础。

需要说明的是，"文化大革命"期间，《讲话》要么被扭曲，要么被利用，要么成为政治斗争的工具，受到严重的理论上和政治上的"歪曲"：一批曾经对《讲话》进行经典阐释的作家被打倒；③ 新的文艺纲领可以说完全背离了《讲话》的初衷，④ 可以说，"文艺为政治服务"已经

---

① 比如，周恩来在第一次文代会上做了报告，题为《在中华全国文学艺术工作者代表大会上的政治报告》，在报告最后，他指出，"这些情形都说明了这次团结的局面的宽广，也说明了这次团结是在新民主主义旗帜之下，在毛泽东同志新文艺方向之下的胜利的大团结，大会师"，所谓"毛泽东同志新文艺方向"，一部分的涵盖内容指的就是《讲话》所体现出的学理意义和政治意义。详见周恩来《在中华全国文学艺术工作者代表大会上的政治报告》，周恩来《周恩来选集》（上卷），人民出版社 1989 年版，第 358 页。

② 关于这篇社论，洪子诚论述得已经非常充分。详见洪子诚《1962 年纪念"讲话"社论》，洪子诚《材料与注释》，北京大学出版社 2016 年版，第 105—127 页。

③ 如周扬，详见洪子诚《1962 年纪念"讲话"社论》，洪子诚《材料与注释》，北京大学出版社 2016 年版，第 105—127 页。

④ 当时，《林彪同志委托江青同志召开的部队文艺工作座谈会纪要》成为"文化大革命"时期的文艺行动指南，《纪要》指出，当时文艺界"被一条与毛泽东思想相对立的反党反社会主义的黑线专了我们的政，这条黑线就是资产阶级的文艺思想、现代修正主义的文艺思想和三十年代文艺的结合"，显然为"文化大革命"中的一些事件埋下了伏笔，也是对《讲话》精神的背离。

被"阶级斗争"完全取代，在正确方向上的《讲话》精神在当时已经不复存焉。这样一来，"文化大革命"结束之后"改革开放"开始初期，就有必要对《讲话》的相关问题进行重新整理和评价。按照传统，思想界和艺术界逢《讲话》发表十整周年都会举行各种纪念活动。实际上，改革开放四十年来，《讲话》依然在不断地产生影响，在后毛泽东文艺思想的时代里，以美学会议为中心，对《讲话》进行了如何评价、怎样进行评价、产生了哪些影响，都是需要被言说的重要问题。

二　纪念《在延安文艺座谈会上的讲话》发表 40 周年学术讨论会

1982 年，《讲话》发表 40 周年。而且，1981 年 6 月，党的十一届六中全会召开，通过了《关于建国以来党的若干历史问题的决议》，对一系列历史重要问题进行了重新解释和界说，尤其是对毛泽东的地位做出了准确的评价，使文艺界开始对毛泽东文艺思想和《讲话》都有了新的认识。1982 年，中国文联和中国社会科学院文学研究所联合召开了"毛泽东文艺思想讨论会"，会议的主题是"共同研究如何坚持和发展毛泽东同志的文艺思想"，北京文艺界和学术界近 100 人参加了这次会议。① 会议的讨论集中在两方面，一是对《讲话》的认识与评价，二是对毛泽东整个文艺思想的认识与评价。与会者一致认为，《讲话》是"一篇具有历史意义的马克思主义文艺理论的光辉文献，是毛泽东同志的文艺思想的极其重要的组成部分"②，不但对革命时期的中国文艺起到了指导作用，而且在发表 40 年之后仍然具有重要的现实意义，所以要不断全面、深入、实事求是地学习《讲话》及其精神。另外，与会者一致认为，应该重新整理毛泽东文艺思想的遗产和体系，并坚持和发展毛泽东文艺思想的前

---

① 冯牧：《重新学习和认真研究毛泽东同志的文艺思想》，《人民日报》1982 年 5 月 21 日第 5 版。

② 冯牧：《重新学习和认真研究毛泽东同志的文艺思想》，《人民日报》1982 年 5 月 21 日第 5 版。

进方向。

各地方也召开了纪念《讲话》发表 40 周年的学术讨论会。比如，1982 年 5 月 3—7 日，中共湖北省委宣传部、湖北省社会科学院和湖北省社会科学联合会联合召开了纪念《讲话》发表 40 周年学术研讨会，共150 余人参会。会议主要集中讨论了三个方面的内容，一是对《讲话》的重新定位，认为这是一部具有重要历史意义和现实意义的经典著作；二是对"文化大革命"期间歪曲《讲话》的林彪和"四人帮"等进行了清算；三是如何结合自身创作发扬《讲话》精神。① 再如，1982 年 3 月25—31 日，四川省社会科学院、四川省文联、四川省社联在成都联合召开毛泽东文艺思想讨论会，与会者 120 余人。② 会议一方面肯定了《讲话》的理论地位和历史地位，强调在新的历史时期必须旗帜鲜明地坚持以毛泽东文艺思想为发展社会主义文艺的指导思想，认真学习、研究毛泽东思想。另一方面强调应该坚持和发展毛泽东文艺思想，不要受到一些极端错误思想的影响。以此为根本，会议还讨论了文艺与政治、文艺与生活、世界观与创作方法、文艺批评的标准等问题。③

究其中心，1982 年纪念《讲话》发表 40 周年的历次会议可以做如下解读。第一，重新认识和确认《讲话》的历史地位，与歪曲、利用《讲话》的时代告别，对歪曲、利用《讲话》的"话语权力"进行"拨乱反正"，这就拨开了对《讲话》进行曲解的阴霾，用历史的、科学的、辩证的眼光重视《讲话》，还原本身的经典性。第二，将《讲话》与毛泽东文艺思想视为一个有机整体，并强调要"坚持和发展"《讲话》精神和毛泽东文艺思想，将历史性与时代性和现实性结合，看到《讲话》精神与时代之间的必然联系，使之在新时期也成为文艺工作的行动指南。第三，就《讲话》文本本身进行学术诠释，注重对文艺与政治之间的关系、文艺与

---

① 详见陈乐《纪念毛主席〈在延安文艺座谈会的讲话〉发表四十周年学术讨论会在武昌召开》，《华中师院学报》（社会科学版）1982 年第 3 期。

② 此次会议共提交论文 30 篇，16 位与会者发言。详见沈伯俊《纪念〈在延安文艺座谈会上的讲话〉四十周年，四川省召开毛泽东文艺思想讨论会》，《天府新论》1980 年第 2 期。

③ 详见沈伯俊《纪念〈在延安文艺座谈会上的讲话〉四十周年，四川省召开毛泽东文艺思想讨论会》，《天府新论》1980 年第 2 期。

社会之间的关系和文艺"为什么人"的问题进行深入的具有学理性的分析，深入挖掘《讲话》的学理性。第四，以《讲话》及《讲话》精神为指南，解决美学、文艺创作中产生的具体问题，围绕各自思想领域和学术研究的具体话题进行探讨，内中兼及《讲话》的精神指向。这样一来，在1982年发表40周年之际，《讲话》被进一步确定了历史地位，并重新回到了指导人民文艺生活的轨道上。

三　纪念《在延安文艺座谈会上的讲话》发表50周年学术讨论会

1992年，《讲话》发表50周年。全国掀起了一股学习《讲话》的热潮，集中在三个方面，一是出版图书，[①]二是发表文章，三是召开学术会议。其中比较重要的会议是全国高校纪念毛泽东同志《在延安文艺座谈会上的讲话》发表五十周年学术讨论会。这次讨论会由国家教委高等学校社会科学发展研究中心和北京大学等高校共同发起，召开于1992年5月23—26日，会议地点为清华大学。[②]会议吸引了来自全国各地专家学者提交的论文230篇，其中80篇入选。[③]李铁映为本次会议题词，[④]国家教委副主任朱开轩到会并发言，强调学习《讲话》的重要作用和重要意义。与会者从各方面对高校与《讲话》的关系问题进行了发言和交流，大家高度评价《讲话》在各个历史时期尤其是新时期以来的重要作用，因恰逢邓小平发表南方谈话，也有人从发展的角度对邓小平南方谈话和邓小平文艺思想进行了追溯和展望。这表明，与会者已

---

① 《毛泽东文艺思想全书》于1992年出版。

② 从某种意义上说，高校召开关于《讲话》的美学会议，本身是美学制度贯彻执行的一种象征，这次会议也被看作马克思主义美学制度完善落实的重要一步。

③ 宗言：《全国高校纪念毛泽东同志〈在延安文艺座谈会上的讲话〉发表五十周年学术讨论会》，《高校理论战线》1992年第4期。关于入选论文的详细信息，见《全国高校纪念毛泽东同志〈在延安文艺座谈会上的讲话〉发表五十周年学术讨论会入选论文目录》，《高校理论战线》1992年第4期。

④ 李铁映时任中共中央政治局委员、国务委员兼国家教委主任。另，题词为"人民是文艺工作者的母亲"。

经开始有意识地将毛泽东文艺思想、邓小平文艺思想置于马克思主义文艺思想的框架下，这也可以被看作马克思主义美学和文艺思想中国化的重要表征。

就美学而言，与会者说明了《讲话》本身涵盖的诸多内涵，集中讨论了毛泽东文艺思想的现实意义和社会意义等问题，即毛泽东文艺思想在新的历史时期如何为现代化建设服务的问题。具体言之，内容大致分为两方面。一是对《讲话》本体的评价问题。有学者强调毛泽东文艺思想的本质是实践性，"为什么人的问题"所指示的是人与人之间的关系问题，即是实践性的表现特征。[①] 有学者认为，毛泽东文艺思想主要表现在"一是以能动的反映论为基础的科学文艺观念；再是以人民为本位的审美取向"，[②] 并指出了毛泽东文艺思想所具有的丰富性和包容性。有学者以《讲话》中的政治性说明毛泽东文艺思想是中国各条战线文艺思想的理论基石和坚实基础，强调了《讲话》在各个文艺领域的枢纽作用。有学者发现了《讲话》中对人的观照和对人民的观照，从新的角度阐释了"为什么人的问题"。[③] 二是《讲话》的美学意义和现实意义等问题。有学者认为，毛泽东从诸多方面厘清了马克思主义文艺学和美学的内中逻辑，指出"毛泽东美学思想不是一般的学术理论，它作为马克思主义的美学体系是无产阶级改造世界的思想武器"。[④] 有学者认为，应该正确而科学地认识文艺与政治之间的关系，只有合理地厘清了这中间的关系，才能更好地将毛泽东文艺思想运用到社会生活实践中去。[⑤] 有学者以"从群众中来到群众中去"为中心，说明研

① 宗言：《全国高校纪念毛泽东同志〈在延安文艺座谈会上的讲话〉发表五十周年学术讨论会》，《高校理论战线》1992年第4期。

② 宗言：《全国高校纪念毛泽东同志〈在延安文艺座谈会上的讲话〉发表五十周年学术讨论会》，《高校理论战线》1992年第4期。

③ 宗言：《全国高校纪念毛泽东同志〈在延安文艺座谈会上的讲话〉发表五十周年学术讨论会》，《高校理论战线》1992年第4期。

④ 宗言：《全国高校纪念毛泽东同志〈在延安文艺座谈会上的讲话〉发表五十周年学术讨论会》，《高校理论战线》1992年第4期。

⑤ 宗言：《全国高校纪念毛泽东同志〈在延安文艺座谈会上的讲话〉发表五十周年学术讨论会》，《高校理论战线》1992年第4期。

究与丰富毛泽东文艺思想，还应该到群众中汲取实践的营养，以创作出新的更好的文艺作品。① 与会者还谈到了如何在新时期发展毛泽东思想的问题，大家一致认为，当前的历史时期和社会形态和《讲话》诞生初期的情况虽然已经大不相同，但是，广大文艺工作者必须从中发掘《讲话》的新营养，将毛泽东文艺思想同当前的社会文艺环境和美学环境紧密结合起来，牢牢把握住毛泽东文艺思想的丰富性。

此外，当时全国很多地方和单位都召开了纪念《讲话》的学术会议。如中国社会科学院于 1992 年 5 月 3 日举行座谈会，强调了《讲话》在新的历史时期仍然具有重要意义。② 全国马列文论研究会于 1992 年 5 月 5—9 日举行第十三届年会，专门讨论《在延安文艺座谈会上的讲话》，将改革开放伟大战略和毛泽东文艺思想、邓小平文艺思想紧密结合，号召大家继续深入研究毛泽东文艺思想。③ 各地方相关机构也举行了纪念会，如四川省作家协会组织召开的纪念毛泽东同志《在延安文艺座谈会上的讲话》发表 50 周年暨毛泽东文艺思想研讨会④、北京市

---

① 在这次会议上发言的专家学者很多，正文不一一赘述。如包永新认为在毛泽东文艺思想的指导下，文艺工作者和美学工作者应该更好地了解群众、深入群众，在群众中汲取创作经验；孙子威认为，毛泽东文艺思想从本质上说是站在人民的立场上反映人民大众的思想、情感和情绪等；唐荣昆认为鲁迅的创作思想和毛泽东的文艺思想不谋而合，将中国现代文艺引向主流；唐正序、蒋茂礼、张春吉发现了《讲话》文艺思想对于文艺批评的指导作用。关于相关发言的详细内容，详见宗言《全国高校纪念毛泽东同志〈在延安文艺座谈会上的讲话〉发表五十周年学术讨论会》，《高校理论战线》1992 年第 4 期。

② 会议由中国社会科学院外国文学研究所、少数民族文学研究所和中国文学研究所共同主持，副院长江流发表讲话，阐明了纪念会的主旨，吴元迈、刘魁立、张炯、张国明、徐公持、钱中文、许明等分别发言。关于这次会议的详细内容，见石录《纪念〈在延安文艺座谈会上的讲话〉发表五十周年——中国社会科学院召开学术讨论会》，《文学评论》1992 年第 4 期。

③ 参会者 100 余人。这次会议的主题是"毛泽东文艺思想对马克思主义文艺理论的继承和发展"。适逢邓小平南巡讲话刚刚发表，与会者结合这一历史事件，既言明了毛泽东文艺思想的历史地位与历史价值，也从邓小平理论出发说明了马克思主义文艺思想和毛泽东文艺思想的延续性。详见大会秘书组《全国马列文论研究会第十三届年会暨纪念〈讲话〉发表 50 周年研讨会在西安举行》，《西北大学学报》1992 年第 3 期。

④ 这次会议于 1992 年 5 月 7 日到 8 日在成都举行，60 多人参会，沙汀、艾芜致贺信，马识途到会发言，其他发言者将近 30 人，虽然这次会议以文学为中心，但是也涉及了一些文艺学和美学问题。详见本刊记者《坚持和发展毛泽东文艺思想——纪念〈讲话〉发表 50 周年暨毛泽东文艺思想研讨会在成都召开》，《当代文坛》1992 年第 4 期。

文艺学会、北京市社科院文学所联合召开的纪念《讲话》50 周年研讨会①和辽宁省社会科学院、辽宁省文学学会共同召开的纪念《讲话》发表五十周年学术研讨会②等。可以说这些会议自上而下，按照政治制度的逻辑完成了美学制度的演进。除了从整体上对《讲话》的价值、意义和精神进行讨论外，也有会议讨论关于《讲话》和毛泽东文艺思想的具体问题。比如，山东省作家协会、山东师范大学和山东文艺出版社共同举办的学术讨论会，讨论会不但讨论了毛泽东文艺思想，还讨论了《毛泽东文艺思想概论》的编撰问题。③ 大家一致认为，《毛泽东文艺思想概论》同之前所编撰的类似书籍相比更具科学性和开拓性，号召参会者从各个方面对毛泽东的文艺思想展开学习。④ 对《毛泽东文艺思想概论》的讨论集中将毛泽东文艺思想置于文艺学和美学学科之内，从学科的角度对毛泽东文艺思想加以认识，也拓展了文艺学和美学的学科外延。

除了文艺学学科和美学学科外，中国艺术界同样受到《讲话》的深刻影响，艺术界也针对纪念《讲话》发表 50 周年召开了一系列研讨会和讨论会。如中国电影艺术研究中心《当代电影》杂志社于 1992 年 2 月12—15 日在北京举行了学术座谈会，陈播、陈荒煤、李准、程季华、程代熙、谢飞等文艺理论家和电影理论家参加了会议，会议传达了江泽民和李瑞环等中央领导同志关于电影的重要指示，并针对《讲话》本体及对中国电影产生的影响给予高度评价，认为当时的中国电影要在《讲话》精神和毛泽东文艺思想的指导下进一步突出主旋律，反映时代精神和中国精神。在此基础上，与会者对中国电影现状进行分析，指出了当时电

---

① 这次会议于 1992 年 5 月 8 日召开，与会学者从"立足当今、体会《讲话》""深入生活、繁荣文艺""面对新时代、研究新问题"等三方面对毛泽东的文艺思想进行回顾、反思、总结和展望。详见许树森《北京市文艺学会、北京市社科院文学所召开纪念〈讲话〉50 周年研讨会》，《北京社会科学》1992 年第 3 期。

② 详见徐素娥《坚持正确方向，繁荣社会主义文艺——纪念〈讲话〉发表五十周年学术研讨会述略》，《社会科学辑刊》1992 年第 4 期。

③ 蒋孔阳、童庆炳、曾繁仁等参加了这次会议，对毛泽东思想和《毛泽东文艺思想概论》进行了卓有成效的讨论和言说。

④ 李建盛、车子雷：《纪念〈在延安文艺座谈会上的讲话〉发表 50 周年暨〈毛泽东文艺思想概论〉讨论会综述》，《山东师大学报》1992 年第 4 期。

影暴露出的主要问题,① 大家普遍认为,要想改变这些问题,就必须深化电影体制改革,"只有体制理顺了,才能更好地贯彻《讲话》精神,坚持正确方向,繁荣电影创作",② 为此,与会者集思广益,提出了各种可行的意见、建议和办法,如加强编剧队伍建设、加强创作人员的学习等。1992 年 5 月 19 日,中国戏剧家协会也组织召开了纪念《在延安文艺座谈会上的讲话》发表 50 周年座谈会,著名戏剧家梅葆玖、李维康等都参加了这次会议,③ 在发言中,大家在评价《讲话》精神的同时,也注意到改革开放之后中国文艺的发展方向问题,认为应该以《讲话》精神为指南,积极弘扬民族文化民族艺术,只有民族性越强,其世界性才越强。④ 从这两次会议可以看出,对于艺术界来说,重要的并不是深刻理解《讲话》的本体内容,而是以《讲话》为文艺精神典范,本着这种精神指导艺术实践。

　　与 1982 年相比,1992 年纪念《讲话》的学术会议具有了新的特征。第一,进一步将《讲话》与毛泽东文艺思想置于马克思主义文艺体系下,凸显《讲话》及其精神的马克思主义品格,甚至有一些会议的主题就直接是"毛泽东文艺思想对马克思主义文艺理论的继承和发展",这些会议为马克思主义美学体系内涵和外延的生成提供了丰富的理论依据和现实依据。第二,进一步将《讲话》的影响扩大到诸多领域,既在学理上对毛泽东文艺思想的精髓进行深入讨论,又重视毛泽东文艺思想之于美学学科和文艺学学科的重要性,同时也强调《讲话》对于电影、戏

---

　　① 　问题是:远离社会生活,脱离政治;有些影片在表现历史事件与历史人物时未能以历史唯物主义的观点准确地审视和把握历史,没有表现出人民群众创造历史的社会发展本质;有的根据文学作品改编的电影,其原作品本身就存在一些欠缺和问题,电形改编时又没有作必要的修改,致使影片出现一些思想内容上的偏差;现在还有相当数量的影片为了追求多卖,而迎合一些欣赏趣味不高的观众,片面强调娱乐刺激,艺术粗俗。详见本刊编辑部《纪念〈在延安文艺座谈会上的讲话〉发表 50 周年学习座谈会纪要》,《当代电影》1992 年第 3 期。

　　② 　本刊编辑部:《纪念〈在延安文艺座谈会上的讲话〉发表 50 周年学习座谈会纪要》,《当代电影》1992 年第 3 期。

　　③ 　关于参会的具体人员,详见本刊记者《半个世纪的足迹:首都戏剧界隆重纪念毛主席〈在延安文艺座谈会上的讲话〉发表 50 周年座谈会纪要》,《中国戏剧》1992 年第 6 期。

　　④ 　关于这次会议的详细发言内容,详见本刊记者《半个世纪的足迹:首都戏剧界隆重纪念毛主席〈在延安文艺座谈会上的讲话〉发表 50 周年座谈会纪要》,《中国戏剧》1992 年第 6 期。

曲等各个艺术门类的指导作用，强调《讲话》的影响力。第三，进一步挖掘了《讲话》之于现实的指向性，强调要用辩证和发展的眼光认识《讲话》，不断地对《讲话》进行新的诠释，使其释放出新的生命力和活力，将毛泽东文艺思想与现实生活和文艺创作紧密地结合在一起。从 1992 年的学术会议上看，对《讲话》地位和意义的肯定已经是不需要讨论的问题，学术会议的主旨更集中在《讲话》对现实问题的指导意义上。

四　纪念《在延安文艺座谈会上的讲话》发表 60 周年学术讨论会

2002 年，《讲话》发表 60 周年。形式上与 1992 年的纪念方式基本相同。① 最重要的纪念活动是中宣部、文化部、广电总局、中国文联、中国作协、解放军总政治部等单位联合召开的座谈会，这次座谈会于 2002 年 5 月 22 日在北京举行，丁关根②出席并发表讲话。讲话大致分为三个方面的主要内容，一是对《讲话》进行科学的、历史的评价；③ 二是结合邓小平《在中国文学艺术工作者第四次代表大会上的祝词》和江泽民《在中国文联第六次全国代表大会、中国作协第五次全国代表大会上的讲话》《在中国文联第七次全国代表大会、中国作协第六次全国代表大会上的讲话》等文献，说明《讲话》的与时俱进性质，并指出这些文献都是党对于马克思主义中国化做出的历史贡献；三是对新时期的文学艺术创作提

---

① 《毛泽东文艺论集》于 2002 年出版，并召开了出版座谈会。详见《〈毛泽东文艺论集〉出版座谈会在京举行》，《人民日报》2002 年 5 月 15 日第 2 版。
② 时任中共中央政治局委员、书记处书记、中宣部部长。
③ "把马克思主义基本原理同中国革命具体实际相结合，运用辩证唯物主义和历史唯物主义的立场、观点、方法，确定了党对文艺工作的基本方针，指明了文艺为什么人的问题是一个根本的问题、原则的问题，论述了文艺与人民、文艺与政治、文艺与生活、文艺与时代、内容与形式、继承与创新、歌颂与暴露、普及与提高、世界观与文艺创作等一系列重要问题，提出了许多富有创造性的理论观点。"详见《丁关根在纪念〈在延安文艺座谈会上的讲话〉发表 60 周年座谈会上强调坚持先进文化前进方向繁荣社会主义文艺事业》，《人民日报》2002 年 5 月 23 日第 2 版。

出了新的要求。① 金炳华、陈晓光、秦怀保、王昆、牧兰等也在会上发言。② 同年 5 月 15 日，《求是》杂志与中共山西省委联合举行座谈会，纪念《讲话》发表 60 周年，同样对《讲话》精神进行了高度评价，并指出，从《讲话》到邓小平《在中国文学艺术工作者第四次代表大会上的祝词》，再到江泽民同志在中国文联和中国作协的两次重要讲话，其中的创新思想一脉相承。③

如果说上述两次纪念会的召开是基于政治考量，那么，其产生的政治意义恰恰在于，在中央的影响下，各个地方和组织也召开了相应的学术会议，以纪念《讲话》发表 60 周年。比如，5 月 14 日，首都美术界举行纪念《讲话》发表 60 周年座谈会，老一辈艺术家回忆当时延安文艺座谈会的情况，并和与会者一起阐释《讲话》对中国美术界几十年以来的影响，大家相信，在《讲话》等文艺精神的影响下，中国美术的发展会越来越好。④ 此外，山西省委宣传部、湖南省委宣传部、新疆生产建设兵团等也都以不同形式召开了纪念《讲话》发表 60 周年的学术会议。2002 年召开的纪念《讲话》发表 60 周年各类会议具有三个重要特征。一是政治性强，中共宣传部组织召开这样的会议本身就证明中共中央对《讲话》及其精神高度重视，所以给予《讲话》更高的政治地位，同时也重视《讲话》的政治影响。二是将《讲话》和邓小平、江泽民关于文艺的系列讲话看作一个统一整体，强调用发展的眼光认识《讲话》，强调对《讲

① "要坚持先进文化的前进方向，坚持党的文艺方针政策，深入群众、深入生活，尊重文艺规律、尊重作家艺术家的创造性劳动，重视文艺理论、重视文艺评论，多出优秀作品、多出优秀人才。要宣传科学理论，传播先进文化，弘扬社会正气，倡导科学精神，塑造美好心灵，用多姿多彩的笔墨描绘人民奋斗的业绩，用昂扬激越的音符奏响人民奋进的乐章。"详见《丁关根在纪念〈在延安文艺座谈会上的讲话〉发表 60 周年座谈会上强调坚持先进文化前进方向繁荣社会主义文艺事业》，《人民日报》2002 年 5 月 23 日第 2 版。

② 曾亲历延安文艺座谈会和延安时期的老文艺家欧阳山尊、华君武、于敏、曾克、朱寨、雷加、徐肖冰、李琦、于蓝，有关方面负责人周巍峙、徐光春、李树文以及著名的老艺术家和文艺工作者 130 余人参加了会议。

③ 详见《求是杂志和山西省委举行座谈会纪念〈在延安文艺座谈会上的讲话〉发表 60 周年》，《人民日报》2002 年 5 月 16 日第 4 版。

④ 详见《美术界人士纪念〈讲话〉发表 60 周年》，《人民日报》2002 年 5 月 15 日第 2 版。关于这次会议的发言摘要，详见《纪念毛泽东〈在延安文艺座谈会上的讲话〉60 周年，中国美协召开纪念毛泽东同志〈延座讲话〉发表 60 周年座谈会》，《美术》2002 年第 7 期。

话》解读的创新性，实际上也是对马克思主义美学体系的深化和丰富。三是强调《讲话》对现实文艺创作的指导，以《讲话》内容衍生出一些创作标准，并主张要按照这些标准进行文艺创作。

五　纪念《在延安文艺座谈会上的讲话》发表70周年学术讨论会

2012年，《讲话》发表70周年。当时的纪念活动是历史上最隆重的一次，其中最重要的活动是5月23日在北京人民大会堂举行的"纪念毛泽东同志《在延安文艺座谈会上的讲话》发表70周年座谈会"，胡锦涛做出重要指示，李长春出席座谈会并讲话，他在高度评价胡锦涛对《讲话》的历史定位和理论定位之后，就如何在新的历史条件下继承和弘扬《讲话》精神提出了具体要求。① 毋庸置疑，这次座谈会的政治意义远大于理论意义，所以，在这次会议的指导和影响下，全国很多地方和单位都召开了纪念《讲话》发表70周年的学术会议，使2012年成为历次纪念《讲话》发表召开学术会议最丰富的一年。

比如，陕西、四川、江西、上海和内蒙古等省、自治区、直辖市都以几乎相同的名义召开关于《讲话》的纪念会，中国文联下辖的书协、曲协和中国艺术研究院以及全国毛泽东文艺思想研究会、解放军总政治部、中国社会科学院等也都纷纷召开座谈会或者研讨会，纪念《讲话》发表70周年。这其中，北京大学和中国社会科学院文学哲学学部召开的两次会议从美学层面来说影响比较大。2012年4月6日，北京大学艺术

---

① 李长春强调，继承和弘扬《讲话》精神、奋力开拓中国特色社会主义文化发展道路，必须坚持以马克思主义为指导，始终用马克思主义中国化的最新成果引领文化发展方向；必须牢牢把握科学发展这个主题，把科学发展观的要求贯穿到文化工作的各个方面；必须大力建设社会主义核心价值体系，巩固全党全国各族人民团结奋斗的共同思想道德基础；必须贴近实际、贴近生活、贴近群众，牢固树立以人民为中心的创作导向；必须解放思想、实事求是、与时俱进，始终以改革创新为强大动力；必须积极吸收世界优秀文明成果，推动中华文化走向世界。各级党委和政府要进一步加强对文化建设的领导，加强文化人才队伍建设，为推动文化繁荣健康发展提供坚强保障。广大文化工作者要大力继承和弘扬《讲话》精神，积极追求德艺双馨，自觉树立良好形象，以文化改革发展的优异成绩迎接党的十八大胜利召开。

学院、歌剧研究院和中国画法研究院联合召开了"纪念毛泽东《在延安文艺座谈会上的讲话》发表70周年研讨会"，讨论了关于北京大学艺术教育和文化强国建设等诸多问题，周其凤、王一川、范曾、金曼、谢立中、程朝翔等纷纷发言，一方面强调《讲话》精神的当代价值和意义，指出要将《讲话》的精神和现实生活、实际工作结合在一起，使《讲话》不断释放出新的理论意义和指导意义；一方面结合《讲话》精神，深谈艺术教育和文化强国问题，认为应该对"为什么人的问题"进行再思考、再认识。这次会议虽然是北京大学的一次校内研讨会，但是"破解了当今有关艺术教育和文化大发展大繁荣的一些难题，为今后高等学校继承历史传统、发挥自身优势，培育社会主义合格建设者提供了有益的启示"。① 所以产生了比较重要的影响。2012年5月11日，由中国社会科学院文学哲学学部主办，中国社会科学院文学研究所与中国社会科学院中国特色社会主义理论体系研究中心联合承办的"继承传统迎接挑战——纪念毛泽东《在延安文艺座谈会上的讲话》发表70周年学术研讨会"在北京举行，参会专家学者共计100余人。这次会议从多个方面对《讲话》及其精神进行了阐释和评价，包括《讲话》的历史功绩与影响、文艺与人民的关系、文艺与政治的关系、《讲话》对当代文艺发展的启示与意义等，从各方面对《讲话》进行了深入阐释、解读和分析。②

　　在谈及纪念《讲话》的问题时，洪子诚曾指出，"从50年代开始，几乎每年的5月，都会以各种形式纪念毛泽东'讲话'的发表：或者开纪念大会，或者文艺演出，或者报刊发表社论，组织相关人士撰写纪念文章"。③ 虽然在改革开放之后，纪念《讲话》的活动不那么密集，但是也存在逢十纪念的传统，前文所述1982年、1992年、2002年和2012年的纪念活动，基本上涵盖了改革开放以来重要的纪念《讲话》发表活动，总结40多年的纪念会议，可以发现在这个既不算短也不算长的历史时间

---

① 商伟：《北京大学纪念毛泽东〈在延安文艺座谈会上的讲话〉发表70周年研讨会综述》，《现代传播》2012年第6期。

② 详见丁国旗《纪念毛泽东〈在延安文艺座谈会上的讲话〉发表70周年学术研讨会综述》，《文学评论》2012年第4期。

③ 洪子诚：《材料与注释》，北京大学出版社2016年版，第105页。

内，纪念《讲话》的会议也呈现出一些比较鲜明的特点。

首先，1982—2012 年，《讲话》经历了一个从文本确认到仪式确认的过程。20 世纪 80 年代初期，"文化大革命"时期造成的文本创伤还亟待修复，"文化大革命"期间假借《讲话》之名，将文艺与政治的关系上升为"政治斗争"，对文艺事业造成了极大伤害，这是对《讲话》精神的破坏，也是对文艺事业的破坏，所以当时必须重新认识《讲话》精神，树立《讲话》的权威和历史地位。而在这种地位被确定之后，相关纪念活动在一些意义上变成了某种仪式。在谈及纪念《讲话》发表的社论时，洪子诚曾指出，"就报刊（主要是《人民日报》，或加上《文艺报》）发表的社论而言，有的时候，论述和措辞可能是基于惯例，带有更多的仪式意味，没有许多新意，但有的时候，对《讲话》的阐释也包含文艺思想、政策调整方面的重要涵义"，[①] 这种说法实际上也适用于关于《讲话》的纪念会。比如 2002 年和 2012 年，纪念《讲话》发表都是国家层面的，尤其是 2012 年党和国家领导人亲自指示，其政治意义已经超越了《讲话》的文本意义。凸显政治意义也说明，国家的文艺思想、方针和政策更加向《讲话》精神聚拢，纪念活动虽然是仪式性的，但是其意义更具深远性。

其次，在各种纪念《讲话》的会议中，《讲话》精神是被纳入马克思主义文艺思想体系被确认、诠释、研究和落实的。一方面，如前文所述，本来，《讲话》早在 20 世纪 40 年代就已经被认为是马克思主义经典文献，在之后的一段时间里，其地位不断被确认，之所以存在 20 世纪 80 年代的重新确认，就是因为"文化大革命"时期对《讲话》的事实歪曲，所以有必要在改革开放初期就对《讲话》和毛泽东文艺思想的地位进行重新说明和确实，这实际上也是"拨乱反正"的组成部分。另一方面，在后毛泽东文艺时代，在纪念《讲话》的同时，也有一些与《讲话》具有相同性质的讲话出现，如邓小平、江泽民和胡锦涛等关于文艺创作的讲话，这些讲话虽然针对的是中国社会发展的各个时期，有时甚至针对

---

① 洪子诚：《材料与注释》，北京大学出版社 2016 年版，第 105 页。

具体问题，但是毋庸置疑的是，这些新时期的讲话在思想上是与《讲话》一脉相承的，并同属于马克思主义美学和马克思主义文艺理论体系。这既证明，在马克思主义美学和文艺理论中国化的过程中，《讲话》的历史地位、理论地位和政治地位是不容忽视的，也是具有引领意义的，以纪念《讲话》为中心的学术会议至少是这种认识和"确认"的一方面；这也证明，中国文艺理论建设的指导者和践行者，在这个历史时期里正有意识地扩大马克思主义美学和文艺理论的内涵和外延，也就是有意识地完成《讲话》以来的马克思主义美学和文艺理论中国化的历史叙事，这种建构也和纪念《讲话》相关会议息息相关。

再次，纪念《讲话》的学术会议呈现出越来越重视现实指向性的倾向。德国思想家伽达默尔在谈到"时间距离"（Zeitenabstand）时指出，"当某个文本对解释者产生兴趣时，该文本的真实意义并不依赖于作者及其最初的读者所表现的偶然性。至少这种意义不是完全从这里得到的。因为这种意义总是同时由解释者的历史处境所规定的，因而也是由整个客观的历史进程规定的"，[①] 从这个意义上说，《讲话》与其发表50年之后的历史时空无疑产生了"时间距离"，但是《讲话》的精神和人们对《讲话》精神的理解和热情却并没有随着时间的流逝而消散。唯一不同的是，无论是国家级纪念会，还是各个省（区）市的纪念会，抑或是艺术界的专门会议，已经在漫长的历史时间距离中对《讲话》做了新的诠释，大家认识到，《讲话》之于文艺创作的意义已经不再是延安时期或者新中国成立初期那样了。中国社会、现实、艺术和美学都发生着深刻的变革，所以大家都将《讲话》精神同中国各个时期的历史现实结合起来，这就涉及一个比较重要的问题：《讲话》中的内容，哪些是针对毛泽东文艺时代的，哪些是针对后毛泽东文艺时代的。实际上，历次纪念会上都有学者在回答这一问题，《讲话》集中思考和讨论了两方面的问题：一是文学的社会政治功能，一是"新文学"的建设依靠什么人来实现。从前述邓小平等关于文艺创作的讲话看，内容实际上也大致围绕这两方面，即

---

① ［德］汉斯－格奥尔格·伽达默尔：《诠释学Ⅰ：真理与方法》，洪汉鼎译，商务印书馆2007年版，第403页。

"为什么人的问题"，成为马克思主义美学和文艺理论中国化的核心问题。以此为标准，在事实上解决了很多文艺创作的现实问题。这说明，无论是思想界还是文艺界，在与《讲话》存在"时间距离"的时候，已经开始思考并着手建构《讲话》对现实的意义。

第四节 "中英马克思主义美学双边论坛" 对马克思美学的新拓展

言及改革开放 40 年尤其是新世纪以来马克思主义美学在中国的发展，就不得不提到上海交通大学人文学院和英国曼彻斯特大学艺术、历史与文化学院共同举办的"中英马克思主义美学双边论坛"，这个具有持续性的双边论坛创办以来就在中国马克思主义美学的拓展层面产生了积极的影响，成为马克思主义美学发展和深化的重要指标。

2011 年，首届"中英马克思主义美学双边论坛"在上海交通大学举行。之后，双边论坛分别在中国上海和英国曼彻斯特举行，每年一次。论坛是当代马克思主义美学发展比较重要的热点会议之一，吸引了来自中国及世界上多个地区的美学家参与，研究并落实了一些问题，因此产生了很大影响，开了东西方共同研究探讨马克思主义美学制度的先河。

论坛的召集人王杰在《首届中英马克思主义美学双边论坛文集》序中言明了举办这个论坛的初衷，其文如下：

> 2008 年初春，受国家留学基金委的资助，我以"高级研究学者"和曼彻斯特大学艺术、历史与文化学院名誉研究员的身份到曼彻斯特大学从事访问研究，合作研究者是著名的马克思主义文学理论家特里·伊格尔顿教授。刚到曼彻斯特大学时，因伊格尔顿在美国耶鲁大学讲学，英文系系主任 Laura Doan 教授介绍我认识了该系优秀的青年马克思主义文学批评家迈克·桑德斯（Mike Sanders）博士，安排他帮助我解决研究工作中的有关问题。在和迈克的交往中，我们讨论了马克思主义文学批评和美学的诸多问题。伊格尔顿回来后，

我们讨论最多的是马克思主义的命运，以及马克思主义美学的有关问题。伊格尔顿和我有一个共识：马克思主义美学的学科建设远远没有完成，还有许多工作要做。①

基于这样的考虑，有理由相信这成了召集人最初举办论坛的缘由。而且，凭借曼彻斯特和上海两座城市同马克思主义千丝万缕的联系，"在全球化的社会和文化背景下，在上海和曼彻斯特两个城市为支点，以双边论坛的形式开展马克思主义美学的交流与对话，无疑是一件很有意义的事情"。② 王杰指出，"通过这样一个学术交流的平台，我们希望两国以及各国马克思主义美学和文化研究领域的学者可以交流研究信息，交换研究成果，探讨开展合作研究的可能性，共同把马克思主义美学、马克思主义文学批评和文化理论研究推向深入"。③ 经过长时间的准备，④ 双方共同决定在上海和曼彻斯特举行双边论坛。言之为"马克思主义美学"论坛，但是当时所谓"马克思主义美学"已经远不是 20 世纪 80 年代和 20 世纪 90 年代的马克思主义美学。如现代美学的潮流一样，随着马克思主义美学的多元发展，"马克思主义美学"本身也被赋予更多、更丰富的内涵。中英马克思主义美学双边论坛正是在这种美学意义上举行的，内中涵盖了马克思主义美学的诸多问题，既包括传统意义上的马克思主义美学，也包括西方马克思主义美学理论，同时也存在很多在马克思主义框架下的若干美学问题。可见，这几次论坛涉及马克思主义美学的讨论呈现出多元化的趋势。

---

①　王杰：《中英审美现代性的差异——〈首届中英马克思主义美学双边论坛文集〉序》，《中英审美现代性的差异：首届"中英马克思主义美学双边论坛"论文集》，中央编译出版社 2012 年版，第 7—10 页。
②　王杰：《中英审美现代性的差异——〈首届中英马克思主义美学双边论坛文集〉序》，《中英审美现代性的差异：首届"中英马克思主义美学双边论坛"论文集》，中央编译出版社 2012 年版，第 7—10 页。
③　王杰：《中英审美现代性的差异——〈首届中英马克思主义美学双边论坛文集〉序》，《中英审美现代性的差异：首届"中英马克思主义美学双边论坛"论文集》，中央编译出版社 2012 年版，第 7—10 页。
④　2010 年 5 月，曼彻斯特大学艺术、历史与文化学院的大卫·奥尔德森博士在上海交通大学访学，其间，王杰和曼彻斯特大学方面商谈了此事，并最终得以落实。

2011 年 4 月 23—26 日，第一届中英马克思主义美学双边论坛在上海交通大学人文学院举行，① 华东师范大学、南京大学、山东大学和中国社会科学院、上海社会科学院等多个国内科研单位的美学家和来自英国、俄罗斯、澳大利亚、美国等多个国家的美学家参加了这次论坛，② 论坛也邀请了一些国内期刊报纸的编辑和科研人员参会。③ 上述参会人员共计 70 多人。这次论坛的主题是"中英审美现代性的差异问题"，从程序上说，论坛主要分为两个部分，一是与论坛主题相关的讨论，二是关于《在延安文艺座谈会上的讲话》、《狼图腾》和《乡村与城市》的讨论。④ 就中英审美现代性的差异问题而言，中外参会者分别从理论源头、差异原因、美学与现代性的关系等多个方面对这个问题进行阐释，既有平行比较研究，也有影响比较研究，也有学者从不同的方向、用不同的方法各陈己见，从各个角度诠释此问题，形成中外学者的对话之势。这其中，国外学者大都将目光集中在美学、艺术、全球化与中国美学的关系问题上，既在全球化背景下追寻当前美学产生的理论基础和现实源头，又在尝试

---

① "会议由上海交通大学人文学院与英国曼彻斯特大学艺术、历史与文化学院共同主办，上海交通大学人文学院、美学与文化理论研究所、《马克思主义美学研究》编辑部共同承办"，"双方并且约定以后每年一次，分别在英国曼彻斯特大学和上海交大轮流举行"，"并希望随着交流的深入，在可能的条件下改为多边论坛"。详见张蕴艳《"乡村与城市"的中英美学与文化差异：中英审美现代性的一种比较——首届"中英马克思主义美学双边论坛"综述》，《社会科学家》2011 年第 6 期。

② 具体言之，参会的中外美学家和美学工作者主要来自曼彻斯特大学、圣彼得堡大学、澳大利亚昆士兰理工大学、美国杜克大学、英国利兹大学、麻省理工学院、美国加州大学洛杉矶分校、中国社会科学院、上海社会科学院、中国艺术研究院、华东师范大学、山东大学、南京大学、浙江大学、上海大学、上海师范大学等。详见王斌《中英审美现代性的差异——首届"中英马克思主义美学双边论坛"综述》，《马克思主义美学研究》2011 年第 2 期。

③ 主要有《文学评论》《学术月刊》《社会科学家》《中山大学学报》《文艺理论与批评》《厦门大学学报》等。详见王斌《中英审美现代性的差异——首届"中英马克思主义美学双边论坛"综述》，《马克思主义美学研究》2011 年第 2 期。

④ 张蕴艳将论坛主题划分为以下几个部分。一是中国与英国：审美现代性的不同经验；二是城市与乡村：审美现代性的核心命题；三是马克思主义美学中国化：建立审美现代性阐释的新模式。王斌将论坛主题划分为以下几个部分：一是马克思主义美学的现代性；二是文艺现代性；三是乡村与城市现代性。详见张蕴艳《"乡村与城市"的中英美学与文化差异：中英审美现代性的一种比较——首届"中英马克思主义美学双边论坛"综述》，《社会科学家》2011 年第 6 期。另见王斌《中英审美现代性的差异——首届"中英马克思主义美学双边论坛"综述》，《马克思主义美学研究》2011 年第 2 期。

探索这种晚近以来的美学范式对中国美学的影响。中国学者更多地将目光聚焦于美学或者马克思主义美学本身，从本体论的层面上讨论某一个涉及美学的问题。

　　与会者认为，城市与乡村的关系问题是审美现代性的核心命题，所以在此框架下进行了诸多讨论，包括对城市与乡村问题的观照，对物质文明进步和精神文化发展的关系，在时间维度上怀旧与进步的关系、对人的主体性、理性及其与自由关系的追问或反思，对人民美学与底层文学的当代形态的关注及与城市和乡村关系问题相关的人的异化与生态危机等问题。① 需要说明的是，这些问题的落脚点集中在《讲话》、《狼图腾》和《乡村与城市》上：关于《讲话》，中国学者沿着一贯的思路认为在这部著作中蕴藏的是无产阶级文艺政治的行动指南，同时从各个方面对其进行解读，但是西方学者并不同意这种观念，认为艺术还是应该与政治保持必要的距离，即使《讲话》在党内具有崇高的地位，也只是特定时代的产物。关于《狼图腾》，与会者从民族性、家族血缘、民族心理等方面对这部小说进行了界说，西方学者则将问题引向叶芝，通过对叶芝诗歌的理解阐释民族文学向世界文学过渡的进程。关于《乡村与城市》，中国学者根据中国国情提出一些乡村现代化的措施，也分析了具体的城市（如上海）文化建设等问题，西方学者则从更宏观的角度分析了工业与城市、城市与乡村同现代化的具体关系问题。

　　此外，这次论坛还讨论了马克思主义美学中国化的问题。与会者一致认为，在马克思主义美学中国化的历史进程中，一定要重视中国的现实国情，注意如何将经典马克思主义美学与中国现实社会和美学有机地结合起来，比如，有学者认为，"中国现代性的问题植根于近代以来中国现代化进程所具有的独特的曲折性与复杂性。与西方不同，中国的审美现代性没有独立自主性，而是整个社会现代性的一部分"。② 也有学者表

---

　　① 张蕴艳：《"乡村与城市"的中英美学与文化差异：中英审美现代性的一种比较——首届"中英马克思主义美学双边论坛"综述》，《社会科学家》2011 年第 6 期。
　　② 张蕴艳：《"乡村与城市"的中英美学与文化差异：中英审美现代性的一种比较——首届"中英马克思主义美学双边论坛"综述》，《社会科学家》2011 年第 6 期。

示《手稿》掀起美学热潮并不是一个偶然事件，而与中国对《手稿》的翻译、接受和诠释有很大关系。王杰在这次论坛总结发言中概括了中国马克思主义的基本问题，他指出，"中国马克思主义美学的基本问题也就是马克思主义美学在中国的现实语境中所面对的问题，中国的马克思主义美学并不是马克思主义美学理论的中国化，是马克思主义的基本理论与中国的神秘经验和艺术实践相结合的产物，它是中国现代化过程以及社会主义革命过程的一部分，它的审美合理性是与政治正确性密切联系着的。中国马克思主义美学在理论模式上表现为中国式的审美意识形态，即在经济技术欠发达的国家，可以跨越审美现代性将审美价值与社会生活其他诸种价值割裂开来的美学范式，把文学艺术作为社会的对立面和批评性力量的存在方式转变为社会变迁和社会变革服务的上层建筑力量"。① 可以说，这个总结发言可以被视为这次会议关于马克思主义美学中国化的一次总结，基本概括了会议的主要观点和内容。这次论坛可以说开启了一个专门阐述中国马克思主义美学而具有连续性的会议先例，同时论坛双方也共同完成了对中英马克思主义美学双边讨论的建构。②

2012 年 4 月 12—14 日，第二届中英马克思主义美学双边论坛如约在英国曼彻斯特举行，③ 这次论坛的主题是"马克思主义与人道主义"，参会者包括外国专家 15 人和国内专家 15 人。④ 与第一届论坛相比，这次论

---

① 张蕴艳：《"乡村与城市"的中英美学与文化差异：中英审美现代性的一种比较——首届"中英马克思主义美学双边论坛"综述》，《社会科学家》2011 年第 6 期。

② 如王斌认为，"本论坛将继续致力于沟通和交流国内外马克思主义美学研究的最新成果，挖掘我国民族文化中的积极元素，探索建立具有民族性的审美模式，为我国美学、文学理论和社会发展提供有价值的理论指导"。详见王斌《中英审美现代性的差异——首届"中英马克思主义美学双边论坛"综述》，《马克思主义美学研究》2011 年第 2 期。

③ 具体地点为曼彻斯特大学最古老的建筑怀特沃斯大楼的议事厅。关于此次会议的信息，笔者参见了尹庆红《马克思主义与人道主义——第二届中英马克思主义美学双边论坛会议综述》，《马克思主义美学研究》2012 年第 2 期。

④ 具体包括曼彻斯特大学、利兹大学、兰卡斯特大学、诺丁汉特伦特大学、中兰卡郡大学、阿斯顿大学、加州大学和复旦大学、华东师范大学、华中师范大学、华南师范大学、湘潭大学、中国艺术研究院、上海社会科学研究院、中央编译出版社。《马克思主义美学研究》编委会成员列席会议。

坛的主题比较集中，从形式上说，这次会议主要包括三个层面：主题演讲、分会场论文宣读和文本专题。在开幕式上，曼彻斯特大学艺术、历史与文化学院院长杰米·格瑞格利和上海交通大学人文学院院长王杰分别致辞，共同强调了审美、人道主义和文化习性等理论问题的重要性和重要意义。凯文·安德森、珍尼特·伍尔夫分别作了题为"卡尔·马克思和现在时刻：超越'抵抗'走向人的解放"和"社会学的第三立场：正视文化理论中的效果转向"的主题演讲。安德森指出，晚年马克思已经将目光投向了全球，而且对地方性的抵抗资本主义进行理论化，并认为马克思建构的是"一种将唯物主义与理想主义相结合、超越人的自然性与理性的具有社会性的人道主义，因为这是一种更具实践性的人道主义"。①伍尔夫的发言旨在阐述当前文化研究理论所陷入的僵局，着重在三个方面，"一是个人与社会生活中的情感与感性因素在文化研究中被忽略或边缘化的倾向；二是批判理论与文化研究有一种阻止美学对话的趋向，即不能仅仅依靠社会学术语而是要提供适合谈话或交流的语言，这种语言要充分考虑到人类的文化价值与趣味问题；三是在文化研究、社会学、美学与艺术研究等领域存在一种误解，研究者抛弃了正常的理性模式，拥护'逃离语言'的牢笼的理念，过度依赖某种特殊的事件、经验和遭遇，追求离题的话语甚至寻找一些更为神秘莫测和难以领会的元素"。②

在这次会议上，与会者重点讨论了四种马克思主义美学框架下的经典文本，包括《生活之美》（威廉·莫里斯）、《审美之维》（马尔库塞）、《歧见》（朗西埃）和《1844 年经济学哲学手稿》（马克思）。

针对《生活之美》，威廉·莫里斯研究专家托尼·品克从威廉·莫里斯的马克思主义的革命转向、艺术与劳动的关系和崇高问题等三个方面对这部著作进行界说，试图透过《生活之美》完成对威廉·莫里斯的诠释学解读，中国学者也结合自己的研究旨趣对生活与美的关系问题进行

---

①　尹庆红：《马克思主义与人道主义——第二届中英马克思主义美学双边论坛会议综述》，《马克思主义美学研究》2012 年第 2 期。

②　尹庆红：《马克思主义与人道主义——第二届中英马克思主义美学双边论坛会议综述》，《马克思主义美学研究》2012 年第 2 期。

了阐释，有学者结合《生活之美》谈及媚俗和媚雅；有学者以林语堂、梁实秋为中心说明休闲生活应该建立在一定的物质基础之上；有学者深入莫里斯的文本内部分析他所谓"生活美学"的源头。针对《审美之维》，马尔科姆·迈尔斯首先对这部著作进行了解读，他先是分析了马尔库塞写作这部作品的历史背景和理论环境，认为《审美之维》既是对革命的思量也是对美的思考，同时也讨论了艺术和灾难的关系问题，对这部美学著作给予高度评价。针对《歧见》，中国学者一致认为这部著作和朗西埃本人在国内的研究都应该尽快完善起来，以利对法国左派知识分子的研究，在解读过程中，与会者主要探讨了朗西埃所谓政治和艺术的互动关系，关心的是如何将政治批评有效地接入艺术评论。

《1844年经济学哲学手稿》是这次论坛讨论最多的文献。有学者认为，对《巴黎手稿》的研究大致经历了三个阶段，即卢卡奇、阿多诺和马尔库塞等的批判理论，阿尔都塞《保卫马克思》影响下的马歇雷、詹姆逊、伊格尔顿等的马克思主义美学理论，晚近以来对《巴黎手稿》中人道主义的讨论。有学者认为理解《手稿》中"美的规律"的三个关键词是尺度、规律和美的规律；有学者从青年马克思的思想入手讨论《手稿》的意义和价值；一些学者从实践论的角度切入，讨论《手稿》中的主体性问题；一些学者从"异化"问题入手对马克思主义美学进行深度解读；还有一些学者关心"主体性"和"人道主义"等问题，大家认为所谓"人道主义"问题可以分为不同的情况讨论，要注意区分"各种""人道主义"与美学之间的关系。这次论坛对国内马克思主义美学研究的影响很大，虽然只是针对四部著作进行文本的深度解读，但是西方解读者在相关领域都具有绝对的话语权，中国参与者也不乏这一领域的执牛耳者，因此对话和碰撞产生的余热在国内学术界也产生着深刻的影响。而这次论坛与第一届论坛最大的区别在于，关于马克思主义美学的讨论，已经从国内来到了国外，本届论坛所讨论的四部文献，都是西方马克思主义美学的经典文献，比照第一届论坛的《讲话》和《狼图腾》，具有更为本真的马克思主义美学属性，所以，论坛所讨论的问题无形中对中、英两国尤其是中国研究马克思主义美学的学者具有重要的影响。

2013 年 4 月 6—8 日，第三届中英马克思主义美学双边论坛在上海交通大学举行。① 来自欧洲、美国和中国 20 多所高校和科研机构的近百人参加了这次论坛，② 论坛的主题是"马克思主义与未来"，即"在马克思主义与中西美学的历史传统与现实境遇的结合点上思考马克思主义在未来社会建设中的作用与地位，以及美学在这种可能性面前面临的问题、挑战与任务"。③ 王杰在主题发言中指出，"基于对马克思主义，尤其是马克思主义美学如何在当代社会生活中发挥积极作用以应对当前深刻的世界危机的考虑而提出的"，④ 虽然与会者发言的内容和讨论的范围非常宽泛，但是都处于宏观的马克思主义框架内。⑤

与会者首先讨论了东西方概念中"人"的差异，认为西方社会所谓"人"是社会的人，人与社会生活息息相关，而中国的"人"是一个哲学概念，是"仁"的实践载体。比如，有西方学者指出了西方 20 世纪思想家对马克思主义中"人道主义"的继承和发展；中国学者则注重强调儒家思想和马克思主义之间的多种连带关系。如何用马克思主义美学指导未来美学和现实也是与会者讨论的话题，大家认为在消费时代的进程中应该科学地认识和对待马克思主义美学，只有这样，才能赋予马克思主义更多的现实意义。有学者从语言学的角度阐释了马克思主义对于后世的影响；有学者指出马克思主义的生命力在于其实践性；有学者认为应该运用现代科学来解释马克思主义及其相关问题，也有学者将目光转向文化

---

① 具体地点为上海交通大学闵行校区人文学院报告厅。

② 主要有伦敦大学、鲁汶大学、杜克大学、瑞士欧洲研究院、圣彼得堡大学、澳大利亚莫纳什大学、利兹大学、曼彻斯特大学和北京大学、复旦大学、吉林大学、浙江大学、厦门大学、武汉大学、山东大学、中国传媒大学等。

③ 杨荔斌：《肩起马克思主义美学理论的时代使命——第三届中英马克思主义美学双边论坛会议综述》，《马克思主义美学研究》2013 年第 1 期。

④ 杨荔斌：《肩起马克思主义美学理论的时代使命——第三届中英马克思主义美学双边论坛会议综述》，《马克思主义美学研究》2013 年第 1 期。

⑤ 杨荔斌将此次会议的主题归纳为：（一）面向未来之"人"的立足点：西方的"人"与东方的"仁"；（二）导向未来之基：现实的种种发问；（三）走向未来的跨越：政治与艺术的关系；（四）建构未来之维：关于乌托邦；（五）探讨未来的中国话语：美学与文学。张蕴艳将此次会议的主题归纳为：（一）乌托邦、现实与未来；（二）人道主义、辩证法与未来；（三）悲剧、美学革命与未来；（四）保守与激进、传统与未来的共识建构。

研究，强调文化研究、马克思主义和物质欲望之间的关系。与会者还讨论了政治和艺术的关系问题，发言者分别结合历史、文化和文学作品对这个问题加以阐释，认为绝不能阻隔政治和艺术的联系，更不能阻隔经济基础和上层建筑的联系。比如，有西方学者从大革命之后的先锋派艺术入手，研究艺术与政治的关系；有学者以英国和法国为中心讨论马克思主义理论在西欧社会是如何发展的；有学者以无产阶级小说为中心说明文学与政治的关系；有学者以莫言的《酒国》为中心讨论马克思主义、未来与中国梦之间的关系。在讨论乌托邦问题时，与会者分别将乌托邦同空想社会主义、鬼魂、乌托邦小说联系起来，试图从多个角度还原乌托邦与马克思主义美学之间的隐秘逻辑。比如，有学者将乌托邦比喻成幽灵，认为乌托邦如鬼魂一样揭露社会的不和谐因素，触动了现代社会的神经；有学者试图厘清"空想社会主义"概念的诸多误区；有学者以詹明信和威廉斯为中心说明 20 世纪 20 年代上海城市空间"情感结构"的乌托邦属性。与会学者对美学理论也进行了诸多尝试，比如有学者认为应该结合马克思主义美学谈论悲剧；有学者从实践的意义上讨论马克思主义美学和文学理论的意义与价值；还有学者讨论马克思主义美学与中国传统美学精神之间的联系。①

　　这次论坛是自 2011 年论坛创办以来规模比较大的一次，因为是在中国举办，所以国内的很多学者都参加了这次论坛，这从另一个角度说明中英马克思主义美学论坛在美学和马克思主义美学领域产生了非常重要的影响。从相关资料看，论坛涉及的内容较为广泛，涵盖了哲学、美学、文学、艺术等诸多领域，但在艺术与美学聚首的一个时代，与会学者讨论的实际上是一个共同的问题，即马克思主义美学和文学理论在新的历史时期如何被进行新的诠释才能迸发出新的理论意义与历史意义。实际上，这次论坛也为中国马克思美学研究提供了诸多新的理论生长点。

---

　　① 这次论坛涉及的内容较多，在此不再赘述，详见杨荔斌《肩起马克思主义美学理论的时代使命——第三届中英马克思主义美学双边论坛会议综述》，《马克思主义美学研究》2013 年第 1 期。

2014 年 4 月 22—24 日，第四届中英马克思主义美学双边论坛在曼彻斯特大学如期举行，吸引了来自中国和世界其他地区的专家学者 40 多人，① 围绕论坛主题"后资本主义的未来"进行讨论。曼彻斯特大学校长惠勒（Wheeler）和王杰教授在开幕式上分别致辞，惠勒在介绍曼彻斯特大学的历史之后，从六个层面介绍了当下美学研究的主要范式，并强调儒家美学与西方美学应该建立具有联系性的必然关系。王杰则对第四次中英马克思主义美学论坛的大致情况作了介绍。会议邀请英国华威大学著名的后殖民理论家 Neil Lazarus 教授、莫纳什大学的 Justin O'Connor 教授、中国社科院文学研究所所长陆建德教授和上海交大人文学院院长王杰教授做了大会主题演讲，演讲主题分别为"后殖民时期的多元文化与身份认同"、"文化经济与审美"、"宗教与文学美学"和"中国梦与西方的乌托邦"。② 在论文宣读阶段，与会者大致讨论了三个方面的问题：一是讨论了中国"中国梦"和西方乌托邦的同与异，涉及"中国梦"的理论原点和历史原点、"中国梦"与"美国梦"之比较等问题；二是讨论了宗教与美学和艺术的关系问题，从宗教学的角度分析中国文学、中国美学和西方文学、西方美学的差异，并尝试从中建构出马克思主义美学和文学理论在这种差异中的位置；三是关注后殖民语境下中国艺术的民族身份和文化身份等问题，其中不乏对重要文学作品和艺术作品（如《中国合伙人》《第七天》等）的深度解读，认为在后殖民语境中，必须坚持马克思主义社会理想指导，进而形成一些新的美学经验。

需要说明的是，第四次中英马克思主义美学论坛主题的多元性和主办方的意志有关，刘纲纪 2013 年 11 月致信《马克思主义美学》编辑部，对第三届中英马克思主义美学论坛给予积极评价，表示这一论坛和政治

---

① "曼彻斯特大学、切斯特大学、华威大学、伦敦大学金史密斯学院、国王学院、玛丽皇后学院、杜伦大学、利兹大学、Tate 艺术馆、澳大利亚莫纳什大学等 20 多位国外学者和上海交通大学、中国社会科学院、中国艺术研究院、上海社会科学院、中国传媒大学、华东师范大学、安徽大学、汕头大学、湛江师范学院、遵义师范学院等 20 多位学者参加了本次会议。"详见赵臻《第四届"中英马克思主义美学双边论坛"国际学术会议综述》，《文艺理论与批评》2014 年第 6 期。

② 尹庆红：《第四届"中英马克思主义美学双边论坛"在英国切斯特大学召开》，《马克思主义美学研究》2014 年第 1 期。

方针息息相关，可以考虑扩大参与范围和主题范围，他指出，"在举办这类论坛时，要注意中央的外交方针和我国当前的外交动态，通过学术会议促进我国与世界各国之间友好交流。论题也不必局限在马克思主义美学上"。① 在这封信中提到了马克思美学研究的相关问题，无疑对马克思主义美学研究和中英马克思主义美学论坛产生了影响，使之后的论坛主题呈现出多元化样态。

2016 年 9 月 24—25 日，"第五届国际马克思主义美学论坛暨乌托邦的力量——当代美学的政治转向国际学术研讨会"在杭州召开。② 这次论坛由中华美学学会、浙江大学传媒与国际文化学院、英国卡迪夫大学语言文化学院、加拿大文化更新研究院、《探索与争鸣》杂志社、《社会科学家》杂志社等单位联合主办，由浙江大学传媒与国际文化学院承办。来自中国、美国、澳大利亚、英国、俄罗斯、加拿大及中国香港、中国台湾等国家和地区的 200 多位专家学者参加了这次论坛。③ 涉及会议主题的讨论大致分为五个方面的内容。④ 一是全球语境中的"乌托邦"概念问题。有学者区分了贬义词和中性词意义上的"乌托邦"概念，并强调现时代需要的是一种对未来构思的乌托邦；有学者考察巴西里约热内卢一个贫民窟与乌托邦的关系，强调现代社会同样需要乌托邦；有学者提出"后乌托邦"的概念，意在说明现代社会具体的"拟人"也可以为传统的乌托邦概念提供注脚；有学者提出从中、西两个角度对"乌托邦"概念

① 刘纲纪：《本刊名誉主编刘纲纪先生给编辑部的信》，《马克思主义美学研究》2013 年第 2 期。

② 刘纲纪在给《马克思主义美学研究》编辑部的信中曾指出，"但我想今后此类论坛不必只限于英国，也可同美、德、法诸国合办，还可考虑同俄国合办。在举办这类论坛时，要注意中央的外交方针和外国当前的外交动态，通过学术会议促进我国与世界各国之间友好交流。论题也不必局限在马克思主义美学上"。详见刘纲纪《本刊名誉主编刘纲纪先生给编辑部的信》，《马克思主义美学研究》2013 年第 2 期。

③ 详见段吉方《"第五届国际马克思主义美学论坛暨乌托邦的力量——当代美学的政治转向国际学术研讨会"综述》，《上海文化》2016 年第 10 期。另见向丽《乌托邦的力量：当代美学的政治转向——第五届国际马克思主义美学论坛会议综述》，《探索与争鸣》2016 年第 12 期；王大桥《乌托邦的力量：当代美学的政治转向——"第五届国际马克思主义美学论坛"会议综述》，《社会科学家》2016 年第 12 期。

④ 关于这五方面，借鉴了段吉方《"第五届国际马克思主义美学论坛暨乌托邦的力量——当代美学的政治转向国际学术研讨会"综述》（《上海文化》2016 年第 10 期）一文。

进行建构。在这一层面上，与会者尝试给作为概念的"乌托邦"一个新的定义，并在不同语境中存在不同的"乌托邦"概念这一观念达成共识。二是乌托邦的中国形式及审美表达。有学者强调要将乌托邦思想和中国现实社会建立联系；有学者结合 20 世纪中国小说区分了"乌托邦"、"敌托邦"和"女托邦"三个概念；有学者以《三体》为中心说明乌托邦内部涵盖的复杂逻辑。三是乌托邦批判与当代美学的政治学转向。有学者认为美学的政治学转向无形中模糊了美学的边界，将美学及相关问题带入一个更加芜杂的场域；有学者认为"后浪"的主义在日常政治、文化治理和市民经验领域发挥了重要作用；有学者指出在当代言说乌托邦概念本身就是一个政治问题；还有一些学者从詹姆逊、鲍曼、马尔库塞和阿多诺的本体论中寻找"乌托邦"的概念，并将之与政治建立联系。四是乌托邦研究与马克思主义美学之间的关系。有学者认为自"美学"诞生以来，经过 200 年的发展，现代人已经不能再用以美谈美、以艺术谈艺术的范式讨论美和艺术，而是将美学与生活建立必然联系；有学者阐述了"有机马克思主义"这个概念；有学者指出应该不断发掘马克思主义美学的诠释学意义；还有学者从历史唯物主义与文化唯物主义和语言建构主义的哲学中寻找审美意识形态的基础。五是乌托邦研究的当代价值及其美学意义。有学者指出应该在马克思主义美学和形式主义之间架起一座桥梁；有学者认为无论是研究马克思主义美学还是研究美学，都需要与现时代建立联系，从而使马克思主义美学具有新的诠释学意义；有学者强调在新时代要发掘出工具本体的诗情画意；还有学者从"中国梦"的角度阐释乌托邦的现实意义。

2017 年 7 月 14—15 日，第六届国际马克思主义美学论坛在英国威尔士卡迪夫大学举行，会议的主题是"创意、批评与全球化"。这次论坛由卡迪夫大学现代语言学院与浙江大学传媒与国际文化学院联合主办。来自欧洲、美洲、亚洲和中国各地的 40 多位专家学者齐聚一堂，围绕在全球化语境中，艺术与文化创意、批评理论之间的内在联系，艺术与文化创意实践如何有助于社会进展和可持续发展等议题展开讨论。①

---

① 向丽：《创意、批评与全球化——第六届国际马克思主义美学论坛综述》，《马克思主义美学研究》2017 年第 2 期。

围绕主题，中外学者进行了广泛的发言和讨论。7 月 14 日的讨论以"全球文化与创意"为中心。有学者以德国前人类时代的山洞为中心，指出文化差异的必然与现时代文化多样性对于全球化的意义；有学者谈及保护传统文化习俗的价值和意义；有学者指出中国殖民城市到文化多样性；有学者通过江南城市群说明城市美学、环境美学和生态美学的重要性；有学者论及创意产业的前景和意义；还有学者以具体的艺术创作为中心说明晚近以来美学偏向艺术的倾向性。7 月 15 日的讨论以"当代批评理论与美学"为中心。有学者分析了当代历史的三个事件，试图厘清这些事件的社会学价值和意义；有学者分析了现代西方社会的资本特性；有学者以蔡元培的"美育代宗教"思想分析了中国现代化过程中悲剧人文主义的重要性及其不同的呈现形态；有学者以电影为中心，指出国际电影节网络已经成为国家意识形态的某种表征；有学者提出了"全球科幻"的宏大构想；有学者以南京大屠杀为中心谈及真实对新闻的重要性。[①]

从上述六次马克思主义美学论坛所讨论的问题观之，这种跨地举办马克思主义论坛的形式无疑加深了东西方的学术对话与交流。无论是在上海还是在曼彻斯特等欧洲城市，双方都通过"跨地"的现实感对对方的文学、美学和人文精神了解颇深，也促进了双方关于马克思主义美学的交流。另外，参加论坛者都是中外相关领域的专家，大家各抒己见，使得双边论坛产生了更为深远的影响。就 21 世纪而言，中英马克思主义美学双边论坛也开启了马克思主义美学讨论的新模式，成为马克思主义美学制度一种新的呈现方式。

第五节　马克思主义美学在"现代中国"的过去、现在与将来

2000 年 6 月 28 日，中央思想政治工作会议在北京召开，江泽民发表

---

① 关于这次论坛，详见向丽《创意、批评与全球化——第六届国际马克思主义美学论坛综述》，《马克思主义美学研究》2017 年第 2 期。

后来题为《在中央思想政治工作会议上的讲话》以下简称《讲话》的讲话，对当时的思想状况和政治状况进行定位和部署，尤其是对马克思主义给予高度评价。在谈到关于思想政治工作面临的新形势新情况时，江泽民尤其关心的是"如何认识我国社会主义改革实践过程中对人们思想的影响"，他指出，"在我们进行改革的过程中，人们思想活跃，各种观念大量涌现，正确的思想和错误的思想相互交织，进步的观念和落后的观念互相影响，这是难以避免的。党的思想政治工作的一项重要任务，就是要引导干部群众分清主流和支流、分清正确和谬误。在当代中国，以马克思主义为指导的正确的进步的思想观念是整个社会思想的主流，这是毫无疑义的"，[1] 江泽民认为当时为马克思主义正本清源对于中央思想政治工作有推动作用和进步意义。此外，他还强调了马克思主义在当前社会建设和思想建设的重要作用，他指出，"只有坚持马克思主义为指导，才能正确制定和宣传贯彻党的路线方针政策，才能发展先进思想、克服落后思想。如果放弃马克思主义的指导地位，在指导思想上搞多元化，势必导致人心大乱、天下大乱，给党和国家带来灾难。这是决不允许的"。[2] 可见，《讲话》对马克思主义和马克思主义同中国思想界的关系问题进行了深入阐释，也为思想界指明了理论目标和理论方向。在学界正不知如何面对新世纪的马克思主义时，《讲话》成为行动的指南。

事实上，20 世纪 90 年代末期，随着中西方美学交流的逐渐深入，东方美学、环境美学和生态美学等新的美学范式不断被确认，马克思主义美学对美学本体的影响在削弱。考察 20 世纪 90 年代后半期的美学会议，基本上已经不存在单独讨论马克思主义美学的会议。即使对《手稿》的讨论也并不如 20 世纪 80 年代那般热烈。如有学者言，"20 世纪 90 年代之后美学热退潮，我国美学出现了深刻的转型。一些原先的美学派别走向凋零，一些新的美学范式如超越美学、生态美学等出现了。在这种情况下，《手稿》对我国美学的影响在逐渐缩小"，[3] 但同时，"尽管《手

---

① 江泽民：《江泽民文选》（第三卷），人民出版社 2006 年版，第 82 页。
② 江泽民：《江泽民文选》（第三卷），人民出版社 2006 年版，第 86 页。
③ 汪正龙：《马克思与 20 世纪美学问题》，高等教育出版社 2014 年版，第 248 页。

稿》对我国当代美学研究的影响在缩小，但是这并不等于说《手稿》中所论及的与美学有关的问题得到了很好的研究或解决，更不等于说《手稿》对我国当代美学建构所包含的多方面的潜能已经完全被认知并得到了释放"。① 可以说，马克思主义美学其实还存在诸多阐释空间。也正是基于此，"马克思主义美学的现状与未来"国际学术研讨会才得以召开并产生影响。

2000 年 7 月 23—26 日，"马克思主义美学的现状与未来国际学术研讨会"在广西桂林召开，这次会议由中华美学学会和中外文艺理论学会共同主办，由广西师范大学承办，相关领域专家学者 50 多人参加了这次会议，其中不乏来自美国、澳大利亚及中国香港的参会者。② 这次会议对马克思主义美学进行了比较全面的回顾、评价、定位和展望。

在对马克思主义美学进行回顾的问题上，有学者提出了历史上马克思主义美学存在的两个阶段，分别是传统的苏联马克思主义美学和西方马克思主义美学，而这两个阶段的马克思主义美学都或多或少地存在一些问题，前者忽视了人类社会生活的本质，后者总是在追求对现实的"颠覆"和"否定"，中国马克思主义美学只有正视上述两种马克思主义美学的问题才能走上正确发展的轨道。有的学者认为如果将马克思主义美学分为西方马克思主义美学和中国马克思主义美学，那么显然中国马克思主义美学尚未"得到应有的研究和重视"，③ 这一问题亟待解决。有的学者认为对马克思主义美学进行整理研究的前提是将马克思主义美学已有的东西方遗产进行整理，只有追本溯源才能进行科学的梳理。在对马克思主义美学进行现实定位的问题上，与会者一致认为，中国的马克思主义美学研究事实上还存在自身的弊端，一方面，长时间以来对于马克思主义美学根本问题的研究缺乏深度和广度，这样就必然会对马克思主义美学的理解产生一些曲解，这并不利于国内马克思主义的研究，因此有必要

---

① 汪正龙：《马克思与 20 世纪美学问题》，高等教育出版社 2014 年版，第 248 页。

② 韦苏陈：《"马克思主义美学的现状与未来"国际学术研讨会综述》，《美术》2001 年第 3 期。

③ 韦苏陈：《"马克思主义美学的现状与未来"国际学术研讨会综述》，《美术》2001 年第 3 期。

对马克思主义进行进一步的深入研究。另一方面，单就中国马克思主义来说，事实上国内的研究缺乏原创性，只是在重复言说西方马克思主义的研究成果，这样并不能产生有效的意义和积极的影响。大家一致认为，若将马克思主义美学研究不断完善并进一步发展，必须立足本土，寻找到马克思主义美学新的起点。在对马克思主义美学研究的展望问题上，有的学者认为必须将中国的马克思主义美学研究置于全球化的视野中，将本土研究与世界发展趋势结合起来，在结合中形成中西马克思主义美学之间的对话。西方学者普遍认为应该在马克思主义研究中增加一些人文要素，要更加全面地认识全球化的问题，避免张冠李戴。

会议论文后结集出版，《马克思主义美学研究》第4辑对这次会议做了专门刊载，题为《马克思主义美学的现状与未来国际学术研讨会论文集》，① 该文集序言部分，编者对这次会议进行全面总结，并对马克思主义美学研究的前景进行了确证，指出"只要坚持面向现实，面向现代化，面向世界，面向未来，不断进行美学理论的研究与创新，中国马克思主义美学必将进一步显示出强盛的生命力，为促进社会主义精神文明建设和提高人类的生存质量做出更大的贡献"。② 这次涉及马克思主义美学现状与未来的研讨会处于世纪之交，既是对上一个历史时期中国马克思主义美学研究的总结，又是对未来马克思主义美学发展的前景展望。会议上的发言和讨论正视了马克思主义美学研究的诸多弊病并提出了一些切实有效的办法。这之后，马克思主义美学研究逐渐走出了20世纪90年代的低潮，呈现出复兴的趋势，尤其是21世纪初之后，受《马克思主义美学研究》和中英马克思主义美学论坛影响，呈现出一片繁荣之景。

受21世纪初期中国社会思潮的影响，马克思主义美学发生了一些变化，在对本体论进行研究的同时，中国现代美学家也将目光放在了马克

---

① 《马克思主义美学研究》编辑部：《马克思主义美学研究》第4辑，广西师范大学出版社2001年版。

② 《马克思主义美学研究》编辑部：《前言：马克思主义美学世纪之交的思考》，《马克思主义美学研究》第4辑，广西师范大学出版社2001年版，第1—5页。

思主义美学与中国现代社会的关系上。有学者将中国马克思主义美学研究大致分为四个阶段，其中 20 世纪 90 年代至今被看作第四阶段，在谈到 21 世纪的中国马克思主义美学发展时，指出"进入 21 世纪以来，经典马克思主义美学研究的数量呈现减少的趋势"，"伴随着成果数量的减少，经典马克思主义美学研究也面临着研究队伍逐渐老化，后续研究者青黄不接的问题"，① 因之，一些学者将目光转向了西方马克思主义研究，他们的研究对象是卢卡奇、萨特、伊格尔顿、詹姆逊、阿多诺、本雅明和马尔库塞等，一些学者思考的则是如何将经典马克思主义美学与中国社会现实和社会发展联系在一起。关于后者，21 世纪初期召开了多次会议，为马克思主义美学的研究和发展提供了新空间。可以说，这是马克思美学在新世纪的新发展，也是一种制度向度的变化。

2006 年 10 月 20—22 日，"马克思主义美学与当代中国和谐社会建设学术研讨会"在北京召开，② 这次会议由中国社会科学院主办、由中国社会科学院文学所承办，会议吸引了来自全国各地的相关专家学者 60 多人，杨义、周来祥、陆贵山、何西来、曾繁仁、杜书瀛、党圣元、刘悦笛和徐碧辉等参会。中国社会科学院文学研究所所长杨义在致辞中言及本次会议的主题和目的，认为"在社会主义和谐社会这个总主题下，如何发展马克思主义世界观、方法论，研究人类的审美意识，研究美和艺术的本质规定，是我们当前美学界的任务和根本命题"。③ 在这个主题框架下，与会者首先讨论了中西美学视域内的"和谐"理论。高建平认为西方的"和谐"是数的和谐，从美学源头来说就是一种形式主义；周来祥言及马克思主义美学与和谐社会的关系，认为和谐社会口号的提出对于发展中国马克思主义美学来说是一个难得的契机，因为和谐也是马克思主义美学的根本所在。陆贵山从中国传统文化和传统美学上对和谐社会进行解读，认为和谐社会的理论源头是中国古代哲学的天人合一理论，

---

① 汪正龙：《马克思与 20 世纪美学问题》，高等教育出版社 2014 年版，第 257 页。

② 具体地点为香山饭店。

③ 张冰：《马克思主义美学与当代中国和谐社会建设学术研讨会综述》，《文学评论》2007 年第 3 期。

强调人与自然、人与社会的和谐统一关系。有学者从生活实践出发，认为和谐观念应该紧紧与人们的日常生活联系在一起，这样才能发挥美学中和谐理论的优长，切实做到美以致用。马克思主义美学中国化问题是与会者讨论的又一问题，与会者普遍认为，应该在马克思主义美学中国化的过程中不断挖掘新的理论生长点，赋予马克思主义美学以更强的生命力。有的学者认为，应该重视文化建设在这一过程中的重要意义，指出"以三个代表重要思想和建设和谐社会理论为代表的当代中国化马克思主义，包蕴极其丰富的文化内涵，是中国现代进程中的第二次文化自觉，需要我们不断建构和深入思考"。① 有学者认为，马克思主义美学在发展过程中经历了几种形态，在研究的过程中应该自觉地区分这多种形态背后的本质和内涵，并根据不同的文化内容和社会内容进行取舍，以使中国马克思主义美学研究点更加多元。有学者将马克思美学中国化分为学术美学和政治美学两个方面，指出在对马克思主义美学进行学术研究的基础上也不能忽视对其政治介入，呼吁要重视政治人物对美学和文艺的影响。② 高建平、党圣元和杨义分别对这次会议进行了总结发言，强调马克思主义美学的现实性和延续性，指出完成马克思主义美学建设是现代化建设赋予的时代使命，必须在建设社会主义和谐社会的过程中发挥积极作用。

为推动马克思主义美学建设，南京大学文学院于 2007 年 8 月 18 日至 19 日在江苏南京举行了"马克思主义美学与现代中国"国际学术研讨会，刘纲纪、周来祥、陆贵山、程正民、朱立元、王元骧等参会，会议还邀请了西班牙赫罗纳大学齐马（Jörg Zimmer）教授、美国杜克大学刘康教授，③ 参会者近 70 人。会议就马克思主义美学在中国的发展历程和马克思主义美学与中国现代社会的关系问题进行了讨论，并高度评价《马克

---

① 张冰：《马克思主义美学与当代中国和谐社会建设学术研讨会综述》，《文学评论》2007年第 3 期。

② 据张冰综述载，除了上述发言外，一些学者还就马克思主义美学框架内的其他问题进行了发言和讨论，如杜书瀛、徐碧辉、金元浦、汪正龙、王柯平等，发言内容详见张冰《马克思主义美学与当代中国和谐社会建设学术研讨会综述》，《文学评论》2007 年第 3 期。

③ 南京大学董健、包中文、赵宪章、周宪、王杰等也参加了会议。周欣展：《求索于文学与政治之间——"马克思主义美学与现代中国"国际学术研讨会综述》，《甘肃社会科学》2008年第 1 期。

思主义美学研究》在这方面所做的理论贡献。就马克思主义美学在中国的发展历程而言，刘纲纪强调马克思主义美学的实践性，强调在认识论上既要认识到马克思主义美学在西方世界的发展与变化，又不能脱离中国现代社会的实际而孤立地看待问题，要将马克思主义美学与中国现代社会相结合，重视传统哲学在这一过程中起到的作用。王元骧同意刘纲纪的观点，认为在新的历史时期应该用双重眼光认识马克思主义美学，既要看到马克思主义美学在西方的新发展和随之产生的理论生长点（如西方马克思主义），又要认真对待马克思主义美学自身的"无产阶级解放运动的理论"的"基本精神"。① 有学者以《在延安文艺座谈会上的讲话》为中心说明马克思主义美学与中国现代社会历史相结合取得了丰硕的美学成果，认为必须将现代社会的实践经验和历史经验上升到一个理论高度，才能使马克思主义美学中国化的思想更加丰富。就马克思主义美学与中国现代社会的关系问题而言，与会者一致认为这个问题极其复杂，因为"不仅要面对当下的社会形势和理论发展，更要在理论上论争其哲学基础，使其在学理上获得周延的解释；既要求坚持以马克思主义理论和方法为指导，也不能忽视中国独特的社会与文化语境，还要考虑到未来的社会与理论发展状况"，② 因之，与会学者的思考与发言相当审慎。周来祥认为马克思主义美学与中国文化相结合，和谐美学是一个契机，因为这一美学范式既涵盖了马克思主义美学的重要内容，又继承了中国传统美学的传统，可称为马克思主义美学和中国传统美学之间的一条纽带。杜书瀛认为无论是马克思主义美学还是美学自身都是运动变化的，因此将美看作一种"价值现象"。朱立元从实践本体论出发，认为马克思主义美学的根本在于实践，在于人与世界之间的复杂关系，只有认识到实践在美学中的重要性才能够认识马克思主义美学。赵宪章看到的则是马克思主义美学在与中国社会结合过程中所面临的外部环境，认为在一个

---

① 李永新：《"马克思主义美学与现代中国"国际学术研讨会综述》，《马克思主义美学研究》2008 年第 1 期。

② 李永新：《"马克思主义美学与现代中国"国际学术研讨会综述》，《马克思主义美学研究》2008 年第 1 期。

文化传媒时代中，马克思主义美学中国化必须在图像和语言之间进行取舍，唯如此才能保持自身的理论本色。刘康格外关注中国意识形态对马克思主义美学中国化的影响，认为中国本土的马克思主义美学与西方马克思主义的差异即在此，所以若想完成现代美学的转型须格外重视意识形态问题。

对于《马克思主义美学研究》的评价问题是这次研讨会所涉重要话题。研讨会期间，南京大学文学院美学研究所专门召开"《马克思主义美学研究》创刊十周年座谈会"，对这本刊物的创刊、内容、意义和影响做了全面说明和评估。王杰介绍了刊物的起源和历史，[①] 并提出了《马克思主义美学研究》的发展目标，[②] 之后，汪正龙、刘康、赵宪章、周宪、包忠文、刘纲纪等相继发言，对《马克思主义美学研究》今后的发展提出了一些自己的意见。事实上，新世纪尤其是21世纪初以来，《马克思主义美学研究》在马克思美学述介和研究方面发挥了积极的作用，也产生了深远的影响，一方面，《马克思主义美学研究》自从创刊以来发表了大量涉及马克思主义美学的文章，拓展了国内马克思主义美学研究的广度和深度，为中外马克思主义美学研究者提供了一个发声平台。更重要的是，《马克思主义美学研究》编辑部参与组织了一系列关于马克思主义美学的国内会议和国际会议，如21世纪初的中英马克思主义美学双边论坛即为一例，刊物内部也会举行了一些小型的讨论会，[③] 这些会议加强了中

---

① "他介绍说，1995年他在广西师范大学工作时请刘纲纪先生去讲学，刘先生根据马克思主义美学研究呈现出越来越重要的态势建议创办这样一份刊物。经过两年的准备，到1997年《马克思主义美学研究》才正式出版。从1998年到2005年，《马克思主义美学研究》一直由广西师范大学马克思主义美学研究所主办，由广西师范大学出版社出版。从2006年起，《马克思主义美学研究》由南京大学美学研究所主办，刘纲纪先生任名誉主编，王杰任主编，汪正龙副教授和张亮副教授担任副主编，由中央编译出版社出版。"李永新：《"马克思主义美学与现代中国"国际学术研讨会综述》，《马克思主义美学研究》2008年第1期。

② 一是成为CSSCI来源期刊，二是坚持走向国际学术界。李永新：《"马克思主义美学与现代中国"国际学术研讨会综述》，《马克思主义美学研究》2008年第1期。

③ 如2009年5月，"本刊编辑部举办了'文化研究的关键问题'小型国际研讨会，英国、澳大利亚、中国学者就文化与习性的关系、文化中的自由治理与审美机制的关系、文化研究的中国视角等问题展开了热烈的讨论"。《马克思主义美学研究》编辑部：《卷首语》，《马克思主义美学研究》2009年第2期。

国与世界关于马克思主义美学的交流，推动了马克思主义的发展。马克思主义美学已经不像20世纪80年代、90年代那样只具有马克思主义本身的内涵，而更多地是浸润了后马克思主义美学的要素，这些要素使马克思主义美学和马克思主义美学制度呈现了新的历史维度。

第六章　美学会议与审美文化建设

　　20 世纪 90 年代初期，以"当代"和"审美文化"命名的美学会议逐渐增多，尤其是 1992 年之后，中国社会迎来了一个新时代，涉及审美文化的美学会议也呈现多元状态。"当代"，是一个时间概念，又是一个历史概念，现已无从考证"当代"和"美学"在中国语境中什么时候组合在一起，形成了一个新的定中短语，但是 20 世纪 90 年代初期的美学会议都以"当代"命名，已然是一个无争的事实。在这种细微的变化中，潜藏的是美学家和美学研究者对于时代美学的判断、感觉、评价和期许。其一，"当代"之所以能够产生最主要的原因是一个旧时代已经结束，人们亟待摆脱旧时代，从社会历史的角度讲，经过 1989 年东欧及中国的社会风波之后，中国社会确实发生着深刻的变革，与 20 世纪 80 年代的社会状况差别很大，从美学自身的角度讲，经过 20 世纪 80 年代美学重生并渐次落实的过程，现代美学需要一个新的走向，因此 20 世纪 90 年代初期的美学环境也同之前大不相同。这样，告别了旧的历史时期，美学家和美学研究者急于为新的美学环境进行时间上与历史上的命名。其二，"当代"本身具有某种现代性的特征和内涵，也寄托着美学工作者对于学科与本体的希望。虽然鲍曼曾经提出"流动的现代性"概念，但是"当代"就 20 世纪 90 年代的中国美学而言具有特殊的意旨和内涵，"中国美学向何处去"成为这个时期美学工作者的诉求之一，学者们都希望现代美学从 20 世纪 80 年代的"厚积"转向 20 世纪 90 年代的"薄发"，当"当代"开启一个全新的视域之后，新的美学思想和美学思潮也必将诞生，这不仅是一种憧憬，更需要是一个必然的现实。从这个意义上说，20 世纪 90 年代初期将"当代"和"美学"并置，可谓意味深长。

同"美学"一样，"审美文化"并不是一个中国概念，而是一个舶来语，早在《审美教育书简》中，就存在关于审美文化的相关表述，之后经过概念的发展和延伸延续下来并来到中国。关于"审美文化"概念的历史与现实等问题，学界已有诸多论述，形成了共识，在此不再赘述。①笔者关心的是 20 世纪 90 年代"审美文化"何以成为美学会议的主题。事实上，早在 1988 年，叶朗先生就在《现代美学体系》中提出了"审美文化"这个概念，之后，无论是概念的内涵和外延都在不断拓展，以至于 20 世纪 90 年代初期已经成为社会科学的重要概念。

第一节　美学会议与"审美文化"的早期讨论

1991 年，全国哲学社会科学规划办公室公布了《哲学社会科学"八五"（1991—1995 年）国家重点课题规划》，力图"为我国哲学社会科学事业的发展作出新的贡献，为有中国特色的社会主义增添新的光彩"，②其中包括"当代审美文化研究"一项，这就给"审美文化"在学术和政治上都提供了新的理路。③ 也可以看作对美学制度演进的一种推动力。事实上，当时的课题规划哲学类共 20 项，其中有一项涉及美学，这无疑给美学研究者以极大的信心和勇气，各科研院所和部分高校纷纷开始筹建课题组，对这一问题及相关子课题加以讨论研究，20 世纪 90 年代召开的几次涉及审美文化的会议都是在此背景下召开的，甚至可以说，关于审美文化的会议在制度上为美学研究提供了保障。

---

① 肖鹰：《审美文化：历史与现实》，《浙江学刊》1997 年第 5 期；姚文放：《"审美文化"概念的分析》，《中国中外文艺理论学会年刊》，2008 年。

② 全国哲学社会科学规划办公室：《哲学社会科学"八五"（1991—1995 年）国家重点课题规划》。

③ 全国哲学社会科学规划办公室隶属全国哲学社会科学规划领导小组，而全国哲学社会科学规划领导小组则隶属中宣部，由此可见，"审美文化"研究也是我党从社会发展大局出发的战略考量，是国家战略的一部分，由是而观之，20 世纪 90 年代重视审美文化研究也在情理之中。

一　美学的"当代"：20世纪90年代初期的美学会议

从整体上看，20世纪90年代初期的大型美学会议不多，其中以"当代中国美学研究前景展望学术讨论会"（1991）和中国当代美学研讨会（1992）最为重要。"当代中国美学研究前景展望学术讨论会"于1991年4月22—28日在福建省厦门市召开，这次会议由中华全国美学学会、全国青年美学研究会、福建省美学研究会和厦门市社会科学联合会共同主办，与会者共200多人。因为会议的时间介于第三届全国美学会议和第四届全国美学会议之间，所以这次会议在时间上说就显得非常重要。王朝闻、刘纲纪等美学家到会，① 蒋孔阳、马奇、朱立人、蒋冰海、徐中玉等纷纷发来贺信，"莅临大会表示祝贺的有中共厦门市委宣传部、厦门市人大常委会、厦门市社科联、福建省美学研究会等部分的领导同志"。② 这次会议的一个主要任务是选举成立了中华全国美学学会青年学术委员会，程孟辉当选为主任，杜卫等当选为委员。③ 就美学会议而言，青年学术委员会的成立可谓意义重大，之后，以青年学术委员会为名召开的会议多种多样，成为20世纪90年代美学会议的一道亮丽风景线。④ 这意味着，青年

① 需要说明的是，王朝闻并不是专门参加此次会议，据《王朝闻艺术活动年表》载，王朝闻于1991年4月中旬到达福建，5月中旬离开福建往江苏无锡等地旅行。在福建期间，除了参加此次会议外，还"分别与厦门大学教育学院美术系部分教师和厦门画院部分画家座谈，强调美术创作要反映福建的生活和风光"，"与福建工艺美术学校部分教师座谈"，"重游胡里山炮台"，"参观普陀寺"，在漳州"参观徐竹初木偶艺术陈列室"，在福州"参观林则徐纪念馆"。凡此种种。简平：《王朝闻集》第22卷，河北教育出版社1998年版，第369页。

② 姚文放：《探寻当代美学研究深化的契机——"当代中国美学研究前景展望"学术讨论会综述》，《福建论坛》1991年第4期。

③ 其他成员为常务副主任：王德胜，副主任：朱辉军、潘知常，委员：杜卫、张节末、毛时安、吴子连、李冬妮、章斌、骆旭初、姚文放。姚文放：《探寻当代美学研究深化的契机——"当代中国美学研究前景展望"学术讨论会综述》，《福建论坛》1991年第4期。

④ 李世涛、戴阿宝曾对此进行考察，"仅以20世纪90年代为例，'青美会'就召开多次会议，1990年，青年学术研究会在浙江金华召开了第一次研讨会；1993年5月23—27日在北京召开了'美学与现代艺术'学术讨论会，讨论了社会转型期的文化与艺术发展的新动向、新的文化战略、文化价值标准等主要论题；1994年5月28—31日在山西省太原市召开了'大众文化与当代美学话语系统'讨论会；1996年10月9—12日，在海口市召开了'世纪之交的中国美学：发展与超越'学术讨论会，讨论会以'实践美学与后实践美学的理论前景'为主要议 （转下页）

学术委员会并非形同虚设，也不是一个具有象征意义的荣誉性组织，而是在现代美学史和现代美学制度史上存在一席之地的实用机构，致力于美学学科建设和美学研究，同时也丰富了美学的制度性建设，有了青年学术委员会，20世纪90年代的美学会议无形之中增多了。王朝闻在会上对青年美学研究者给予了高度肯定，并希望这些研究人员再接再厉，"有所发现，有所创造，为中国美学事业争光"。① 此次会议上王朝闻的讲话内容虽然不多，但是他作为老一辈美学家能够莅临此次会议就足以说明这次会议的重要性。此外，刘纲纪在会议上做了主旨发言，他从五个方面谈及接下来一个时期内美学研究的立足点和着眼点，强调马克思主义是美学研究的哲学基础，强调西方现代美学的价值，强调美学的中国特色，强调美学研究的社会性，强调美学研究的任务。从宏观上说，刘纲纪这次讲话为当时的美学研究和美学发展提供了一些理路和方向，也可以看作对美学研究的指导。这次会议主要讨论了几个问题，包括传统中国美学的现代意义、美学的现实应用、美学如何面对变化中的文学艺术、中西文化碰撞中的当代中国美学、美育与现代人的全面塑造和门类美学的当代发展等。② 会议同时还举办了福建美学学会成立十周年纪念活动。③ 这次美学会议是第三届全国美学会议之后召开的最为重要的美学会议，就美学史意义而言不可忽视。20世纪90年代初期，现代美学的历史走向成为20世纪80年代美学重生以来美学工作者需要直面的问题，而"这次会议对在各个领域深化、拓展美学研究的内容和思路，促进中国美学事业的发展将起到积极的推动作用"，④ 尤其是中华全国美学学会青年学

（接上页）题，反思了'实践美学'，并展望了'后实践美学'的发展"。李世涛、戴阿宝：《中国当代美学口述史》，中国社会科学出版社2014年版，第386—387页。

　① 秦美文：《探寻当代美学研究深化的契机——"当代中国美学研究前景展望"学术讨论会综述》，《学术月刊》1991年第11期。

　② 许明、潘知常、潘立勇、姚文放等先后发言，发言的还有施惟达、宗坤明、高小康、杜卫、杨文虎、王德胜和朱志荣。关于这次会议讨论的主要内容，详见姚文放《探寻当代美学研究深化的契机——"当代中国美学研究前景展望"学术讨论会综述》，《福建论坛》1991年第4期。

　③ 湘君：《"当代中国美学研究前景展望"学术讨论会在厦门召开》，《学术论坛》1991年第3期。

　④ 湘君：《"当代中国美学研究前景展望"学术讨论会在厦门召开》，《学术论坛》1991年第3期。

术委员会的成立在制度上形成了一种新的具有活力的载体，为 20 世纪 90 年代的美学发展增加了有生力量。

如果说"当代中国美学研究前景展望学术讨论会"是在宏观上对 20 世纪 90 年代的美学前景进行展望，那么次年召开的中国当代美学研讨会就是从微观上规划现代美学的发展方向。中国当代美学研讨会于 1992 年 5 月 6—9 日在河南省焦作市召开，由中华全国美学学会、河南省社联和郑州大学联合主办。这次会议的召开适逢邓小平 1992 年初发表"南方谈话"，所以与会者大多谈及改革开放对于现代美学发展的影响意义，认为改革开放为美学发展提供了一种新的契机，同时，在改革开放的大潮下，中国美学本身也面临挑战，如何平衡机遇和挑战的关系成为这次会议的热议话题，与会者一致认为现代美学既应该保持本色又应该具有特色，只有这样，现代美学才会出现新的理论生长点。基于是，与会者围绕中国现代美学的体系性建设问题从多个方面进行了交流和讨论。一是关于现代美学体系性建构这个问题提出的必要性，有学者认为，建构美学体系性势在必行，而且这是一个现代美学转型的象征，只有体系性建设完成才能证明现代美学的新发展。二是关于美学体系性建设的基础和起点，与会者一致认为，应该将美学置于哲学的视域，用哲学思想指导美学研究，尤其是应该以马克思主义指导美学研究。三是关于方法论问题，大家认为，想要将美学问题处理好，想要把美学工作进行好，首先就要有一定的科学的、合理的方法，这恰恰是中国美学研究的薄弱之处，所以应该引起重视。四是关于重视美学研究的背景问题，有学者提出要重视三种精神，即中国古典精神、西方古典精神和西方现代精神，认为只有这样才能更好地定位中国现代美学，有学者认为中国美学要直面现实，要根据自己的逻辑进行研究运用。另外，还有些学者对美学的现代转型问题予以关注，强调现代美学应该完成从古典形态到现代形态的过渡。这次会议的规模和影响力虽然没有"当代中国美学研究前景展望学术讨论会"大，但是从体系性上为现代美学指明了方向，从美学的内部研究上说也是一种进步。

事实上，20 世纪 90 年代初期关于现代美学诉求的会议并不止于上述两次，其他一些会议上也存在对这一问题的讨论。1991 年 6 月 12 日，四川省美学学会举行年会，会上就深入讨论了现代美学的历史新走向等问题，与会者一致认为应该加强对马克思主义美学的研究，应该"坚持革命的能动的反映论和艺术史社会意识形态的基本观点，以马克思主义基本原理为指导研究新问题、新情况，推进美学研究"。① 1992 年 9 月 24—29 日，中华全国美学学会青年学术委员会在山东青岛组织召开了"文化变革与 90 年代中国美学学术讨论会"，与会者对现代美学如何走出低谷这一问题给予了热切的关注，同时也对美学现状、美学研究、美学前景进行了交流和讨论，如对美学与经济发展之内在关系进行判断，对美学与国人精神之间关系提出预期。② 由此可见，无论是以"当代"和"展望"为主题的大型学术讨论会还是一些会议所谈及的"展望"问题，都对 20 世纪 90 年代初期的美学活动进行了判断、评价和展望，在一个美学处于低潮的时代里，这些美学会议非常必要，既是对 20 世纪 80 年代美学的总结，又是对 20 世纪 90 年代美学的憧憬。

二 在审美文化中复兴：第四届全国美学会议

"第四届全国美学会议"是在审美文化的呼声之中召开的。1993 年召开的第四届全国美学会议成为探索美学发展的表征，这次会议还明确了一些思想、厘清了一些观念、约定了一些制度，从这个意义上说，第四届全国美学会议值得关注与重视。

第四届全国美学会议于 1993 年 10 月 16—20 日在北京召开，③ 来自全国各地的 80 多位美学家参加了此次会议，与会者围绕"当代美学的现状和发展""我国当代文艺与审美文化""物质生产中的美学问题"等问题进行了发言和讨论，旨在回答美学如何在改革开放大潮中继续发展这个问题，汝信、王朝闻、马奇等参加了会议，胡经之、王世德、皮朝刚、

---

① 风羊：《四川省美学学会一九九一年年会简述》，《四川社联通讯》1991 年第 4 期。
② 关于此次会议，后文还要进一步进行论述，此不再赘述。
③ 具体地点为北京呼家楼宾馆。

杨辛等因故未能到会，但发来了贺电、贺信（见表四）。① 汝信致开幕词，他首先强调这次会议的召开和美学的发展在当时都非常艰难，就美学会议而言，他指出"第四届全国美学会议在克服许多困难之后终于召开了"，"在目前学会经费严重不足的情况下开这样规模的大会是很不容易的"；② 就当时的美学状况而言，他强调"最近几年来，我国美学研究是在一定的困难条件下发展的。随着前一个时期国内'美学热'的消减和出版界对经济效益的强调，曾经一度繁荣的美学专业刊物陆续停刊，美学研究著作的出版也遇到困难"，③ 足见对当时美学研究和美学发展的担忧，也正是基于是，他在回顾五年以来美学研究所取得的结果之后着重强调美学研究者需要坚守自己的心灵底线，认为美学不能向经济效益低头，强调"在建设有中国特色的社会主义过程中，怎样树立健康的美学趣味，普及审美教育，提高文学艺术鉴赏能力和水平以促进文艺的发展，为精神文明做出贡献，是我们美学研究面临的新任务"。④ 王朝闻在开幕式上也做了发言，提出了美学研究和美学工作的四点建议：一是美学家应该从理论上阐明艺术与美学之间的联系；二是应该客观地研究美学史尤其是当代美学史；三是应该创办一些美学刊物；四是应该多举行一些小型会议，⑤ 这可以看作王朝闻对当时美学环境和美学思潮认识之后的药方，这些药方与其说是本体论意义上的不如说是制度论意义上的，自1983 年在第二届全国美学会议上被推选为会长之后，王朝闻连任两届，并在这次会议前被推选为名誉会长，从他上述建议中也可以看出，他的建议是指导性的、宏观性的，更仿佛是一位长者的循循善诱。

　　① 《中华美学学会通讯》编辑部：《中华美学学会通讯》，1993 年第 1 期（总第一期），内部资料，1993 年，第 4 页。
　　② 《中华美学学会通讯》编辑部：《中华美学学会通讯》，1993 年第 1 期（总第一期），内部资料，1993 年，第 4 页。
　　③ 《中华美学学会通讯》编辑部：《中华美学学会通讯》，1993 年第 1 期（总第一期），内部资料，1993 年，第 4 页。
　　④ 《中华美学学会通讯》编辑部：《中华美学学会通讯》，1993 年第 1 期（总第一期），内部资料，1993 年，第 5 页。
　　⑤ 《中华美学学会通讯》编辑部：《中华美学学会通讯》，1993 年第 1 期（总第一期），内部资料，1993 年，第 5—6 页。

就会议所讨论的本体而言，与会者主要讨论了三个主要问题。一是对美学状况的判断和反思，认为"美学研究者只有对人类精神价值予以深刻关怀，才能在美学探求中真正实现自身的使命"，① 一些学者先后就此问题进行发言，从多个角度阐明美学向前发展的行动元；二是针对"实践美学"的讨论，有些研究者认为，"实践美学"的提出在美学史上具有重要意义，是美学研究新的理论生长点，也有些研究者持相反的意见，认为当时提出"实践美学"为时过早，认为美学走到"实践美学"阶段还需要一段距离；三是对于文化、审美文化、文艺实践同美学关系的讨论，有人认为，应该重视新的自西徂东的概念，有人认为，美学研究应该跟上艺术发展的步伐，有人认为，应该重视恶（丑），认为这也是审美文化的一部分，有人认为，美学研究应该寻求心灵的对话，还有人认为，审美文化研究应该多考虑现代技术的积极与消极影响。在这次会议上，"整个讨论过程充分体现了学术民主、百家争鸣和团结共进的气氛，展示了整个美学界在当前市场经济建设进程中坚守学术阵地、密切关注现实文化变革、深化美学理论的发展、推进社会主义精神文明建设的信念和热情"。②

第四次全国美学会议是美学制度形成不可忽略的重要会议，会后形成的一些美学制度一直延续至今，值得重视。这次美学会议通过了《中华美学学会常务理事会第一次会议关于学会工作的九条决定》，为中华美学学会之后的工作在制度上提供了理论支持，归结起来，主要有六个方面：一是"学会各个分支机构自主开展活动，每年向总会书面通报各自活动计划及工作情况"；二是"常务理事会每年召开一次会议，讨论、研究学会工作计划，决定学会大政方针。常务理事会每年定期审批一次新会员"；三是"学会将积极筹办高质量的美学刊物"；四是"大力开展大陆与台港澳及国际间的学术交流，争取召开一次两岸学术会议"；五是

---

① 王贻凡：《拓展理论视野、深化美学研究——记"第四届全国美学会议"》，《哲学动态》1993 年第 12 期。

② 《中华美学学会通讯》编辑部：《中华美学学会通讯》，1993 年第 1 期（总第一期），内部资料，1993 年，第 3 页。

"为更好地交流学会会员及各地美学研究的情况，及时反映有关动态，报道国内外的学术活动信息，决定编印《中华美学学会通讯》"；六是"实行会员交纳会费制度，每人每年10元会费，用于《通讯》等事项"。① 从这几方面可见，中华美学学会中枢组成人员作为美学学会会员的身份已经从荣誉渐成为常识，领导成为事实上推动美学学会发展的有生力量，在制度上推动了学会的发展。另外，美学刊物、《中华美学学会通讯》的创办和创刊进一步使美学学会的制度规范化、理性化、合理化，通过这些刊物，可以看到中华全国美学学会和各地方美学学会的重要业绩，也可以看到之后很长一段时间美学史的发展情况，而缴纳会费则为美学学会活动的举办提供了财力，不至于如第四届美学会议一样在经费严重不足的情况下召开。第四届全国美学会议举行之后，这次会议制定的美学制度逐渐完善，之后长时间内这种美学制度形成定式，无论是国家级美学会议的召开还是省级美学会议的举行基本上遵照此例，开创风气之先河。

表四	第四届全国美学会议日程
时间	活动
10月16日上午	开幕式；汝信致开幕词；王朝闻发表讲话；张均瑶汇报近5年工作情况；各个分会负责人汇报各个分会情况②
10月16日下午	新近选举产生的第四届中华美学学会理事会举行会议，选举第四届学会会长、副会长和秘书长、副秘书长及常务理事会组成人员
10月16日晚上	学会常务理事会召开第一次会议
10月17—18日	举行大会发言和小组讨论
10月19日	与会者参观了世界公园，其间举办了联谊舞会
10月20日	闭幕式；聂振斌主持会议；刘纲纪、叶朗和蒋冰海等分别讲话

① 《中华美学学会通讯》编辑部：《中华美学学会通讯》，1993年第1期（总第一期），内部资料，1993年，第2—3页。

② "学会高校工作委员会负责人李范、青年工作委员会负责人王德胜、技术美学学术委员会负责人张帆、美育学术委员会负责人蒋冰海、党校工作委员会负责人陈瑞生等分别汇报了各分支机构的工作情况。"《中华美学学会通讯》编辑部：《中华美学学会通讯》，1993年第1期（总第一期），内部资料，1993年，第4页。

三　"审美文化"：美学与政治的互动

1994 年 10 月 21—23 日，中华美学学会审美文化委员会和汕头大学"当代审美文化研究"课题组在北京联合召开了当代中国审美文化前瞻研讨会，这次会议也是较早名之以"审美文化"的会议之一，参会者约 50 人，与会者纷纷就当前的审美文化态势、审美文化的未来走向和审美文化的建设等问题发表自己的意见和建议，并进行交流和讨论。这次会议的主要内容分为四个部分进行讨论。一是关于加强审美文化研究的重要意义，有人认为，加强审美文化建设能走出美学研究重理论轻实践的困境，使美学和人们的日常生活和生产实践建立联系；有人认为，美学研究不能搞"美学是美学，文化是文化"，而是应该让美学和文化融合并渗透在一起，这样才能在文化发展中明确美学的作用。二是关于加强审美文化的理论建设，有人认为，"当代审美文化研究现在最要紧的是寻找并确立自身与其他理论活动、特别是经典美学所不同的主导性理论意识"，[①]有人认为，审美文化研究在 20 世纪 90 年代需要一种变革精神和进取精神，有人认为，在后现代社会，人与审美文化的关系是相互交融而不是彼此割裂，有人认为，应该在审美文化研究中重视"引导阅读"，以辨析文化中的善与恶、是与非。三是关于审美文化潮流中的美育思想，有人认为在这种潮流下应该批判地重建美育制度，有人认为，美育研究和落实应该随着审美文化的深化而转换自己的角色，有人持不同的看法，认为美育研究应该秉持其理论本色，超离于审美文化之外。四是关于审美文化与人文精神之间的关系问题。有人认为，应该借审美文化之东风尽快实现 20 世纪 80 年代美学向 90 年代美学的转换，有人认为，审美文化研究最重要的是实现对人的全面关注。

以此为契机，20 世纪 90 年代审美文化研究一直持续性发展，可谓美学研究中的一门显学。1996 年 7 月 28 日至 8 月 1 日，中华美学学会审美

---

① 宋生贵：《当代中国审美文化前瞻研讨会综述》，《哲学动态》1994 年第 6 期。

文化委员会和云南省红河哈尼族彝族自治州政府在个旧举办了"'96 当代中国审美文化"学术研讨会，来自全国多个省区的代表出席了此次会议，因为地缘优势，其中也不乏哈尼族、彝族、白族等少数民族代表。这次会议的主题是审美文化如何走向开放性、走向民族性和走向创造性，① 聂振斌和滕守尧作为国家社科基金资助项目的负责人和参与者分别介绍了项目的进展情况并阐述了相关问题。聂振斌通过对中国传统文化与西方文化的比较得出结论，认为中国传统文化中的人文意识更浓，相应产生明显的审美倾向，主要表现在儒家诗教对艺术教育和美学教育的影响、传统美学中的形象思维和传统文化的审美境界等三个方面。滕守尧则强调艺术、文化、美学、伦理、道德及现实生活之间的关系，认为美学随着时代环境的变化应该向文化的各个方面进行渗透。有学者从相反的方面看到了审美文化背后的大众文化缺失，认为当今的大众文化市场存在一种浮夸的幻想，并以此为契机提出批判时代的口号。有学者认为现代社会时间的空间化使人们产生了无限的危机和焦虑，大众文化和审美文化的产生为人们提供了摆脱这种危机和焦虑的可能，因为审美文化的出现并不是无源之流。此外，朱立元等纷纷发言，针对 20 世纪 90 年代审美文化的状况、特征和发展等问题发表了自己的看法。② 还有一些与会者对审美文化研究进行了展望，有人认为审美文化研究应该同社会现实相结合，同民族关系相结合，同国际世界相结合。有人认为审美文化研究未来应该成为健全人格的方法和途径。有人将审美文化与精神文明建设结合在一起，认为在社会主义精神文明建设中不能忽视审美文化。有人从具体处谈及审美文化的未来走向，认为需要构建具有中国特色的社会主义审美文化，并应该在未来一段时间内抵制那些非审美文化的消极审美文化现象。此外，一些学者讨论了中国传统文化与审美文化之间的关系，有人认为中国传统文化对审美文化具有重要影响，现代审美文化应该以传统文化为底色进行研究。有人从城市审美文化的角度将城市审美文化

---

①　樊美筠：《'96 中国当代审美文化学术研讨会综述》，《文艺研究》1996 年第 6 期。

②　关于这次会议的主要内容，详见筠筠《'96 当代中国审美文化学术研讨会综述》，《哲学动态》1996 年第 10 期。

的历史追溯到中国宋代，认为从那时起就已经存在审美文化。有人认为在对审美文化研究中要注意文化相对主义，同时避免民族主义情绪。从这次会议各位代表的发言可见，这次会议对审美文化的讨论已经非常深入，涉及审美文化的来源、特点、发展和前景等诸多方面。从这次会议也可以看出，经过几年的发展，各位美学家对于审美文化这一问题的认识已经相对进步，也愈加成熟。

除了上述两次会议外，还有一次关涉审美文化的会议比较重要。1997 年 4 月 21—24 日，中华美学学会、中华美学学会青年学术委员会、中华美学学会审美文化委员会、扬州大学师范学院、扬州美学学会在扬州联合召开了"审美文化与美学史全国学术讨论会"。来自北京、上海和广州等地的 80 多位专家学者参加了会议，并围绕会议主题进行了深入交流。就审美文化而言，这次会议最重要的贡献是从多个角度对"审美文化"概念进行了界定，虽然与会者对这个问题都有不同的认识，存在很大差距，但是，从学理上讲，这种多元的对话对理解概念具有很大的帮助。聂振斌主张将审美文化是具有审美属性的人类文化和审美文化是文化发展到新阶段的产物两种释义结合起来对审美文化进行界定；陈望衡从大众对于审美文化概念的混乱界定入手说明重新定义这个概念的重要性和重要意义；周宪指出审美文化同文化和美学的现代性息息相关，是文化分化的一种必然走向和必然趋势；有人认为从溯源的角度发现这个概念来源于意大利理论家德拉·沃尔佩；还有人则将审美文化和现代艺术放在一起进行讨论，认为审美文化是文化发展的一种形式化；还有学者独辟蹊径，认为审美文化是人们生活方式现代化的某种反映，是人们所追求的一种理想状态。① 由此可见，就审美文化而言，这次会议同上述两次会议略显不同，也在理论高度上有所提升，因为前两次会议事实上并没有就概念本身进行讨论，凸显出对问题的理论认识略显不足，所以说这次会议对审美文化概念的认识更深彻。对于审美文化的研究并不局限于对概念的研究，除了概念本身，与会者对审美文化背后的意义和审

---

① 关于本次会议涉及审美文化概念的界定问题，详见徐金如《探寻审美文化与美学史研究的新境界——"审美文化与美学史"学术研讨会综述》，《甘肃社会科学》1997 年第 6 期。

美文化研究的问题进行了讨论。针对审美文化的研究对象问题，蒋孔阳认为审美文化研究应该以文学艺术为中心，周来祥、朱立元同样持这种观点，有学者则认为任何文化产品都可以成为审美文化的对象。① 针对审美文化的研究等问题，有学者从四个方面提出当前的审美文化研究要同之前的研究或多或少地存在一些差异，为审美文化研究提供了一个新理路；有人从社会现实和社会文化入手进行研究，认为审美文化应该以文化为切口，让美学从这个切口进入社会现实；有人认为应该将审美文化同美学教育结合起来，这样审美文化研究在社会范围内才会变得有意义。从上述论述可见，这次关于审美文化的讨论会对审美文化的研究更加深刻，可以说从各个角度对这个问题进行了反思和总结。

这三次会议可以说是 20 世纪 90 年代关于审美文化最重要的会议，20世纪 90 年代初期这个概念上升为国家战略，成为国家五年规划和社会科学研究的重要部分，无形中提升了概念本身的重要作用和意义，使相关美学会议得以顺利召开。其实，1994 年和 1996 年召开的两次会议都和国家重大社会基金项目有关，既可以看作一个讨论会，又可以看作一个汇报会。从制度层面上说，是国家政策使美学制度得以形成完善。在国家战略转变为学术研究的过程中，美学会议起到了不可替代的作用，从外部说，美学会议是国家政策的传声筒，从内部说，美学会议代表着美学家对审美文化的言说方式。另外，这种从审美文化角度进行研究的模式也深深影响了美学研究走向：因为"审美文化"概念本身内涵庞杂，所以对相关问题的研究略显多面，但是如果将审美文化研究看作一种过渡性或者前瞻性研究，这个问题就迎刃而解，20 世纪 90 年代末期到新世纪初期，美学研究中的审美文化研究逐渐分化成几个比较重要的方向，虽然并不是审美文化研究的自然分化，但是上述三次会议的主题研究以及影响不可谓不大。

---

① 徐金如：《探寻审美文化与美学史研究的新境界——"审美文化与美学史"学术研讨会综述》，《甘肃社会科学》1997 年第 6 期。

第二节　美学会议与"审美文化"的多元建构

伴随着审美文化在中国的发生和发展，景观美学、生态美学和身体美学得以在中国兴起，并且不断被中国学者译介、诠释、研究、传播，无论是内涵还是外延，上述诸问题的解决都得到了长足的发展。此外，随着世界美学与艺术的合流，美学中的艺术问题也得到了充分的言说和讨论，既发展了美学研究又拓宽了艺术的场域。这其中，美学会议起到了重要作用，为以上诸种美学样态的形成和发展奠定了制度基础和学理的基础。

一　美学会议与早期的景观美学问题

景观美学及景观美学的相关范畴在 20 世纪 90 年代并不是一个新事物，因为早在 20 世纪 80 年代，景观及其附属概念就或多或少地出现在现代美学的研究视野中，也正是 20 世纪 80 年代中国现代美学界积淀了诸多关于自然、景观、园林等概念，才有了 20 世纪 90 年代相关问题及研究的兴起。因此，有必要先将 20 世纪 80 年代涉及这一问题的相关范畴呈现出来。

涉及自然美的概念，最早是在中国著名风景区中心所在地提出的，因为当时的旅游产业尚不发达，经济建设尚在缓步进行之中，当时的人们根本无暇去观花赏景，所以绝大部分地区并没有"景观"意识，遑论景观美学与旅游美学。广西美学研究会率先讨论景观美学问题，1983 年 7 月 19—22 日，广西美学研究会举行学术讨论会，40 多位参会者围坐在一起讨论山水美和山水美在社会主义精神文明建设中的作用等问题，这成为新时期以来比较早的讨论自然美学的会议之一。之后，浙江省景观审美讨论会于 1984 年 11 月 2—8 日在杭州举行，这次会议由浙江省美学研究会、浙江省园林学会、浙江省旅游协会和杭州市园林学会共同筹办，对景观美学的必要性、研究对象、研究内容、研究方法和风景名胜区的开发利用等问题进行详细讨论和交流。1985 年 4 月 16—21 日，广西社会科学院专门组织召开桂林山水美学讨论会，以桂林山水为中心，就内中透视出来的美学问题和开发问题进行深入分析。1985 年 10 月 23—30 日，长沙水电师院还就自然美问题专门开会，分析自然美的本质、特点和研究方法等问题。可以说，这段时间内涉及景观美学、自然美学的会议已经很多，这种情况一直持续到 20 世纪 90 年代初期。

1991 年 5 月 26—29 日，中国首届风景园林美学学术研讨会在江苏扬州召开。这次会议由中国风景园林学会、建设部城建司和扬州市园林局共同举办，来自全国高校和科研单位共 60 多人参加了会议，共商园林美学及发展大计。① 与其说这次风景园林美学学术研讨会是美学层面的，不如说是建筑学和园林学层面的，或者说以园林学主之，以美学辅之，这并不影响关于会议主题内容的讨论。这次会议就园林的历史起源和发展历程、古典园林的审美特质、风景园林的层次结构、风景园林的创作设计等诸多问题进行了讨论和交流。首先，与会者认识到，中国风景园林研究和美学必须紧密地结合在一起。一直以来，因为历史的原因，园林美学并没有得到有效落实和研究，也并没有可资借鉴的前例，因此与会专家呼吁园林和美学应尽快有机结合以利园林开发和美学研究。一方面，园林规划和园林开发等实践建设需要美学加以指导，这样可以进一步从美学上审视园林的建造规律和造园特点；另一方面，风景园林也可以反作用于美学研究，从实践上为传统美学理论提供范式和内容，进一步丰富美学的研究视野和研究内容。其次，与会者就当时的风景园林现状进行反思，尤其重视关于古典园林修复的问题，认为对园林的维修应该以维持原貌为准则，不能将"真古董"变成"假古董"，② 此外还讨论了关于景区内修建索道等问题，大家一致认为应该慎重对待在著名风景区修建索道问题以保证自然景观的完整性。有学者认为中国的园林景观非常

① 据《中国首届风景园林美学学术研讨会纪要》，参加会议的还有园林学家汪菊渊、江苏省建委副主任秦廷栋、扬州市人大副主任贾彬、扬州市政府秘书长王瑜、市政协秘书长黄石盘、市委宣传部副部长吴雨、市建委主任赵明、市科委主任卢穗明、扬州市社会科学联合会主席韦培春、祁江县县长宣容等。

② 周康：《中国首届风景园林美学学术研讨会在扬州召开》，《中国园林》1991 年第 4 期。

丰富，值得深入研究，并且园林事实上已经与人的物质生活和精神生活联系在一起，所以无论是园林工作者还是美学工作者都必须重视园林美学研究，同时，他也对园林工作者寄予深切期望，"希望园林工作者作出更加多样化的设计，充分运用知觉、想象、认识、情感这些心理因素创造出丰富多彩的审美效果"。① 可见，发言者并没有完全从美学意义上对园林美学加以说明，而是从园林的规划实际出发对相关问题进行阐释，但是并未脱离美学主体。会议期间，与会者共同参观了扬州园林等地，其间对园林保护与维修、园林美学、园林的旅游价值等问题也进行了交流。值得说明的是，会上还形成了《慎重对待在风景名胜区修建索道问题》的呼吁书，② 呼吁风景名胜区为了保持原始生态，尽量不要修建索道，以促进园林和生态的持续性发展。这次会议是最早将园林与美学结合在一起的会议之一，虽然当时并没有"生态美学"、"景观美学"和"旅游美学"等概念，但是对园林美学的初步关注已经走在了关涉自然美学的道路上，不得不说是一个进步。

如上所述，风景园林美学学术探讨会所探讨和对话的并不单单是园林本身，其中也涉及旅游、景观、生态等问题，这也为20世纪90年代的美学会议和美学研究提供了一些新的路径。这既是美学上的探索，也对国家经济发展产生一些影响，很多会议是为了响应国家政策而召开，这种美学制度的落实和国家政策息息相关。如广西美学学会在讨论民族美学的几次会议上，与会者都讨论了关于民族旅游文化的问题，以广西第五届民族美学研讨会为例，这次会议专门对广西旅游问题进行了交流，其中涉及旅游文化的审美作用、旅游文化的类型、民族地区旅游对象和民族地区旅游开发等问题，③ 对广西地区的旅游开发和园林建设产生了一

① 《中国首届风景园林美学学术研讨会纪要》，《中国园林》1991年第4期。
② 呼吁书指出，在国家风景名胜区尤其在主要景区景点建索道，一直受到许多风景园林、建筑专家及有识之士的反对，索道热一度降温。近两年在短期经济利益的驱使下又有一些名山不惜巨额投资要求修建索道，如八达岭、华山等地，黄山还要求修第二条索道。因此，呼吁有关领导部门和有识之士为保护风景区的价值，制止华山、黄山、八达岭等索道的修建和其他破坏性建设的出现，让世世代代都能享受祖国珍贵的自然文化遗产。关于呼吁书详细内容，详见《中国首届风景园林美学学术研讨会纪要》，《中国园林》1991年第4期。
③ 杨昌雄：《广西第五届民族美学研讨会综述》，《广西社会科学》1999年第4期。

些影响。① 此外，一些小型会议也都涉及自然美学与景观美学等问题，如 1992 年 4 月 30 日至 5 月 1 日，福建省美学研究会和福建省旅游协会共同举办召开了福建旅游与美学研讨会，会议吸引了 40 多人对相关问题进行讨论，与会者围绕旅游与美学之间的关系问题进行热烈切磋，还审读了《旅游美学教材》。如云南省美学学会成立会上讨论了云南自然景观开发建设等问题，对云南自然景观和人文景观的结合问题提出了一些建设性的意见和建议。②

二　生态美学研讨会与生态美学问题

生态美学的兴起和繁荣也象征着美学制度在一个侧面发生的变化。2001 年 10 月 17 日，第一届全国生态美学研讨会在陕西师范大学召开，这次会议由中华美学学会、全国青年美学研究会和陕西师范大学联合举办，参会者共计 30 多人，会议的主题是"美学视野中的人与环境"，与会者围绕这个主题进行深入对话和交流。与会者首先讨论了"生态美学"的概念和内涵等问题，曾繁仁从历史背景和时代背景两方面入手，认为"生态美学"的提出平衡了很多现代社会剧变过程中的过失和问题，不仅仅是一种美学范式，更是一种对中国社会的人文关怀；聂振斌区别了"生态"和"环境"两个概念，③ 认为应该将生态研究与社会科学研究结合起来，从中寻找二者的互文性，如此才能使生态美学健康发展；有学者认为生态美学本身与中国道家传统息息相关，这种关联性来自人与自然共生统一的天人意识；有学者认为生态美学讨论的最重要的是关系问题，如人与人、人与自然及人与社会之间的关系。人与自然的关系问题无疑是与会者关注的焦点，在谈到这个问题时，大家一致认为应该摒弃

---

① 广西第四届民族美学研讨会讨论了民族审美与旅游经济的问题，涉及广西旅游资源开发与生态重建、开发民俗旅游等相关问题。

② 李健夫：《云南省美学学会成立并举行学术研讨会》，《当代文坛》1992 年第 3 期。

③ 聂振斌认为"生态"是人类生存发展过程中所处的环境状态，"环境"是人的生活所倚赖的自然条件。吴承笃、徐瑾琪、叶莎莎：《美学视野中的人与环境——"首届全国生态美学研讨会"综述》，《北京社会科学》2002 年第 1 期。

"人类中心主义"，强调自然在生态美学建设中的重要指向，如王德胜、刘恒健认为应该尊重自然，姚全兴和丁来先认为进入生态美学首先应该尊重生命，因为只有古老的原始生命才能赋予生态新品格。事实上大家也都觉得若想发挥生态美学的优势，必须集中精力汲取古典的精华，只有让传统美学思想在生态美学框架下释放出生命之光，才能有助于生态美学的发展。与会者还对生态美学的学科建设问题进行讨论，曾繁仁、王德胜等纷纷发言，认为应该在美学学科内讨论生态美学，虽然生态美学不能单独成为一门学科，但是内中也涵盖了一个比较复杂的系统，应该在生态美学的研究中完善这个系统，使生态美学研究更为周延。这次生态美学研讨会为生态美学的研究和发展开了一个好头，从制度上给生态美学一个历史定位，"为生态美学的发展奠定了良好基础，并使中国美学在与西方的对话中真正跻身世界性的理论领域，站到了一个新的理论起点上"，①从这个意义上说，这次会议对未来的生态美学研究具有重要影响。

2004 年 10 月 21—22 日，第三届生态美学学术研讨会在广西召开，②会议由中华美学学会、全国青年美学学术委员会联合主办，来自全国各地的专家学者 60 多人参加了会议。这次会议以生态美学与相关学科的关系为中心，从多个方面对生态美学的先锋性、时代性和未来性进行了梳理、反思与对话，试图更加紧密而清晰地建立生态美学与社会现实之间的联系。讨论问题之一是生态美学的理论形态、研究对象、研究范围以及与古典传统、西方美学之间的联系。有学者认为"生态美学"是一个本土概念，却比西方学者提出的所谓"环境美学"和"生态审美研究"的范围更宽，指出生态美学概念更富伦理性和哲学性；有学者认为所谓生态美学就是"自由的审美的生存状态"，所有生态美学的外延和内涵都与这种生存状态息息相关，有学者认为生态美学就是对人类实践活动的某种平衡，所以应该本着尊重自然的态度从事生态美学研究；有学者指出，对于生态美学的研究要注意国与国之间的区别，要从本国的实际出

---

① 吴承笃、徐瑾琪、叶莎莎：《美学视野中的人与环境——"首届全国生态美学研讨会"综述》，《北京社会科学》2002 年第 1 期。
② 具体地点为广西民族学院。

发。大家主张要借鉴和吸收中国古典美学的成果，将古老智慧中涉及生态的部分古为今用，以寻求生态美学的传承性。生态美学的学科属性和"中心"之争成为这次研讨会讨论的焦点问题。所谓学科属性，指的是对生态美学的学科确认，有些学者认为生态美学形成单一一门学科具有可能性，有些参会者认为虽然生态美学的研究已经非常丰富，但实际上还尚未形成体系性；所谓"中心"之争，指的是"人类中心主义"和"生态中心"主义之辨，有学者认为任何美学研究的主体都是人，所以强调生态美学研究也要以人为本、以人为中心，也有学者认为以人类为中心导致人类对自然环境和生态环境的肆意破坏，所以生态美学建设还应该以生态为中心进行操作，这两种意见形成了争鸣。同时，与会者也对生态美学的前景等问题提出了自己的意见并做了比较乐观的憧憬。如杜书瀛和王德胜等就认为，虽然在对生态美学研究的一些问题上很多学者之间存在分歧，但是这并不影响对生态美学的进一步研究，他们认为生态美学的研究才刚刚开始，还有漫长的路要走，也具有广阔的拓展空间。

2007 年 11 月 3—5 日，第四届全国生态美学学术会议在中南民族大学召开，这次会议由中南民族大学文学院、山东大学文艺美学研究中心，中华美学学会青年美学学术委员会联合举办，近 50 人参会。① 这次会议之前，2007 年 10 月 15—21 日，党的十七大在北京胜利召开，在这次会议上，胡锦涛提出"生态文明"概念，指出"基本形成节约能源资源和保护生态环境的产业结构、增长方式、消费模式"，并且"生态文明观念在全社会牢固树立"。这为生态美学的进一步研究提供了更为广阔的空间，使第四届全国生态美学学术会议也成为一次盛会，生态美学更好地发展成为与会者的共同愿景。首先，与会者进一步强调了生态美学的重要意义。大家认为，胡锦涛总书记强调生态文明的重要性和树立牢固生态文明观念的希望并非毫无来由，而是建立在长期实践基础上的战略考

---

① 这次会议受到中南大学的重视。中南大学文学院首席教授彭修银主持会议。"在开幕式上我校党委书记李步海教授、湖北省社会科学院副院长刘玉堂教授、山东大学文艺美学研究中心主任曾繁仁教授、文学院院长罗曼教授分别作了致辞和重要讲话。"详见中南民族大学文学院《第四届全国生态美学学术会议在我校召开》，《中南民族大学学报》2007 年第 6 期。

量,这也为生态美学提供了机会。聂振斌认为,生态美学的主体是人,是关于人文主义和人文精神的研究,把握住这个理念非常关键。有学者认为,不能将生态美学单一地理解成一个学术问题,而是要将之理解成一个社会现实问题,唯有如此才能将生态美学研究从理论引向实践,而更好地为生态文明建设服务。其次,与会者讨论了涉及生态美学的学科属性问题。一些学者认为在将生态美学置于东方美学和西方美学研究场域的过程中,必须区分东西方美学的差异,并且在各自的场域内分出层次,继而形成生态美学的体系性;有一些学者认为,生态美学本体论还是以人为本而不是以自然为本;有学者认为生态美学的学科属性应该归于美学,需要用更多的美学方法论去从事生态美学的研究。① 再次,与会者还结合自己对生态美学的研究阐述了相关生态美学本体论问题。如有参会者结合艺术创作与艺术审美强调生态美学应该向艺术回归;有学者以法国思想家德勒兹为中心呈现了德勒兹理论中的生态美学问题,认为德勒兹的很多哲学概念都可以和生态美学互证;有学者认为,应该将生态美学引入小说叙事学,使生态美学和叙事学形成互文,以建立生态美学与艺术作品的现实联系;一些学者同意这种观念,并将这种研究范式植入对陶渊明诗文的研究中。同前几次生态美学学术研讨会相比,这次会议的中心议题更为明确,即以十七大报告中所言"生态文明建设"为中心,讨论内容也更加宽泛,尝试以生态美学为宏观框架,纳入新的、具体的问题进行分析与阐释。

除了上述几次会议,21 世纪初期还召开了多次涉及生态美学的会议,这些会议可以说各有侧重也各有特色,从多方面对生态美学新范式进行推进。2009 年 10 月 24—26 日,由山东大学文艺美学中心主办的"全球视野中的生态美学与环境美学"国际学术研讨会在济南召开,来自多个国家的专家学者共 70 多人参加了这次会议,② 其中包括曾繁仁、阿诺

---

① 关于这次会议涉及生态多元观及生态美学的学科建设等问题,详见彭修银、张子程《第四届全国生态美学学术会议综述》,《江汉大学学报》2008 年第 1 期。

② "来自中国、日本、韩国、美国、加拿大、芬兰、葡萄牙等国与中国香港地区的 70 余位学者参加了会议",王俊暐:《"全球视野中的生态美学与环境美学"国际学术研讨会综述》,《鄱阳湖学刊》2009 年第 3 期。

德·柏林特、鲁枢元等。与会者就东西方美学视域内的生态美学历史源流和未来走向进行了深入交流和讨论，同时也对生态美学及其周边相关问题进行了探讨，研究了多个涉及生态美学的本体论问题。从形式上说，这次会议共召开两天，第一天为大会发言，与会者分五个阶段进行会议发言，第二天为分组讨论，与会者分为三个小组进行讨论。① 有学者将这次会议的主要议题划分为五个方面，② 这五个方面又能综合出主要三点。一是关于生态美学的历史定位和未来走向。与会者从宏观上说明了生态美学之所以能够成为一个美学分支的原因，其中涉及理论基础和现实基础，从人、社会和自然三方面对生态美学建构问题提出了基本看法，也有人从文化研究的角度对生态美学进行阐释，注重日常经验对生态美学的影响和作用。二是探究生态美学与东西方美学之间的潜在关系和必然联系，就西方美学而言，柏林特和卡尔松等在谈及生态美学时思考的是西方环境美学对生态美学的影响和西方古典美学对于生态研究的启示，彭锋则强调在研究生态美学时不应该过分强调西方中心主义而是要采取一种中国哲学观对其加以观照；就东方而言，中国和日本学者从中、日两国的传统自然观入手，中国古典文论和诗论中存在很多涉及生态和自然的论述，这成为生态美学产生的基础，日本本土自然观也深受中国儒、道、释三家的影响，成为日本相关领域研究的先验维度。三是研究生态美学的具体问题，如中国学者用生态批评法对一些艺术作品和文学作品进行深度解读，西方学者则针对日常生活中的具体问题进行生态美学剖析。③ 这次生态美学与环境美学国际学术讨论会可以说少长咸集，集中了这一领域的各位知名专家学者，进行了深入交流、对话、讨论，如曾繁仁在会议闭幕式总结中所言，这次会议对生态美学未来发展而言具有革

---

① 王俊暐：《"全球视野中的生态美学与环境美学"国际学术研讨会综述》，《鄱阳湖学刊》2009 年第 3 期。

② 分别为：生态美学在中国兴起的美学史意义、理论焦点与发展前景；西方环境美学的理论进展及其与西方生态美学的关系；东西方传统生态智慧资源与当代生态审美观构建；生态批评；特色论题。王祖哲：《"全球视野中的生态美学与环境美学"国际学术研讨会综述》，《文学评论》2010 年第 2 期。

③ 王祖哲：《"全球视野中的生态美学与环境美学"国际学术研讨会综述》，《文学评论》2010 年第 2 期。

命性，① 这次会议之后，生态美学研究向前迈进了坚实一步，已经成为 21 世纪最重要的美学范式之一。

2010 年 9 月 1—3 日，中山大学非物质文化遗产中心、中山大学中文系、《文艺研究》编辑部联合举办了"美学与文化生态建设国际论坛"，包括曾繁仁在内的来自国内外的 50 多位专家学者参加了这次会议，会议主要讨论文化生态建设问题，与会者结合研究实践说明了民间艺术、非物质文化在审美中的作用。② 2011 年 5 月 13—16 日，中国社会科学院哲学研究所、中华美学学会与浙江开化市委市政府联合召开了"生态文明的美学思考全国学术研讨会暨中华美学学会 2011 年年会"，阎国忠、张玉能、徐碧辉、李衍柱、杨曾宪、陆扬、高建平等 100 多人参加了会议，一方面对生态美学本体等相关问题进行思考和总结，另一方面也就中小城市规划和发展提出了一些建设性意见，为生态文明和生态美学的建设提供了新思路。

"生态美学"最早虽然是一个"中国"概念，但是随着讨论的深入，对其内涵和外延都存在向深度和广度推升的趋向，并呈现出与世界美学发展同流的趋势，这种态势也集中表现在美学会议对相关问题和话题的讨论上。具体言之，"生态美学"的中西汇通大致表现在三个方面。一是

---

① 曾繁仁言，第一，这是一次高层次的生态美学与环境美学学者的学术聚会，国际与国内生态美学、环境美学与生态文学方面的众多重要研究专家都参加了会议。第二，会议呈现中外学者交流对话的良好趋势。会议围绕着中西方学者在自然生态美学研究方面的共通性和差异性，进行了比较深入的交流和理解。第三，在生态美学、环境美学与生态文学等一系列理论问题的探索上取得重要进展。包括生态美学与环境美学的关系、生态美学的元问题、生态美学在当代生态文化建设中的地位、人类生态文化研究所具有的哥白尼式的革命意义、生态审美学的内涵、自然美学的意义与价值、生态足迹与美学足迹问题、环境文学中赞美颂扬与纠正改良的张力、马克思"实践本体论"的生态关怀与"自然人化论"的新阐释、环境美学与超人类立场、生态审美立场、都市文化与低碳文明等问题均有新的阐释与进展。第四，在生态美学的东西方资源的发掘上有新的拓展。对中国古代山水诗、日本风景画中的生态审美智慧，对德勒兹差异论哲学、阿多诺非统一性哲学以及华斯华兹等作家作品中的生态审美内涵有新的发掘。第五，在生态美学的研究领域上有新的拓展。主要表现在将生态美学研究拓展到语言诗学与女性主义领域，还探讨了生态女权主义与网络女权主义的关系、大地艺术与生态美学的关系以及包括素食主义在内的生态美学实践维度等。王祖哲：《"全球视野中的生态美学与环境美学"国际学术研讨会综述》，《文学评论》2010 年第 2 期。

② 钟雅琴：《"美学与文化生态建设"国际论坛综述》，《文艺研究》2011 年第 1 期。

越来越多的外国学者参与到关于"生态美学"的讨论中，由以上相关美学会议讨论可见，如阿诺德·柏林特和卡尔松等外国学者已经开始参会并热情参与到会议的讨论中，而这只是众多参与讨论的外国学者的一个侧影，象征的是生态美学研究在世界范围内的普及性甚至普遍性。二是涉及生态美学的话题讨论中借用或舶来了很多西方思想或观念。比如有学者讨论德勒兹思想中的美学，有学者讨论日本本土的自然观念，有学者指出在西方古典美学中寻找生态美学的理论源头，这些都说明，生态美学研究已经存在某种跨境和跨文化的研究趋向。三是将生态美学和环境美学作为一组彼此相关的美学问题进行研究，使两种美学理论思潮合流，凸显了生态美学的世界性。这些"生态美学"与世界前沿美学问题汇通在美学会议上的反映，都说明了生态美学具有面向世界的理论生长点。

三 美学会议与身体美学研究的兴起

维特根斯坦曾说，人类的身体是人类生活的最佳图画（《哲学研究》）。身体，也是日常生活关注的焦点之一，自有人类诞生，就无处不有身体，使其成为一个永恒的具有普世性质的主体。近代以来，随着西方消费社会时代的到来，身体越来越被美学家强调，以至于诞生了将"身体美"上升为一个学科的诉求，也促成了"身体美学"概念的形成。最早提出身体美学的是理查德·舒斯特曼，他在《实用主义美学》中本着"终结鲍姆嘉通灾难性地带进美学中的对身体的否定"的态度，提出了"身体美学"这一概念，即一种身体致力于构成身体关怀或对身体的改善的知识、谈论、实践以及身体上的训练，对一个人的身体经验和作用的批判的、改善的研究。[①] 在舒斯特曼看来，"充满灵性的身体是我们感性欣赏（感觉）和创造性自我提升的场所，身体美学关注这种意义上的身体，批判性地研究我们体验身体的方式，探讨如何改良和培养我们的身体"。[②] 可见，舒斯特曼已经将身体美

---

① ［美］舒斯特曼：《实用主义美学》，彭锋译，商务印书馆 2002 年版，第 268 页。
② ［美］舒斯特曼：《身体意识与身体美学》，程相占译，商务印书馆 2011 年版，第 11 页。

学上升到哲学的高度。从狭义的"身体"解释出发，身体主要是从生理范畴上讲解的，身体是除了眼、耳、鼻、舌四者外的其他身体部分，在某种程度上它是等同于"身躯"的；而广义上的"身体"，是包括所有感官在内的身体整体，从纵向的内涵上来看，这个"身体"是包括身体本身、性、欲望等精神意志。但无论是狭义还是广义，"身体美学"在中国美学的发展史中被接受起来是相对容易的，也可以从美学会议看出"身体美学"在中国的受容和发展历程。

2014 年 4 月 20 日，复旦大学中文系组织召开了"身体美学与当代中国美学文化"国际学术研讨会，① 包括舒斯特曼、青木孝夫、朱立元、周宪、陆扬、潘立勇和朱国华的国内外学者共计 30 余人参加了这次会议。舒斯特曼在这次会议上做了主旨发言，阐述了自己的"身体美学"思想，重点介绍以"交互作用式的经验探究"为中心的核心概念，并从两方面对相关概念进行了阐发。他尤以法国现代艺术为中心介绍了身体美学与当代艺术之间的关系。② 青木孝夫则介绍了养生思想和快乐美学的关联，认为"伦理实践同时也是审美实践，其间伴随着快乐，这种快乐不仅仅是欲望的满足；欲望的满足依赖生理上的身体，并受其限制。只有依附于人身心的满足，才不会厌倦"。③ 其他学者也对相关问题发表了自己的意见。一些学者对舒斯特曼的身体美学思想进行了阐释并言说了自己的观点，比如具体阐释了舒斯特曼身体美学的多个层面、舒斯特曼身体美学的理论和实践结合、舒斯特曼身体美学与福柯美学的相同之处、舒斯特曼身体美学与杜威美学的连带关系、舒斯特曼身体美学的东西方语境及与中国文化的关系、舒斯特曼身体美学与日常生活的关系等。还有一些学者对身体美学本体进行了探讨，有学者从维特根斯坦美学出发强调语言和身体之间的关系；有学者从身体美学的角度讨论了魏晋时代的嵇

---

① 应张宝贵和王峰教授之邀，舒斯特曼于2014年4月16日至24日分别在复旦大学和华东师范大学做关于身体美学方面的系列讲座。

② 王佳星：《"身体美学与当代中国审美文化"国际学术研讨会综述——身体美学与当代中国审美文化》，《文艺理论研究》2014 年第 6 期。

③ 王佳星：《"身体美学与当代中国审美文化"国际学术研讨会综述——身体美学与当代中国审美文化》，《文艺理论研究》2014 年第 6 期。

康美学；有学者强调在一个现代艺术视域中讨论美的身体和身体美学；有学者强调立足中国语境，以批判的态度面对审美文化中的思想解放。这次研讨会因为有舒斯特曼的参加变得十分重要，与会者对舒斯特曼的"身体美学"概念及身体美学相关问题进行了非常详细的讨论，对中国身体美学发展具有重要的先导作用。

　　2017年5月6日，复旦大学中文系与上海市美学学会联合举办了"当代艺术与身体美学高层论坛"。舒斯特曼和朱立元、冯毓云、朱国华、陆扬、曾军、潘立勇等30余人参加了这次论坛，对身体美学和当代艺术等问题进行了充分讨论，集中在如下三个方面。一是理解"身体美学"的维度，比如，舒斯特曼认为"身体美学的身体实践维度重视身体行为和身体经验，追求生命的促进和自我的改善，最终实现自我的转变、成长与完善"。① 与会学者纷纷就舒斯特曼的身体美学发表意见，有学者指出舒斯特曼的身体美学是一种从分析哲学到实用主义哲学转向的过程；有学者看到了舒斯特曼身体美学的"非伦理性"；有学者进一步强调身体美学的重要性。二是身体美学的多元建构，有学者认为身体美学为解读中国传统著作提供了一个别样的解读视角；有学者"从休闲美学多角度分析了自我体验和自身感受与身体美学的联系。"② 有学者以感觉为中心进行论述，认为身体美学框架下的感觉既具有功利性，又具有非功利性；有学者以罗蒂为中心对身体美学进行建构；有学者认为"情感转向"是近几年比较前卫的话题，而这一话题本身最早来自斯宾诺莎的思想体系；有学者将身体置于媒介的视域中，认为身体既是视觉对象，也是观看的基础；有学者将身体美学与写作结合在一起，指出要走出胡塞尔的现象学而走向本体写作。三是当代艺术与身体美学。有学者区分了现代艺术和后现代艺术与身体美学的各种差异和联系，尤其指出后现代艺术使艺术脱离了日常生活；有学者认为身体为现代派艺术提供了新的维度和落

---

　　① 张文彩、王煜东：《"当代艺术与身体美学"高层论坛综述》，《上海文化》2017年第6期。

　　② 张文彩、王煜东：《"当代艺术与身体美学"高层论坛综述》，《上海文化》2017年第6期。

脚点；有学者从身心协调的角度考量身体美学的发展方向；有学者从生态绘画和生态美学的角度阐述身体与生态美学的关系。这三个方面，既存在关于身体美学的本体研究和本体建构，也存在将身体美学和其他美学与艺术门类统一起来的研究范式，对身体美学的研究与发展起到了推动作用。

2017 年 9 月 23 日，"回归与开启——多维文化视野中的身体美学研究学术研讨会"在深圳召开，来自中国社会科学院、中国社会科学杂志社、浙江大学等国内高校和研究机构的 30 多位专家学者参加了这次会议。① 主要讨论的问题是"身体美学基本问题研究""对已有身体美学研究的评价""身体美学的古典学基础及相关问题""身体美学与其他学科的关系"等。② 关于身体美学基本问题研究，与会学者全面阐述了身体美学的意义和内涵，并根据当时的身体美学研究进行了反思，认为要从更多的维度对美学进行研究。有学者认为身体是身体美学的主体而不是客体，提出了一种新的研究理路，还有学者对身体美学进行了新的学科定位，认为只有这样才能将身体美学研究好。关于对已有身体美学研究的评价，与会者从思想史和美学史的角度还原了身体美学的发展和研究理论，并在此基础上进一步阐述了身体美学的发展前景以及如何发展身体美学的路径。关于身体美学的古典学基础及相关问题，有学者从实践美学的角度出发，将身体美学落实到历史和文化进程中；有学者将中国古典身体思想和相关哲学概念结合起来，以拓展身体美学的研究维度；有学者以邵氏黄梅调电影为中心阐释女性身体在电影中的意蕴。关于身体美学与其他学科的关系，与会者分别将身体美学置于休闲美学、生态批评、穿越美学等多个视域和维度，认为这样能够衍生出关于身体美学的新的理论生长点。如与会学者所言，"身体美学并不是一门传统意义上的

---

① 具体为中国社会科学院、中国社会科学杂志社、浙江大学、华中师范大学、四川师范大学、山东师范大学、贵州大学、浙江师范大学、深圳大学、徐州工程学院、南通大学、江苏社会科学院、西南大学、常州工学院、南方科技大学、《南国学术》编辑部、《河北师范大学学报》（哲学社会科学版）编辑部。

② 陈昊、王晓华：《身体美学与中国美学的重新出场——"多维文化视野中的身体美学研究"研讨会综述》，《大连大学学报》2017 年第 5 期。

封闭学科，毋宁说它总是处在对话和提问的过程之中，在对话中实现古今、中西、身心等不同文化视域之间的交流沟通，并由此焕发出更加夺目的思想光彩，推动中国美学的重新出场"。① 从这个意义上说，这次研讨会也产生了重要意义。

2018 年 10 月 26—28 日，"身体学视域中的美学研究和诗学建构学术研讨会"在深圳大学召开，来自全国各地的专家学者 50 余人参加了这次会议。② 这次会议全面回顾并阐释了"身体美学"的理论原理、发展脉络、理论历程和未来前景，是一次对"身体美学"概念内涵和外延的总结。这次会议讨论了与身体美学相关的若干问题。一是身体美学的诞生因缘和哲学基础，与会者从各个角度还原了身体美学得以产生的社会思潮和理论背景，认为在新的条件下，身体美学思潮的产生是美学和历史的必然。二是身体美学的基本问题。与会者从审美发生原动力、身体美学所面临的问题、"身体"的本质和内涵、无器官身体、"主体论身体美学"等多种理论入手讨论身体美学的相关问题。三是身体美学与文艺研究之间的关系。与会专家讨论了身体美学与科幻电影、舞蹈美学、视觉图像等之间的关系问题，从文艺研究的各方面讨论身体美学的研究价值。四是身体美学与其他美学流派之间的关系问题。有学者对王晓华的身体美学研究给予了很高评价；有学者将身体美学与人的生命张力相结合，认为身体美学是通往生命美学的重要途径；有学者将环境公正和身体美学结合在一起进行研究；有学者认为也可以从中国传统哲学方面挖掘身体美学的"中国"理路；有学者从康德的《审美判断力》出发，认为身体美学的研究能够很好地弥补康德"仍然残留着在场形而上学的痕迹"。五是身体美学与理论—作品层面的文本分析；有学者对巴尔特的身体美学进行研究，认为后期巴尔特已经开始在用身体和感官进行创作了；有学者分析了《人们叫我动物》的身体文化政治；有学者将《重复》和梅

① 陈昊、王晓华：《身体美学与中国美学的重新出场——"多维文化视野中的身体美学研究"研讨会综述》，《大连大学学报》2017 年第 5 期。

② 会议之前，舒斯特曼发来贺信。会议中，还举行了《身体诗学》（王晓华，人民出版社2018 年版）一书的首发式。关于这次会议的详细情况，详见朱鹏杰《身体学视域中的美学研究和诗学建构——第二届身体美学高端论坛会议综述》，《美与时代》（下）2018 年第 11 期。

洛·庞蒂的身体哲学结合起来，讨论"道成肉身"和"复活"等问题；有学者以济慈的诗歌为中心讨论美、自然、环境和身体之间的关系问题；还有一些学者言说了"身体美学"当时存在的问题，并从多个层面预设了问题的"未来"答案。在这次会议上，与会者将"身体美学"提升到了美学流派的高度，将身体美学的重要性拓展到了新维度。

四　美学会议与美学和艺术的合流问题

同美学一样，中国现代艺术在 20 世纪 90 年代初期也发生着深刻的变革，最主要的特征是日益多元化和先锋化，而中国艺术理论的缺失使现代中国艺术似乎缺少深度，考察这一时期的艺术会议可知，真正从艺术理论和美学理论的角度切入的会议不多，① 因此涉及艺术与美学关系问题的会议成为一个焦点。自 20 世纪初期现代美学诞生之日起，美学与美术就紧密地交织在一起，艺术、美学、美术相结合，成为中国早期现代美学的一种现象，新中国成立之后，这种状况被经典美学的思潮盖过，而 20 世纪 80 年代后期随着现代艺术的发展，美学与艺术又有合流之势，美学工作者希望以美学思想斧正艺术研究和艺术创作，艺术工作者也希望艺术创作得到美学思想的指导，因此这期间关于美学与艺术彼此互动的会议逐渐增多，成为 20 世纪 90 年代美学的一种表现形态。

1993 年 5 月，中华美学学会青年学术委员会、首都师范大学联合举办的"美学与现代艺术学术讨论会"，汝信、周来祥、童庆炳、王一川、潘知常和王德胜等 80 多位专家学者参加了此次研讨会。汝信发表重要讲话，强调美学在艺术创作和艺术批评领域的重要性，他认为客观世界和社会环境的变化昭示着美学和艺术逻辑也在发生变化，"美学研究和艺术评论应该起积极推动作用，使真正的艺术有一个良好的社会环境和舆论

---

① 1990 年，召开了梵高艺术讨论会、西安美术学院创作教学座谈会。1991 年，召开了中国当代美术史编撰研讨会。1992 年，召开了"20 世纪·中国"展览学术讨论会、山东美协学术座谈会、当代艺术文献展研讨会等。以此可见，事实上少有以艺术理论为核心的会议。关于 20 世纪 90 年代艺术会议的详细情况，详见水天中《20 世纪中国美术纪年》，人民出版社 2012 年版，第 401—462 页。

环境"，① 这也成为此次会议讨论的中心所在。与会者首先讨论了20世纪
90年代初期的美学环境，分歧主要集中在对商品经济和市场经济的认识
上，一些学者认为，20世纪90年代初的经济状况直接或间接导致了人们
欲望的泛滥，从美学上说也导致了人们的审美取向逐渐世俗化，迫切需
要制衡观念来重构社会话语和知识话语，强调重建社会价值体系，强调
民族精神和社会文明的重构，大家认为，美学可以兼此重任；也有一些
学者认为，市场经济和商品经济时代的到来恰恰为美学提供了某种出路，
因为"市场经济从根本上割断了与封建主义的'最后联系'"，② 从另一
方面呼唤着新的时代，美学应该适应时代环境和时代传统，积极面对社
会变化以保持时代性。当时的美学状况是与会者关心的第二个话题。20
世纪90年代初期是一个文化转型的时期，美学也面临文化转型，有学者
认为，美学应该与工业文化相适应，美学除了关注艺术本体还应观照艺
术背后的社会学逻辑，如此这般才能保持美学的时代性；有的学者认为，
现代美学应该适应世界发展的潮流，不断同民族性并与世界性接轨；还
有学者则从相反的方向认为，中国美学不能陷入后殖民主义的深渊，还
是要寻求到现代美学本身的逻辑原点，这样才能真正体现出美学的本
色。③ 与会者讨论的第三方面是艺术与美学的互动关系问题。有人认为，
当时的现代艺术存在分化的趋向，既存在传统的、经典的、符合艺术自
律性的艺术，又存在先锋的、前卫的、出离于艺术之外的艺术，并且后
者的发展看起来远逊于前者，美学工作者如何评价、如何批判这种艺术
趋势成为值得思考的问题，他所考虑的是美学如何介入现代艺术的一个
问题；有的学者指出后现代艺术的兴起迫使美学重新整合话语系统，美
学工作者也应该尽快拿出面对前卫艺术的解决方案。王德胜同意上述两
人的意见，认为应该寻找到一种新的美学手段对艺术进行重新判定，以
适应艺术和美学的双向发展。④ 通过这次研讨会，各位与会者对20世纪

---

① 秦美慧：《"美与现代艺术"学术讨论会综述》，《文史哲》1993年第5期。
② 秦美慧：《"美与现代艺术"学术讨论会综述》，《文史哲》1993年第5期。
③ 秦美慧：《"美与现代艺术"学术讨论会综述》，《文史哲》1993年第5期。
④ 秦美慧：《"美与现代艺术"学术讨论会综述》，《文史哲》1993年第5期。

90 年代初期的现实环境、美学环境和艺术环境有了新认识和新方法，在如何深化美学和艺术的互动关系方面取得了一些作用。①

1997 年 10 月 28—30 日，中国艺术研究院美术研究所、《美术观察》杂志联合召开了"中西文化交流：当代艺术体验与阐释国际研讨会"，虽然以当代艺术为中心，但其中也关涉了美学问题，几位美学家在此次会议上发言，讨论美及美与艺术的关系问题。② 弗朗索瓦·马蒂围绕康德所谓的美与崇高问题进行论述，尝试从经典美学的角度对艺术加以阐释；有学者比较了庄子哲学与海德格尔哲学中关于艺术的部分，进而分析中西美学差异，他认为庄子美学与海德格尔的艺术论既有相似的地方又存在不同之处。有学者从心性概念入手，言及佛教美学尤其是禅宗美学对绘画创作的影响，指出禅宗美学和中国艺术的内在超越性。还有学者分析了中西美学的异同点，从表现、再现两方面揭示这种差异所产生的原因。

1999 年 9 月 12—19 日，由中华美学学会、甘肃省社会科学院、西北师大中文系联合举办的"新世纪中国美学与敦煌艺术学术讨论会"在甘肃张掖、敦煌召开，来自全国多个省份的专家学者 60 多人参会，汝信发来贺信，③ 聂振斌、穆纪光、王德胜、姚文放、王向峰、高建平等参会。④ 这次会议的召开时间正逢 20 世纪 90 年代末，在时间上既是之前 10 年现代美学的总结，也是对新世纪美学的展望，加之参会者在中国现代美学史上具有重要地位，所以比较重要。会议讨论的内容主要包括三个方面。一是对 20 世纪美学的时间断代问题。王向峰分析了 20 世纪初期一直到新

---

① 这次会议上还公布了"第二届全国青年优秀美学学术成果奖"评选结果，王一川、王德胜、朱辉军等43人获著作奖和论文奖。秦美慧：《"美与现代艺术"学术讨论会在京召开》，《文学自由谈》1993 年第 3 期。

② 据郭晓川言，这次会议讨论的内容主要有三个方面，分别是美学、艺术理论和艺术史，关于此次会议的详细内容，详见郭晓川《中西文化交流：当代艺术体验与阐释国际研讨会综述》，《文艺研究》1998 年第 2 期。

③ 汝信在贺信中说，"敦煌艺术是世界艺术瑰宝，也是中华民族的骄傲。进一步开展对敦煌艺术的研究，必将促进新世纪中国美学的繁荣和发展"。详见穆纪光、安文华《中国美学的新起点——记"新世纪中国美学与敦煌艺术"学术讨论会》，《甘肃社会科学》1999 年第 6 期。

④ 参加会议的还有甘肃省社会科学院副院长、研究员周述实、西北师大中文系主任赵逵夫、中共张掖地委书记洪毅、副书记王炳书、宣传部长刘学功等。

文化运动的美学历史，认为这段时间是中国现代美学的发源期，人们将西方美学和古典美学相结合，逐渐形成了具有中国现代美学的理论体系，值得美学研究者重视。高建平认为现代美学共完成了三次转向，都同西方美学的传入有关，理解这三次转型对理解 20 世纪中国美学尤其重要。二是对中国美学现状做分析。王德胜认为应该将美学和文化学结合起来看，因为审美文化一方面潜在地规定着美学学科的立足点和着眼点，一方面又对艺术实体产生作用和反作用，所以在文化大潮中如何分析美学、应用美学变得非常重要。姚文放关注的是美学的东西方纠葛，认为应该厘清中国美学和西方美学的传统，并在不同的视域中发扬这种传统，这样才能在世界美学中定位出中国美学的位置，以合理合法地推进美学发展。其他很多学者也针对这个问题发言，如有学者认为应该合理利用现代美学资源；有学者认为美学应该更加多元化，以此面对多元的社会发展；有学者提出了生态美学的建构问题。① 三是关于对敦煌艺术的研究。有学者强调敦煌艺术在美学和艺术中的重要价值，进一步对敦煌美学的意义和价值进行分析；有学者结合美学与艺术的关系分析了敦煌艺术在美学中的定位；还有学者强调敦煌美学研究应该从佛教艺术和佛教美学入手。② 从这次会议可以看出，与会者对于当时的美学环境和文化环境具有非常合理而科学的认识，也充分强调了美学与艺术的关系尤其是美学与敦煌艺术的关系，美学如何为艺术提供有效的理路成为大家关心的问题，也是美学和艺术交杂中需要解决的问题。③

2012 年 5 月 18—21 日，由中国社会科学院文学研究所与江苏师范大

---

① 关于与会者发言的详细内容，详见穆纪光、安文华《中国美学的新起点——记"新世纪中国美学与敦煌艺术"学术讨论会》，《甘肃社会科学》1999 年第 6 期。

② 会后，与会者参观了敦煌莫高窟。

③ 事实上，除了这几次会议外，关于美学和艺术的互动问题，20 世纪 90 年代初期还举行过很多次小规模会议，因为很多会议并不是以美学为中心，故未在正文中做以说明。如 1985 年起，浙江省美学研究会就开始举行"美学茶座"活动，对相关美学问题进行讨论。1991 年，围绕中国艺术和现代主义问题，"美学茶座"也进行了深入讨论，这次讨论会由浙江省美学研究会和浙江美术学院共同主办，来自美学界和艺术界的三十多位专家学者参会。关于会议详细发言，详见江彤《中国艺术与现代主义——浙江"美学茶座"的一次专题讨论》，《美术》1991 年第 5 期。

学主办，由中国社会科学院文学研究所文学理论研究室、《外国美学》集刊编委会、江苏师范大学文学院、江苏师范大学汉文化研究院承办的"中国社会科学论坛暨美学与艺术：传统与现代国际学术研讨会"在江苏徐州召开。① 来自国内外各高校和科研院所的专家学者 50 多人参加了这次会议。② 会议讨论了三个主题。一是当代语境中对美学与艺术传统的新审视。有学者指出美学已经和日常生活形成了一个紧密联系的态势，所以应该针对此改变美学的研究策略和方法；有学者仔细阐释了艺术终结于美学之间的关系问题；有学者勾勒出了城市漫游美学的轮廓；有学者将文学与图像学联系起来进行研究；有学者提出了"全球美学"的概念，认为这一概念代表了美学全球化发展的一个趋势；还有一些学者对马尔库塞和阿诺德·柏林特等的美学思想进行研究。二是面向当代世界的中国美学与艺术。有学者通过中西美学艺术的比较说明艺术史的学科与非学科属性；有学者结合全球美学的新发展与新变化集中讨论先锋派的艺术问题；有学者讨论了中国传统绘画中的表演与表现概念问题；有学者讨论了新水墨艺术的存在与前景问题；有学者将中国传统文艺理论和美学与现代美学学科结合起来，指出传统美学要在今天的文艺学学科发挥作用；还有一些学者讨论了中国古典美学的专门问题，涉及古典审美意识、荀子墨子美学思想和汉代谶纬美学等。三是美学对促进艺术与文化繁荣和发展的意义问题。有学者认为"大胆"绘画可以延续中国美学传统；有学者认为在当时的背景下应该高度重视地方审美文化个性，以挖掘出地方文化精神特点；有学者以《1844 年经济学哲学手稿》为中心，认为新兴的当代人类学对现代美学研究非常重要；有学者指出了新媒体对于当代美学研究的重要性。这次会议对以上三个问题的讨论深入而具

---

① 具体地点为汉园宾馆。

② 其中包括国际美学协会会长、美国威斯康星州麦魁特大学教授柯提斯·卡特（Curtis Carter）；国际美学协会前会长、德国巴塞尔大学教授海因茨·佩茨沃德（Heinz Paetzold）；国际美学协会前会长、斯洛文尼亚科学院研究员阿列西·艾尔雅维奇（Ales Erjavec）；国际美学协会前会长、美国加州长岛大学教授阿诺德·贝林特（Arnold Berleant）；国际美学协会第一副会长、土耳其安卡拉技术设计学院教授亚勒·艾尔贞（Jale Erzen）；香港浸会大学教授文洁华；美国纽黑文大学教师大卫·布隆贝克尔（David Brubaker）。详见朱存明《"美学与艺术：传统与当代"国际学术研讨会综述》，《文学评论》2012 年第 5 期。

体，讨论的相关问题也非常重要，可以说，这次会议是在世界美学与艺术合流之后召开的重要会议，对美学、艺术和审美文化的研究产生了重要影响。

2015 年 10 月 18—20 日，首都师范大学文学院和文化研究院、《社会科学辑刊》编辑部在北京共同召开了"微时代：生活、艺术与美学"学术讨论会，其中，在新时代自媒体视域下对相关审美文化、艺术和美学问题进行了言说和阐释。关于审美文化问题，有学者认为微时代不仅存在技术革命，而且存在社会革命，其突出表征是"分享主义"的兴起；有学者认为微时代微信、微博等给社会带来了新的审美方式，同时也改变着人们的日常生活；有学者认为虽然微时代存在美学泛化的倾向，但实际上这种"泛化"本身也是美学的自我调整。还有一些学者提及微时代的美学话语建构问题，认为在这样的时期，重新建构美学及其谱系具有非常重要的作用和意义。关于微时代的文学艺术问题，有学者认为应该在自媒体的宏观场域厘清真正的文学性问题；有学者认为微时代所创造的文学范式已经逐渐开始"微小化"、"日常化"和"个性化"。还有学者将美学近来发生的变化、日常生活审美化思潮与微时代结合起来，认为这是微时代美学发展的必然路径。

第七章 美学会议与世界美学的"中国"样态

　　高建平在总结改革开放 40 年文艺理论的三次转向时指出，"现代意义上的中国理论的发展，走的是从'拿来主义'到'实践检验'，再到'自主创新'之路"。[①] 可见，文艺理论和美学理论经历了一个从向西方学习、向西方借鉴到用中国美学实践检验西方美学思想在中国的受容再到中国美学自主创新的阶段，归结起来，近 40 年来中国美学的发展存在一个中西美学互通的态势，这种态势在 20 世纪 90 年代中后期到 21 世纪的中国美学发展中体现得尤为明显。早在 1980 年，朱光潜先生在第一次全国美学大会上指出，"现在不是闭关自守的时代，是要睁开眼睛看世界的时代。在家里抱着薄薄的小册子，搞来搞去搞不出什么名堂，应该多研究外国现代美学上的动态"。[②] 足见当时中国美学和世界美学的差距。事实上，虽然当时中国美学呈现出新的美学热潮，但实际讨论的问题大多集中在对 20 世纪 50 年代"美学大讨论"的延续，与西方美学存在一定差距。

　　经过了 20 年的发展，新时期美学达抵 21 世纪的节点之时，已经呈现多元化的状态，美学学科本身所具备的丰富性和美学在中国化过程中所表现出来的各种问题共同构成了当时美学的复杂性，20 世纪 90 年代美学

---

　　① 高建平：《新时期、新世纪、新时代——改革开放 40 年与中国文论的三次转向》，《中国文艺评论》2018 年第 11 期。
　　② 朱光潜：《朱光潜同志在全国美学会议上的发言》，《中华美学学会第一次全国美学会议简报》1980 年 6 月。

发展沉积了一些思想，留待 21 世纪之初的美学资源不能不说是 20 世纪 80 年代和 90 年代美学思想的"积淀"，并且是复杂而多元的"积淀"。从理论建设方面说，涉及美学对象、美学方法、美学本质和文艺美学等问题；从美学流派上说，涉及美学讨论、实践美学、后实践美学、和谐美学等问题；从学科美学角度说，涉及西方古典美学、西方现代美学、中国古典美学和中国现代美学等问题，其中各个范畴又涵盖方方面面；从美学热点方面说，涉及美学教育、审美文化和生态美学等问题。20 世纪 80 年代和 90 年代的美学基本上是基于中国传统，从中很难看得到西方当代美学的浸润，换句话说，中国新时期的美学研究看上去更像是自给自足的研究，这种研究确实观照了柏拉图、亚里士多德、康德、黑格尔和尼采等，却与当时的西方现代美学形成了一种断裂，如何从这种断裂中走出来，成为一个重要问题。

　　20 世纪 90 年代末期，很多美学工作者认识到为了弥补这种断裂，必须走出中国，建立一个中国美学与世界美学对话并交往的平台，这样一来，一些个人和单位有意识地加强同世界美学之间的联系，就从多个角度促进了中国美学在新世纪的发展，也使中国美学在这个时期内呈现出非常鲜明的世界性。这期间，很多美学会议冠以"国际"之名，邀请了一些国际知名的美学家前来参会。① 国外知名美学家受聘中国科研院所和高校的情况在这一时期屡见不鲜。一些科研院所和高校为了能够更好地与世界形成交流与对话，纷纷聘请一些知名者，无论是聘请性质的讲座还是聘请仪式，都少不了小规模的学术交流会和学术研讨会，一是对所

---

　　① 仅就笔者所见，21 世纪之后的"国际"会议数量很多，知名者如首届东方美学国际学术会议（2000）、马克思主义美学的现状与未来国际学术研讨会（2000）、美学视野中的人与环境：首届全国生态美学研讨会（2001）、审美与艺术教育国际学术研讨会（2002）、美学与文化：东方与西方国际研讨会（2002）、实践美学的反思与展望国际学术研讨会（2004）、首届神学美学国际学术研讨会（2006）、马克思主义美学与现代中国国际学术研讨会（2007）、马克思主义美学与当代社会国际学术研讨会（2008）、环境美学国际论坛暨第七届亚洲艺术学会年会（2009）、第 18 届世界美学大会（2010）、首届中英马克思主义美学双边论坛（2011）、美学与艺术：传统与当代国际学术研讨会（2012）、新世纪生活美学转向：东方与西方对话国际研讨会（2012）等，这些具有国际性质的美学会议聚拢了诸多国外美学家，有些美学家堪称世界级著名美学家，在会议中形成交流和对话，中西美学思想完成了多样的碰撞。

聘人士的资历和学术旨趣进行介绍和评价，二是围绕某中西共通话题进行讨论，这样的会议往往是一个关于美学新问题的理论增长点。① 这些都说明，中西美学在一个新的历史节点已经开始呈现出融合的态势，而且，在"世界美学"概念的内涵和外延中，"中国"样态正在不断地被凸显出来。

第一节　从"拿来"到"自主"：中国美学与世界美学的同步化进程

40 年来，中国美学无论经历怎样的风雨沧桑，都一直走在正确的道路上，既继承了中国传统美学的研究传统，又不断接受并吸收西方美学思想尤其是西方美学前沿问题对相关研究的支撑，以至于到了 2010 年前后，"中国的一些美学研究，呈现出与国外的美学研究同步并具有对话性的特点"。② 这说明，中国美学若干年来已经走出了以中国本土为研究对象的研究范式，渐渐走向世界。其实，这种自洽性中存在一个中国美学不断间离、接触、接受、追赶西方美学前沿问题并最终与之实现同步化的过程。这种同步化在历次全国美学会议中表现得最为明显，美学会议的主题和思想集中反映了当时美学发展和研究的最新成果和发展方向，是中国美学的指向标之一，因此也是重要的参考系。所以以历次全国美学会议为中心，对改革开放四十年来中国美学与西方美学前沿问题的同步化问题进行检视，能够呈现出一个理解中国美学发展的多维视角。

---

① 如 2010 年，《马克思主义美学研究》编辑部聘请法国思想家朱丽娅·克里斯蒂娃为《马克思主义美学研究》编委，就借机召开了一次学术座谈会，座谈会上，与会专家与克里斯蒂娃进行对谈，并就《马克思主义美学研究》的相关问题回答了克里斯蒂娃的问题，就克里斯蒂娃的学术旨趣和学术经历进行介绍。虽然这只是一次小型的学术讨论会，但是纪要发于《马克思主义美学研究》，还是引起了一些反响。类似这种聘任仪式很多，无论是杂志社还是高校研究所都存在这种聘任仪式，这本身就是西潮东渐的过程，带来了西方最新的美学思想。

② 高建平：《改革开放三十年与中国美学的命运》，《中国中外文艺理论学会年刊》，2008 年，第 297—313 页。

一　中国美学与西方美学前沿问题的间离

1980 年 6 月在云南昆明召开的第一次全国美学会议，因为是在新时期初期召开的第一次美学会议，又必然为之后的美学发展提供正确的方向，所以非常重要。在周扬的授意下，会议集中讨论了四个方面的内容，涉及马克思主义的指导原则、美育的建设和发展、如何编撰中国美学史、形象思维问题和美的本质等问题。① 因为周扬谈话的中心主旨意在强调美学发展为四化建设服务，因此会议所讨论问题大部分集中在"中国"美学层面。编撰中国美学史和形象思维问题是纯粹的中国美学问题，美的本质问题是 20 世纪 50 年代"美学大讨论"的延续；美育则被周扬看作"实现人类最崇高理想——共产主义，要培养自觉地建设社会主义的新人"的必然要求；② 而马克思主义作为指导原则，是当时的通行原则而不是针对美学的专门原则。由此可见，当时美学会议所涉及的主题主要集中在如何恢复一个可供美学生存的环境，并召唤新的美学话题，囿于时代因素，这些话题大部分涉及中国美学，与西方美学尤其是美学前沿问题没有过多的联系。事实上，周扬当时已经注意到，"目前我们的美学研究和宣传工作还很落后，我们的美学队伍还不能适应当前发展的需要，有不少美学部门至今仍是空白，对国外美学研究的状况也所知甚少"。③ 这既是对当时美学环境和美学研究状况的双重判断，也是对中国美学未来的某种期许，所以实际上当时已经有人看到了中西美学的差距，但是时代状况确实不能提供一个有助于中西美学互文互动的境遇。

1983 年 10 月，中华全国美学学会第二届年会在厦门召开，会议的主

①　符晓：《新时期美学制度的形成与流播：以第一次全国美学会议为中心》，《社会科学战线》2017 年第 2 期。

②　周扬：《关于美学研究工作的谈话》，《周扬全集》（第五卷），人民文学出版社 1985 年版，第 273 页。

③　周扬：《关于美学研究工作的谈话》，《周扬全集》（第五卷），人民文学出版社 1985 年版，第 264 页。

题是"美学在社会主义两个文明建设中的地位和作用"，① 当时，党和国家提倡"两个文明建设"，所以这次会议十分强调精神文明建设与美育之间的关系问题，不但厘清了一些理论问题，同时也呼吁美育要为建设社会主义服务。美学原理、门类艺术和中西方美学史的讨论集中在学科美学，旨在强调美学的学科属性，并在技术上为美学研究提供方法。对《手稿》的讨论实际上依然是"美学大讨论"的延续或惯性使然。② 虽然有个别学者提出了西方美学的相关问题，但这些学说大都是为了中国美学的学科建构服务的，实际上并未涉及西方美学前沿问题。1988 年 10 月召开的中华全国美学学会第 3 届年会"讨论了美学基本问题、艺术美学和技术美学等问题"，从会议主题上说是对前两次美学会议的继续。170 多位与会学者讨论了美学的研究对象、功能、本质和艺术美学与文化演进的关系、技术美学和科技进步的关系等。遗憾的是，这次会议同样未涉及 20 世纪后半叶的西方美学前沿问题。

第四届全国美学会议于 1993 年 10 月在北京召开，与会者围绕"当代美学的现状和发展""我国当代文艺与审美文化""物质生产中的美学"等问题进行了讨论，旨在回答美学如何在改革开放大潮中继续发展这个问题，美学本体论、实践美学、审美功能、技术美学、审美文化等成为比较重要的会议话题，但讨论依然集中在中国美学或美学本体方面，实际上，当时已经有学者看到中国美学发展所面临的问题，比如，"美学界却没有普遍关注的焦点问题，没有就重大学术问题展开确有成效的对话与争论。在一定程度上说，它真的是陷入一种'集体自言自语'的窘迫境地"，③ 这必然与当时的物质条件和社会环境息息相关，但也与美学囿于自身尚未脱离"中国"的言说有关。

这四次美学会议可以说是新时期美学发展的一个缩影。1980 年前后，政治、社会和文化环境都呈现出新的变化，给美学发展提供了空间，使

---

① 年会秘书处：《中华全国美学学会第二届年会简报》1983 年第 1 期。
② 详见年会秘书处《中华全国美学学会第二届年会简报》1983 年第 2—4 期。
③ 建文：《面向新世纪的美学：困惑与向往——"第四届全国美学会议"印象》，《哲学研究》1993 年第 12 期。

美学讨论得以持续并丰富，然而围绕美学讨论及其旁及的 20 世纪 80 年代美学在某种意义上与其说是美学的开拓或拓展毋宁说是 20 世纪 50 年代"美学大讨论"的承袭和延续，因此这四次美学大会几乎都讨论了以马克思主义美学、《手稿》和实践美学为中心的美学本体问题；对于学科美学（中国美学史和美学原理等）的讨论也集中在中国美学层面；涉及美育的讨论不能不说和当时的政治环境存在复杂而隐秘的逻辑；艺术美学和技术美学将视点集中在艺术、艺术和美学之间的关系上，至于"形象思维"问题则纯粹属于"中国"问题。诚如有学者指出的那样，20 世纪 80 年代后期，"国内美学界对现代西方美学的研究尚缺乏学科的理论性开拓，特别是以介绍代研究的现状亟需打破"，① 前述所谓"自言自语"之"自"，其意义几乎在于当时的中国美学及相关研究过多地集中在中国的封闭空间和视域中。

那么，这一时期，西方美学的发展如何呢？或者说，西方美学前沿问题在 20 世纪 80 年代究竟呈现出怎样的存在状态呢？20 世纪上半叶，世界美学的主要议题在于经典美学的阐释与再阐释，如康德美学、审美无功利说、艺术自律等，及至 20 世纪中叶，以早期维特根斯坦思想为基石的分析美学产生，受到美学界的高度关注，发展到 20 世纪七八十年代，已经在古德曼、沃尔海姆和乔治·迪基的创建中成为显学。因此从学理上说，分析美学引领了 20 世纪后半叶世界美学的主潮。另外，从历次世界美学大会的议题也可以看出当时国际美学的发展态势和历程，这是因为，世界美学大会的"主题常常会对国际美学界的一些思想、潮流、主要学术方向和学术界讨论的热点产生很大的影响，因此这是一个在全世界影响很大的会议。它常常成为美学学术转向的风向标"。② 从第 8 届世界美学大会（1976）到第 12 届世界美学大会（1992），会议的主题分别是"美学、日常生活与艺术"（1976）、"创造力与人类世界"（1980）、"艺术品与哲学的转向"（1984）、"美学的传统和革新"（1988）和"美

---

① 中国社会科学院哲学研究所：《中国哲学年鉴》（1990），中国大百科全书出版社 1990 年版，第 148 页。

② 高建平：《美学的当代转型：文化、城市、艺术》，河北大学出版社 2013 年版，第 264 页。

学的现代性"（1992），归结起来大致为两方面，一是强调艺术和艺术品进入美学视域并与其实现交融的重要性；二是传统美学问题的现代转型与革新为美学带来的变革。两相比较，当时中国美学与世界美学的间离显而易见，虽然 1993 年也有学者认识到"后现代主义话语对第三世界文化美学产生的冲击使当代中国美学面临后殖民主义文化的语境"这样的美学前沿问题，① 但这种认识当时还属个别现象，并不能代表中国美学发展的全部。

二　中国美学与西方美学前沿问题的接触与同步

从第四届全国美学会议（1993）到第五届全国美学会议（1999）的 20 世纪 90 年代中后期，中国美学的总体环境和存在样态稍显复杂，"一方面，许多美学组织的活动重新变得活跃起来，新的著作不断出现；但另一方面，这些学术活动并没有带来多少真正理论上的创新。美学实际上处在一个困境之中，出现了建立中国美学体系的要求与满足这个要求的条件还不成熟之间的矛盾"。② 所以一些中国学者开始将目光和视野投向西方，参与以西方为主体的国际美学活动、编著编译近时代的西方著作以寻求中西对话，尤其是，中华美学学会于 1998 年正式加入了国际美学协会，中华美学学会会长汝信被选为国际美学学会执行委员，将这种对话提升到了一个更高的层次。第五届全国美学大会就是在这样的背景下召开的。

第五届全国美学大会 1999 年 5 月在成都召开，会议的主题是"走向 21 世纪的美学"，与会学者从百年中国美学的回顾与反思、美学的本体研究、美学的功用、美育等多个方面进行讨论，并在此基础上衍生出一些新话题。当时，已经有学者自觉地将中国美学置于世界美学的视域中，

---

① 《中华美学学会通讯》编辑部编：《"第四届全国美学会议"观点摘登》，《中华美学学会通讯》1993 年第 1 期（总第一期）。

② 高建平：《改革开放三十年与中国美学的命运》，《中国中外文艺理论学会年刊》，2008 年，第 297—313 页。

或者主张针对审美心理学进行研究以适应国际美学向审美经验和艺术研究转移，或者提出顺应国际潮流进行环境美学的深入研究，或者主张"通过检讨当代美学有代表性的理论，提出将审美经验落实到人与自然本源性的亲缘关系上，认为惟此方能替美学找到一个自明的基础"。① 中华美学学会加入国际美学协会和第五届全国美学大会的召开加速了中国美学与西方美学的联系与交融，尤其是这两个美学事件的发生相距时间比较短，使中国美学在比较短的时间内呈现出某种复苏的态势。之后，中国学者开始组织召开国际美学会议，如"美学与文化：东方与西方国际美学研讨会"（2003）和"多元文化中的美学对话国际美学研讨会"（2006）等，可见，中国学者正在寻求与西方学者对话的机会，这无形中促进了中国美学向美学全球化视域的发展和跨越。

第六届全国美学大会2004年6月在吉林长春召开，来自全国各地的美学家和美学工作者100多人参加了这次会议。会议的主题是"全球化与中国美学"，与会者认识到，新世纪伊始，必须将中国美学置于全球化的语境下进行研究，只有这样才能使中国美学和世界美学更圆融地结合在一起，只有这样中国美学才能向好发展，沿着之前所形成的美学制度规律前行。这次会议所讨论的内容众多，归结起来集中在三个方面，一是与会者将美学与艺术的诸多问题放在"全球化"背景下进行讨论，认为这种讨论模式和美学路径能够为中国美学提供更多的理论生长点；二是结合中国美学和西方美学的现代意义对相关本体论和方法论等问题进行讨论和交流，认为无论是中国传统美学还是西方传统美学都应该同"现代"相结合，使其迸发出时代的品格和意义；三是讨论了全球化背景下的媒体文化等问题，涉及影视美学、图像美学、消费文化和日常生活审美化等。

"第七届全国美学大会暨新中国美学六十年全国学术会议"于2009年8月在沈阳召开，与会学者从当代中国美学的论争、中西美学的对话与交融、美学与生活的关系、美学的跨学科共建、艺术理论、审美文化

---

① 李祥林：《面向21世纪的美学沉思——第五届全国美学会议述要》，《西南民族学院学报》（哲学社会科学版）1999年第6期。

和门类艺术等多方面对相关问题进行了讨论和阐释，目的在于"创造我们今天所需要的体现新时代精神的有中国特色的美学理论"。[①] 对西方美学前沿问题的讨论是这次美学会议的理论特色之一。日常生活审美化、美学与认知心理学的关系、后现代消费社会身体的转向、巴什拉物质想象理论都成为一部分与会学者讨论的话题，构成了关于西方美学的研究。如果说第五届全国美学会议为中国美学追赶西方美学前沿问题提供了契机和方向，那么第六届和第七届全国美学会议则为这种契机和方向提供了生动的范例，无论是会议主题的大致方向还是与会学者讨论的具体内容已经都离不开西方美学，人们开始注意到，如果离开西方美学或者西方美学前沿问题谈中国美学，那么"中国美学"这个概念已经是不完整的了，可见当时中国美学与世界美学的交融性。

实际上，中国学者在这两次美学会议上探讨的问题已经非常接近西方美学前沿问题。从 2001 年到 2007 年，共召开了三届世界美学大会，即第十五、十六、十七届世界美学大会，会议的中心议题分别是"21 世纪的美学"（东京，2001）、"美学的转变"（里约热内卢，2004）、"美学成为文化间的桥梁"（安卡拉，2007），题目本身就呈现出极大的包容性，并在相对意义上讨论得更加宽泛。再以第 16 届美学大会为中心，这次会议共提交论文 214 篇，内容大致集中在两方面，一是对 21 世纪美学转型的关注，二是对艺术的高度关注，从会议发言看，艺术已经在全世界范围内被纳入美学的研究范畴。需要说明的是，有五位中国学者也参加了这次会议，发言的主旨集中在中国古典美学、艺术与游戏、"天人合一"的自然观念、太极图的和谐美学等，他们也参与了会议主要议题的讨论。如前所述，第七届全国美学大会涉及了相当多的艺术理论和艺术门类等问题，虽然与当时会议的承办单位鲁迅美术学院是艺术类院校不无关系，但也必须认识到，当时已经有很多议题与第 16 届世界美学大会实现了同步。

之后进行的第八届全国美学大会延续了这种传统，这次会议于 2015

---

① 萧牧、张伟等主编：《新中国美学六十年：全国美学大会（第七届）论文集》，文化艺术出版社 2010 年版，第 3 页。

年 5 月在成都召开，200 余位美学工作者参加了会议，并就"传统美学的现代转型与反思"、"美学基本理论的进展与反思"、"美学的文艺空间"、"比较视域下的美学"和"新媒介与后现代美学形态"等多个问题进行讨论。这次会议已经旁及相当多的西方美学热点问题，比如"法国理论"、法兰克福学派、后期维特根斯坦美学思想和马尔库塞美学等，一些学者将所研究问题置于中西美学比较的视域下，认为"在全球化浪潮和跨文化语境下，以比较的视野挖掘、借鉴西方美学理论、反思中国美学问题，是发展和建构中国美学的有效途径，是展现中国美学的世界价值、参与国际间交流和发展的基础性工作，也是美学理论研究的一个持久方向"。[1]受第 18 届世界美学大会在北京召开、中国学者更多地参与国际美学事物、国际级美学会议在中国召开的影响，第八届全国美学大会的议题已经基本与西方美学前沿问题重合，换句话说，中国美学在当时已经完成了与西方美学前沿问题的同步。

三　"全球化与中国美学"视域下的第六届全国美学大会

2004 年 6 月 26—28 日，第六届全国美学大会在吉林长春召开，这次会议由中华美学学会、吉林大学文学院和吉林大学中国文化研究所共同举办，来自全国各地的美学家和美学工作者 100 多人参加了这次会议。会议的主题是"全球化与中国美学"，与会者认识到，新世纪伊始，必须将中国美学置于全球化的语境下进行研究，只有这样才能使中国美学和世界美学更圆融地结合在一起，只有这样中国美学才能向好发展，沿着之前所形成的美学制度规律前行。

首先，与会者将美学与艺术的诸多问题放在"全球化"背景下进行讨论，认为这种讨论模式和美学路径能够为中国美学提供更多的理论生长点。在这一框架下，很多学者讨论了新世纪美学本体论的研究路径，如有学者认为应该打破一直以来秉持的审美二元论，从存在—实践的角

---

① 林琳：《美学：传统与未来——第八届全国美学大会学术研讨会综述》，《中国文艺评论》2015 年第 2 期。

度对美学本体论进行分析和研究，这样才能将美学的种种理论带上新的道路；有学者认为新时期的美学重建应该紧紧把握住人与自然的关系问题，因为自然为人提供了最初的审美意识和审美经验，而这种本体论的建构是美学重建的重要属性之一；有学者认为新世纪美学重构应该以生活为中心，即在日常生活审美的框架内进行研究，一方面与世界美学接轨，一方面向传统美学复归；还有学者对"生态美学"和"身体美学"进行了介绍和评述，曾繁仁从五个方面介绍了生态美学的内涵，[①] 认为生态美学的哲学基础是马克思主义美学，也认为应该将自然和生态美学建立联系，进而对生态美学进行更好的把握。涉及身体美学，有一些学者从肉体与精神的关系、人造美女是否值得关注等问题提出了自己的看法和意见。

其次，很多与会者结合中国美学和西方美学的现代意义对相关本体论和方法论等问题进行讨论和交流，认为无论是中国传统美学还是西方传统美学都应该同"现代"相结合，从而使他们迸发出时代的品格和意义。从方法论意义上说，有学者认为应该进一步完善对中国传统美学的术语阐释，使中国古代文论和美学中的术语和现代语境相融合，这样古典术语才能迸发出生命力；有学者认为新世纪如果想要传统美学具有新意义，不能沿着传统的以西方为中心的美学概念道路前行，而是打破这种范式，沿着中国传统的美学理论和美学形式进行研究，这涉及中国传统美学的薪火问题，必须非常重视。另外，还有一些学者从中国美学和西方美学传统的各个方面说明传统美学应该具有现代意义，或者从宏观处着手分析美学的体系性转型，或者从微观处沿着某一问题入手对相关话题进行阐释，从多个方面和多个角度重申传统的现代意义问题。

再次，这次美学会议还着重讨论了全球化背景下的媒体文化等问题，涉及影视美学、图像美学、消费文化和日常生活审美化等问题。就影视

---

① 包括：以马克思的时间存在观作为生态美学的哲学基础；将生态文明之重要内涵"生态中心"作为生态美学的原则；采纳海德格尔的天地神人四方游戏说；生态美学的旨归为人的诗意的栖居的实现；当代生态美学的重要内容之一就是自然的部分复魅。详见刘悦笛《第六届全国美学大会暨"全球化与中国美学"学术研讨会综述》，《哲学动态》2004年第9期。

美学而言，有学者认为当下的电影艺术大多消解掉了图像本身具有的深刻意义，这种态势无助于电影的发展，所以应该用理性因素引导电影市场和电影本身，只有用理性将之规范起来，才能够引导中国电影的发展；有学者认为应该将中国电影和中国传统民间文化相结合，这样能够凸显出民族电影意识。就图像美学而言，有学者认为进入图像时代，美学工作者应该正确面对图像和生活产生的交集和互文，只有正视这种新兴的美学现实，才能够更好地发展美学。就消费文化而言，与会者认为所谓的消费文化并不都指的是物质文化，在关注物质文化的同时，也应该加强对精神文化的关注，只有这样才能寻找到文化、社会、美学和艺术的契合点，并在此基础上阐释出消费文化正面的全面的意义。就日常生活审美化而言，很多学者提出了批判意见，认为并不能将生活和美学完全糅合在一起，认为中国美学和西方美学的发生环境不同，不能将这些问题混淆对待。

　　通过对这些热点问题的统摄可知，作为新世纪第一次全国美学大会，第六届美学大会所涉及的问题很多，几乎囊括了美学的方方面面。与会者充分认识到，进入 21 世纪，中国美学取得了重大进步，更重要的是，伴随这种进步而来的是美学的全面发展，这一时期的美学研究，既涉及中国古典美学的现代言说，也涉及西方美学的平行传播，使新时期初期的美学具有一种极大的包容性。会议选举王朝闻为名誉会长，刘纲纪、杨辛、敏泽为顾问，汝信为会长，滕守尧为常务副会长，会议还选举了多名副会长、秘书长、副秘书长、常务理事和理事。① 需要说明的是，21世纪以来的全国美学会议从制度上说发生着一些变化，一是与政治的关系不再如新时期早期那般敏感，如前所述，20 世纪 80 年代和 90 年代初期的全国美学会议和政治密切相关，一方面与老一辈美学家的政治身份有关，一方面也说明当时的政治惯性。而新世纪初期的美学会议已经"美学化"，无论是会议本身还是参会者发言，都以美学为中心，与政治的联系是间接的而不是直接的。二是全国美学会议本身更加"工作化"，

---

　　① 会议还选举了中华美学学会各分支机构负责人。关于会议选举名单，详见李世涛、戴阿宝《中国当代美学口述史》，中国社会科学出版社 2014 年版，第 287—288 页。

所谓"工作化"指的是一种制度上的常态化而不是仪式性，由于20世纪90年代后期以来涉及美学的会议逐渐增多，美学会议常态化，即使全国美学会议也走向工作会议的向度，其目的主要在于交流美学心得和意见，以利美学的更好发展。这种制度上的变化也同样体现在第七届全国美学大会上。

四 第七届全国美学会议对新中国美学六十年的回顾与展望

2009年8月14—17日，第七届全国美学大会在辽宁沈阳召开，这次会议由中华全国美学学会和鲁迅美术学院共同主办，共160余人参加了这次会议。汝信给予这次会议高度评价，他指出，"这是我国美学界的一大盛事，也是近年来美学研究成果的一次集中的展示和交流"。① 从规模上说，这是中国美学界的一次盛举。这次会议的主题是"新中国美学六十年：回顾与展望"，与会者在这一主题框架内对中国美学进行了非常深刻而丰富的交流和讨论，从大的方面说，这次会议主要涉及美学与艺术两方面，关涉当代中国美学问题研究、美学基本理论研究、中国美学研究、西方美学研究、艺术理论研究、门类艺术研究和审美文化研究等多个方面。

就美学而言，会议集中讨论了四个主要方面。一是当代中国美学问题研究，与会者大都从宏观上对新中国美学尤其是新时期美学进行横向说明，对中国美学几十年来形成的本体、方法、困境等问题进行探讨，如一些学者以"实践美学"为中心对中国美学研究思维方式的转变与发展进行思考，有的学者对少数民族美学进行研究性总结并在此基础上提出关于民族美学的反思问题，还有一些学者认为中国美学在当下面临一些困境。参会者既看到了中国美学未来发展的信心和决心，又看到了中国美学的现实和缺点，双方面的发言和讨论使得对美学的回顾和展望更加丰满。二是美学基本理论研究。主要涉及实践存在论美学、美的语义

---

① 韦尔申、张伟等主编：《新中国艺术六十年：全国美学大会（第七届）论文集》，文化艺术出版社2010年版，第1页。

性、审美对象等问题，如朱立元认为美学的建构应该回到《1844 年经济学哲学手稿》中去寻找答案，这就需要一种"实践—存在"的建构方式，杨春时则提出"主体间性美学"，认为应该完成从后现代美学到超越后现代美学的转型，高建平则从新时期以来美学的回顾入手提出一种"做美学的新方式"。在美学基本理论的框架内，无论是本体论还是方法论，大家的讨论都是基于原有的美学理论基础进行进一步创新。三是关于中国美学研究，与会者针对一些微观美学问题进行发言，如改革开放后的美学史研究、中国美学与学术智慧、金岳霖美学思想、嵇康的审美人生等问题，这些问题都是美学研究中的历史问题，从一个侧面呈现出这次美学大会讨论的多元性。四是关于西方美学研究，如海德格尔的美学思想、日常生活审美化理论、巴什拉物质想象理论等，大会主题的缘故，涉及纯粹西方美学的讨论不多。

对艺术的热情讨论和发言是这次全国美学会议的一个主要特色，就艺术而言，与会者主要讨论了三个方面。一是艺术理论研究，主要涉及艺术史。有的学者从艺术理论的建构等方面提出了对艺术发展的新设想，从多个方面回顾、总结中国艺术学的发展；有的学者将艺术、艺术理论与中国现代社会的主要特征相结合，认为艺术史和艺术理论研究应该适应中国社会发展的新方向，只有这样艺术才具备先锋性和时代感。二是对于门类艺术进行研究，涉及问题较多，举凡绘画理论、电影理论、审美生活、网络艺术、意境理论等都在发言范围之内，发言者主要结合相关艺术领域的热点问题，从多个角度对一些艺术门类的特征进行再概括、再反思，其中既有对之前门类艺术研究的总结，也有在原有研究的基础上的创新性观念，是传承也是创新。三是关于审美文化研究。与会者主要将艺术问题置于文化研究和消费文化的大背景下进行探讨，中心主旨集中在审美文化在当下的作用和意义上。

在这次会议的闭幕式上，杨春时对会议情况进行了总结发言，他指出，这次会议"既回顾与总结了中国美学 60 年的历程，探讨了中国美学的发展道路问题，又对当代美学论争问题展开激烈讨论，突出关注了美学与当代生活的关系问题，并在各个学科领域给出了建设性的建议"，① 可以说是对这次全国美学会议的重要评价。值得注意的是，他虽然没言及美学制度，却从侧面对美学制度的发展提出了肯定，指出这次会议"出现了新的风气和气象，中青年学者已逐渐成为美学研究的主力军，显示了新生力量的壮大"，② 从这方面看，这也是中国现代美学制度的进步之一。另外，虽然这次会议的主题是以中国美学为中心，但是参会者都在发言过程中或多或少地表现出对美学环境变化的关注，大家充分认识到，中国美学如果想要得到更好的发展离不开世界美学的大环境。这次会议是在 21 世纪召开的重要美学会议，涉及门类广泛，发言者众多，在中国新时期美学发展过程中具有重要影响。

五　中国美学与西方美学前沿问题实现同步化的内在逻辑

改革开放初期，政治、社会和文化环境为中国美学的发展提供了非常合适的契机，直接促成了 20 世纪 80 年代早期的"美学热"，也使中国美学呈现出新的态势。但也需要注意到，这种美学态势存在非常隐秘的特殊性。一是当时的"美学热"实际上是 20 世纪 50 年代"美学大讨论"的延续，而这两次美学热都是建基在以"唯物论—实践论"为根本逻辑的马克思主义美学之上的，从新中国成立到 20 世纪 80 年代中后期，中国美学事实上并没有发生比较大而深刻的变革，这种自 20 世纪 40 年代以来美学连续性无形中割裂了中国美学与世界美学前沿问题的联系，虽然 20 世纪 80 年代已有学者引进了 19 世纪和 20 世纪前期的西方美学思想，但这些思想在当时的西方已经并不属于前沿问题范畴。二是当时的美学热潮或多或少还与政治存在隐秘的联系，无论是美学的高层如周扬者还是基层美学工作者，都是抱着一种社会责任感从事研究的，将作为学科美学本身的自然属性放到其次，如有学者所言，"中国

---

① 李倍雷：《中华美学学会第七届全国美学大会综述》，《沈阳工程学院学报》2010 年第2 期。

② 李倍雷：《中华美学学会第七届全国美学大会综述》，《沈阳工程学院学报》2010 年第2 期。

的文学家和艺术家，都怀着强烈的社会责任感，积极参与社会的变革。这就与美学理论产生了矛盾。这种矛盾，对于美学来说，是一种潜在的危机"。① 所谓矛盾指的是中国美学研究与世界范围内作为自律性美学研究的冲突，所谓危机指的是中国美学与世界美学尤其是美学前沿问题的脱轨。这两方面的原因不但使当时的中国美学不存在与西方美学前沿问题接触的可能，反而增强了中国美学与西方美学前沿问题之间的间离效果。

从 20 世纪 80 年代末期到 20 世纪 90 年代初期，中国美学的发展存在一个短暂的低谷期。经过新时期 10 年的发展，以 20 世纪 80 年代前期为中心的新中国成立以来的第二次美学热潮渐渐消退，中国美学进入一个对美学本体和研究进行反思的时期，但究竟建构什么、怎样建构，在一段历史时期内并没有一定之规。加之，1990 年前后，美学发展遭遇困难期，"随着前一个时期国内'美学热'的消减和出版界对经济效益的强调，曾一度繁荣的美学专业刊物陆续停刊，美学研究著作的出版也遇到困难"，② 使中国美学的发展遭受了阻碍，也将中国美学追赶西方美学前沿问题的步伐放缓。毋庸置疑的是，当时也有一些学者为困境中的中国美学寻找出路，有人利用参加西方美学会议的契机将前沿问题介绍到国内，有人致力于美学文献汉译以消泯中西美学的实际差距，随着中国改革开放在 20 世纪 90 年代中期的深化及中国美学学会加入世界美学协会，中国美学和西方美学前沿问题的对话逐渐增多，以至于 1999 年召开的第五届全国美学会议已经开始集中讨论跨文化研究和比较美学等问题，这说明，中国美学在世纪之交正在加速追赶西方美学前沿问题的步伐。

进入 21 世纪，无论是世界美学还是中国美学在形态和制度上都发生了很大变化，这既是作为美学自律性的本然逻辑，又与世界美学的发展

---

① 高建平：《改革开放三十年与中国美学的命运》，《中国中外文艺理论学会年刊》，2008年，第 297—313 页。

② 《中华美学学会通讯》编辑部编：《汝信同志在"第四届全国美学会议"上的开幕词》，《中华美学学会通讯》1993 年第 1 期（总第一期）。

历程息息相关。首先，从 20 世纪末期到 21 世纪初期，世界美学呈现出一种去"欧陆中心主义"的倾向，从 1913 年开始，历次世界美学大会的举办地、议题和思想几乎都与欧洲尤其是欧陆存在紧密联系，而将欧陆以外的国家和地区排斥在外。这种情况到 21 世纪产生了明显变化，世界美学大会的举办地分别是东京、里约热内卢、安卡拉、北京和首尔，已经反映出"美学从欧洲中心走向了世界"。① 此外，当时的一些欧洲美学家也开始对非欧洲国家美学产生了新的兴趣，如舒斯特曼所言，"他们不再认为美学一定首先就是西方美学，不再认为最好的艺术一定首先是西方艺术……他们开始越来越欣赏亚洲的艺术，越来越承认亚洲美学理论的价值了"，② 这些都说明，"传统的欧洲大陆美学的旧有霸权在衰落"和国际美学的去"欧陆中心主义"转向。

其次，从 20 世纪 90 年代开始，中国美学家和美学工作者已经开始有意识地参加国际美学会议并参与到相关国际美学活动中去，这无形中促进了中国美学和西方美学的接触和交流，也使中国学者了解到了实实在在的西方美学前沿问题和热点事件。一方面，从中国美学家参加世界美学大会的情况可以了解到这种趋势。据有学者回忆，"中国学者参加世界美学大会越来越多，芬兰的会议上只有我和周来祥，东京一下子有了十来名中国学者参加。2004 年巴西的里约热内卢会议，中国学者不多，可能是由于太远，参加者有我与王柯平等，大概有四五人。2007 年土耳其安卡拉会议，有二十几位中国学者参加"。③

可见，中国学者参加世界美学大会的人数总体上呈现出上升的趋势，也代表了中国美学力量融入世界美学的总体趋势。另一方面，中国学者的研究性论文也不断见诸西方美学刊物，仅 2009 年，《国际美学年刊》就发表了刘悦笛、彭锋、高建平、王柯平等四位中国学者的论文，涉及当代中国艺术、审美政治、赛博空间和艺术教育等方面，2009 年的《年

① 彭锋：《美学与全球化时代的新文化》，潇牧、张伟《新中国美学六十年：全国美学大会（第七届）论文集》，文化艺术出版社 2010 年版，第 79—86 页。
② 彭锋：《实用主义美学的新视野——访舒斯特曼教授》，《哲学动态》2008 年第 1 期。
③ 高建平：《美学的当代转型：文化、城市、艺术》，河北大学出版社 2013 年版，第 266 页。

刊》"也是有史以来中国人出场最多的一次，显示出了中国美学当今在国际上冉冉上升的地位"。①

再次，中国主动积极承办国际级美学会议尤其是第18届世界美学大会在北京的举办直接促成了中国美学与西方美学前沿问题的同步化。随着中国美学家在国际美学领域的身份不断被确认而形成的中西美学互通与交融，一些西方美学家也被邀请到中国参加由中国学者筹备召开的美学会议。比如2012年在中国长春召开的"新世纪生活美学转向：东方与西方对话国际研讨会"就是对国际美学中"日常生活审美化"和"生活美学"研究的有力补充，"与会专家就中国美学的现代转型与'生活美学'（living aesthetics）转向问题展开了广泛的讨论。会议的举办必将加深对'中国美学的现代转型'这一重大课题的认识，有力推动中国学者对'生活美学'转型的深入研究，继续加大中国化的'生活美学'在国际学术舞台上的影响力"。② 其他很多在中国召开的国际美学会议都在各领域产生了不小的影响。

其中，第18届世界美学大会为中西美学交融与同步提供了充分依据和途径，来自世界各个国家和地区的1000多位与会者讨论了十个国际美学前沿问题，举办了近30场专题会议，就生活美学、美学与当代、环境美学、比较美学、环境美学、国别美学和生态美学等多个话题进行了讨论。这次会议为中国美学与世界美学提供了一个交流和交融的契机，对当代美学理论尤其是中国美学理论进行了更深的拓展，为之后的世界美学和中国美学发展提供了方向。最重要的是，通过第18届世界美学大会，中国学者抓住了将中国美学"传出去"和让世界美学"走进来"的历史机遇，同时也向世界证明了当代中国美学也是非常重要的。这次会议之后，中国美学家跻身国际美学协会组织机构，成为国际美学学会的"中国"力量，而且，之后在中国召开的国际会议明显增加，会议的主题

---

① ［美］柯提斯·卡特主编：《艺术与社会变迁：国际美学年刊》，许中云译，中国社会科学出版社2014年版，"译者后记"。

② 王确：《生活美学的多元对话——"新世纪生活美学转向：东方与西方对话"国际研讨会综述》，《哲学动态》2012年第12期。

也都集中在中西美学对话的对等层面，成为中国美学与西方美学前沿问题同步的重要表征。

从美学会议的角度分析，改革开放 40 年来中国美学与西方美学前沿问题的同步化是分两个历史阶段实现的，一是从第一届全国美学会议到第四届全国美学会议，中国美学与西方美学前沿问题存在间离，这种状态是多重因素造成的，这一阶段后期，一些学者已经开始意识到将西方美学热点问题引介到中国，但这些尝试是零散的且不全面的。二是从第五届全国美学会议到第八届全国美学会议，这个时期，中国学者不断与西方美学界接触，"走出去"了解相关美学思想和美学事件，"引进来"承办国际美学会议并传播西方美学，使中国美学与西方美学前沿问题更加交融，并逐步实现同步化。这种事实上的同步化影响无疑是深远的，既是对 40 年来中国美学发展在国际美学位置的确认，也是对未来美学发展正确道路的前瞻，不能说，中国美学必须紧跟西方美学的脚步前进，但只有不断在国际美学视野中确证自己，才有可能发出属于中国的美学声音，所以，在同步化的基础上，如何增强中国美学的本土意识，并能够将中国美学传播出去，就成为未来中国美学发展的重要问题。

第二节　从东方美学到生态美学：美学
会议话题的国际化

"东方美学"既是一个历史概念又是一个复杂概念，早在 20 世纪 80 年代末期，国内学术期刊就存在关于"东方美学"的介绍和阐释，如有学者以今道友信的《东洋的美学》为起点，探讨了我国东方美学的概念、历史和范畴等问题；[①] 有学者从马克思主义论著对"亚细亚生产方式"的论述出发说明了"东方美学"的历史基础、哲学基础和重要意义；[②] 有学者首先区分了"东方"、"东方文化"与"东方美学"的概念，继而对东

---

① 详见牛枝慧《要重视东方美学的研究》，《文艺研究》1987 年第 4 期。
② 详见刘纲纪《东方美学的历史背景和哲学根基》，《文艺研究》1989 年第 1 期。

方美学的特征和范畴进行诠释;① 有学者从历史缘起和概念特征两方面阐述了对这一概念的理解。② 这些例子足见关于"东方美学"的丰富性。相较于"东方美学","生态美学"是一个相对晚近的概念,从 20 世纪 90 年代早期开始,虽然在相关讨论中已经存在"生态美学"概念和对生态美学的相关讨论,但是这种讨论似乎并没有展开。直到 21 世纪初期,全国第一次生态美学会议召开,与会者进行了非常深入而深刻的讨论,使得关于生态美学的讨论渐次丰富起来。无论是关于"东方美学"还是关于"生态美学"的会议,都存在某种国际化的倾向,"东方美学"概念的产生本身就具有"西方"视点,而"生态美学"与西方学者提出的"环境美学"存在某种合流的倾向,足见涉及这两个话题的美学会议正呈现出国际化的倾向。

一　"东方美学"的兴起与东方美学国际会议

1988 年,《文艺研究》编辑部和北京舞蹈学院还联合召开了全国第一次东方美学会议,就东方美学的内容、框架等进行探讨。总体来看,20 世纪 90 年代涉及东方美学的研究不算多,从论文发表数量上看,可以说东方美学研究的黄金时代是从 21 世纪开始的。③ 关于"东方美学"概念、历史、溯源、发展的论文和论述已经非常丰富,足见这个问题的复杂性。在谈到东方美学复杂性等相关问题时,高建平指出,"没有一个统一的'东方美学',只有不同民族、不同文化的审美和艺术实践中形成的各民族和各文化的美学。这种审美和文化实践,就是这些美学的研究对象"。④ 其实,无论是将"东方"看作一个地理概念还是一个民族概念都是值得

① 详见林同华《东方美学略述》,《文艺研究》1989 年第 1 期。
② 详见金克木《东方美学研究末议》,《文艺研究》1989 年第 1 期。
③ 笔者通过中国知网（CNKI）对"东方美学"相关问题进行调查,以主题为"东方美学"进行检索,学科为美学,按照 20 世纪 80 年代、20 世纪 90 年代和 21 世纪进行排序,发现论文数量呈现出急速递增趋势,其中,21 世纪初期以来的论文数量剧增,从中也可见关于东方美学研究发生的变化。
④ 高建平:《从"东方美学"概念出发——当代中国美学的学科处境和任务》,《艺术百家》2015 年第 4 期。

商榷的，只能认为"东方美学"是泛指一个民族文化共同体并且区别于"西方美学"的美学概念，这个概念有广泛的包容性和统摄性。也只有在这个框架下，才能对涉及东方美学的相关会议进行研究。笔者认为，"东方美学"事实上是一个摆脱在美学上欧洲中心主义的问题，是中国及亚洲学者扩大东方美学影响力的思考，提出"东方美学"概念的意义在于可以在研究层面上和西方美学进行平等的身份论争，也是美学在制度上发生的一种变化，东方美学的兴起和崛起证明，中国美学正走向繁荣阶段。

以东方美学为主题的国际会议首次召开于 2000 年。2000 年 7 月 15—20 日，首届东方美学国际学术会议在内蒙古呼和浩特召开，这次会议由中华美学学会、内蒙古艺术学院和《文艺研究》杂志社联合举办，来自中国、日本、韩国和美国等地的专家学者近 40 人参加了会议。这次会议被认为是"迄今为止在中国召开的规模最大的国际美学盛会"。① 会议的主题并不是对"东方美学"概念进行细致的辨析和讨论，② 而是在一个先验的东方美学框架下对相关美学问题进行切磋和讨论。关于东方美学的特征和意义，有学者认为现代中国美学研究应该从中国传统文化和传统美学中汲取营养，使现代美学具有一定的人文关怀；有学者着重讨论了古典美学中的"兴"，认为"兴"是传统美学沉淀下来的最重要的财富和价值；有学者认为中国文化和中国美学中存在一种"诗性"，这种"诗性"是中国美学或者说东方美学区别于西方美学的重要标志，也是东方美学的特色之一；有学者以退溪李滉为例考察了以朝鲜半岛为代表的东方美学的传统意义。关于东方艺术的特征，有学者以朝鲜半岛绘画为中心提出艺术心理学在艺术创作和艺术鉴赏中的必要性和重要性；有学者强调民族文化的重要性，认为中国现代美学的发展应该以中华民族传统文化为根本，有学者对"民间美学"进行新解，认为民间美学和民族美

---

① 晓楫：《东方美学与艺术：面对全球化的挑战——首届东方美学国际学术会议综述》，《哲学动态》2000 年第 9 期。

② 事实上，历届东方美学国际会议并没有集中于对概念的讨论，而是将东方美学作为一种研究框架。

学研究都需要借助传统文化中的心理机制。关于东方美学的发展方向，有学者将东方美学划分为古典、近现代和当代三个时期，并指出随着东西方文化的交流，东方美学在未来一段时间必将得到更大的发展；日本学者青木孝夫以日本艺术的近代变迁为例说明虽然东方美学只有在西方美学的架构下才能合理讨论，但是要在之后的研究中保持东方美学的独立性；有学者将东方美学置于全球化的视野中，认为东方美学不仅仅是一种美学范式，而且是对人们生活的补充。①

因为这是第一次东方美学国际会议，与会者在会上表达了对未来东方美学研究的信心和希望，认为"在新世纪里，自文化的全球化时代，东方美学与西方美学，这两大美学体系将互激互融，为人类的光明与安静提供坚实的基础和理想的导向"。② 与会代表约定，之后在中、日、韩三国每两年举办一次主题为东方美学的国际会议。③

2006 年 10 月 3—7 日，第四届东方美学国际学术会议在天津举行。④这次会议由天津市美学学会、南开大学东方审美文化研究中心、中南民族大学文学院、天津市历史学学会艺术史专业委员会共同组织召开。来自中国、日本、韩国和加拿大的专家学者参加了会议，参会者共计 60 多人。与会者首先讨论了"东方美学"的定位问题和特征问题，有人认为东方美学的产生与西方美学相关，是一个区别于西方美学的概念，但长期以来却是西方美学的附属品，这不利于东方美学的发展，对于东方美学的研究就是要使东方美学逐步走出西方美学的阴影；有人认为东方美学和西方美学有各自不同的文化背景和理论视域，强调东方美学的独立性和独特性；有人以黄色文明为中心对东方美学的产生背景进行溯源，认为东方美学有一种"泛生态化意识特征"；⑤ 有人认为应该摒弃西方中

---

① 会议讨论环节发言的不止上述几位。关于会议发言的详细内容，详见贻凡《探讨东方美学与艺术的当代价值——首届东方美学国际学术会议综述》，《北京社会科学》2000 年第 6 期。

② 宋生贵：《"首届东方美学国际学术会议"综述》，《文艺研究》2000 年第 5 期。

③ 贻凡：《探讨东方美学与艺术的当代价值——首届东方美学国际学术会议综述》，《北京社会科学》2000 年第 6 期。另，对于东方美学国际会议，本书只讨论在中国国内召开的会议。

④ 具体地点为南开大学。

⑤ 李进超、崔之进、张子程：《2006 年"第四届东方美学国际学术会议"综述》，《东方丛刊》2007 年第 1 期。

心主义，在比较文化和比较美学的视域下对东方美学进行定位。与会者也讨论了东方艺术的美学特征等问题。有人以制陶文化为中心分析了中国、日本和韩国在工艺美学文化上体现出来的不同之处；有人分析了岩彩画体现出来的东方特色，并指出要将这种艺术置于国际视野和东方视域进行双向研究；还有很多学者将目光集中于绘画艺术，强调东方绘画在生产和创作的过程中体现出来的东方元素；有学者则对东方艺术进行了非常精辟的特征总结。① 在讨论中国美学具体问题时，曾繁仁以《诗经》为中心说明中国古典美学体现出来的人文主义精神；有的学者认为中国现代美学研究应该随着时代的走向而变化，只有更加多元化的美学才具有更为广阔的前景；有学者通过"阴阳两仪"对中国传统文化、哲学和美学进行阐释，认为这一命题涵盖了传统美学的诸多要素；还有学者纷纷发言强调"东方"的"古代性"，认为对东方美学的研究要重视古典的遗产。此外，与会者还在东方美学研究框架内对比较美学进行了分析，一方面是对中西美学进行比较，如诗话问题和气韵问题，一方面对中日美学进行了比较，如武士精神等。这次讨论会的主题更加多元，主要议题也相对集中并细致，如有学者言，与会者"都在努力寻找和建立真正属于东方美学华语体系，而且这一努力正以具体扎实的个案研究、比较研究和影响研究的方式呈现出来"，② 比之于前几届东方美学国际会议，这次会议在体系性等问题上有所突破。

2012 年 8 月 24—27 日，第六届东方美学国际会议在沈阳召开。这次会议由东方美学学会、鲁迅美术学院联合举办，由鲁迅美术学院文化传播与管理系和《社会科学辑刊》承办，来自中国、日本、韩国的 80 多位专家学者参加了会议，就中、日、韩三国的美学发展、美学研究和美学前景进行了深入交流和讨论，为之后的东方美学发展指明了方向。与会者讨论了东方美学的未来走向，大家一致认为在东方美学与西方美学相

---

① 即"东方艺术的本体论特征；东方艺术的客体论特征；东方艺术的主体论特征；东方艺术的主客关系特征；东方艺术的接受论特征"。详见李进超、崔之进、张子程《2006 年"第四届东方美学国际学术会议"综述》，《东方丛刊》2007 年第 1 期。

② 陈静：《关于东方美学研究方向的一点思考——第四届东方美学国际学术研讨会述评》，《济南大学学报》2007 年第 1 期。

遇的过程中，中国美学家应该重视东方与西方之间的融合，认为只有这样，东方美学才能更好地发展。同时，与会者也认为在东方美学的研究过程中应该重视比较研究，一方面是对东方美学和西方美学进行平行比较，另一方面是在东方美学范式内进行影响比较，这两方面的研究是东方美学研究的有效方法论。在谈及东方美学的合理发展时，大家认为需要参考和借鉴古典的遗产，因为只有将古典文化整理好、继承好、发扬好才能够使东方美学研究具有更为广阔的前景。与前几次东方美学国际会议相比，这次会议讨论的内容更为细致，① 参会者并不是一味地追问"东方美学"本身及其周边概念，如东方美学的能指与所指及特征等问题，而是将东方美学看作一个宏观框架，在这个框架中讨论相关问题。换句话说，东方美学是纲，而讨论的具体问题才是目。

2016 年 10 月 29 日，"第八届东方美学国际学术会议"在山西大学召开，会议主题是"全球化时代下东方美学的意义与展望"，来自中、日、韩、美、意等 7 个国家和地区的近 60 位专家、学者出席会议，就东西方美学理论及发展趋势、东西方比较美学、中日韩文化基础美学、生态美学、生活美学等多个议题进行了讨论。国际著名学者日本广岛大学青木孝夫教授，韩国美学学会主席、岭南大学教授闵周植，中华美学学会副会长、首都师范大学教授王德胜发表了主旨演讲，为东方美学研究提出了新的发展构想。②

从上述在中国召开的东方美学国际会议可知，东方美学国际会议所涵盖的问题已经基本上包含了现代美学研究界的东方美学研究，以东方美学为研究旨趣的专家学者在会议上济济一堂，对这个领域的相关问题进行了深入交流和探讨，这样一来，其他冠以"东方美学"之名的会议数量无形中减少。但这并不意味着除了东方美学国际会议外不存在其他涉及东方美学的会议，有的主办方尝试将东方美学作为框架审视其内部的专门问题，有的主办方尝试将东方美学与文化产业建立联系，有的主

---

① 关于会议发言主题，详见文传泗《走向综合：东方美学发展的新走向——"第六届东方美学国际会议"综述》，《社会科学辑刊》2012 年第 6 期。

② 本报讯：《山大举办第八届东方美学国际学术会议》，《山西日报》2016 年 10 月 30 日。

办方尝试对东方美学和西方美学进行对比研究，总之从各方面对东方美学研究进行推进。

2002 年 10 月 18—20 日，"美学与文化：东方与西方"国际学术研讨会在北京召开，这次会议由中华美学学会、中国社会科学院和北京第二外国语学院联合主办，来自英国、美国、德国、意大利、日本、韩国、加拿大、印度、荷兰、希腊、芬兰、土耳其、斯洛文尼亚和澳大利亚的学者与中国学者一道参加了这次会议，多达百人。汝信、佐佐木健一和马齐雅诺等都参加了这次会议，① 其规模可见一般。会议主要讨论了东方美学本体论、东方美学与西方美学的比较与文化交流及东方美学研究方法论等问题。② 就东方美学本体论而言，叶朗结合自己最近几年关于中国古典美学的研究说明东方美学传统之于当下研究的重要作用和重要意义，在提问环节，他还指出了东方美学和中国美学对现实的指导意义；文洁通过对儒家哲学和儒家美学对人的考察说明了传统的重要性；周来祥等则考察了中国传统美学中的具体美学概念，对这些概念进行了深度分析，并结合现代美学研究给予了新诠释；杰克·斯佩克结合实例说明了中国传统书法美学对法英两国现代主义诗歌的影响。就东西方美学比较而言，一方面，舒斯特曼和韦尔施等寻找西方美学与中国美学的相通之处和相异之处，在同与异中寻找中西美学的对话方式，杨义、卜松山等则更注重中西美学差异性背后相互借鉴与学习的环节，指出这样才能在差异中衍生出理论生长点。另一方面，马齐雅诺和佐佐木健一则将东西方美学的比较研究置于全球化语境中，认为只有结合全球政治、经济和文化环

---

① "以汝信会长为代表的中华美学学会理事会主要成员、以佐佐木健一主席为代表的国际美学学会执行委员会的主要成员，均亲莅此会，参与讨论。意大利美学学会主席马齐雅诺教授认为，此次北京举办的美学会议，将是'建构世界美学的一个转折点'"，详见杨富斌《建构世界美学的一个转折点——"美学与文化：东方与西方"国际学术研讨会述要》，《哲学动态》2003 年第 1 期。

② 据王柯平言，"举办本次国际美学研讨会的目的之一，是凭借学术交流的平台，向国际美学界介绍现代中国美学的发展历程。会前，中华美学学会秘书长滕守尧委托高建平和王柯平两人，专门组织和编选了一个英文小册子，介绍现代中国美学与中华美学学会的发展情况"，"会议期间，又专门组织了现代中国美学圆桌会，请国内学者分别介绍了王国维、朱光潜、宗白华、蔡仪等诸位名家的美学思想"。详见王柯平《构建世界美学的契机——"美学与文化：东方与西方"国际学术研讨会综述》，《人民论坛》2003 年第 2 期。

境才能挖掘出东方美学和西方美学的现实性和未来性。从中国美学和东方美学的发展层面说，这次美学会议向西方世界传播了以中国为中心的东方美学思想，与会外国专家认为，"此番学术对话的确是一个受益匪浅的良好开端，并且殷切希望能加强彼此间的交流，能看到优秀的中国美学论著译本"，① 从中可见这次会议的意义所在，中国现代美学研究者对东方美学研究的任务既是对本土美学的开掘和确认，也是同世界美学进行交流对话的一种途径和方式。

除了上述几次会议，"东方美学和文化产业的当代发展"国际学术研讨会和全国东方美学学术研讨会也相对重要。前者召开于 2007 年 11 月 22—24 日，由山东大学文艺美学研究中心和韩国成均馆大学东洋哲学科 BK21 事业团共同主办，② 来自中国、韩国、日本和美国的专家共 40 多人参加了这次会议，这次会议主要讨论了亚洲美学的历史、现状和发展前景，同时也涉及相关文化产业问题。③ 后者于 2003 年 10 月 14 日在华中师范大学召开。④ 与会者集中讨论了东方美学的特点、东方美学与宗教伦理的关系、东西方美学比较、东方美学的艺术表现等多个问题，还对邱紫华所著《东方美学史》进行了评析和讨论。⑤ 这次会议虽然规模较小，但是《东方美学史》的编著本身就是东方美学研究的一大跨步，从这个意义上说，这次会议注定会被写进现代美学史。

二　民族美学：书写汉民族共同体美学

民族美学在 20 世纪 80 年代初期美学的重构阶段并不被现代美学界各

---

① 王柯平：《构建世界美学的契机——"美学与文化：东方与西方"国际学术研讨会综述》，《人民论坛》2003 年第 2 期。

② 会议召开地点为山东大学。

③ 关于这次会议的详细内容，见贾伟、朴永民《"东方美学和文化产业的当代发展"国际学术研讨会综述》，《哲学动态》2008 年第 6 期。

④ 这次会议由中华美学学会、湖北省美学学会、《文艺研究》杂志社、湖北人民出版社、华中师范大学联合召开。

⑤ 关于这次会议的详细内容，见为为《全国东方美学学术研讨会在我校举行》，《华中师范大学学报》2004 年第 1 期。

位专家学者重视，一方面，当时传统的经典美学本体尚刚刚走出阴霾，现代美学学者无力将目光投向民族美学，另一方面，当时的美学主潮还是经典美学，实用主义美学还并没有崭露头角，所以民族美学不受重视也属于正常现象。随着 20 世纪 80 年代美学的深入发展，一些学者开始注意到民族美学及其相关问题，并围绕这些问题进行研究。1990 年 10 月 20—23 日召开的全国少数民族美学思想研讨会就是明证。这次会议由全国民族院校文艺理论研究会和湖北民族学院共同筹办，会议召开地点为湖北恩施，与会者对"少数民族美学"进行了非常深入的研究和讨论，厘清了一些问题，取得了一些实绩。① 首先，一些与会者针对当时少数民族美学普遍被轻视的现状认为要给予少数民族美学以一定的地位。与会者认为中国现代美学应该摒弃汉民族美学一元结构的思想，事实上中国美学经过两千年发展，内中包含的是汉族美学和少数民族美学的共同结晶，应该将现代美学看作一个有机整体，所以不能忽视少数民族美学，并且应该给少数民族美学一定地位。其次，与会代表还对少数民族美学思想的美学特征进行了论述，大家一致认为，歌颂生命、传统延续、宗教影响和崇尚自然是少数民族美学的重要特征。② 这些特征本身就证明，少数民族美学实际上还有很多可以进一步研究、挖掘的价值和灵魂，这为之后的民族美学和少数民族美学提供了一个较大的空间，成为民族美学研究的源头。再次，与会者还考虑了编写少数民族美学思想史的问题，大家各抒己见，从多个方面对这个问题进行讨论，有人认为要根据现有的文字记载的原始材料编写少数民族美学思想史，有人认为除了这些文字材料，还要考虑到少数民族文化独特性等问题；还有人认为应该将少数民族美学置于民族发展的历史时空中，从历时和共时两方面对少数民族美学思想史进行把握。这并不是中国现代美学史上第一次召开关于民族美学的学术会议，却在小范围内产生了一定影响，从此，民族美学渐

---

① 宜国、素钦、光宗：《全国少数民族美学思想研讨会纪要》，《湖北民族学院学报》1991 年第 1—2 期（合刊）。

② 详见宜国、素钦、光宗《全国少数民族美学思想研讨会纪要》，《湖北民族学院学报》1991 年第 1—2 期（合刊）。

渐受到美学工作者的重视，大家逐渐意识到民族美学研究在中华文化复兴方面所具有的重要作用和意义。

就地方而言，广西壮族自治区的民族美学研究呈现出一种向好的趋势，从20世纪80年代开始就连续召开多次会议提倡民族美学的发展，也取得了一些成绩。事实上，发展民族美学、提倡民族美学研究也是广西美学学会的宗旨之一，早在1988年广西美学学会座谈会上，有学者指出"我们还要重视民族美学的研究，它能突出地反映我区地方特色和民族特色，很有发展前景"。① 这也成为广西民族美学发展与研究的原动力，20世纪90年代，广西先后三次举行关于民族美学的研讨会，从各个方面促进了民族美学的研究。

1991年12月，广西壮族自治区党委统战部、广西政协学委会、广西社会科学院、广西社科联等多家单位联合举办了广西第三届民族美学研讨会，来自全国多个省、自治区、直辖市的上百位专家学者会集在三江和柳州，就民族美学问题进行讨论发言，② "回顾和总结民族美学学科建设的经验，探索民族美学理论发展战略和中华民族审美意识规律"。③ 首先，与会者普遍认为20世纪90年代初期中国现代美学面临低潮局面。有学者指出，虽然新时期现代美学已经经历了十几年的发展，但实际上现代美学还有诸多问题亟待解决，美学低谷的到来势必影响美学的进一步发展，这就要求美学工作要寻找到一个新的切口或者切入点，为美学研究注入新活力和新动力。大家认为民族美学研究可以适时弥补这种遗憾和缺陷，可以从民族性的角度将现代美学进行整合，这样一来，既可以从理论上对民族美学进一步进行研究，也可以从实践上对区域经济建设进行调整，可以产生双方面的效果。其次，与会者还讨论了民族美学的理论意义和现实意义。当时，有一种声音认为民族美学无用，因为完全

---

① 杨昌雄：《广西美学学会座谈会简述》，《社会科学探索》1988年第6期。

② 据杨昌雄称，这次会议是为了落实"范阳教授等广西美学界的同仁们于1998年率先提出建立民族美学学科的构想"，详见杨昌雄《深化民族美学研究，弘扬民族审美文化——广西第三届民族美学研讨会述评》，《广西社会科学》1992年第2期。

③ 杨昌雄：《深化民族美学研究，弘扬民族审美文化——广西第三届民族美学研讨会述评》，《广西社会科学》1992年第2期。

可以屈从在现代美学的框架内，针对这种认识，与会者一致认为，当时的传统美学和现代美学正进行着无声的对峙，民族美学应该从缝隙中寻求到自己的价值，并逐步找到进入现代美学和传统美学的契合点。另外，与会者认为民族美学具有非常悠久的历史，在自身发展过程中所表现出来的美学如果被人忽略，那么民族研究中势必缺少重要一环，也无益于民族经济的振兴和发展，因此说民族美学具有非常广阔的前景。再次，民族美学的研究方法也是与会者讨论的重要问题，有参会者认为应该注重宏观和微观两种方法，宏观方法是指美学研究的一般方法，微观方法是指研究民族美学的特殊方法，如人类学方法、解释学方法、现象学方法、民族史学方法等，只有二者相结合，才能在民族美学研究方面有所建树。还有一些与会者从广西本地的民族美学现状出发，对壮族、瑶族、苗族和仫佬族等少数民族的艺术、民谚、服饰等美学要素进行分析，从细处研究民族美学。

1997 年 10 月 24—26 日，广西社会科学院、广西河池地区师范高等专科学校、宜州市一中、广西美学学会等单位共同召开了广西第四届民族美学研讨会，来自全国各地各高校和科研机构的专家学者一百多人参加了这次会议，"探讨集成和发展中国民族传统文化，为社会主义精神文明建设服务以及在社会主义市场经济条件下，如何发展民族旅游美学、如何开发民族旅游业等问题"。[①] 与第三届民族美学研讨会相比，这次研讨会在对民族美学进行理论探讨的同时更注重民族美学的社会效应。在谈到民族美学的本体论问题时，有学者认为必须认识到民族美学未必指的是少数民族美学，这就将少数民族美学和汉族美学提升到一个平等的位置，认识到民族美学也具有极大的包容性和广泛性。有学者认为民族美学可以成为中国现代美学向前推进的一股力量，在美学低潮时期把握住民族美学的发展可以更好地完成对 20 世纪 90 年代美学的救赎，同时也能够引起美学研究者对民族美学的重视。在谈到民族美学的方法论时候，有学者指出应该格外重视人类学方法对于民族美学研究的重要性，民族

---

① 黄天兵、韩佳卫：《广西第四届民族美学研讨会综述》，《广西师院学报》1998 年第 1 期。

美学自身的独特性使人类学方法更具有效性、科学性和合理性，有学者指出应该以价值论为切入点对民族美学进行研究，以价值论为切入点，可以更好地分析出民族美学中审美的差异性问题，解决了差异性问题，也就透析出民族美学的独特性。值得说明的是，这次会议上与会者普遍提到一个"民族审美意识"的概念，对这个概念进行阐释以寻找到民族美学独特的美学特征。① 此外，与会者讨论最多的是如何利用民族文化和民族美学进行资源开发的问题，大家一致认为，"民族美学理论研究不仅是美学理论自身发展的需要，也是民族旅游经济发展的需要"，② 一方面应该深入挖掘广西本地的民族美学素材，比如围绕高山流水进行生态旅游建设，挖掘出广西地方特色的潜力，另一方面应该以广西民俗为中心，尝试开发出多种多样的民俗项目，既对青山绿水予以保护又对之进行合理美学开发，才是民族美学的潜力所在。

1998 年 11 月 23—25 日，由广西美学学会、广西壮族自治区党委统战部和广西社科联等单位联合举行的广西第五届民族美学研讨会在百色召开，③ 会议的主题为"民族审美文化与民族旅游经济"，来自全国各地的专家学者 230 多人参加了会议，参会者向大会提交论文 25 篇。④ 针对民族审美文化问题，与会者认为不能一味地将汉族美学和少数民族美学区分开来甚至只强调汉族美学的有效性和合理性，因此要强调民族审美文化问题，指出这个概念本身所包裹的内涵是一种本体论、价值论和方法论，在汉文化中心主义和西方文化中心主义之外，民族审美文化应该成为新的一极，为汉民族共同体审美文化添砖加瓦。从实践上说，要加

---

① 江业国认为，民族审美意识是具有民族特性的主体与对象世界所构成的审美关系的产物；杨昌雄认为，民族审美意识是一个民族共同体在长期民族审美实践中形成的独特的较为稳定的民族审美心理、民族审美观念形态、民族审美理论形态和民族审美文化形态，并在审美实践中以观念形态或审美文化成果形态所反映出来的意识观念。于乃昌认为民族意识具有文化相容性、信仰崇拜性、自我表现性、审美价值取向的天人合一性等特征。详见黄天兵、韩佳卫《广西第四届民族美学研讨会综述》，《广西师院学报》1998 年第 1 期。

② 杨昌雄：《广西第四届民族美学研讨会综述》，《广西民族研究》1998 年第 1 期。

③ 发起单位还有广西社科院壮学中心、广西社科院民族旅游研究所、广西亚热带植物研究所子弟学校、百色地区高中。

④ 杨昌雄：《广西第五届民族美学研讨会综述》，《广西社会科学》1999 年第 4 期。

强对少数民族地区民族美学和民族审美文化的教育，唯如此才能将民族审美文化发展下去。针对民族旅游问题，与会者提出了一个能够开展民族旅游问题的标准，如习俗性、健康性、娱乐性、独特性、历史性等，指出要在民族资源的基础上开展旅游活动，而不是"创造"旅游资源。与会者还围绕着广西地区一些独有的山水旅游线路进行有针对性的讨论，设计出一些既有可观赏性又有经济价值的民族美学旅游线路。

从全国少数民族美学思想研讨会和连续三次广西民族美学研讨会可以看出，呼吁民族美学者大致存在三个诉求。一是为民族美学正名，认为中国现代美学不应该将民族美学拒之门外，现代美学虽然说是古典美学和西方美学相结合的产物，但是其中也倾注了很多涉及中华民族的要素，如本尼迪克特·安德森所言，少数民族本身与汉民族就具有某种连带关系，"民族的属性就被融入肤色、性别、出身和出生的时代等——所有那些我们无法选择——不得不在这样的事物中。而且在这些'自然的连带关系'中我们感受到了也许可以称之为'有机的共同体之美'的东西"，① 也就是说，中国现代美学可以看作一个共同体美学，由汉民族美学和少数民族美学共同构成，因此民族美学不容忽视。二是讨论民族美学的本体价值。与会者一般都从所处民族聚居区的现状入手，结合民族美学具体的实例对相关问题进行表述，如广西第四届民族美学研讨会上，在谈及中国民族审美意识问题时，与会者就以斗牛和民族为例说明了提高民族审美意识的重要性，② 这样的研究将具有形而上性质的美学同具体事件相结合，具有一定的说服力。三是将民族美学同经济建设尤其是旅游经济置于同一个视域中进行研究，从少数民族地区的民族资源入手，在保护生态和保护自然的基础上，为当地旅游经济的发展提供美学支援，如广西第五届民族美学研讨会上，就有很多与会者对百色地区的旅游资源进行阐述，用美学理论指导旅游开发，为之后一段时间内的区域经济提供保障。这也与国家民族政策不无关系，一次次美学会议

---

① ［美］本尼迪克特·安德森：《想象的共同体：民族主义的起源与散布》，吴叡人译，上海人民出版社 2011 年版，第 138 页。

② 杨昌雄：《广西第四届民族美学研讨会综述》，《广西民族研究》1998 年第 1 期。

的召开，促进了少数民族地区经济文化的发展，也是民族政策落实情况的写照。

第三节 "美学的多样性"：第18届世界美学 大会的"中国"影响

如前所述，国际美学协会早在1918年就已经成立，但是中国学者成为国际美学协会会员却是晚近的事情；1918年，就已经召开了第一次世界美学大会，但是中国学者参加世界美学大会却是晚近的事情，这说明，中国美学与世界美学相互认识并熟悉是一个比较漫长的历史进程。在20世纪80年代，中国美学工作者就和世界美学界进行过一些交流，但是这种交流是点式的、是间断的，并没有2000年前后开始的交流那么频繁。2000年之后，中西美学交流日渐频繁，及至2010年，第18届世界美学大会的召开为中外美学交流提供了重要途径，也具有很强的美学史意义。

一 第18届世界美学大会的"世界"背景

事实上，世界美学的理论中心在国际美学协会，引导着美学发展的潮流，但是早期中国美学和国际美学协会接触不多，直到20世纪90年代这种情况才有所改观。[①] 经过十几年的发展，以现代美学与世界美学接触的程度看，已经具备了召开世界美学大会的社会环境和美学环境。如高建平所言，"经过了一个多世纪，中国美学不断发展，不断成熟，有了一支强大的研究力量。经过几十年的等待，终于召开了这样一次世界美学大会。对于中国美学家来说，这是重要的历史时刻，是中国美学史上的

---

① "在当时，非西方国家、民族和文化中的美学被认为是不存在的。这种情形到了20世纪90年代中期有了较大改变，比较美学的热潮逐渐兴起。记得1995年我去芬兰的拉赫底开会，在会议组织者索妮娅·塞尔沃玛的组织和安排下，那次会议有日本、印度、尼泊尔、中国内地以及港台的许多学者参加。"详见高建平《全球与地方：比较视野下的美学与艺术》，北京大学出版社2009年版，第289页。

一个里程碑"。①

　　首先，在新的世界美学与中国美学的环境下，中国美学亟待与世界美学接轨，中国美学需要一个平台加强与世界美学的联系，世界美学大会恰好为中国美学提供了这个平台。如前所述，从 20 世纪 80 年代末期开始，中国现代美学与上一个时期相比渐渐沉寂，及至 20 世纪 90 年代中后期呈现出一个不断探索的状态。在探索中，中国美学工作者逐渐意识到应该将中国美学和世界美学相融合，只有这样才能完成对中国现代美学新的救赎，其中，高建平做了很多工作，在一次访谈中，高建平指出，"中国学者与国际美学协会的接触在 20 世纪 80 年代就开始了，不过那时候大多数是个人行为或者地区性组织的行为。只参加大会，没有人参加执委会。我于 1997 年回国工作。在我的推动下，1998 年中国美学学会作为团体会员加入了国际美学协会"，② 这是中国美学融入世界的朴实表述，却是现代美学的进步。事实上，无论是东方美学、生态美学还是生活美学的兴起都或多或少同对世界美学的参照不无关系。在中国美学同世界美学接轨之后，人们才发现，中国现代美学的理论点和生长点更加丰富了，中国现代美学上升到了一个新的层次。

　　其次，以中国美学为代表的东方美学或者说东亚美学在 21 世纪初期也受到世界美学家的重视和期待，他们更愿意将东方美学与世界美学融为一体。就亚洲而言，2001 年，日本东京千叶幕张承办了第 15 届世界美学大会，这也是世界美学大会诞生一个世纪以来第一次在亚洲举办，之后又分别在里约热内卢和安卡拉举行了第 16 届、第 17 届美学大会，美学大会有一种"走出欧洲"的趋势，并不是说欧洲遭到了世界美学的放逐，而是说非欧洲美学变得越来越重要，土耳其会议的主题是"美学为文化间架起桥梁"（Aesthetics Bridging Cultures），从主题就可见世界美学向东方的倾斜。如高建平所言，"美学不再仅仅是西方的学问，而是正在变成

---

　　① 高建平在第 18 届世界美学大会上的欢迎词，详见《美学的多样性：第十八届世界美学大会会议手册》，内部资料。

　　② 高建平：《全球与地方：比较视野下的美学与艺术》，北京大学出版社 2009 年版，第 289 页。

全世界的学问，越来越多的非西方国家对美学倾注着越来越高的热情"。①
就中国而言，很多美学家对中国美学都有着浓厚的兴趣，如理查德·舒
斯特曼对中国哲学的兴趣，柯提斯·卡特对中国当代艺术的兴趣，② 舒斯
特曼自己也曾言他并不是一个"欧洲中心主义者"或"美国中心主义
者"，而是一个对各种文化都持包容态度的美学家。③ 这并不是世界美学
的特殊性而是普遍性，即使在西方世界美学也发生着深刻的变革，康德
美学逐渐式微，欧洲和美国美学家无不将目光转向东方，在东方寻找美
学的元素。

　　上述两点为第 18 届世界美学大会的召开提供了新的更加稳定的美学
环境，尤其是对中国美学而言，这是一个中国美学与世界对话的良机。
在经过长时间精心准备和筹划后，第 18 届世界美学大会于 2010 年 8 月
9—13 日在北京大学召开。这次会议由国际美学协会、北京大学、北京市
教育委员会主办，由北京大学美学与美育研究中心承办，由教育部艺术
教育委员会、北京舞蹈学院合办，由山东大学、首都师范大学、暨南大
学、东北师范大学、四川师范大学协办。大会成立了学术委员会④、组织
委员会⑤和秘书处⑥。这次会议的主题是"美学的多样性"，围绕这一主
题，来自中国和世界各地的 700 多位代表纷纷发言各陈己见，参会者达到
1000 多人。会议开幕式上，叶朗、周其凤、袁贵仁、刘利民、汝信、Jos
de Mul、Curtis Carter 分别致辞。汝信在对大会召开表示祝贺的同时还简

---

① 高建平、杨玉娟：《美学、美学大会与中国美学的发展》，《文艺争鸣》2010 年第 8 期。

② 据高建平言，舒斯特曼"认真阅读中国哲学和中国艺术方面的著作，并且认为，这些与
他的实用主义美学有相通之处"，卡特"痴迷于中国当代艺术。2002 年在中国召开的美学大会
上，他讲徐冰的'天书'与黑格尔美学的关系"。详见高建平、杨玉娟《美学、美学大会与中国
美学的发展》，《文艺争鸣》2010 年第 8 期。

③ 舒斯特曼、曾繁仁：《身体美学：研究进展及其问题——美国学者与中国学者的对话与
论辩》，《学术月刊》2007 年第 8 期。

④ Jos de Mul 和周其凤任主任委员。袁贵仁、郝平、周其凤、汝信、张世英、叶朗、王传
亮、高建平、Curtis Carter、Ales Erjavic、Jale Erzen、Jos de Mul、佐佐木健一任委员。

⑤ 刘利民和叶朗任主任委员。刘利民、吴志攀、林建华、刘伟、李岩松、叶朗、万丽君、
谷公胜、程郁缀、李续、明文军、邓一江、王伟、郭磊、曾繁仁、蒋述卓、王德胜、王确、董志
强、高建平、朱良志、彭吉象、彭锋、向勇任委员。

⑥ 朱良志任秘书长。彭锋、向勇、明文军任副秘书长。

要介绍了中华美学学会的情况，指出了中国美学和世界美学的联系和交融。就学术讨论而言，这次会议论点众多、主题丰富，所以分为多个会场进行讨论。从形式上说，这次会议的议程分开幕式、闭幕式、全体大会、圆桌会议、国际美学执委会、中国艺术专场、艺术教育专场、舞蹈美学专场、专题会议和分组会议等。全体大会旨在呈现中国美学和世界美学的重要话题，一些来自中国和世界的美学家在全体大会上发言，就世界美学的发展和中国美学与世界美学的接口等问题进行陈述。圆桌会议则是在小范围内对某个重要的美学问题进行讨论发言。国际美学执委会具有官方色彩，专题会议旨在对一些美学专题有针对性地进行发言讨论，在几天的会议中，进行了近 30 场专题会议，内容涉及美学与城市文化、日常生活美学、中国美学、亚洲美学、美学与新媒体、传统与当下：生活美学复兴、美学与当代问题、美学的哲学角色、环境美学、比较视野中的美学问题、城市与环境美学、中国当代艺术、比较美学、生态美学、马克思主义美学、日本美学、韩国美学、音乐美学、印度美学和自然美等问题。

二 第18届世界美学大会的话题讨论

无论是中国美学还是世界美学，在 21 世纪初期都呈现出众神狂欢的存在样态，美学的发展日趋多元化，多元共生成为世界美学的主题，也集中表现在这次世界美学大会的发言、讨论、碰撞和对话中。由于会议发言者众多，题目丰富，所以笔者只能择其要点，阐述这次世界美学大会的重要内容。

就中国艺术而言，与会者集中讨论了中国艺术的本色和特质等问题，先后有 34 位与会者针对这一问题发言，对中国艺术的发展和研究提出建设性的意见。叶朗以宗白华的中国美学研究为中心旨在说明中国美学的形而上学属性，他认为中国美学与中国艺术自古以来存在历史的联结，其深处是中国美学对中国艺术的理论作用，正是因为美学给予艺术精魂，艺术才呈现出一种历史的思考，呈现出独特的中国性，也呈现出天人合一的哲学形态。彭锋关心的是中国传统绘画中的虚实问题，他从中西艺术对"镜"的阐释入手，发现西方之镜重"实"而东方之镜重"虚"。及至绘画领域，中国传统绘画讲求在实中见虚，艺术所传达的并不是画面中的实相而更注重虚的意义。高建平从两方面诠释东西方绘画差异背后的根源之所在，认为这种差异背后隐藏的是东西方文化与哲学的差异：就西方艺术而言，从希腊时期开始，人们就对数、规则、结构产生兴趣，所以其后艺术品的初创往往结合几何、比例等数学模态进行；而中国艺术的核心方式是临摹，无论是画家还是书法家往往在临摹中形成对世界的认识和感受，中国艺术更强调感、知、悟的艺术论和世界观。朱青生发言的主旨和方法与高建平大致相当，试图在中西文化比较中透视出艺术的差异，与高建平不同的是，朱青生强调中国艺术的自觉性，认为中国艺术是一种更为主动的艺术。①

就艺术教育而言，艺术教育专场主要分为四场，② 针对当时的中国艺术教育发表看法，共商艺术教育之是。就中国艺术教育而言，与会者首先关心的是艺术教育的重要性和迫切性，仲呈祥认为新时期文化偶像和文艺偶像的变化背后反映的是大众审美鉴赏力的缺失，黄宗贤认为现代艺术所谓的前卫性和先锋性实际上同艺术与艺术品的低级趣味或多或少存在某种联系，王一川认为当今社会的艺术取向和经济、金钱、物密切相关直接导致了艺术趣味的偏向，这些发言基本上一针见血地指出了中国艺术甚至中国社会面临的迫切问题，这都需要大家将艺术教育看作解决问题的关键所在，与会者一致认为在这一系列的艺术范式和艺术环境中，艺术教育具有重要作用，如"艺术教育具有导向性、哺乳性、濡染

---

① 这次美学大会涉及中国艺术的发言较多，关于比较重要的发言，详见李修建《"美学的多样性"：第 18 届世界美学大会综述》，《世界哲学》2010 年第 6 期。也可参见朱良志主编《第十八届世界美学大会论文集》，中国社会科学出版社 2014 年版。

② 仲呈祥、万丽君、王耀华、黄会林、李存、周荫昌、王一川、黄宗贤、吕艺生、陈振濂、侯令分别在不同的会场发言，在谈到为什么选用"艺术教育"而不是"美学教育"作为主题时，杨芬说，"本次大会在'美学'属下专设了'艺术教育'分场，正是当前对艺术教育问题着重关注的体现"，详见杨芬《热议中国当代艺术教育问题——记第 18 届世界美学大会艺术教育分场》，《文艺争鸣》2010 年第 10 期。笔者认为，"艺术教育"和"美学教育"是两个不同概念，这次会议专门讨论艺术教育，与会议合办单位是教育部艺术教育委员会有关。

性、参与性特征，艺术具有审美超越精神，以诗性超越物性，以审美理想超越功利诉求，以豁达胸怀的塑造超越技术理性的束缚等"。① 据此，与会者也提出了一些加强艺术教育的办法，如有学者从理论和实践双方面提出了艺术教育应该是一个教学、科研和实践三位一体的存在状态，还有学者强调艺术教育离不开学校教育，建议国家从学校教育层面出发从制度上对艺术教育给予观照，只有在教育制度层面做切实有效的工作，才会对艺术教育产生真正的影响。针对艺术教育亟待解决的问题，与会者还从师资队伍、教育标准、艺术教育体系和艺术教育面向等方面提出了意见和建议。②

就舞蹈美学而言，早在 2009 年，为配合这次会议的召开，《北京舞蹈学院学报》刊发通知，以"舞蹈美学与舞蹈教育"为主题征集论文，旨在强调舞蹈美学和舞蹈教育的重要性，同时也意在推动世界舞蹈美学和舞蹈教育的研究与发展。③ 征文与参会都得到了积极响应，参加舞蹈美学论坛的国内外嘉宾达 200 人，甚至可以说，舞蹈美学论坛本身就是一个小型的学术研讨会。舞蹈美学专场于 8 月 9 日下午召开，邓佑玲主持会议，叶朗和李续分别致开幕词。④ 在之后几天的分组讨论中，资华筠、邓

---

① 杨芬：《热议中国当代艺术教育问题——记第 18 届世界美学大会艺术教育分场》，《文艺争鸣》2010 年第 10 期。

② 关于此次会议艺术教育的讨论，详见杨芬《热议中国当代艺术教育问题——记第 18 届世界美学大会艺术教育分场》，《文艺争鸣》2010 年第 10 期。

③ 通知指出，"北京舞蹈学院作为合办方，将举办'舞蹈美学与舞蹈教育论坛'。此次舞蹈论坛的举办，旨在进一步扩大和加强国际舞蹈院校间的学术交流与沟通，广泛了解和交流世界舞蹈美学与舞蹈教育领域发展现状，展示和交流中外舞蹈学者在美学与艺术领域的研究成果，深入探讨舞蹈艺术与舞蹈教育、舞蹈美学教育与研究中的重要议题，共同推动世界舞蹈美学研究和舞蹈教育的发展"，通知还刊发了会议主题，主要分为三个方面，一是美学与舞蹈教育，二是美学与舞蹈创作，三是美学与舞蹈科学。详见《2010·北京第 18 届世界美学大会舞蹈美学与舞蹈教育论坛》，《北京舞蹈学院学报》2009 年第 4 期。另，笔者认为，第 18 届世界美学大会尤其关注舞蹈美学，与北京舞蹈学院参与这次会议的组织工作不无关系。

④ 邓佑玲时任大会学术委员会委员、北京舞蹈学院副院长。李续时任大会组委会委员、北京舞蹈学院院长。叶朗在开幕词中提出了关于舞蹈美学的两个问题，一是中国舞蹈艺术是否在新世纪进入大的历史复兴时期，二是我们现在是否已经具有创建中国舞蹈美学的现实可能性。李续在开幕词中指出，舞蹈美学应该适应此次大会的主题，呈现出多样性发展的态势。关于二人的致辞，详见田湉《第十八届世界美学大会"舞蹈美学与舞蹈教育论坛"》，《北京舞蹈学院学报》2010 年第 3 期。

佑玲、吕艺生、袁禾等四人做了主题发言，其他与会者围绕舞蹈美学的理论基础、现实意义、未来发展等问题进行了深入交流。① 舞蹈专场讨论一方面凝聚了中国舞蹈美学的力量，使理论家和舞蹈家在大会上众声喧哗成为可能；另一方面也让世界看到中国舞蹈美学的发展，加强了中国与世界关于舞蹈的交流。②

就环境美学而言，进入 21 世纪，中国美学家和西方美学家都非常重视自然、生态、环境之于美学的关系，这一方面与人们生活方式、生产方式的进步有关，另一方面与美学自身的发展规律有关，古今东西都强调人与自然和环境的和谐共生，这既是人与自然的关系，又是人与社会的关系，这样一来，重视自然美学和环境美学也就是自然而然的事情，这次会议对环境美学的关心与讨论是为例证之一。卡尔松结合西方环境美学发展的重要阶段谈及环境美学本体论及其历史意义和现实意义；柏林特认为环境美学不但是一种自然美学，而且是一种政治美学，强调人类生活与环境美学之间的互渗、互动、互融关系；齐藤百合子从三个方面介绍了环境美学的未来走向。③ 吴良镛从中国古代传统艺术中人与环境的关系入手，从人居的角度强调人与环境自然的关系并不是单纯的人与物的关系，而是人与环境在时间上、空间上的共生关系，是传统美学所谓"天人合一"的关系；程占相从生态美学的角度介绍了中国生态美学研究的现状，并认为所谓生态美学的"核心是生态审美体验"；④ 谭好哲、曾繁仁、陈望衡、代迅、薛富兴等各自以自己的研究专长为中心一方面提升了环境美学和生态美学的理论高度，在美学的框架内对环境、生态、

---

① 关于发言主题，详见《美学的多样性：第十八届世界美学大会会议手册》，内部资料。

② 会后，北京舞蹈学院和英国舞蹈与戏剧学院伦敦当代舞蹈学校举行了合作签约仪式。双方表示将为推进中外舞蹈文化交流而继续努力。详见田湉《第十八届世界美学大会"舞蹈美学与舞蹈教育论坛"》，《北京舞蹈学院学报》2010 年第 3 期。

③ 一是探讨环境美学的构成要素，二是培育良好的审美文化，三是具有全球性。关于涉及环境美学的外国学者发言，详见李修建《"美学的多样性"：第 18 届世界美学大会综述》，《世界哲学》2010 年第 6 期。另见孙焘《"美学的多样性"与新时代的中国美学——第 18 届世界美学大会综述》，《美育学刊》2010 年第 1 期。

④ 李修建：《"美学的多样性"：第 18 届世界美学大会综述》，《世界哲学》2010 年第 6 期。

自然进行审视，一方面强调人作为审美主体与自然和环境的关系，从人的角度不断拓展环境美学的外延。

就生活美学而言，与会者尝试在国际美学转向的框架下，从日常生活审美化和生活美学两方面入手，分别研究这一美学问题发展过程中的前后两个问题，试图推进这一问题在中国的研究历程。虽然言之为"日常生活审美化"和"生活美学"，事实上是一体两面的问题。当时参与日常生活审美化和生活美学讨论的国内学者纷纷发言，就此做出富有影响力的论述。王德胜以"回归感性意义"为中心认为日常生活审美化已经同朱光潜等所谓的"人生艺术化"有所不同，指出"人生艺术化"强调的是人生的存在样态，"日常生活审美"则侧重的是人生的感性形式。王确以茶馆、劝业会和公园为中心对民国时期的社会公共空间进行考察，认为这些公共空间最早萌生出了生活美学的元素，从量的扩展和质的重构双方面完成了生活美学在民国时期的呈现样态，同时也改变了当时人们的生活方式和生活质量。刘悦笛以中国传统儒家哲学为中心对其中涉及美学的部分进行考察，认为儒家生活美学已经成为社会生活和日常生活的底色，纵观古典美学的发展历程和发展理路，无不沿着儒家生活美学的道路前行，在日常生活审美化和生活美学研究中，务必重视儒家生活美学所产生的意义和影响。张未民认为21世纪以来中国文艺学和美学呈现出一个生活论转向的过程，在此过程中尤其对"心"加以关注，强调生活美学的感性传统。朱国华则从另一方面对日常生活审美化和生活美学加以理解，认为西方所谓"日常生活审美化"和所谓的"艺术终结论"将艺术中的精神层面放逐，事实上"并不是文艺作品的消失，而表现为一种浅薄的繁荣"。[①] 可见，一些学者从正面积极评价日常生活审美化和生活美学，也有学者对这个问题提出了质疑，这种针对生活美学进行二元对话的方式一直持续至今，也可以说是世界美学大会对之后长时间内关于这一问题讨论的影响。通过在世界美学大会上对日常生活审美化和生活美学问题的讨论，这一美学范式研究的步伐加快，讨论规模也

① 孙焘：《"美学的多样性"与新时代的中国美学——第18届世界美学大会综述》，《美育学刊》2010年第1期。

越来越大。

就东方美学而言，除了中国学者外，来自日本、韩国、印度的美学家也纷纷结合本国美学发展现状和特征，对相关美学问题进行陈述。日本学者集中考虑的是面对中国文化和西方文化的双重压力，日本文化和日本美学如何在前述两者的怀抱之中突围，一些日本学者认为，日本美学应该具有一种兼容并包的胸襟，既能在东西之间汲取精华，也能衍生出属于自己国家民族的独特性，唯其如此才能将日本美学发展开来。① 另外，日本学者还对一些美学概念如"悲剧""模仿"等问题发言，言及这些概念在不同语境中的不同含义。韩国学者将目光集中于韩国美学落后的原因，认为韩国美学界对"美学"概念理解不足、美学学科建设尚待完善等问题直接影响了韩国美学的发展历程，这也要求韩国美学家重新审视韩国美学的相关问题，在特殊性中寻找普遍性，将美学与日常相结合，并加大对美学教育的投入力度，使韩国美学走出低谷。② 中国美学家考虑的是涉及"东方美学"的整体状况，一方面认为东方美学已经普遍受到国际美学的重视，在中国已经形成了比较固定而完整的学术体系和学术框架，值得进一步在此框架内进行研究与实践，另一方面则强调中国美学之于东方美学的意义和价值，认为无论是中国古典美学还是现代美学都与外国美学有互证互鉴、互赏互用的部分，对中国古典美学的强调旨在进一步推动中国美学在东方美学视野下的发展与进步。事实上，国际美学协会对东方美学的重视程度一直不够，直到20世纪90年代初期才逐步将目光投向亚洲，使亚洲国家的美学上升到国际层面，原因之一是这些亚洲国家对美学本身重视程度不够，美学研究者和美学梯队都相对匮乏，也轻视美学教育工作，原因之二是20世纪的历史环境和社会环境本身使大部分东方国家无暇将注意力集中于美学及学科建设。虽然世界美学大会曾移步斯洛文尼亚首都卢布尔雅那（1998）、日本东京千叶幕张（2001）、巴西里约热内卢（2004），但会议主题基本集中于世界美学，直到安卡拉会议（2007）

---

① 李修建：《"美学的多样性"：第18届世界美学大会综述》，《世界哲学》2010年第6期。

② 印度、斯里兰卡、伊朗、土耳其美学家也在会上纷纷发言。详见李修建《"美学的多样性"：第18届世界美学大会综述》，《世界哲学》2010年第6期。

才将目光投向东方，而在北京会议上，无论从规模、形式还是内容上说都非常重视东方美学，这也给东方美学的进一步发展提供了历史基础和理论基础，为世界美学新走向树立了新的风向标。

三　第18届世界美学大会对中国美学的影响

首先，第18届世界美学大会提供了中国美学与世界美学交融的一个契机。如前文述，21世纪初期中国美学的重要任务之一是搭建一个同世界美学接轨的平台并尽早融入世界美学之中，单是凭借几位美学家和美学工作者出国参加一些国际性美学大会和国际性美学组织对中国美学的影响显然不够，中国美学应该尽快将本土美学呈现出来，只有这样才能迎来更为广阔的美学天地。如高建平所言，"对于中国美学界来说，这次世界美学大会是一个百年不遇的时机。我们要抓住这一时机，将中国美学宣传出去，将外国美学介绍进来，使美学在中国有一个大发展"。[①] 事实上，会议期间的发言、讨论、争鸣等进一步确证了高建平的这些设想。一方面，中国本土美学家借此机会诠释了诸多中国传统美学理论和美学思想，如当时叶朗对"意象"和"意境"理论的阐释就产生了不小的影响，虽然西方美学家对此也存在一些异见，但是总体上说对中国美学传统更加理解，叶朗这种"接着讲"让中国美学"走出去"，具有传播意义。另一方面，在这次会议上，国际美学界重要美学家悉数登场，西方学者针对当时最先锋、最前卫的美学的问题发言，涉及环境美学、生活美学、生态美学和现代艺术诸多方面，可以说将国际美学的研究主题在有限的时间内都移植到了中国，使国内学者对世界美学及相关问题有了进一步的了解和理解。在这种互通有无的过程中，西方学者更加了解中国传统和中国美学，中国学者更清楚如何借助世界美学的语境和平台发挥优势以进一步深化本土美学研究，这种对话不可多得，因而显得弥足珍贵。如汝信所言，"这次大会的主题是'美学的多样性'，在当前讨论

---

① 高建平、杨玉娟：《美学、美学大会与中国美学的发展》，《文艺争鸣》2010年第8期。

这个问题是很有意义的，我们今天生活在一个极具变化的世界，先进的科学技术和经济全球化把世界各部分紧密地联结成一个整体，大大加强了各国和各地人民之间的联系和相互交流"。①

其次，第18届世界美学大会是对美学理论尤其是中国美学理论的拓展。这次会议之后，国内期刊、报纸纷纷对美学大会进行介绍和报道，②对这次会议召开的理论环境、历史环境、会议本体和影响意义做了全方位的述评，高建平为此还接受了专访。从理论上说，彭锋和刘悦笛涉及这次美学会议的文章对会议的总结最为精到，值得借鉴。彭锋认为，中国美学和世界美学之间既存在差异性又存在共通性，这是中外美学理论交流的前提，他同时通过对这次美学大会发言的词频研究注意到，"艺术"③ 及其周边词汇出现的数量大于"美学"，这说明美学正在逐步完成向一般艺术研究和文化研究的转向，他继而指出，美学的世界中心正有从纽约转向北京的趋势，这就为中国美学的发展提供了基础。另外，他也认识到，"全球化与美的普遍性问题""身体与实用主义美学问题""自然与环境美学问题""实证科学研究值得期待""个案研究富有魅力"成为这次美学会议的理论衍生点，亦是之后美学发展的一个方向。④ 刘悦笛则从当代艺术、环境美学和生活美学三个方面审视世界美学大会后出现的新主潮并认为这次美学大会呈现出两种趋势，一是"当代全球美学的'文化间性'转向，东方与西方、西方与西方、东方与东方之间的美学交流日益频繁；另一个则是中国美学已经融入到了'全球对话主义'当中，并将在其中扮演愈来愈重要的角色"。⑤ 这说明，世界美学大会为中国美学

①　汝信：《在第十八届世界美学大会开幕式上的讲话》，载朱良志主编《第十八届世界美学大会论文集》，中国社会科学出版社2014年版，第3页。

②　可以说，对第18届世界美学大会的介绍和报道出现了一个高潮，《高校社科动态》《北京大学学报》《中州学刊》《文艺争鸣》《光明日报》《北京舞蹈学院学报》《世界哲学》等报刊都对之进行了评述和报道。

③　"艺术"出现2453次，"美学"出现2927次，另外，舞蹈、绘画、音乐、建筑等词语也多次出现。

④　详见彭锋《美学在多样性中重新定位——从第18届世界美学大会看国际美学的发展趋势》，《光明日报》2010年9月7日第11版。

⑤　刘悦笛：《从当代艺术、环境美学到生活美学——从第18届世界美学大会观东西方美学新主潮》，《艺术百家》2010年第5期。

和美学研究提供了新的理论增长点，这也从历史的角度说明了这次会议的理论意义。会后，由叶朗任总主编、朱良志任主编的《第十八届世界美学大会论文集》由中国社会科学出版社出版，[①]内中集中刊发了这次会议上发表的比较重要的中文论文，涉及中国美学、东方美学、生态美学、艺术史和会议综述等多个方面，是这次美学大会中文论文的集中展示。

再次，第18届世界美学大会为之后一段时间的美学研究和美学制度的发展奠定了基础。就国际美学而言，中国美学家和世界美学的关系在美学大会之后更加紧密，高建平、刘悦笛等成为国际美学协会组织机构成员，高建平还成为国际美学学会主席，中国美学家在国际美学的地位可见一斑。至于国际美学协会，这只是组织机构的人事安排，但是这证明世界美学正在慢慢接受中国美学，并承认中国美学，也有益于中国和世界的美学沟通。就中国美学而言，世界美学大会召开之后，西方美学家访问中国或者到中国的访学次数明显增加，这之后，凡是涉及这次美学会议讨论主题的学术会议都冠以"国际"之名，如"中英马克思主义美学双边论坛"、"中荷文化交流：文学、美学与历史论坛"、"新世纪生活美学转向：东方与西方对话国际研讨会"、"身体美学与当代中国审美文化国际研讨会"等，退一步说，如果没有第18届世界美学大会的加速作用，国内美学领域召开的国际会议并不至如此之多。另外，受到这次美学会议的影响，生活美学逐渐成为中国美学发展的潮流，这之前的一些质疑声音也随着生活美学的深入展开呈现退潮之势，生活美学的兴起可以说完成了中国美学21世纪初期的一种转向。

第四节 "生活美学"：中西美学交融的"现代"范本

晚近以来，生活美学成为当前美学史研究的重要话题是一个不争的事实，从今天的美学史研究看开去，生活美学思潮并没有退去之意，反

---

① 朱良志主编：《第十八届世界美学大会论文集》，中国社会科学出版社2014年版。

而涌现出更大的热潮，2015 年，《光明日报》《中国政协报》和光明网都开始关注生活美学，并对生活美学的倡导者进行访谈，积极传播生活美学。① 由此也可以看出生活美学在制度上的走向。实际上，"生活美学"的概念并不是一蹴而就的，是经历了从"日常生活审美化"到"生活美学"的过渡。关于日常生活审美化和生活美学的美学表述早已有之，十几年来，很多美学学者和美学专家都对这一思潮进行了诠释和反思，如高建平、陶东风、王确等都为生活美学思潮在中国美学界的兴起做出了诸多贡献。重复前人的言语似无必要，笔者尝试从论著和论文等方面对日常生活审美化的缘起做以简要说明，并呈现出相关美学会议对这一问题的讨论。

一　"生活美学"的前奏："日常生活审美化"思潮的形成②

"日常生活审美化"概念最早由费瑟斯通提出，并在多个场所和多篇文章中对之进行阐释。③ 费瑟斯通认为日常生活审美化的兴起同现代社会的转型和后现代主义的兴起有关，他指出，"如果我们来检讨后现代主义的定义，我们就会发现，它强调了艺术与日常生活之间界限的消解、高

---

① 光明网"燕山夜话"栏目曾经对刘悦笛进行专访，并以"我们要做生活的美学家"为题发表文章，强调生活美学的现实意义和价值，同时也指出生活美育的重要性。详见《我们要做生活的美学家》，《燕山夜话》，光明网，http：//www.gmw.cn/content/2015－11/12/content_17705005.html，2015 年 11 月 12 日。另外，《人民政报》也以"人人都能成为生活艺术家"为题登载文章，阐述生活美学兴起及其核心思想。详见季娟丽《人人都能成为生活艺术家》，《人民政协报》2015 年 5 月 15 日第 10 版。

② 无论"日常生活审美化"还是"生活美学"，美学界都没给出一个准确的概念或者定义，学界更愿意认为，"日常生活审美化"是文艺学学科意义上的，"生活美学"是美学意义上的，在生活美学已经发展得如火如荼的今天，笔者认为再去讨论两个概念的具体意义似乎没有必要，因此，在本书中，笔者更愿意认为"日常生活审美化"和"生活美学"可以泛指美学的生活论转向，或者泛指生活美学的思潮。从某种意义上说，在本书中，日常生活审美化和生活美学可以视为关于这个思潮的同一概念。

③ 1988 年 4 月，费瑟斯通在一次题为"大众文化协会大会"的演讲中提出了"日常生活审美化"的概念，后题为《日常生活的审美呈现》。同年九月在哥本哈根的"作为历史的现代性大会"上及同年十月在瑞典伦德大学的讨论班上也作了相同演讲。后来被收入 S. 那希及 J. 弗里德曼主编的《现代性与认同》一书。

雅文化与大众通俗文化之间明确分野的消失、总体性的风格混杂及戏谑式的符码混合"，① 并从多个方面对"日常生活审美化"进行全面论述，认为"日常生活的审美呈现""指的是那些艺术的亚文化，即在第一次世界大战和本世纪二十年代出现的达达主义、历史先锋派及超现实主义运动……首先是对艺术作品的直接挑战，渴望消解艺术的灵气、击碎艺术的神圣光环，并挑战艺术作品在博物馆与学术界中受人尊敬的地位。其次是与之相反的过程，即认为艺术可以出现在任何地方、任何事物上"，② 同时，"日常生活的审美呈现还指的是将生活转化为艺术作品的谋划"，并"充斥于当代社会日常生活之经纬的迅捷的符号与影像之流"。③ 可见，消费文化与日常生活的审美存在联系，并促进着日常生活审美化的形成与发展。几乎与费瑟斯通同时，鲍德里亚（《消费社会》）、杰姆逊（《晚期资本主义的文化逻辑》）、丹尼尔·贝尔（《资本主义文化矛盾》）和沃尔夫冈·韦尔施（《重构美学》）等都对涉及日常生活审美化的问题进行了论述和说明，以韦尔施为例，他一方面思考着学科边界的问题，认为"艺术品能够改变它们短期或长期的条件，能够使生疏的标准成为必然，或者去除艺术的边界。就这样，杜尚质疑了视觉的独裁，乔伊斯质疑了书的形式，波洛克质疑了绘画的界限，凯奇质疑了音乐的地位"，④ 一方面思考着生活与美学的关系，认为"在艺术体验中，不同的知觉模式可能是相关联的：冥思的、历史的、日常生活的、语义学的、互喻的、隐喻的、乌托邦的等等"，⑤ 并指出，"今天，我们生活在一个前所未闻的被美化的真实世界里，装饰与时尚随处可见。它们从个人的外表延伸城市

① ［英］迈克·费瑟斯通：《消费文化与后现代主义》，刘精明译，译林出版社 2000 年版，第 94 页。

② ［英］迈克·费瑟斯通：《消费文化与后现代主义》，刘精明译，译林出版社 2000 年版，第 95—96 页。

③ ［英］迈克·费瑟斯通：《消费文化与后现代主义》，刘精明译，译林出版社 2000 年版，第 96—98 页。

④ ［德］沃尔夫冈·韦尔施：《重构美学》，陆扬、张岩冰译，上海世纪出版集团 2006 年版，第 109 页。

⑤ ［德］沃尔夫冈·韦尔施：《重构美学》，陆扬、张岩冰译，上海世纪出版集团 2006 年版，第 111 页。

和公共场所，从经济延伸到生态学"，① 在韦尔施看来，日常生活的审美是现代社会最重要的变化之一，这也成为《重构美学》的主题之一。其实，在世界范围内，这种涉及日常生活审美化和生活美学的著作自产生之日起就从未间断过，除上述几部著作外，21 世纪 10 年代中后期同样产生了一些关于生活美学的著作，《日常生活美学》② 的作者尝试以日本日常生活为中心，对这些寻常物和寻常事件进行美学意义上的阐释与解读，从中还原出美学的精魂和思想。

消费文化和消费理论是西方思想家在 20 世纪末期谈论最多的话题之一，这同样也深深影响了中国美学学者，恰逢中国社会自 1992 年之后发生了深刻的社会变革，市场、经济、商品、消费、大众文化成为红极一时的社会关键词，更加强了对日常生活审美化研究的信心。2002年，《浙江社会科学》上刊发了几篇对文艺学学科建设反思的文章，其中关于日常生活审美化的文章可以被看作中国美学界对这一问题讨论的起点。陶东风《日常生活的审美化与文化研究的兴起——兼论文艺学的学科反思》沿着西方日常生活审美化的足迹讨论了审美与日常的边界问题，并对中国 20 世纪 90 年代末期所产生的日常生活审美化现象进行描述和反思。③ 这篇文章掀起了日常生活审美化研究的潮流。陶东风也凭借这篇文章和另外一篇题为《日常生活审美化与新文化媒介人的兴起》④的文章成为日常生活审美化的旗手。之后，王德胜《视像与快感——我们时代日常生活的美学现实》⑤ 一文从图像的角度考察审美与日常生活之间的关系问题，黄应全在《日常生活的审美化与中西不同的"美学泛化"》一文中区分了日常生活审美化和美学的泛化，提出了一种研究的新

---

① ［德］沃尔夫冈·韦尔施：《重构美学》，转引自陶东风《当代中国文艺思潮与文化热点》，北京大学出版社 2008 年版，第 448 页。

② ［日］齐藤百合子：《日常生活美学》，许轩、崔尔雅译，台北：五南出版公司 2020 年版。

③ 另外三篇文章为王南的《再谈文艺学的"呈现性"》、黄应全的《多元化：克服文学理论危机的最佳抉择》、贾奋然的《本质主义和历史主义的悖论》。详见《浙江社会科学》2002 年第 1 期。

④ 陶东风：《日常生活审美化与新文化媒介人的兴起》，《文艺争鸣》2003 年第 6 期。

⑤ 王德胜：《视像与快感——我们时代日常生活的美学现实》，《文艺争鸣》2003 年第 6 期。

思路。① 值得注意的是，无论是对日常生活审美化的研究，还是对生活论转向的研究，《文艺争鸣》杂志都是这一思潮的重镇，也成为传播日常生活审美化的最重要平台。② 关于日常生活审美化的讨论波及艺术、美学、文学、文化等多个领域，是美学研究的重点。③ 尤其是第 18 届世界美学大会在中国召开，其间讨论的主要问题涉及生活与美学的关系问题，带动了生活美学研究的另一种思潮。当然，重要的是，自 2002 年日常生活审美化全面兴起之后，召开了多次美学会议，从这些会议也可见关于这些问题的讨论与争鸣。

二　对话与争鸣："日常生活审美化"与"生活美学"的讨论方式

就美学会议而言，涉及"日常生活审美化"思潮形成最重要的会议是"日常生活审美化与文艺学学科反思国际学术研讨会"，这次会议召开于 2003 年 11 月，由首都师范大学文艺学重点学科、首都师范大学文学院美学研究所和《文艺研究》杂志社共同举办，吸引了来自国内各个高校、研究机构的美学专家和外国学者近 50 人，与会者就日常生活审美化、审美与消费和文艺学学科界限等多个问题交换了意见，发表了看法。④ 在这次会议上，"日常生活审美化"问题研究者都对文艺学和美学的前途表示担

---

① 关于 2002 年、2003 年的日常生活审美化讨论，详见苏奎《关于日常生活审美化与文艺学走向的讨论综述》，《文艺争鸣》2004 年第 5 期。

② 2003 年，《文艺争鸣》第 6 期刊发了一组题为"新世纪文艺理论的生活论话题"的讨论。陶东风指出，"《文艺争鸣》上刊发的这组讨论文字则首次集中对'日常生活的审美化'这一术语进行了较为全面的阐发和运用，众多学者从不同的立场和角度切入对当代中国日常生活审美化现象的思考"。详见陶东风《当代中国文艺思潮与文化热点》，北京大学出版社 2008 年版，第 455 页。

③ 可参见刘彩楠《新世纪中国文艺学美学生活论转向讨论述评》，硕士学位论文，东北师范大学，2012 年。

④ "参会的国内外四十余名专家学者就日常生活审美现象研究、日常生活审美化研究与中产阶级的兴起、日常生活审美化与消费主义的关系、日常生活审美化研究与文艺学美学学科反思等问题展开了激烈的讨论。"详见陶东风《当代中国文艺思潮与文化热点》，北京大学出版社 2008 年版，第 461 页。

忧，认为文艺学和美学在消费社会兴起的同时面临深刻的危机，所以寻找到"日常生活审美化"作为摆脱危机的途径之一。在会上，一些学者关注消费时代的图像现象，认为图像已经成为这个时代和世界的主要符码。人们对图像欣赏的满足本身提供了对日常生活进行审美的注脚，从这一点说开去，人们发现生活已经披上了一层关于美的外衣，这就使生活审美化成为可能。其中，陶东风、陈晓明、曹卫东和高小康四人的发言尤其引人关注，① 陶东风认为，日常生活和艺术之间的界限在日常生活审美化的过程中逐渐被打破，对文学、美学和艺术学的发展形成了挑战，同时也呈现出了新的美学景观。② 曹卫东和陈晓明都非常慨叹地认为中国现代文艺学和美学建设出了问题，尤其是 21 世纪以来，曾经笼罩于文学研究中心的光环已然退却，在反思的同时也需要为文艺学和美学的走向提供新理路。③ 高小康则强调面对文艺学和美学呈现出的新形势不能一味地沉默或叹息，而应该从现实关怀入手拿出解决问题的办法。④ 上述看法可以看作这次会议关于文艺学学科建设和日常生活审美化研究的重要论述，基本上澄清了当时关于这一问题的状况和相关思考。⑤ 这次会议开启了一个关于日常生活审美化的对话时代，在之后的很长时间内，日常生活审美化问题讨论得如火如荼，呈现出燎原之势，除了期刊论文外，美学会议成为研究这一问题的重要平台。需要说明的是，这些美学会议虽然涉及"日常生活审美化"，却少有以"日常生活审美化"为中心话题的会议，而都是在涉及"消费文化""消费时代""学科建设"等论题的会议上对之进行讨论，这也成为这一时期涉及日常生活审美化讨论会议的一个特点。

---

① 《文艺研究》2004 年第 1 期在此次会议的基础上，以"文艺学的学科反思"为题整理发表了上述四人的文章，对这一问题进行研究。

② 陶东风：《日常生活的审美化与文艺社会学的重建》，《文艺研究》2004 年第 1 期。

③ 曹卫东：《认同话语与文艺学学科反思》，《文艺研究》2004 年第 1 期。另见陈晓明《历史断裂与接轨之后——对当代文艺学的反思》，《文艺研究》2004 年第 1 期。

④ 高小康：《从文化批判回到学术研究》，《文艺研究》2004 年第 1 期。

⑤ 陶东风对上述文章做了整体评价，指出，"以上几篇文章都倾向于重新观照现有的文艺学学科建制，反对其中所蕴涵的本质主义思维方式。尽管其对文艺学重建的具体途径持不同的观点，但都开始立足于文艺学的外围来进行学科反思，即从社会文化转型与知识分子的价值立场出发，把文艺学看作一个现代性事件或将其置于具体的当代文化语境来思考"。详见陶东风《当代中国文艺思潮与文化热点》，北京大学出版社 2008 年版，第 462 页。

2003 年 12 月 3—4 日，第四届全国文艺学及相关学科建设研讨会在暨南大学召开，会议主要结合文艺学学科建设问题进行讨论，① 与会者一致认为当前的美学和文艺学研究面临危机，主要来自三个方面，一是市场经济的潮水有形无形中冲击着文学艺术的创作和发展，二是中国本土文艺学研究超离本土、超离中国传统，三是日常生活审美化的兴起导致的审美泛化冲击着传统的文学经典阅读。从日常生活审美化的层面上说，这次会议格外重视日常生活审美化与文艺学、美学学科边界的联系，强调在日常生活中重建文艺学和美学的新范式。当然，有人支持就有人反对，钱中文和童庆炳等仍然提倡文艺学美学中经典的审美传统，指出唯有在文艺学美学学科内部开辟出新的再生资源才有可能帮助文艺学渡过学科的危机。

从这次会议开始，关于日常生活审美化的讨论进入高潮阶段，仅 2004 年一年中就召开了多次会议对此问题深入研究。2004 年 1 月 9—11 日，中国社会科学院文学研究所和外国文学研究所联合召开了文学理论研究中心成立大会暨首届学术研讨会，钱竞、周启超、毛崇杰、杜书瀛、史忠义、白春仁、陈中梅和陶东风等参会，这次会议一个非常重要的话题是讨论当前文艺学美学所面临的挑战和迎接挑战的对策等问题，也有很多人对日常生活审美化问题提出了异议，怀疑这种表述的合法性，如杜书瀛就在发言中指出"有没有在世界范围内发生和发展着'审美生活化'和'生活审美化'的进程"是个问题，② 事实上这种态度和思路也代表着一系列对于日常生活审美化思潮的质疑，无论是在美学会议上还是在期刊论文中，对日常生活审美化研究的反对声一直不绝于耳。③ 这种

---

① 关于会议详细内容，见王可《"第四届全国文艺学及相关学科建设研讨会"述要》，《学术研究》2004 年第 2 期。

② 李嫒嫒：《"文学理论研究中心"成立暨首届学术研讨会综述》，《文学评论》2004 年第 2 期。

③ 事实上，当时对"日常生活审美化"的争论相当复杂，也不乏很多对这一思潮进行梳理、反思或批判的著作和论文，比较而言，陆扬所著《日常生活审美化批判》值得重视，该书第三章"何以日常生活审美化"详细介绍了关于这一思潮方方面面的论争，并指出，"在上述论争中，从鲁枢元到童庆炳，凡质疑日常生活审美化的文字，必给这个词组加上引号，使成'日常生活审美化'，以表示它压根就是一个疑窦重生的概念。反之陶东风等人谈日常生活审美化，基本上不会愿意给它加上引号，以显示它早就成为一个既定事实。但是即便有这个反差，陶东风依然是毫不含糊地呼吁文艺学和美学应该正视而不应回避当代中国的日常生活审美化 （转下页）

争论在 2004 年 5 月召开的"中国文学理论的边界"学术研讨会上表现得尤为明显。这次会议由中国中外文艺理论学会和北京师范大学文艺学研究中心联合召开，中国文艺理论界很多著名学者参加了这次会议，就文艺学的边界、日常生活审美化和文化研究等问题进行切磋和讨论，其中涉及文艺学、美学边界及其导致的日常生活审美化等问题，与会者各自陈述了意见，呈现出明显的不同立场。陶东风、金元浦和孟繁华等对"日常生活审美化"思潮欣然接受，并认为文艺学与美学发展至今，文学研究与文化研究已经趋于合流，并不存在本质上的区别，所以可以将生活的美化和艺术的美化理解成一本二源，孟繁华更是认为文艺学与美学边界的模糊性早已有之，近些年日常生活审美化思潮的兴起恰恰为这种模糊性提供了注脚。而童庆炳、钱中文等老一代文学理论研究者并不否认文艺学、美学边界的模糊，但是认为文学研究应该从文学的内部入手，强调一种本体论而不是认识论研究。[1] 可见，对于"日常生活审美化"问题及其背后的逻辑，美学界自始至终都并不存在一个共识。

涉及"日常生活审美化"问题，还有几次会议需要说明。2004 年 6 月 28—30 日，全国消费时代的文学与文化研究学术研讨会在成都召开，[2] 这次会议吸引了全国各高校和科研院所的美学工作者 50 多人，[3] 他们就

（接上页）现象。用他的话说，那就是美学和文艺学研究只有不断关注、切近当代文化现实和大众日常生活，才能找到新的理论生长点。概言之，超越学科边界、扩展研究对象，已经成为传统学科的迫切议题。可是，我们的传统文科如何就可怜兮兮地巴望着这些个'新的理论生长点'呢？我们今天推崇的新'创新'。一个项目，一个计划，没有'创新点'寸步难行，立时毙命。问题是，这一场又一场叫人目迷五色、跟风唯恐不及的创新运动，同眼下学术界流行的投机取巧本能，是不是多多少少难逃干系？我们当然希望推陈出新，不断创新，只是但愿不要撇开传统，奢谈创新，使终而成为镜花水月一类的东西"。详见陆扬《日常生活审美化批判》，复旦大学出版社 2012 年版，第 131—132 页。

① 在这次会议上，高建平和杜书瀛发表了自己的看法，高建平认为无论是文艺学美学、文学理论的研究还是"日常生活审美化"的研究都需要重视实践性和当下性；杜书瀛认为生活的审美化与艺术的审美化是两码事，不能说生活被审美化就是文艺学边界消失的唯一表征。在谈及这次会议时，陶东风表示，"论争双方对'文学性'与'审美'等范畴缺乏严格的界定，这使他们对日常生活审美化的认识陷入了某种错位的境地，尽管如此，日常生活审美化对于传统文艺学研究的影响和冲击无疑成为这一时期最受关注的学术议题之一"。详见陶东风《当代中国文艺思潮与文化热点》，北京大学出版社 2008 年版，第 465 页。

② 具体地点为四川师范大学。

③ 一说 80 多人。会议共收到论文 45 篇。

消费时代的文学与文化问题发表自己的意见和建议，内中涉及了很多有关日常生活审美化的问题。① 在讨论发言中，有学者强调日常生活审美化提出所具有的合法性和可行性，有学者认为日常生活审美化的兴起象征着文艺学美学自律传统的式微，同时提出这是全球化时代美学的特征，中国现代美学和文艺学研究应该适应这种特征。有学者认为现代艺术存在其本然的逻辑和精神，其自律性有能力使其面对消费社会的种种日常生活。有学者以网络文学为中心认为在"日常生活审美化"时代，应该发挥网络文学的重要意义和作用，以适应消费社会的发展。一些学者认为"日常生活审美化"的兴起是一种人文精神缺失的表征，但也并不意味着进入消费社会之后就不存在人文精神，大家对文艺学与美学未来的发展还是持谨慎乐观态度。这次会议上，也有一些人对"日常生活审美化"提出了不同的意见甚至对这种思潮进行了批判，认为无论是文学研究还是艺术研究都需要遵循传统，有的认为"日常生活审美化"将艺术与美学祛魅是一种美学伦理的退步，认为这种思潮势必降低文艺学与美学的崇高性。②

三　东西美学汇通：生活美学的多元对话

"新世纪生活美学转向：东方与西方对话国际研讨会"的召开将生活美学的多元对话推向了高潮。2010 年第 18 届世界美学大会召开之后，刘悦笛撰写了一篇题为《从当代艺术、环境美学到生活美学——从第 18 届

---

① 关于这次会议的详细内容，见唐小林《消费主义视域里的文学与文化研究——全国"消费时代的文学与文化研究"学术研讨会综述》，《社会科学研究》2004 年第 6 期。另见李诚、阎嘉《消费时代的文学与文化研究走向——"中国消费时代的文学与文化研究"研讨会侧记》，《文学评论》2004 年第 6 期。

② 此外，2004 年 10 月，"全球化语境下的文艺学应对策略"学术研讨会在复旦大学召开，"全球语境下的中国文学理论及文学批评发展状况"学术研讨会在长春召开。在这两次会议上，"全球化问题作为日常生活审美化与文艺学范式转换的重要文化语境而引起广泛关注，有学者提出文学的边界就是文艺学的边界，主张在全球化背景中文艺学边界的拓展仍应在审美自律的立场上进行"。详见陶东风《当代中国文艺思潮与文化热点》，北京大学出版社 2008 年版，第 465 页。

世界美学大会观东西方美学新主潮》的文章，① 如题，作者认为这次世界美学大会从三个方面拓展了世界美学研究的方向，其中，生活美学成为世界美学研究非常重要的一个方面。他从丹托的"艺术终结论"入手，指出无论是中国美学还是西方美学都存在一种生活论转型，虽然二者的目的、原因等条件不同，但是都旨在强调生活的"美"化和艺术化，从生活美学的意义上说，中国与西方形成了汇通。这也成为中国美学融入西方的一种方式，诚如刘悦笛所言，"中国美学已经融入到了'全球对话主义'当中，并将在其中扮演愈来愈重要的角色，而生活美学正是中国本土美学走向世界的重要通途"。② 生活美学之于这次世界美学大会的重要意义也从相反的方向昭示出第 18 届世界美学大会之于生活美学的重要性。如众所知，无论是日常生活审美化还是生活美学的确立，都并非一日之功，而是经历了长时间的理论准备，第 18 届世界美学大会也并不就是生活美学的起点或终点。毋宁说，这次会议是一次关于生活美学承上启下的会议，既是对上一个阶段生活美学发展的一次总结，也是对下一个阶段生活美学展开的一次宣言。"新世纪生活美学转向：东方与西方对话"国际研讨会正是在这种精神的鼓舞下召开的。

2012 年 9 月 2—3 日，由东北师范大学文学院主办的"新世纪生活美学转向：东方与西方对话国际研讨会"在吉林长春召开，③ 来自美国、日本、加拿大、土耳其、新西兰和中国台湾的专家学者与中国大陆学者近百人参加了这次会议，多位学者发言就生活美学问题进行对话、交流和讨论。④ 在此次会议开幕式上，东北师范大学校长刘益春、中国社会科学院哲学所所长谢地坤、国际美学协会副主席亚莱·艾尔贞分别致辞，对

---

① 刘悦笛：《从当代艺术、环境美学到生活美学——从第 18 届世界美学大会观东西方美学新主潮》，《艺术百家》2010 年第 5 期。

② 刘悦笛：《从当代艺术、环境美学到生活美学——从第 18 届世界美学大会观东西方美学新主潮》，《艺术百家》2010 年第 5 期。

③ 具体地点为名门饭店。

④ 来自中国社会科学院、中国艺术研究院、北京大学、华东师范大学、南京大学、南京师范大学、山东师范大学、四川师范大学、吉林省作家协会等多个单位的专家学者参会并发言，东北师范大学文学院多位美学学者也纷纷发言，《哲学研究》《哲学动态》《艺术评论》《社会科学战线》《东北师范大学学报》等学术刊物的代表也受邀参会。

此次会议的召开给予了积极评价并期待会议取得硕果。从宏观上说，这次会议的与众不同之处在于，在会议筹备阶段就预设了会议上的异见，无论是生活美学的积极推进者还是对生活美学的批判反思者都可以在这次会议上发出声音，① 使这次会议呈现一种讨论甚至争鸣的态势，也从多个角度对生活美学相关问题进行探索，表现出对话的多元性。

就生活美学的合法性而言，与会者主要从理论建构、日常生活审美化和传统美学的生活论特征三个方面对相关问题进行论述，从这几方面完成了对生活美学相关理论的整体架构。② 首先，很多与会者重视生活美学发生的社会背景和理论建设。阿诺德·柏林特认为美学和艺术发展至20世纪90年代中后期尤其是21世纪初期，具有一种边界消失的倾向，艺术界限的模糊使艺术品从精英艺术领域走向了日常生活，一方面扩大了"艺术"概念的外延，另一方面使日常生活逐渐呈现出艺术化趋势。谢地坤尝试为生活美学寻找一个属于中国的理论原点，并认为中国现代美学经历了实践美学、生存美学和生活美学三种历史范式，第三种范式是中国美学融入世界美学范围的一种方式，只有将生活美学发展好，才能在新时代完成与世界美学的对话和交流。刘悦笛认为是中西关于美学的对话肇生了生活美学，因为无论是东方还是西方都非常重视环境之于日常生活的重要性，环境已然融入日常生活，所以在艺术边界消失的21世纪，可以应然地认为生活美学尝试还原着环境、艺术与生活的关系之问题。王确认为自律性艺术与经典美学的历史应该开始被我们这一代人改写，现代美学的新变化提醒人们，事实上生活美学并不是一种新理论，而是日常生活的本然属性和品质，所谓的生活美学研究，无非一种确认和重构而已。陈晓明回顾了20世纪西方经典哲学和美学思潮，认为自那时起现代美学就已经存在美学转型的线索，美学的感性诉求在改变物质世界的同时，也无形中改变着人们的生活方式，这也可以看作生活美学

---

① 会议发起人之一、东北师范大学文学院王确教授认为在会议上存在一些不同的声音，一方面可以形成学术对话，促进相关问题的深度探索，一方面也为生活美学的发展提供了一个参照系。

② 关于这次会议讨论的详细内容，见王确《生活美学的多元对话——"新世纪生活美学转向：东方与西方对话"国际研讨会综述》，《哲学动态》2012年第12期。另见赵强《"新世界生活美学转向：东方与西方对话"国际研讨会综述》，《美育学刊》2013年第1期。

产生的现实基础和现实依据。艾伦·卡尔松认为生活美学的复兴本身也面临困境，经典美学与之形成鲜明对立并在多个方面不断对之形成制约，面对这一问题，卡尔松认为应该从知识系统中寻求生活美学的出路并将这种方法命名为"认知法"。

其次，与会者对日常生活审美化及相关艺术和美学问题进行了深度阐释与反思。玛丽·戈尔茨坦认为很多日常经验确实提供给人们很多关于美的信息，但是艺术品之美与日常生活中的美并不是一个概念，厘清二者的边界和二者之间的关系非常重要，只有这样才能明确生活美学的边界。高建平认为艺术本身不会因为艺术边界的消解而消解，艺术既存在自律性，也存在创造性，创造性本身同样赋予艺术以边界，所以不能一味地认为艺术的作用就只在于救赎。亚莱·艾尔贞以落后地区的日常物为中心说明先锋艺术的特征，认为正是伽达默尔所谓的"距离"导致这些寻常物成了先锋艺术，从另一个角度给生活美学以观照。苏珊·菲根重新审视了戏剧艺术，认为观看的过程本身"是一种建立在知识和经验背景之上的个人内心活动，它也可以带有一种公开的、公众的行为维度，成为在与他人共享的空间里发生的一种活动"。① 柯提斯·卡特以摄影作品为中心说明图像和摄影等视觉物对日常生活的影响，认为图像也是日常经验的重要组成部分，摄影艺术不能总是被置于艺术界中而应该成为生活美学的本体。斯蒂芬·戴维斯以首饰为中心认为透过首饰可以窥视出其社会功能和社会意义，进而指出日常生活审美化的作用。徐碧辉认为城市美学和生态美学成为生活美学的重要表征，这两种美学范式的确立从另一方面对生活美学进行了确认和确证。

再次，一些与会者从中国古典美学和现代美学的个案入手，对其中泛溢出的生活美学要素进行整理和研究。有学者结合美学的生活论转向问题深入探讨了"生活"作为概念的"古典"含义和"现代"含义，并认为中国美学从古典到现代都具有某种生活的线索，只有把握住这一线索，才能更好地把握生活美学。有学者从老子哲学和老子美学起兴，认

① 赵强：《"新世界生活美学转向：东方与西方对话"国际研讨会综述》，《美育学刊》2013年第1期。

为生活美学的真谛即老子所谓的"自然"，事物本真存在是生活审美化的最重要特征。有学者比较了科举制度废除前后的中国文人生活，认为科举时代的文人生活具有艺术化的倾向，而科举被废除之后这种艺术化反而断裂，现代社会需要有一种文人时代的艺术生活，这也是生活美学实践的出路之一。有学者以六朝美学为中心说明中国古代的生活美学，认为生活美学的研究范围不断扩大，研究方法也呈现出多元性趋势，这有利于加强生活美学的研究。有学者以白居易为中心说明生活艺术化之于古代文人的重要性，并认为古典文人的审美趣味深深影响着美学的发生与发展。有学者归纳出20世纪美学的两次转向，认为这两次转向或多或少地与生活相关，同时又看到第二次转向也就是20世纪末期的日常生活审美化将生活置于商业的深渊。

可见，参会者从多个方面对生活美学及相关话题进行了深入交流，上述发言者对生活美学的多元阐释本身就是生活美学渐次展开并得到确认的明证。但是也有持异见者。一些与会者就对日常生活审美化和生活美学等问题提出了质疑和反思。日本学者以台湾原住民的生活为中心认为即使今天生活和艺术之间也存在一定的距离。有学者认为所谓日常生活审美化其实并不是一种美学活动而是丧失了美学意义和价值的生活活动，这种活动非但没有促进美的产生反而具有某种消解作用。有学者认为生活具有极大的丰富性和变动感，生活难料，将美学介入无时无刻不在发生的生活中，有时候得到的显然是美学面对生活的无力感。有学者反对"艺术与生活的同一"这种说法，认为艺术和生活之间存在距离，无论是缩减这种距离还是完成二者的同一，都是不可能的。有学者认为日常生活审美化和生活美学的提出从表面上看是现代美学转向的表征或者说进步，但是这也从另一方面证明着经典美学的式微或黄昏，这并不是一件好事，而是美学走向困境的信号。有学者以城市景观为中心说明日常生活的审美化虽然已经发生，但是需要坚实的群众基础，从这个意义上说，生活美学的复兴还有一段很长的路要走。

之于生活美学和现代美学来说，这次研讨会意义深远，在国际上也产生了深刻影响，《哲学研究》、《哲学动态》、《中国社会科学报》、《东北师大学报》和《美育学刊》等刊物纷纷对这次会议的召开做以说明和介绍并给予较高评价，会议发表英文论文结集出版，也可见世界美学范围内对这次会议的重视程度。如王确所说，"本次会议由于话题的集中，使有关生活美学问题在多种侧面、多种层次得到了深刻的呈现，这将有利于建构生活美学理论，对中国生活美学及其学术研究的推进和展开具有重要意义"。① 更重要的是，这次会议将生活美学推向了一个研究的高潮，在那之后，生活美学呈现出更壮丽的图景，生活美学的倡导者逐渐让人们认识到，所谓"生活美学"并不是一种枯燥的理论，而是一种活生生的、与日常生活息息相关的"在世的美学"，作为"在世的美学"，生活美学"是一条贯穿中国美学现代转型进程始终的文化力量，它是从历史走来、具有当下性和未来性的学术品格，它不仅显现于中国现代美学的历史进程，还在某种程度上影响、决定着中国美学的未来走向"。② 从这个意义上说，生活美学代表了 21 世纪美学前进的方向。

---

① 王确：《生活美学的多元对话——"新世纪生活美学转向：东方与西方对话"国际研讨会综述》，《哲学动态》2012 年第 12 期。

② 王确：《中国美学转型与生活美学新范式》，《哲学动态》2013 年第 1 期。

结　语

就美学会议本身而言，新时期以来的美学会议非常复杂，这种复杂性又因为时间的推移而更加存在深化的可能，也就是说，21 世纪美学会议所呈现出来的复杂性，远大于 20 世纪 80 年代。一方面，作为学科的美学本身就很复杂，既可以看作一个交叉学科（哲学、艺术学、心理学等），又可以看作一个独立学科（如鲍姆加登所言），近年来，作为独立学科的美学压倒了作为交叉学科的美学，其间产生了一系列微妙的变化。另外，美学本身涵盖的范围非常广泛，举凡中西美学史、美育、美学理论和相关本体论问题都很丰富，使得美学会议所产生的议题也相对多元，这些范畴相互勾连所产生的运动性进一步升华了美学会议的多元性和复杂性。另一方面，伴随时间流逝，美学逐渐得到身份确认，研究美学之人数不断攀升，使得美学的研究范围进一步扩大，无论是如中国社会科学院哲学研究所这一级别的"中心"机构，还是各地方美学学会、科研机构及高等院校都具备研究美学的可能，同时也增加了美学会议召开的频率，各个层级的美学会议数量丰富，又兼及国内与国际双重性质，无论是从量上说还是从质上说都值得重视。透过前述多次美学会议，可以勾勒出美学会议与中国新时期美学制度的关系，尤其是可以认识到新时期美学制度的行动元。

首先，新时期美学制度的产生及形成与中华全国美学学会关系甚密。新时期美学制度肇生于 1980 年，是年，第一次全国美学大会召开，这次会议的顺利召开得益于中国社会科学院哲学研究所美学研究室的精心筹备，周扬以中国社会科学院副院长的身份发表重要讲话，奠定了新时期美学发展的基础。可见，这次会议的直接领导是中国社会科学院，作为中共中央直接领导、国务院直属机构，中国社会科学院一直以来都是中国社会科学研究的最高机构，这意味着其下辖并组织筹建的中华全国美学学会具有很强的政治性，至少在关涉美学发展和走向的同时也并没有忽视内中的政治元素，也为新时期美学制度的建设提供了某种保障。中华全国美学学会成立后，1980—2014 年，共筹办了七次全国美学会议，无论是在美学发展的高潮时期，还是在美学发展的低谷时期，全国美学会议都扮演了非常重要的角色，或者对过去一段时间的美学思潮进行总结，或者对未来的美学发展进行展望、反思、憧憬，其中又不乏制定一些制度性措施，从多个方面组织并主持着新时期美学建设。① 同时，中华全国美学学会还组织参与一些其他性质的会议，其中，美学学会青年学术委员会和审美文化专业委员会这两个中华全国美学学会的下辖学会起到了非常重要的作用，② 如书中所述，这些美学会议涉及美学史等学科建设问题、中国古典美学研究问题、西方美学研究问题、生态美学问题、实践美学问题和生活美学问题等，新时期美学史上的重要问题和重要事件几乎都与中华全国美学学会相关，正是中华全国美学学会主导着新时期美学的发生和发展，同时也促进了新时期美学制度的形成。另外，在中华全国美学学会的领导和感召下，各个省市及科研单位也纷纷成立美学学会并召开会议，在省市范围内为中国美学建设添砖加瓦，以浙江省美学学会为例，浙江省美学学会不但成立时间较早，在成立之后 30 多年的时间中，取得了诸多建树，浙江美学工作者"接过王国维先生的学术

---

① 李世涛、戴阿宝指出，"从这些会议的议题看，一方面，这些会议仍然属于对美学基本问题的研究，如实践美学、后实践美学的研究。另一方面，哲学会议面对社会发展的新形势和人文社科领域出现的新问题，并结合美学学科自身的特点及时地作出反应，提出议题进行广泛的讨论，如对部门美学、审美文化、大众文化、全球化引发的文化变革、社会转型的文化战略等问题的研究，就比较迅速地回应了社会的挑战，为学术探讨提供了很好的平台，经过学者的讨论后，也取得了一些共识。不仅如此，中华全国美学学会还与地方的美学学会或科研院所联合召开了许多研讨会，内容也相当广泛"。详见李世涛、戴阿宝《中国当代美学口述史》，中国社会科学出版社 2014 年版，第 386 页。

② 详见李世涛、戴阿宝编著《中国当代美学口述史》，中国社会科学出版社 2014 年版，第386—388 页。

薪火，于中国美学的重建、西方美学的译介、美学原理的构筑等方面做出许多创造性结果，成为国内美学界一支不容忽视的力量"，① 在浙江省美学学会成立30周年之际，学会还出版了论文集，"无论长幼，都表现出了对美学研究的炽烈热情，以及对美学态度下的充裕精神生活的恋慕之心"。② 窥一斑而见全豹，从浙江省美学学会对美学的重视程度就可见中华全国美学学会对各地方省市学会的影响。从这几个方面足可以看出，中华全国美学学会对新时期中国美学发展和制度的引领，如果说中华全国美学学会还仅仅是一个抽象体，那么其背后的中国社会科学院哲学研究所就是这个抽象体的实体，可以说，中国社会科学院哲学研究所的形式扮演的是中华全国美学学会的灵魂。

其次，新时期美学制度的产生及形成与几代美学学人具有千丝万缕的联系。中华全国美学学会背后的组织者、策划者以及历次美学会议上凸显而出的美学家尤其值得重视，因为正是他们在历次美学会议上发挥着非常积极的作用，甚至从某种意义上说决定着新时期美学的走向等问题。20世纪80年代早期，朱光潜、宗白华、周扬、王朝闻和伍蠡甫等老一辈美学家为美学制度的形成做出了杰出的贡献，这些美学家既接受过西学的教育和熏陶，又经历了革命的风雨，其美学思想不可谓不经典。他们先后参加过一些美学会议，或者致信致电祝贺某会议并提出一些他们本人对这次会议的建设性意见和建议，这些意见和建议起到了非常积极的促进作用。在一些美学会议上，这些老前辈已然成为现代美学研究的一尺标杆，无论是在形式上还是在实际上都是中国新时期美学的象征。如前文所述，在第一次全国美学会议上，朱光潜、伍蠡甫等提出重视美育工作，并致信教育部，在事实上说明了这些美学前辈在美学制度形成层面上所起到的作用。另外，朱光潜等在美学会议上提携后学，也为中国美学的发展提供了后备支持。从20世纪80年代中期到90年代末期，中国现代美学一直在美学本体论上前行，其间召开了多次美学会议，也涌现出一些新美学家。需要说明的是，这些新美学家的美学思想都或多

---

① 浙江省美学学会：《浙江美学30年》，杭州出版社2008年版，"编者的话"。
② 浙江省美学学会：《浙江美学30年》，杭州出版社2008年版，"编者的话"。

或少地与美学会议相关，至少可以说，美学会议为他们的思想提供了一个平台，如围绕山东大学和曾繁仁，就曾经召开多次涉及生态美学的美学会议，加强了生态美学的本体论研究，丰富了生态美学建设队伍，同时也将生态美学提升了一个新高度。21 世纪以来，一些学者有意识地将中国美学和世界美学建立新的联系，并积极筹办具有跨文化属性的美学会议，产生了一些效果。谈及此，高建平言，"在很长的时间里，中国虽然曾有过'美学热'，并由'美学热'而催生的巨大的美学人口数，但中华美学学会却在很长的时间里一直没有和国际美学协会发生联系，但是需要有人把国内与国外联系起来"，[1] 高建平充当了这种"把国内与国外联系起来"的角色，积极组织筹备各种会议加强中西美学之间的交流，并成功筹备了第 18 届世界美学大会在北京召开，当然，这诸多联系并非高建平一人之功，很多学者都从事着这样的研究和工作，没有他们的努力，新世纪的美学研究局面至少要向后推迟一段时间。这说明，新时期美学会议与重要美学家之间的联系颇深，这些美学家也无形中成为新时期美学制度形成的策动者。

再次，新时期美学制度的产生及形成也受到世界美学的诸多影响。新时期中国美学与西方美学一直都不缺少互动甚至互文，但是在互动和互文的过程中明显存在一种两歧性。20 世纪 80 年代前期到 20 世纪 90 年代中期，中国美学和西方美学即有交流，中国社会科学院和北京大学等单位纷纷邀请国外知名大学和研究机构的知名美学家来中国讲学，同时也积极支持一些美学研究者赴欧洲和美国从事美学研究。需要强调的一点是，当时的中西方美学并不能完成有效的时间对接，当时的中国美学家更关心的是世界美学的过去，即比较深入的德国古典美学和西方美学，如 1983 年日本关西大学西田秀穗来华访学就以康德为中心进行了一次座谈，这说明了当时中国美学家的美学旨趣，但是也从另一方面暴露出中国美学和世界美学在 20 世纪 80 年代的断裂，如果一直紧盯着古典美学不放，就会看不到世界美学的先锋性和前卫性。直到 20 世纪 90 年代末期，

① 高建平：《美学的当代转型：文化、城市、艺术》，河北大学出版社 2013 年版，第 218 页。

中国现代美学工作者渐次走出国门，接触西方先锋美学理论，填补前述在 20 世纪 80 年代产生的美学断裂，而这种"填补"从某种程度上说是通过美学会议实现的。"在 20 世纪，国际美学协会在世界的发展中曾经扮演过非常重要的角色。最新的美学话题常常是在美学大会上提出的，一些重要的美学转向是从美学大会的发言中见出的"，① 20 世纪 90 年代开始，中国美学工作者参加了多次世界美学大会，为东西方美学的交流架起了一道桥梁。以高建平为例，"1997 年回国之后，我就立刻积极地推动这件事，先通过书信和电子邮件达成了一个默契，98 年的时候我去斯洛文尼亚的卢布尔雅那参加第 14 届世界美学大会，作为中华美学学会的代表，既参加了他们的学术活动，也参加了协会组织方面的一些活动，这样就作为一个联系人把中华美学学会与国际美学协会联系起来了"。② 他继而参加了 2001 年、2002 年、2004 年和 2006 年等多次有世界美学协会参与的世界性美学会议，成为中西美学形式上汇通的纽带。就国内而言，很多美学思潮都受到西方美学思潮的影响，以"生活美学"为例，学界一般认为，"生活美学"在中国全面兴起主要有两个标志，一是第 18 届世界美学大会在中国的召开，二是中国国内期刊登载的"生活美学"专题，事实上"生活美学"专题也同西方美学关系密切，在第 18 届世界美学大会召开期间，《美学与艺术批评》主编苏珊·费金就指出，"今天美学与艺术领域的一个主要发展趋势是美学与生活的重新结合。在我看来，这个发展趋势似乎更接近于东方传统，因为中国文化里面人们的审美趣味是与人生理解、日常生活结合一体的"。③ 这些都足以证明世界美学通过美学会议对中国美学制度形成产生的影响。另外，一些美学研究者通过个人的关系常常邀请外国美学家来中国参加相关学术会议，无形中也对中国美学的现代转型起到了促进作用。

由此可见，新时期美学会议勾连出诸多看上去是会议之外的美学事实，但是本质上却涉及了新时期美学发生发展的方方面面，最重要的是，

---

① 高建平：《美学的当代转型：文化、城市、艺术》，河北大学出版社 2013 年版，第 217 页。
② 高建平：《美学的当代转型：文化、城市、艺术》，河北大学出版社 2013 年版，第 218 页。
③ 李修建、刘悦笛：《当代中国美学学术史》，中国社会科学出版社 2013 年版，第 57 页。

美学会议直接促成了新时期美学制度的形成，综观这些美学会议，其中重要的美学会议都由中国社会科学院哲学研究所美学研究室发起，基本上主导了新时期美学的发展，很多地方性质的美学会议也由地方社会科学院组织召开，作为具有半官方性质的学术机构，社会科学院承担了诸多美学会议的任务，起到了领军作用。历代美学家和美学工作者辗转于各类美学会议之间，发扬着中国美学的历史传统，借鉴着西方美学的当代思潮，传播着现代中国的美学思想，从有形和无形之间推动着现代美学制度的形成，正是因为有了这些美学工作者，新时期美学得以有效地迅速展开。需要说明的是，20世纪90年代末期的美学工作者非常关注西方美学与中国美学的对接问题，西方美学思潮得以非常顺利地平行引入中国，同时也加强了新时期美学的他律性。这多方面的因素共同构成了新时期美学会议带动下的美学制度的不断完善和发展。

可见，制度性因素对于新时期美学的建立具有重要意义。一方面，从学理上说，新时期美学30年的发展历程都离不开制度性因素，无论是新时期早期对美学研究方向和发展方向的确立还是20世纪90年代末期和21世纪初期对新的美学范式的探索，背后都存在强大的制度因素，只有形成一种理论上的美学制度，新时期美学才能够蓬勃向荣地发展；另一方面，新时期美学的制度要素或多或少也受到国家意识形态影响，很多美学思潮的形成都与党的方针、政策紧密相连，这样一来，形成了意识形态和美学制度的互动或者互文，这也成为新时期美学制度的重要特色。

20世纪80年代，是新时期美学的创制期，同时也是20世纪中国美学发生、发展的重要阶段，美学会议在这个历史时期发挥了极大作用。一方面，第一次全国美学会议的召开本身成了新时期美学史的天然发动机，带动了上自中华全国美学学会下至各个省、自治区、直辖市美学学会和相关科研单位的美学研究，让新时期美学从无到有，并从各个方面为新时期美学的发展指明了方向。这也可以看作美学制度的最早形成。在这次会议的影响下，很多不同规模的美学会议纷纷召开，激发了各个地区的美学分子，使新时期美学呈现一种繁荣的态势。另一方面，在历次美学会议影响下，全社会都兴起了一种美学的风潮，这种风潮无论是就思想史而言还是就社会史而言都具有重要意义。需要说明的是，20 世纪 80 年代尤其是 20 世纪 80 年代初期的美学发展在 20 世纪美学史上非常关键，既具有过渡性又具有初创性。言之具有过渡性，是因为事实上从第一次全国美学会议观之，这个时期的现代美学主要承继了 20 世纪 50 年代美学繁荣期的美学思想，同时也注重美学和意识形态的关联性，20 世纪 50 年代的美学讨论虽然半路中断，但是在一些实际问题上奠定了之后相当长一段时间美学发展的基础。20 世纪 80 年代初期的美学之所以呈现上升的形态，这与之前的基础密不可分。其实，"文化大革命"导致了现代美学的严重断裂，断裂之后自然需要接续，20 世纪 80 年代的美学承担了这样的角色，在填补了断裂的同时，也连接着之后的美学，新时期美学的范式很大意义上是由 20 世纪 80 年代初期的这一代人拾薪建立的，其影响不可谓不深远，反而推知，不能不说 20 世纪 80 年代是一个过渡期。言之具有初创性，是因为很多美学构想都是在这个时代形成，如美学史研究、美育研究、实践美学研究等，都是关于美学的制度建构，这些在之前的美学范式内几乎都不存在，正是这些新的美学思潮影响着之后美学的发展。由此而观之，20 世纪 80 年代的中国美学既是一种过渡，又是一种初创，也是新时期美学发展最重要的时期。

20 世纪 90 年代的美学与 80 年代有一些差异。就美学会议而言，20 世纪 90 年代举办的美学会议从量上说远多于 20 世纪 80 年代，但是这些美学会议在新时期美学史上起到的作用不及 20 世纪 80 年代。一方面，无论是美学史和美学理论教材的编撰工作还是美育的制度化等问题进展得都不是特别迅速。另一方面，美学工作者如何在原有的基础上增加亟待解决的问题，如何在这些问题中衍生出新的问题，如何进一步回答这些问题并形成美学未来的增长点，这些都需要美学工作者考虑。如高建平所言，"美学上的创新能力的消退，毕竟是不争的事实。美学文章新意不多，美学会议上的发言只是在重复老旧的话题。除了中国古代美学史研究以外，其他的一些方面研究新文章，似乎很难为这个学科积累新的知识"，①

---

① 高建平：《美学的当代转型：文化、城市、艺术》，河北大学出版社 2013 年版，第 7、218 页。

这样一来，20世纪90年代的美学会议仍然停留在旧美学之上，新时期美学的未来道路问题无形中影响了美学的发展。20世纪80年代，"文学、历史、美学、哲学等领域的人文学者正是在社会科学或政治经济学历史性地'缺席'的情况下，通过对'现代化理论'范式的社会科学语言的'翻译'、想象与再叙述，才成为了80年代中国知识生产的主角"，① 美学和其他社会科学一道成为主角，其"主角"的意义既在于作为学科美学的崛起，又在于其具有一种"新启蒙"意识，双方面的原因使20世纪80年代的美学存在生气和精神，但20世纪90年代的美学研究如何承继是一个问题。从美学制度上说，20世纪90年代的美学发展和美学研究更需要建构一些新的必要的制度要素。

直到20世纪90年代末期，这种状况才有所改观。随着社会环境的不断宽松与开放，中外美学交流变得日趋频繁，西方美学家不断来到中国，中国美学家不断走向世界，双方面二元和多元的接触无疑促进了中西美学的交流，当然，这种交流多数来自美学会议。有的西方学者被一些研究所和高校聘请为兼职教授或研究员，会举行一次小规模的学术讨论会，② 西方学者往往成为话语中心，以个人之力传播个人背后文化与社会的思想。有的西方学者应邀来到中国参加一些美学会议，在会议上与中国美学研究者形成互动，这种会议大多围绕一些可形成对话的中心议题，起到连接和纽带的作用，在对话中相互借鉴、彼此切磋。也有很多中国美学家走出国门，在世界范围内寻求对话的机会和可能，有学者曾言他远赴土耳其参加安卡拉第17届国际美学大会，"本次会议的主题就是'美学为文化间架起桥梁'，这顺应了当代美学和艺术发展的'文化间性'的转向的历史大势。因而，我在本次大会上的英文发言也以《观念、身体与自然：艺术终结与中国的日常生活美学》作为题目，没想到引起了许多当代美学家的积极关注"，③ 这说明中国美学家有能力成为世界美学

---

① 贺桂梅：《"新启蒙"知识档案：80年代中国文化研究》，北京大学出版社2010年版，第45页。

② 如《文艺理论研究》杂志社聘请法国思想家朗西埃时就举行了一个小规模的讨论会。

③ 刘悦笛：《生活美学与艺术经验》，南京出版社2007年版，第332页。

舞台的角色，也从另一方面说明了 21 世纪美学的整体状况。这一时期，中西美学的汇通呈现 21 世纪美学的新局面，在 2000 年前后的中外交流过程中，中国美学研究者逐渐认识到中国美学应该同西方美学的先锋性和前卫性相接轨，从现代西方美学中寻找中国美学的生长点。很多美学家以国内美学会议和国际美学会议为契机，寻找中国美学与西方美学对话的方式，之后将这种方式诉之于文本，由点成线、由线成面，带动美学的总体发展，使中国现代美学又形成了一次高潮。这是美学研究的创新，也是美学制度的创新。

参考文献

一 著作类

（一）中文著作

安徽省文学艺术研究所：《安徽省美学学会·安徽美学论文集（1—3)》，内部资料。

北京大学哲学系史稿编委会：《北京大学哲学系史稿》，内部资料，2004 年。

北京市哲学社会美学研究会编：《美学 60 年学术论文集》，首都师范大学出版社 2011 年版。

蔡仪：《蔡仪美学论文选》，湖南人民出版社 1982 年版。

蔡仪：《蔡仪文集》，中国文联出版社 2002 年版。

蔡仪主编：《美学原理》，湖南人民出版社 1985 年版。

陈平原：《作为学科的文学史》，北京大学出版社 2011 年版。

陈望衡：《20 世纪中国美学本体论问题》，武汉大学出版社 2007 年版。

陈伟：《中国现代美学思想史纲》，上海人民出版社 1993 年版。

杜书瀛：《我的学术生涯：学坛所见所闻所知》，二十一世纪出版社 2015 年版。

封孝伦：《二十世纪中国美学》，东北师范大学出版社 1997 年版。

高尔泰：《论美》，甘肃人民出版社 1982 年版。

高建平：《美学的当代转型：文化、城市、艺术》，河北大学出版社 2013 年版。

广西社会科学院哲学研究所、广西美学研究会：《山水美学讨论会文集》，内部资料，1984 年。

郝怀明：《如烟如火话周扬》，中国文联出版社 2008 年版。

河北省美学学会：《河北省美学学会年会论文选（一九八一）》，内部资料，1981 年。

贺桂梅：《"新启蒙"知识档案——80 年代中国文化研究》，北京大学出版社 2010 年版。

胡经之：《文艺美学》，北京大学出版社 1999 年版。

简平编：《新中国美学开拓者——王朝闻》，天津人民美术出版社 2009 年版。

江苏省美学学会：《春华秋实：江苏省美学学会（1981—2001）纪念文集》，内部资料，2001 年。

江苏省美学学会：《中国美学史学术讨论会论文选》，内部资料，1983 年。

蒋孔阳：《蒋孔阳美学艺术论集》，江西人民出版社 1988 年版。

蒋孔阳：《美和美的创造》，江苏人民出版社 1981 年版。

蒋孔阳：《美在创造中》，广西师范大学出版社 1997 年版。

蒋孔阳：《形象与典型》，百花文艺出版社 1980 年版。

金昕：《当代高校美育新探》，商务印书馆 2013 年版。

李世涛、戴阿宝编著：《中国当代美学口述史》，中国社会科学出版社 2014 年版。

刘纲纪：《传统文化、哲学与美学》，广西师范大学出版社 1997 年版。

刘纲纪：《刘纲纪文集》，武汉大学出版社 2009 年版。

刘纲纪：《美学与哲学》，武汉大学出版社 2006 年版。

刘克定编著：《黄药眠评传》，华南理工大学出版社 2011 年版。

刘悦笛、李修建：《当代中国美学研究（1949—2009）》，中国社会科学出版社 2011 年版。

罗银胜：《周扬传》，文化艺术出版社 2009 年版。

罗钢：《传统的幻象：跨文化语境中的王国维诗学》，人民文学出版社 2015 年版。

马奇：《艺术哲学论稿》，山西人民出版社 1985 年版。

聂振斌、章建刚、王柯平等:《思辨的想象——20世纪中国美学主题史》,云南大学出版社2003年版。

全国高等院校美学研究会、北京师范大学哲学系合编:《美学讲演集》,北京师范大学出版社1981年版。

全国马列文艺论著研究会《马列文论研究》编辑部编:《马克思手稿中的美学问题——全国马列文艺论著研究会第四届年会论文选》,黑龙江人民出版社1984年版。

荣天玙:《周扬与他的师友》,中国文联出版社2012年版。

上海市美学研究会:《美学文集》,内部资料。

宛小平、张泽鸿:《朱光潜美学思想研究》,商务印书馆2012年版。

王朝闻主编:《美学概论》,人民出版社1981年版。

王朝闻:《王朝闻集》,河北教育出版社1998年版。

王德胜:《宗白华美学思想研究》,商务印书馆2012年版。

王德胜:《宗白华评传》,商务印书馆2001年版。

王江松:《人性与个性》,中国社会出版社2009年版。

王蒙、袁鹰主编:《忆周扬》,内蒙古人民出版社1998年版。

王善忠、张冰编:《美学的传承与鼎新:纪念蔡仪诞辰百年》,中国社会科学出版社2009年版。

王攸欣:《朱光潜学术思想评传》,北京图书馆出版社1999年版。

吴泰昌:《我认识的朱光潜》,生活·读书·新知三联书店2010年版。

吴志翔:《20世纪的中国美学》,武汉大学出版社2009年版。

潇牧、韦尔申、张伟主编:《全国美学大会(第七届)论文集》,文化艺术出版社2010年版。

阎国忠:《走出古典——中国当代美学论争述评》,安徽教育出版社1996年版。

杨存昌主编:《中国美学三十年——1978至2008年中国美学研究概观》,济南出版社2010年版。

杨辛、甘霖:《美学原理》,北京大学出版社1983年版。

叶朗主编:《美学的双峰——朱光潜、宗白华与中国现代美学》,安徽教育出版社 1999 年版。

尤西林：《心体与时间——二十世纪中国美学与现代性》，人民出版社 2009 年版。

俞玉姿、张援编：《中国近现代美育论文选（1840—1949）》，上海教育出版社 2011 年版。

张均：《中国当代文学制度研究（1949—1976）》，北京大学出版社 2011 年版。

张正江：《新中国美育发展研究》，人民出版社 2014 年版。

章辉：《实践美学：历史谱系与理论终结》，北京大学出版社 2006 年版。

中国社会科学院哲学研究所：《中国社会科学院哲学研究所四十周年（1955—1995）》，内部资料，1995 年。

周来祥主编：《东方审美文化研究》，广西师范大学出版社 1996 年版。

周来祥：《美学问题论稿》，陕西人民出版社 1984 年版。

周扬：《周扬文集》，人民文学出版社 1984 年版。

朱存明：《情感与启蒙——20 世纪中国美学精神》，西苑出版社 2000 年版。

《朱光潜纪念集》，安徽教育出版社 1987 年版。

朱光潜：《朱光潜美学文集》，上海文艺出版社 1984 年版。

朱光潜：《朱光潜全集（1—15）》，中华书局 2013 年版。

朱光潜：《朱光潜全集》，安徽教育出版社 1987 年版。

朱光潜：《美学拾穗集》，百花文艺出版社 1980 年版。

宗白华：《宗白华全集》，安徽教育出版社 2008 年版。

（二）中译著作

［德］黑格尔：《美学》，朱光潜译，商务印书馆 1981 年版。

［德］马克思：《1844 年经济学哲学手稿》，中共中央马克思恩格斯列宁斯大林著作编译局编译，人民出版社 2000 年版。

［德］席勒：《席勒经典美学文论》，范大灿等译，生活·读书·新知三联书店 2015 年版。

二 会议综述类

《安徽省美学学会成立大会暨学术报告会在我院召开》，《安徽电气工程职业技术学院学报》2014 年第 3 期。

白草：《上海市美学研究会正式成立》，《国内哲学动态》1981 年第 3 期。

北极：《甘肃省美学研究会成立》，《社会科学》1986 年第 6 期。

北极：《甘肃省美学研究会成立》，《社联通讯》1986 年第 4 期。

采薇：《中华美学学会中国美学学术委员会在北京成立》，《中州学刊》2015 年第 12 期。

陈静：《"全国审美文化学术研讨会"综述》，《文史哲》2005 年第 1 期。

陈瑞生：《当代美学应该走向生活面向市场——全国党校干校第三届美学研讨会综述》，《党校科研信息》1993 年第 18 期。

陈瑞生：《全国党校第二届美学研讨会综述》，《党校科研信息》1991 年第 3 期。

陈雪虎：《当代审美文化的定位、批判和反思——"媒介变化与审美文化创新"学术研讨会综述》，《哲学动态》2003 年第 5 期。

程相占：《"生态美学与生态批评的空间"国际研讨会会议综述》，《山东社会科学》2015 年第 12 期。

程相占：《生态美学与生态批评的国际新视野——"生态美学与生态批评的空间"国际研讨会综述》，《鄱阳湖学刊》2016 年第 1 期。

邓金玉、刘攀：《"中国当代文艺理论发展与文艺学学科建设"学术研讨会综述》，《东方丛刊》2008 年第 3 期。

《第一次全国美学会议胜利闭幕成立学会通过章程选举理事并提出学会工作计划和建议书》，《中华美学学会第一次全国美学会议简报》，1980 年。

《第一次全国美学会议在昆明召开》，《中华美学学会第一次全国美学会议简报》，1980 年。

丁国旗：《"马克思主义美学与当代社会"国际学术研讨会综述》，《文学评论》2009 年第 2 期。

董强：《'95 中国古典美学研讨会综述》，《文艺研究》1996 年第 2 期。

董迎春：《全国第三届生态美学研讨会综述》，《高校社科信息》2005 年第 1 期。

樊美筠：《'96 中国当代审美文化学术研讨会综述》，《文艺研究》1996 年第 6 期。

樊美筠：《第三届全国高师美育研讨会综述》，《哲学动态》1998 年第 2 期。

高富力：《中国当代美学研讨会综述》，《文艺研究》1992 年第 4 期。

黄天兵、韩佳卫：《广西第四届民族美学研讨会综述》，《广西师院学报》1998 年第 1 期。

黄文中：《斯人已逝　风范长存——"王朝闻学术思想研讨会"综述》，《美术观察》2005 年第 6 期。

《纪念朱光潜宗白华诞辰一百周年国际学术研讨会综述》，《北京大学学报》（哲学社会科学版）1996 年第 6 期。

季欣：《艺术学学科建设的反思和展望——"2007 全国艺术学学科建设与发展"学术研讨会综述》，《文艺研究》2007 年第 7 期。

贾伟、朴永民：《"东方美学和文化产业的当代发展"国际学术研讨会综述》，《哲学动态》2008 年第 6 期。

建峻：《审美文化与美学学科研究的新动态——全国"审美文化与美学史学术研讨会"综述》，《黄河学刊》1997 年第 2 期。

《江苏省美学会成立》，《江苏社联通讯》1981 年第 8 期。

姜勇、张锡坤：《"中华美学学会第六届全国美学大会暨'全球化与中国美学'学术研讨会"综述》，《吉林大学社会科学学报》2004 年第 5 期。

蒋国忠：《广采博纳　卓然一家——蒋孔阳美学思想研讨会综述》，《复旦学报》（社会科学版）1991 年第 4 期。

筠筠：《'96 当代中国审美文化学术研讨会综述》，《哲学动态》1996 年第 10 期。

雷礼锡、王克琬：《襄樊学院首届神学美学国际学术研讨会综述》，《襄樊学院学报》2007 年第 1 期。

李大西：《"全国第三届生态美学学术研讨会"综述》，《文艺研究》2005

年第 3 期。

李大西：《全国第三届生态美学学术研讨会综述》，《广西民族学院学报》
（哲学社会科学版）2005 年第 1 期。

李健夫：《云南省美学学会成立并举行学术研讨会》，《当代文坛》1992
年第 5 期。

李琳琳：《当前中国美学文艺学理论建设暨纪念蒋孔阳先生诞辰 90 周年
学术研讨会综述》，《探索与争鸣》2013 年第 12 期。

李鲁宁：《"文艺美学学科建设与发展"研讨会综述》，《文艺研究》2001
年第 5 期。

李鲁宁：《文艺美学学科建设与发展研讨会综述》，《哲学动态》2001 年
第 11 期。

李启瑞：《历史和美学的选择时代和艺术的召唤——广西四单位纪念〈讲
话〉发表五十周年研讨会综述》，《广西社会科学》1992 年第 3 期。

李荣有、郝赫：《"蔡元培梁启超美育艺术教育思想与当代文化建设"全
国学术研讨会综述》，《艺术百家》2013 年第 2 期。

李世涛：《新中国当代美学发展 60 年回顾——李范先生美学访谈录》，《艺
术百家》2014 年第 4 期。

李天道、刘晓萍：《"美学与多元文化对话"国际学术研讨会综述》，《文
艺研究》2006 年第 10 期。

李天道、刘晓萍：《美学与多元文化对话国际学术研讨会综述》，《文学评
论》2006 年第 6 期。

李永新：《"马克思主义美学与现代中国"国际学术研讨会综述》，《马克思
主义美学研究》2008 年第 1 期。

栗永清：《新世纪实践美学学术研讨会会议综述》，《文艺争鸣》2010 年
第 17 期。

栗永清：《新世纪实践美学学术研讨会综述》，《探索与争鸣》2010 年
第 8 期。

林琳：《"生态文明的美学思考"全国学术研讨会综述》，《哲学动态》
2011 年第 10 期。

林振坤：《福建省哲学学会召开年会》，《国内哲学动态》1981 年第 2 期。

刘梦非：《企业审美文化的理论与实践意义——"中国企业审美文化建设与 21 世纪"研讨会综述》，《社会科学》1999 年第 1 期。

刘绍瑾、李凤亮：《一个有待拓展的学术空间——"文艺美学在中国"学术研讨会综述》，《暨南学报》（哲学社会科学版）2000 年第 2 期。

刘悦笛：《"美学与多元文化对话"国际学术研讨会综述》，《哲学动态》2006 年第 10 期。

刘悦笛：《第六届全国美学大会暨"全球化与中国美学"学术研讨会综述》，《哲学动态》2004 年第 9 期。

龙争：《深化对审美文化研究的对象与范围的认识——"全国审美文化学术研讨会"综述》，《文艺研究》2005 年第 1 期。

鲁培康：《全国当代美学学术研讨会综述》，《中州学刊》1992 年第 5 期。

罗筠筠：《新形势下的美学探讨——"美学与现代艺术"学术研讨会综述》，《哲学动态》1993 年第 8 期。

罗勤：《"美学、艺术与素质教育学术研讨会暨教师培训班"综述》，《四川师范大学学报》（社会科学版）2003 年第 2 期。

马驰、朱印海：《马克思主义文艺理论中国化的艰难探索——"马克思主义文艺理论中国化学术研讨会"暨全国马列文论研究会第 24 届年会综述》，《黑龙江社会科学》2007 年第 6 期。

马建辉：《哲学和美学、文艺学本体论问题学术研讨会综述》，《文艺理论与批评》2010 年第 1 期。

美研：《朱光潜美学思想研讨会综述》，《安徽师大学报》（哲学社会科学版）1989 年第 2 期。

邱书婉：《走向多元化的少数民族美学诗化建构——"首届全国少数民族审美文化学术研讨会"综述》，《中南民族大学学报》（人文社会科学版）2009 年第 4 期。

《全国高等学校美学分会成立》，《国内哲学动态》1980 年第 7 期。

《全国美学会议分别召开高校美学教学和造型艺术美学座谈会》，《中华美学学会第一次全国美学会议简报》，1980 年。

《全国美学会议继续举行学术报告会并对美的本质、中国美学史等问题进行座谈》，《中华美学学会第一次全国美学会议简报》，1980 年。

《全国美学会议继续讨论美的本质等问题并举行西方美学座谈会》，《中华美学学会第一次全国美学会议简报》，1980 年。

《全国美学会议举行学术报告会并座谈美育和形象思维问题》，《中华美学学会第一次全国美学会议简报》，1980 年。

《全国美学会议开幕各单位交流研究和教学情况》，《中华美学学会第一次全国美学会议简报》，1980 年。

《全国美学会议学术报告会结束继续分组讨论美育等问题》，《中华美学学会第一次全国美学会议简报》，1980 年。

《全国美学会议在昆明举行并成立中华全国美学学会》，《国内哲学动态》，1980 年第 7 期。

《上海市美学学会》，《中文自学指导》2008 年第 5 期。

沈伯俊：《省文艺理论研究会、美学学会召开 1982 年年会》，《文谭》1983 年第 2 期。

施江斌：《本体论研究要坚持辩证唯物主义——"哲学和美学、文艺学本体论问题学术研讨会"综述》，《高校理论战线》2010 年第 3 期。

史风：《中华全国美学学会山西分会在太原正式成立》，《山西师院学报》（社会科学版）1983 年第 3 期。

宋生贵：《当代中国审美文化前瞻研讨会综述》，《哲学动态》1994 年第 12 期。

宋生贵：《走向 21 世纪：艺术与当代审美文化学术研讨会综述》，《文艺研究》1995 年第 6 期。

宋雄华：《发现东方走向世界——全国东方美学学术研讨会综述》，《文艺研究》2004 年第 1 期。

陶济：《浙江省哲学学会美学研究会成立》，《国内哲学动态》1983 年第 7 期。

万娜：《"文艺意识形态学说学术研讨会"综述》，《广西师范大学学报》（哲学社会科学版）2006 年第 3 期。

万志海：《正视历史与现实重视对话与建设——湖北省美学学会学术研讨会综述》，《江汉大学学报》（人文社会科学版）2002 年第 5 期。

王俊暐：《"全球视野中的生态美学与环境美学"国际学术研讨会综述》，《鄱阳湖学刊》2009 年第 3 期。

王柯平：《构建世界美学的契机——"美学与文化：东方与西方"国际学术研讨会综述》，《人民论坛》2003 年第 2 期。

王奎军：《全国文艺学及相关学科学位点建设研讨会综述》，《暨南学报》（哲学社会科学版）1999 年第 3 期。

王南、何达、刘荣兴、德：《天津、河北、四川、安徽美学学会相继成立》，《国内哲学动态》1981 年第 1 期。

王确：《生活美学的多元对话——"新世纪生活美学转向：东方与西方对话"国际研讨会综述》，《东北师大学报》（哲学社会科学版）2012 年第 6 期。

王确：《生活美学的多元对话——"新世纪生活美学转向：东方与西方对话"国际研讨会综述》，《哲学动态》2012 年第 12 期。

王展飞、程传贤：《云南省哲学学会成立》，《国内哲学动态》1981 年第 3 期。

王召：《中华美学学会中国美学学术委员会在京成立》，《美与时代（上）》2015 年第 12 期。

王祖哲：《"全球视野中的生态美学与环境美学"国际学术研讨会综述》，《文学评论》2010 年第 2 期。

韦苏陈：《"马克思主义美学的现状与未来"国际学术研讨会综述》，《文艺研究》2000 年第 6 期。

韦映、苏东晓、陈雪军：《追寻诗意的栖居——"马克思主义美学的现状与未来"国际学术研讨会综述》，《福州大学学报》（哲学社会科学版）2000 年第 4 期。

韦玉玲、张丽芬、张艳艳：《继承与超越——"马克思主义美学的现状与未来"国际学术研讨会综述》，《文学评论》2000 年第 6 期。

吴承笃、徐瑾琪、叶莎莎：《美学视野中的人与环境——"首届全国生态美学研讨会"综述》,《北京社会科学》2002 年第 1 期。

吴承笃、徐瑾琪、叶莎莎:《首届全国生态美学研讨会综述》,《陕西师范大学学报》(哲学社会科学版)2001 年第 4 期。

吴根友:《"世纪之交的哲学回顾与展望"学术研讨会综述》,《理论月刊》1997 年第 4 期。

吴世永:《美学与文艺学的互补、交融与创新——"全国美学与文艺学前沿问题学术研讨会"综述》,《台州学院学报》2004 年第 4 期。

吴徐叶:《首届全国生态美学研讨会综述》,《文艺研究》2002 年第 2 期。

郄智毅:《"多元文化中的中国美学"学术研讨会综述》,《文学评论》2009 年第 5 期。

夏冬红:《"文艺美学学科建设与发展"研讨会综述》,《文史哲》2001 年第 4 期。

萧湛:《"美学、文艺学基本理论建设全国学术研讨会"综述》,《厦门大学学报》(哲学社会科学版)2006 年第 6 期。

小凡:《全国党校美学研讨会综述》,《北京社会科学》1988 年第 4 期。

熊家良:《"中国美学的地方经验与世界价值"学术研讨会综述》,《文艺研究》2005 年第 8 期。

徐碧辉:《"美学在中国与中国的美学"学术研讨会综述》,《哲学研究》2006 年第 4 期。

徐碧辉:《"美学在中国与中国美学"学术研讨会综述》,《哲学动态》2005 年第 12 期。

徐碧辉:《"实践美学的反思与展望"国际学术研讨会综述》,《阴山学刊》2005 年第 3 期。

徐碧辉:《"中国现代美学、文论与梁启超全国学术研讨会"综述》,《哲学动态》2008 年第 10 期。

徐碧辉:《第六届全国美学大会暨"全球化与中国美学"学术研讨会综述》,《哲学研究》2004 年第 10 期。

徐放鸣:《美育:理论的高扬与实践的困境——江苏省审美教育研讨会综述》,《江苏社联通讯》1988 年第 Z3 期。

徐敏：《政治美学：一个新的学术课题——"回归实事：政治美学与文艺美学"学术研讨会综述》，《南京师范大学文学院学报》2004 年第 1 期。

许金如：《探寻审美文化与美学史研究的新境界——"审美文化与美学史"学术研讨会综述》，《甘肃社会科学》1997 年第 6 期。

扬帆：《全国党校美学研讨会综述》，《党校科研信息》1988 年第 43 期。

杨昌雄：《广西第四届民族美学研讨会综述》，《广西民族研究》1998 年第 1 期。

杨昌雄：《广西第五届民族美学研讨会综述》，《广西社会科学》1999 年第 4 期。

杨昌雄：《民族审美意识与民族旅游经济——广西第四届民族美学研讨会综述》，《河池师专学报》（社会科学版）1998 年第 1 期。

杨存昌：《95 年中国古典美学研讨会综述》，《文史哲》1996 年第 1 期。

杨平：《世纪之交的美学新发展——"美学与文化：东方与西方"国际学术研讨会综述》，《哲学研究》2003 年第 1 期。

杨平：《走向跨文化的美学——美学与文化：东方与西方国际学术研讨会预备会综述》，《美与时代（下半月）》2002 年第 8 期。

杨维富、李启军：《第二届中国古典美学研讨会综述》，《文艺研究》1997 年第 6 期。

仪平策、王祖哲：《审美与艺术教育国际学术研讨会综述》，《文艺研究》2002 年第 6 期。

仪平策：《人与自然：当代生态文明视野中的美学与文学国际学术研讨会综述》，《文学评论》2006 年第 2 期。

尹庆红：《"马克思主义美学与现代中国"国际学术研讨会综述》，《文艺研究》2007 年第 12 期。

印晓红：《美学、文艺学基本理论建设全国学术研讨会综述》，《中州学刊》2007 年第 1 期。

尤宇翔：《"中国美学史研究：问题与方法"学术研讨会综述》，《美与时代（下）》2014 年第 2 期。

尤战生：《"审美与艺术教育国际学术研讨会"综述》，《文史哲》2003 年第 1 期。

余开亮：《中国当代美学发展研讨会综述》，《哲学动态》2004 年第 7 期。

翟本宽：《河南省美学学会成立马奇教授到会祝贺并作学术报告》，《郑州大学学报》（哲学社会科学版）1984 年第 4 期。

詹杭伦：《中国古代美学研究的现状和未来——中国古代美学研讨会综述》，《文史杂志》1987 年第 4 期。

张冰：《马克思主义美学与当代中国和谐社会建设学术研讨会综述》，《文学评论》2007 年第 3 期。

张春燕：《"新世纪实践美学"学术研讨会综述》，《山西师大学报》（社会科学版）2010 年第 4 期。

张道一：《开扩和深入审美的研究——江苏美学学会第三次会员大会闭幕词》，《南京艺术学院学报》（美术与设计版）1990 年第 4 期。

张敏：《"美与当代生活方式国际学术研讨会"综述》，《哲学动态》2004 年第 8 期。

张孝义：《新疆美学学会在我院举行成立大会》，《新疆教育学院学报》1989 年第 2 期。

张卓颖：《全国技术美学与设计文化研讨会综述》，《天津社会科学》1995 年第 1 期。

赵强：《"新世纪生活美学转向：东方与西方对话"国际研讨会综述》，《美育学刊》2013 年第 1 期。

郑玉明、孙旭辉：《"中国现代美学、文论与梁启超"全国学术研讨会综述》，《文学评论》2008 年第 5 期。

种海燕：《探索中国美学学科建设的新理念与新框架——"中国美学的地方经验与世界价值"学术研讨会综述》，《新疆大学学报》（哲学社会科学版）2005 年第 4 期。

周红：《对话与反思——"全球化格局下的现代文学：中国与东亚"国际学术研讨会综述》，《鲁迅研究月刊》2003 年第 11 期。

周计武、周欣展：《马克思主义美学与现代中国国际学术研讨会综述》，

《文学评论》2007 年第 6 期。

周计武：《社会转型时期的美学研究——"当代美学的价值取向"理论研讨会综述》，《学海》2008 年第 4 期。

《周扬同志在全国美学会议前的讲话要点》，《中华美学学会第一次全国美学会议简报》，1980 年。

朱存明：《"美学与艺术：传统与当代"国际学术研讨会综述》，《文学评论》2012 年第 5 期。

朱光潜：《朱光潜同志在全国美学会议开幕式上的发言》，《中华美学学会第一次全国美学会议简报》，1980 年。

朱良志：《纪念朱光潜、宗白华诞辰 100 周年国际学术研讨会综述》，《安徽师大学报》（哲学社会科学版）1996 年第 4 期。

朱良志：《纪念朱光潜宗白华诞辰 100 周年国际学术研讨会综述》，《文艺研究》1997 年第 1 期。

朱印海、马驰：《马克思主义文艺理论中国化学术研讨会暨全国马列文论研究会第 24 届年会综述》，《文艺理论与批评》2007 年第 6 期。

后　记

往事如烟，弹指间，博士毕业已经八年有余。流光可惜，沧海桑田。

感谢我的导师东北师范大学文学院王确教授。读书期间，举凡东西方美学史和 20 世纪美学热点问题，以及如胡适之所谓"大胆假设小心求证""有几分证据说几分话"的实证主义方法，我都是在老师那里习得的。老师讲授《判断力批判》和《日本现代文学的起源》的那些场景仿佛在昨。工作之后，老师的睿智、温雅、精致、高贵成为我学习的榜样，老师的很多高妙言论，一句一句，犹言在耳。仰之弥高，钻之弥坚，虽欲从之，末由也已。常常感慨，如果没有老师，就没有我的今天。

感谢中国社会科学出版社郭晓鸿女士，不但接受了我的书稿，而且为本著出版事宜费心。

这若干年，太苦太难，好在总有人陪我度过那些至暗时刻。博士论文得以出版，算是了却一桩心愿。至于内容本身，哭之恨之，其唯春秋。

符　晓

2024 年 7 月 30 日